National Crisis Management and Emergency Disaster Alert

# 국가 위기관리와
# 긴급재난경보

## 미국 일본 한국을 중심으로

이 연

박영사

# 머리말

　현대사회는 '재난경보(災難警報)'와 함께 살아가야 하는 '경보사회(Alert Society)'가 되었다. 우리는 울리히 벡(Ulrich Beck)이 말하는 위험사회(Risk Society)의 단계를 넘어 한층 더 위험한 재난경보사회(Disaster Alert Society)에 살고 있는 것이다. '경보사회'란 '매일매일 일상적인 우리 삶 속에서 언제 어디서 경보가 울릴지 모르는 재난경보가 상시화된 사회'를 말한다. 이번 '10·29 참사'의 경우에 재난경보가 제대로 작동이 되었다면 수많은 젊은 목숨이 희생되지 않았을 것이다.

　우리는 아파트 실내나 빌딩 내에서 울려 퍼지는 화재경보에서부터 TV나 라디오, 스마트폰 등에서 울리는 각종 재난경보에 이르기까지 경보의 홍수 속에서 일상을 보내고 있다. 실외에서는 구청이나 경찰서, 마을회관 등에서 울리는 경보 사이렌이나 스피커, 그리고 도로 위에서 시도 때도 없이 울려 퍼지는 자동차의 클랙슨, 119구급차나 경찰차의 경보 사이렌 소리가 우리를 늘 긴장케 한다. 더구나 2019년 말 발생한 코로나로 인해 마트나 백화점, 은행 등 각종 관공서나 다중시설 입구에서는 우리들의 의지와 상관없이 감시카메라에 얼굴을 노출시키며 QR코드를 찍기도 한다. 지하철이나 열차 속에서는 음식물도 제대로 먹을 수가 없고 마스크를 써야만 탑승할 수 있으며, 심지어는 배가 고파 찾는 식당조차도 인원수나 출입 시간까지 감시와 경고의 대상이 되고 있다. 이처럼 현대인들은 매일매일 일상적으로 재난경보가 상시화된 '경보사회'에 살고 있는 것이다.

각종 경보 중에서도 우리들의 생명과 직결되는 '재난경보'에 대해서는 신속하게 대응해야만 우리들의 목숨과 삶의 터전을 보전할 수 있다. 지금까지 지진이나 쓰나미, 산불, 폭염, 폭풍우 등 '심각한 자연재난'뿐만 아니라, '코로나19'와 같은 신종 감염병이나 미세먼지, 산불, 테러, 전쟁 등과 같은 사회재난으로부터도 엄청난 위협을 받고 있기 때문이다.

나아가 기후변화에 따른 '지구온난화현상'이나 '탄소 중립'의 불균형 문제는 인류의 원초적인 생존권마저도 위협하기에까지 이르렀다. 이러한 전조 현상들은 2018년 7월, 8월에 지구촌 곳곳을 덮쳤던 사상 최악의 폭염이나 폭우, 산불 등 기후변화로 나타났다. 2018년 9월 초에는 태풍 제비가 일본을 강타했고, 태풍 망 쿳(Mangkhut)은 필리핀과 홍콩을 강타했다. 이어서 미국에서는 허리케인 플로렌스(Florence)가 동부를 덮쳐 홍수와 함께 30여 명의 사망자를 낸 바 있다. 한국 역시 8월 중순에 강력한 태풍 솔릭(Soulik)이 북상하면서 공포에 떨기도 했다. 우리나라는 2019년 10월 3일에도 태풍 제18호 미탁(Mitag)이 상륙해 11명이나 희생자가 발생한 바 있다. 일본의 경우도 2019년 10월 6일 태풍 제19호 '하기비스(Hagibis)'가 일본 열도를 강타해 17개현이 강둑이 무너지는 등 대형 홍수로 인해 무려 108명의 희생자를 낸 바 있다. 이는 일본에도 100년에 한번 올까 말까하는 사상 초유의 대형 태풍인 셈이다.

세계적인 태풍 전문가인 미국의 해양대기청(NOAA) 제임스 코신(James Kossin) 박사는 2018년 6월 학술지 「네이처」에서 "최근 열대성 저기압의 이동 속도는 과거보다 30% 가까이 현저하게 느려졌다고 주장했다." 태풍이 느리게 진행되면, 그만큼 태풍이 지상에 머무는 시간이 길어져서 홍수의 피해는 훨씬 더 커진다는 주장이다. 실제 일본의 사례를 봐도 2018년 7월 5일부터 3일간 내린 폭우로 고치(高知)현이 1,091㎜, 기후(岐阜)현 등이 1,000㎜ 넘는 집중호우로 인해 일본에서는 170여 명이나 사망했다. 덴마크 코펜하겐대학 캐서린 리처드슨(Catherine Richardson) 교수도 지구온난화현상이 점점 뜨거워져 '시한폭탄'과 같다고 경고했다. 캐서린 교수는 2050년경에는 지구 온도가 약 5도 이상 상승해

'핫 하우스(hot house)' 상태에 진입할 수 있다고 지적하고 '파리기후협정'에 따라 탄소 포집 기술의 필요성을 강력하게 주장했다.

제임스 코신 박사나 캐서린 교수의 주장을 뒷받침 해 주듯 2018년부터 세계 곳곳에서는 섭씨 40도를 훌쩍 넘는 열돔 현상이 여러 곳에서 나타나고 있다. 2021년 7월 23일 미국의 메인대학(University Maine)의 기후변화연구소(Climate Change Institute)에서 발표한 세계 폭염현상을 보면, 알제리가 51.3°, 일본 사이타마 현 41.4°, 영국 맨체스터 피카델리 역 48°, 미국 서부 데스밸리가 52.7° 등을 기록하고 있다. 우리나라도 2018년에는 영천에서 40.3°를 기록하는 등 폭염경보 일수가 무려 30일을 넘기도 했다. 2019년 7월 27일에는 파리 에펠탑 주변이 42.6°도로 올라가 프랑스에서도 50여 명이 폭염으로 사망하는 등 프랑스도 아프리카와 같이 폭염 경보가 내려졌다. 그뿐만 아니라, 독일이나 벨기에, 네덜란드 등 유럽지역도 40°가 훌쩍 뛰어 넘는 폭염으로 원전 냉각수가 과열되어 원전 가동이 중단되는 위기도 발생했다.

이 밖에도 폭염과 가뭄으로 인한 산불피해도 심각하다. 2018년은 미국 캘리포니아에서 8,300건의 산불이 발생해 1만 6,187㎢가 폐허가 되었다. 기후변화에 대한 재앙 가운데는 2019년 9월 2일 호주에서 발생한 대형 산불을 들 수 있다. 산불발생 후 5개월이 지난 2020년 2월 13일에야 겨우 진화된 초대형 산불이다. 이 산불로 숲 1,860만 헥타르(약 18만 6천㎢)가 소실되어 한반도 면적(약 22만㎢)의 85%가 폐허가 된 전 지구차원의 재앙이기도 하다.

이러한 기후 변화가 지속된다면 북극의 빙하가 녹아내려 급속한 사막화로 생태계가 파괴되어 결국 우리 삶의 공간도 좁아진다. 자연히 해수면 상승으로 섬나라는 물에 잠길 것이다. 이에 각국 정부 지도자들은 '탄소 중립'으로 지구 온난화관련 국제협의를 하면서도 자국의 경제발전에 미칠 영향 등을 고려해

서로 눈치작전을 벌이고 있다. '탄소 중립'은 인간이 배출하는 온실 가스를 최대한 줄이고, 남은 온실 가스는 산림 등으로 자연이 흡수해 실질적으로 탄소 배출량을 '0'(Zero)으로 만든다는 개념이다. 즉, 인간에 의해 지구촌에 배출되는 탄소량과 흡수(CCUS)[1]되는 탄소량이 같아져서 탄소의 순 배출량을 '0'으로 맞춘다는 정책이다. 세계 기상기구(WMO)와 유엔 환경계획(UNEP)이 1988년 11월에 기후변화 문제에 대처하기 위해 공동으로 설립한 국제기구가 '기후 변동에 관한 정부 간 협의체(IPCC)'이다. IPCC는 2021년 현재 전 세계 과학자들이 참여하여 토론한 결과 보고서를 제6차까지 발간한 바 있다.[2] 이 보고서에는 기후변화에 대한 과학적인 근거와 정책 방향을 제시하고 유엔 기후변화협약에서 정부 간 감축협상의 근거 자료로 활용하고 있다.

우리나라도 2050년까지 '탄소 중립'을 실현하기 위해 에너지 공급, 산업, 수송, 폐기물, 농축수산 부문에서 탄소 배출량을 줄이고, 삼림조성 등을 통해 탄소 흡수를 확대한다는 계획이다. 정부는 2021년 10월 27일 국무회의에서 2050 탄소 중립 시나리오와 2018년 대비 '2030년까지는 탄소 배출량을 40% 감축' 한다는 계획을 의결했다. 그러나 기후변화학회 측에서는 2030년까지 탄소 배출량을 40% 감축한다는 '국가 온실가스감축 목표(NDC)'는 현재 기술로는 어려운 목표라고 지적하기도 한다.

2021년 10월 31일 전국경제인연합회에서도 2050년까지 탄소 중립 목표를 달성하기 위해서는 탄소배출이 많은 포스코 같은 대기업 3곳 정도는 문을 닫아야 할 정도라고 주장했다. 이 목표는 2018년 국내 대표기업으로 탄소 배출량 1위부터 20위까지 모두 멈춰야만 충족할 수 있는 목표 수치라고 한다. 국내 산

---

1) CCUS (Carbon Capture, Utilization and Storage) : 이산화탄소 포집, 저장, 활용 기술.
2) 제1차 평가보고서('90) → 유엔 기후변화협약(UNFCCC) 채택('92), 제2차 평가보고서는 1997년 교토의정서 채택, 2014년 제5차 평가보고서 → 파리협정 채택(2015) 등.

업계에서는 정부 당국자에 대해 산업 현실을 고려하지 않고, 무리하게 탄소 중립 계획을 수립했다는 비판적 견해도 있다. 기후 문제와 경제 발전의 균형을 이룰 수 있는 기술 개발이 시급한 시점이다. 기후위기나 자연재난뿐만 아니라, 전쟁이나 테러 등 사회적인 재난도 우리에게는 치명적인 피해를 주기 때문에 우리는 항상 '경보센서'를 켜두고 살펴야 한다. 따라서 정부나 지방자치단체도 이러한 국가적인 대형 위기상황에 신속하게 대응할 수 있도록 '신속한 재난경보 시스템'을 구축해야 한다.

'10·29 참사'에서도 보았듯이 우리나라는 반도체산업이나 AI, IT 등 첨단 산업분야에서는 선진국이지만, 아직도 신속한 재난정보 공유에는 후진국에 머물고 있다. 우리 정부도 미국의 '차세대 통합재난경보 시스템(IPAWS)'이나 캐나다의 '국가 공공경보 시스템(NPAS)', 일본의 '통합재난경보 시스템(J-Alert)'과 같은 대 국민 재난경보공유 시스템을 구축해야 한다. 미국은 2001년 9·11 테러, 2005년 뉴올리언스의 허리케인 '카트리나' 등을 겪으면서 통합재난경보 시스템을 구축했고, 일본도 1995년 고베지진이나 북한의 미사일 발사, 2011년 3·11 동일본 대지진을 겪으면서 '제이 얼럿'을 구축했다. 우리도 북한의 핵 위협이나 ICBM 발사, '10·29 참사' 등을 겪으면서 이제는 재난경보 공유시스템인 'K-Alert' 구축을 미뤄서는 안 된다.

대형 재난발생 시 우리에게 구명·구출정보를 가장 신속하게 전달해 주는 매체가 방송미디어로 TV나 라디오, DMB, 스마트폰 등이다. 따라서 대형 재난이 계속해서 다발하는 이시기에 재난정보를 가장 신속·정확하게 전달해 주는 '재난방송'에 대한 연구도 시급한 실정이다. 이는 곧 국가경쟁력일 뿐 아니라, 수출산업의 '블루 오션'도 될 것이다.

덴마크 총리를 두 번 지낸 라르스 뢰케 라스무센(Lars Løkke Rasmussen) 전 총리는 2021년 10월 10일 '글로벌 인재포럼 2021' 기조연설에서 "한국의 놀라운 발전은 안데르센의 동화보다 더 동화 같은 이야기"라고 우리를 높게 평가한 바 있다. 그러면서 라스무센 총리는, 물론 기후변화에 대한 대응은 결코 쉽지는 않겠지만 잘만 활용한다면 오히려 신기술 개발과 혁신을 촉진하는 계기가 될 수 있을 것이라고 주장했다. 라스무센 총리는 "한국과 덴마크는 영토가 작고 천연자원도 부족하지만, '인재'와 '세계화'의 힘으로 성장한 나라"라고 강조하면서, 어렵긴 하지만, 지속가능한 미래의 핵심 성장 동력으로 다음과 같이 '4C'를 제안하였다.

즉, ① 기후(climate), ② 사회적 통합(cohesion), ③ 문화(culture), ④ 지혜(cleverness) 이 4가지를 지속성장 가능한 필수 성장 요건으로 꼽았다.[3]

물론, 덴마크와 우리는 지리적 여건이나 자연환경, 산업구조 등에서 상이한 차이점이 한두 가지가 아니다. 하지만, 라스무센 총리의 예리한 지적처럼 "한국과 덴마크는 영토가 작고 천연자원도 부족하지만, '인재'와 '세계화'의 힘으로 성장한 나라"라는 공통점은 아주 비슷하다. 특히, 저자는 그가 제안한 '미래의 핵심 성장 동력인 4C'에 주목하고자 한다. 즉 ① 기후, ② 사회적 통합, ③ 문화, ④ 지혜가 그것이다. 지금 우리 사회를 지속적으로 성장시킬 수 있는 핵심 동력은 이 4가지 요소라고 본다.

첫째, 우리는 기후위기 변화에 선제적 대응으로 사회통합을 이루는 것이 절실히 요구되고 있다. 우리는 이 기회를 잘 살리기 위해서 마치 '쇼트트랙 빙상경기 국가대표팀이 경기 중 트랙을 돌 때 코너 인사이드를 신속하게 선점해 선두로 치고 나가 듯' 기후위기에 대한 선제적인 기술개발로 인사이드 코스를 선점하는 기회로 삼아야 한다.

둘째, 지금 우리 사회는 지역적, 이념적, 세대 간의 갈등과 분열의 골이 임계점을 넘어선 지 오래다. 따라서 우리에게는 이를 아우르는 사회적인 대 통합

---

3) "인재·세계화 힘으로 성장한 한국, 기후변화 대응 선진국 돼야"『한국경제』, 2021년 11월 11일자.

과 함께 제4차 산업혁명 여파로 일자리 환경이 급변하고 있는 상황에서 선제적 대응이 절실한 시점이다.

셋째, 대한민국의 문화도 이제는 한류나 BTS, 오징어 게임, 지옥 등으로 세계에서 주목받는 문화 선진국으로 감동을 주고 있다. 따라서 문화 콘텐츠 강국으로 성장할 수 있는 환경기반을 조성해야 한다.

넷째, 물론, 국가적인 재정 상태나 산업계의 내부 상황 등 여러 가지로 어려움은 있겠지만, 반도체 산업이나 첨단 IT 등에 있어서는 우리도 세계적인 경쟁력을 갖추고 있는 나라다. 우리가 60년, 70년대 그 어렵던 보릿고개도 새마을 운동으로 근대화를 이루었고, 1997년 IMF때는 기업의 줄도산을 목도하면서도 컴퓨터 산업을 육성시켜 IT최선진국으로 도약한 바 있다. 이번에 '코로나19'라는 팬데믹 상황 속에서도 우리는 다시 한 번 사회적인 대 통합으로 국민들의 뛰어난 지혜를 한데 모아 4차 산업을 육성시킬 수 있는 원동력을 4C에서 찾았으면 한다.

최근 급속한 기후변화와 함께 '코로나19'와 같은 팬데믹 상황은 언제 끝날지 누구도 예측할 수 없는 상황이다. 그러나 중요한 것은 이러한 위기를 극복하기 위해서는 '긴급재난경보'를 신속하게 전달해 주는 역할이 그 어느 때보다 중요한 시점이다. 세계적인 공영방송사인 영국의 BBC는 26개국 언어로, NHK는 20개 언어로 각각 재난경보를 신속하게 서비스하고 있다. 우리나라도 재난방송 주관방송사인 KBS는 물론, MBC, SBS, DMB, 종편, 보도채널, 재난방송 의무방송사업자는 이 기회에 다시 한 번 '재난경보시스템'의 중요성을 점검해야 할 것이다. 올해 1월 27일부터 시행된 '중대 재해처벌법'에 따라서 '공공이용시설'과 '대중교통수단'도 인재사고 발생 시에는 사업주나 경영책임자가 중대처벌을 면하기가 어렵게 되었다. 이제 재난경보는 공적 정보로 물이나 공기와 같이 누구나 언제 어디서라도 신속하게 재난경보를 공유할 수 있는 한국형 얼럿(K-Alert) 시스템개발이 시급하다. 오늘날 '감염병' 팬데믹도 재난 약자가 종식되어야 끝날 수 있기 때문이다.

끝으로 팬데믹과 같은 국가위기상황에서 어려운 출판사정임에도 불구하고 공익을 우선하셔서 기꺼이 출간을 지원해 주신 박영사 안종만 회장님과 안상준 대표님, 그리고 연말연시 휴일에도 편집작업에 몰두해 주신 우석진 선생님, 또 본서 출간의 절차를 신속하게 도와주신 오치웅 대리께도 진심으로 감사의 말씀을 드린다. 또한, 독자 여러분들의 성원에 힘입어 중판 발행을 서둘러 준비해 주신 정연환 과장님, 문선미 팀장님도 꼭 감사의 말씀 드리고 싶다.

2023년 1월 10일
신도림 서재에서
이　연 드림

# 차례 contents

## Chapter 01
## 국가 위기관리와 긴급재난경보 / 1

# Chapter 02
## 미국의 긴급재난 경보시스템 / 25

# Chapter 03
## 일본의 긴급재난경보 / 89

# Chapter 04
## NHK의 재난방송과 기본정책 / 151

# Chapter 05
## 한국에서의 '긴급재난방송' / 213

# Chapter 06
## 팬데믹 시대의 긴급재난보도 / 229

# Chapter 07
## 기후변화와 탄소 중립 (carbon neutral)의 위기 / 345

# Chapter 08
## 맺음말 / 391

# 국가 위기관리와 긴급재난경보

# 01 국가 위기관리와 긴급재난경보

## 제1절  국가 위기와 긴급재난경보

### 1. 국가 위기와 '경보사회'

현대사회는 이제 울리히 벡(Ulrich Beck)이 말하는 '위험사회(Risk Society)'의 단계를 넘어 한 층 더 위험한 "경보사회(Alert Society)"에 접어들었다. '경보사회' 란 우리 인간들이 매일매일 일상적으로 경보가 상시화된 사회 속에서 살고 있기 때문이다. 가깝게는 아파트의 화재경보나 옥외 스피커, 구급차, 경찰차, 소방차, 자동차 등의 클랙슨에서부터, TV나 Radio, 스마트폰 등에서 울려 퍼지는 각종 경보에까지 이르기까지 재난경보의 홍수 속에서 살고 있다. 이러한 각종 경보 중에서도 특히, 우리들에게 생명과 재산에 심각한 피해를 주는 '재난경보' 에는 신속하게 대응해야 한다. 오늘날 우리는 지진이나 쓰나미, 폭풍, 폭염, 산불 등 극심한 '자연재난'뿐만 아니라, '코로나19'와 같이 끝없이 변종하는 팬데 믹 사회에 살고 있다. 나아가서 전쟁이나 테러, 미세먼지 등 '사회재난' 등으로 부터도 엄청난 위협을 받고 있다.

지구의 온난화 현상 등으로 2018년을 기점으로 세계 각국에서는 계절이나 장소를 가리지 않고 기상이변이 속출하는가 하면, 그에 대한 강도도 훨씬 더 예상을 뛰어넘을 정도다. 예를 들면, 2018년 9월 초 태풍 제비가 일본을 강타 했고, 이어서 태풍 망 쿳(Mangkhut)이 필리핀과 홍콩을 휩쓸었다. 2018년은 미국에서도 허리케인 플로렌스(Florence)가 동부를 덮쳤고, 캘리포니아 북부에는 대형 산불이 발생한 바 있다. 일본은 2019년 태풍 '하기비스(Hagibis)'가 일본을 덮쳤는데, 이는 100년에 한번 올까 말까 하는 사상 초유의 대형 태풍이다.[1]

2018년은 유럽에서도 기상이변이 속출해, 프랑스나 독일, 영국 등이 폭염으로 인해 와인 생산에 차질을 빚었다. 2019년에는 오스트레일리아에도 산불이 발생해 5개월 정도 지속되었다. 2018년에는 한국도 사상 최악의 폭염과 태풍으로 피해를 입었다.[2]

　　이와 같이 우리는 매일매일 일상적으로 TV나 Radio, 스마트폰, SNS 등 미디어로부터 재난경보를 접하고 있다. 뿐만 아니라, '코로나19' 같은 감염경보가 실시간으로 들어오기 때문에 언제, 어디서든지 재난경보에는 신속하게 확인하고 대응해야 한다. 따라서 우리는 지난 '10·29 참사'에서도 보았듯이 항상 의식에 '경보센서'를 켜 둔 상태에서 생활해야 하는 '재난경보사회'에 살고 있다. '재난경보사회'에는 친 미디어 환경일수록 재난피해를 입을 확률이 낮아진다. 역으로 미디어 접근성이 어렵거나 재난 약자일수록 재난피해가 클 수 있다.

## 2. 국가 위기발생과 재난경보관리

　　세계 기상과학 연구의 '허브'인 미국 해양대기청(NOAA) 태풍 전문가 제임스 코신(James Kossin) 박사는 2018년 6월 학술지 '네이처'에서 다음과 같이 주장했다. "태풍 중에 그 속도가 매우 느렸던 플로렌스(FLORENCE)와 매우 강했던 망쿳(MANGKHUT) 등은 극한적인 기상현상의 전형적인 사례"라며, "이런 현상은 기존의 기상예측 모형으로는 도저히 예측하기가 어렵다"고 설명했다. 이번 연구에서 제임스 코신 박사는 과거 1949년부터 2016년까지 68년간 전 세계에서 발생한 태풍과 사이클론, 허리케인 등 열대성 저기압 5,785건의 움직임과 위력을 면밀하게 분석했다. 그 결과 "열대성 저기압의 이동 속도가 과거에 비해 최대 30%까지나 현저하게 느려지는 경향이 있기 때문에 태풍이 지상에 머무는 시간은 훨씬 더 많아서 홍수피해도 훨씬 커졌다"[3]고 주장해 주목을 받았다.

---

1 『朝日新聞』, 2019년10月14付け.
2 『동아일보』, 2018년 9월 21일자.
3 Kossin, J. Nature 558, 104~107(2018). ① Hurricanes are moving more slowly, which means more time spent over land, more rainfall, and potentially, more danger ② That's the con-clusion of a new paper published this week in Nature, which examined ③ hurricane data

실제, 일본의 경우도 2018년 7월 5일부터 3일간 내린 폭우가 고치(高知)현이 1091㎜, 기후(岐阜)현이 1,000㎜ 넘는 집중호우로 인해 170여 명이 사망하게 되었다. 도쿄슈도대학(東京首都大學) 미카미 다케히코(三上岳彦) 교수는 이와 같이 폭우나 폭염의 기류현상이 계속 정지 상태에서 지속되는 현상을 '블럭 현상'이라고 주장했다.[4] 일본 기상청은 이러한 현상을 빌딩 현상이라고 부르기도 했다. 마침내 일본 기상청도 제임스 코신 박사가 주장하는 바와 같이 2018년은 저기압 상태가 예년에는 볼 수 없을 정도로 정체되어 느리게 진행되었던 "백빌딩 현상(Back Building)"[5]에 따라 폭우피해가 매우 커졌다고 발표한 바 있다.

한편, 덴마크(Denmark) 코펜하겐대학 캐서린 리처드슨(Catherine Richardson Copenhagen stand professor) 교수는 지구 온난화 현상이 '점점 뜨거워져 시한폭탄'과 같다고 경고하고 있다. 캐서린 교수는 2050년경에는 지구 온도가 5도 이상 상승해 '핫 하우스(고 온실)' 상태에 진입할 수 있다고 지적하고 '파리기후협정'에 따라 탄소배출량을 줄임과 동시에 배출된 탄소를 포집하는 기술이 필요하다고 주장했다.[6] 제임스 코신 박사나 캐서린 교수의 주장을 뒷받침해 주듯이 2018년부터 세계 곳곳에서 섭씨 40도를 훌쩍 넘는 열돔 현상이 여러 곳에서 나타나고 있다. 2021년 7월 23일 미국 메인대학(University Maine)의 기후변화연구소(Climate Change Institute)에서 발표한 세계 폭염현상을 보면,[7] 알제리가 51.3°, 일본 사이타마 현41.4°, 영국 맨체스터 피카 델리 역 48°, 미국 서부 데스 벨리가 52.7° 등을 기록하고 있다. 우리나라도 2018년에는 영천에서 40.3°를 기록하는 등 폭염경보 일수가 30일을 넘기기도 했다. 2019년 7월 27일에는 파리 에펠탑 주변이 42.6°로 올라가 프랑스에서도 50여 명이 폭염으로 사망하

---

from 1949 to 2016. It found storm speed decreased globally by 10 percent over that time period, which study author James Kossin writes, "is very likely to have compounded, and possibly dominated, any increases in local rainfall totals that may have occurred as a result." ④ In 2017, that storm stalled out over Texas, prompting massive floods. Kossin says climate change, in part catalyzed by human activity, is one possible explanation for why hurricanes are slowing down. ⑤ Read the full paper: Nature: A global slowdown of tropical-cyclone translation speed.

4 「私たちの身をどう守る」『NHK討論番組』, 2018年7月29日付け放送.

5 『朝日新聞』, 2018年7月6日付け.

6 『동아일보』, 2018년, 11월 20일자.

7 https://climatechange.umaine.edu/climate-matters/(2021.7.23)

는 등 유럽이나 프랑스도 아프리카 같이 더운 날씨가 이어졌다.[8]

예일대학교의 명예교수인 찰스 페 로우(Charles Perrow) 교수는 2011년 3월 11일 일본에서 일어난 동 일본 대진재 당시 원전폭발 사고를 보고 '정상적인 사고(normal accident)'라고 규정했다. 즉, 페로우 교수에 의하면, 이제 이러한 대형 사고는 '언제' '어디'에서나 일어날 수 있는 보편적인 사고라는 것이다. 페로우 교수의 주장처럼 이러한 대형 재난이나 사건·사고는 언제 어디서든지 일어날 수 있는 보편적인 사고라고 한다면, 우리는 보다 더 안전·안심하고 살 수 있는 지역사회를 구축하기 위해서는 국가적인 경보관리를 철저히 해야 할 것이다.[9]

최근 선진국에서는 인공지능(Artificial Intelligence : AI)이나 빅 데이터, 로봇 등을 이용해 안전공학(safety engineering)을 방재시스템에 도입해 이중 삼중으로 안전장치를 구축하고 있다.[10] 안전공학은 원래 노동현장이나 공업, 공구, 기계장치, 의학, 사회생활 등의 안정성 문제에서부터 출발하였다. 그러나 최근에는 대형 재난이나 사건·사고, 재해 등 사회생활 안전망 전반에 걸쳐서 재난을 예방하고 안전성을 추구하는 중요한 새로운 학문 분야로 자리잡고 있다.[11]

일본에서는 1995년 한신대진재(阪神大震災) 이후 무라카미 요이치로(村上陽一郎)에 의해서 『안전학(安全学)』[12]이라는 개념을 본격적으로 도입하게 되었다. 이제 이러한 대형 재난은 우리 사회에 큰 손실을 가져올 뿐만 아니라, 순식간에 우리들의 귀중한 생명마저도 잃게 된다. 따라서 사용자나 노동자, 소비자, 그리고 제3의 이해 관계자(stakeholder)에 이르기까지 우리 모두가 안전·안심하고 생업에 전념할 수 있는 사회를 만들기 위해서는 우리 구성원 모두가 전력을

---

8 독일이나 벨기에, 네덜란드 등 유럽지역도 40도가 훌쩍 뛰어넘는 폭염으로 원전 냉각수가 과열되어 원전 가동이 중단되기도 했다. 포도주 종주국인 프랑스의 경우는 2019년에는 폭염으로 포도 생산량이 13%나 줄어들어 마침내 유럽의 포도 생산지도 보다 더 시원한 곳으로 옮겨야 하는 것 아니냐는 우려가 나오고 있을 정도다.

9 이연 『위기관리와 재난정보』, 2016년, p. 3.

10 Vincenti, Walter G. (1993). *What Engineers Know and How They Know It: Analytical Studies from Aeronautical History.* The Johns Hopkins University Press.

11 Jenkins, Rhys (1936). *Links in the History of Engineering and Technology from Tudor Times. Ayer Publishing.* p. 66.

12 村上陽一郎 『安全学』, 靑土社, 1998年, p. 208.

다해야 할 것이다.

1986년 체르노빌 원전 사고나 2011년 후쿠시마(福島) 원전 폭발에서 보았듯이 세계 곳곳에서 일어나는 국가적인 대형 재난 중에서 가장 피해가 극심하고 복구가 어려운 재난이 원전 피해다. 원자력발전소의 폭발은 거의 그 지역이 초토화될 정도에까지 이를 정도로 극심한 피해를 입히게 된다. 인적 재난이나 자연재난의 경우는 일정기간 시간이 지나면 복구가 가능하지만, 원전 폭발의 경우는 수백 년에 걸쳐서 노력을 하더라도 현재 기술로는 처음처럼 완전 복구가 어렵다는 것이 전문가들의 지적이다.

세계 최초의 원자력 사고는 1945년 8월 21일 미국의 로스 알라모스 국립연구소(Los Ala mos National Laboratory : LANL)에서 핵실험을 연구하던 학자가 플루토늄 코어 폭발로 목숨을 잃은 사고다. 그 후 1940년대부터 2010년대까지 약 40여 회에 걸쳐서 크고 작은 원전 사고가 일어났다.[13][14]

일본의 방재과학자 야모리 카스야(矢守克也) 교수는 '방재인간과학(防災人間科學)'이라는 새로운 학술용어를 도입하여 방재과학을 설명하고 있다. 그는 지금까지 방재연구의 주류를 형성했던 '자연과학계'의 영역과 이를 지탱하도록 곁을 지켜주었던 '비자연 과학계'의 영역으로 구분하고 있다. 또한, 그는 자연과학계의 영역으로는 지리학, 토목학, 기상학, 건축학 등이 있고, 비자연 과학계에는 심리학, 경제학, 사회학, 언론학, 위기관리학, 정보학 등으로 구분하고 있다. 즉, 방재인간과학은 방재지식이나 방재기술개발이라는 방재연구 본연의 관심사와 함께 인간과 사회 등 비자연적인 연구영역도 중요하게 고려해야 한다는 주장이다.[15] 그는 오늘날과 같이 긴급재난경보가 중요시 되고 있는 사회에서는 재난발생 초기부터 학제적인 연구방법으로 종합적으로 접근하는 방법이 중요하다고 주장하고 있다.[16]

사회정치학자인 로버트 퍼트남(Robert David Putnam)에 의하면, '사회자본

---

13 Kinlen L. J., Clarke K., Balkwill A.(1993), "*Paternal preconceptional radiation exposure in the nuclear industry and leukaemia and non-Hodgkin's lymphoma in young people in Scotland*"
14 原子力災害対策本部(2011-06-07).「原子力安全に関するIAEA閣僚会議に対する日本国政府の報告書について」(Report).
15 이연『위기관리와 재난정보』, 박영사, 2016, p. 6.
16 矢守克也『防災人間科学』, 東京大学出版部, 2009, pp. 20~21.

(Social Capital)'은 사회구성원들이 힘을 합쳐 공동 목표를 효율적으로 추구할 수 있게 하는 자본(의식)이라고 정의하고 있다. 즉, 그는 사회자본은 사회구성원들 상호 간에 공동이익을 추구하기 위해 조정과 협동을 촉진하는 '규범, 신뢰, 네트워크'라고도 했다. 사회자본은 생산을 가능케 하는 물리적 자본이나 인적 자본과는 달리 인간관계 내에 존재하고 있다.[17] 그러면서도 사회자본은 물리적 자본이나 인적 자본과 같이 생산활동을 증가시킨다는 점에서는 공통점이 있다.[18] 또한, 사회 자본은 ① 정보 공유의 역할을 수행하여 공식·비공식 제도가 정확한 정보를 제공하고, ② 개인의 상호작용으로 인해 구성원들 간의 신뢰를 회복하게 하는 조정 역할을 하며, ③ 집단적인 의사결정을 통해 재난에 공조(共助)하게 하는 중요한 역할을 수행하고 있다.[19] [20]

재난관리에 있어서 가장 경계해야 할 태도가 '정상화(正常化)에의 편견 (normalcy bias)'이다. 이는 재난이 발생했을 때 피난행동을 저해하는 낙관적인 심리 상태를 말한다.[21] 일본의 재난 사회학의 창시자인 도쿄대학 히로이 오사무(廣井脩) 교수는 "사태의 절박성을 직접 지각하지 않는 사람들은 낙관적인 정보를 받아들여 재난을 경고하는 재난경보를 부정하려고 하는 경향이 있는데, 이를 정상화에의 편견"[22]이라고 지적하고 있다. 즉, '설마', '우리는', '여기는', '이번은', '나는' 괜찮겠지 하는 생각으로 대피나 피난을 게을리하는 마음을 말한다.[23] 또한, 다른 한편으로는 대단한 사건이 일어났는데도 불구하고 지나치리만큼 심리상태를 안정시키기 위해서 '사실이 아닐 것으로 부정 내지는 회피하려고 하는 의식'을 말하기도 한다.[24] 이러한 심리상태는 실제로 재난이 일어났

---

17  中邨章·市川宏雄『危機管理学』, 第一法規株式会社, 2014, pp. 196~197.

18  Putman R. David(1993), Making Democracy work : *Civic Traditions in Modern Italy, Princeton:* Princeton University Press.

19  Putman R. David(2000), Bowling Alone : *The Collapse Revival of American Community*, Simon & Schuster.

20  이연『위기관리와 재난정보』, 박영사, 2016, p. 7.

21  矢守克也「再論ー正常化の偏見」『実験社会心理学研究』(第48巻, 第 2 号), 京都大学防災研究所, 2009, p. 140.

22  井上裕之「命令調を使った津波避難の呼びかけ」『放送研究と調査』, (3 月号), NHK放送文化研究所, 2012, p. 24.

23  中谷内一也『リスクの社会心理学』, 有斐閣, 2012, p. 80.

24  Yamori Kastuya(2007), *Disaster risk sense in Japan and gaming approach to risk communica-*

을 때 재난경보에 둔감해지게 할 뿐만 아니라, 대피행동에도 지장을 주어 큰 차질을 빚게 해 재난피해를 더욱 더 확산시킬 수 있는 위험성이 큰 사고라고 지적하고 있다.[25]

## 3. 국가 위기와 재난발생의 징조

대형 재난발생 시에는 대체로 재난발생 이전에 재난에 관련된 전 조적인 인과관계가 있다고 본다. 즉, 대형 재난이 일어나기 이전에는 반드시 어떠한 형태로든지 사전 징조가 보인다는 것이다. 건물이 무너지기 직전에 건물 벽에 균열 조짐이 보인다든가, 지진이 일어나기 직전에 갈매기나 도롱뇽 등 산짐승의 움직임이 활발해진다는 것이다. 미국의 트래블러스 손해보험회사 기술조사부 부부장인 하인리히(Herbert William Heinrich)는 1929년 11월 19일에 "산업재해 예방 : 과학적 접근(Industrial Accident Prevention : A Scientific Approach)"이라는 논문을 발표했는데, 하인리히는 거기에서 「1 : 29 : 300」이라는 산업재해 예방 법칙을 발표했다.[26] 그는 이 논문에서 5천여 건의 노동재해 피해자들과 상담한 내용을 통계학적으로 분석해 법칙을 만들게 되었는데, 그 내용 중에 ① '중상(Major Incident)' 이상 큰 피해 건수가 1건 있으면, ② 그 뒤에는 29건의 '경상(Minor Incident)'을 동반하는 재해가 있었고, ③ 3백여 건의 비슷하지만 경미한 사고가 발생하는 등으로 '재난 직전(Near Misses)'에 잠재적인 부상자가 존재한다는 사실을 밝혀냈다. 즉, 대형 재난은 우연히, 갑자기 일어나는 것이 아니라, 재난발생 이전에 반드시 경미한 사고나 조짐의 징조들이 반복된다는 것을 실증적으로 증명한 것이다. 이를 우리는 하인리히 법칙, 또는 '1 : 29 : 300'의 법칙이라고도 부른다.[27]

---

tion, International Journal of mass Emergency and Disaster, 25, 101~131.

25 이연 『위기관리와 재난정보』, 박영사, 2016, p. 8.

26 H. W. Heinrich: Industrial accident prevention: *a scientific approach*. 4. Auflage. McGraw-Hill, 1959. zitiert In: John V. Grimaldi, Rollin H. Simonds: *Safety management*. R. D. Irwin, Homewood, Ill 1973, ISBN 0-256-01564-3, S. 211.

27 宮城雅子 「Incident Reporting Systemについての試行的研究」 『航空法務研究』(Vol. 16~17)有斐閣, 1986.

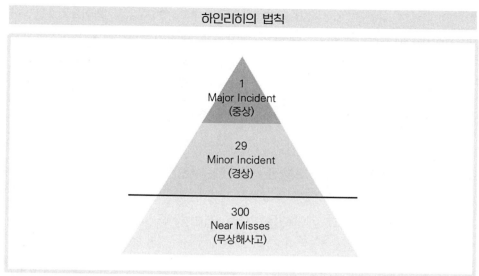

하인리히의 법칙

1
Major Incident
(중상)

29
Minor Incident
(경상)

300
Near Misses
(무상해사고)

자료 : 이연 『국가 위기관리와 재난정보』, 박영사, 2016년, p. 9.

1995년 삼풍백화점 붕괴사고나 2008년 이천의 냉동창고 화재 참사, 그리고 2014년 4월 16일 팽목항에서 일어난 세월호 참사 등의 경우도 모두 하인리히의 법칙이 적용된다. 삼풍백화점은 건물은 지을 때부터 문제가 많았는데, 옥상에는 76톤가량의 물탱크 장치를 설치해 원래의 설계 하중에서 4배를 초과했고, 내구성을 위해 들어가야 할 철근콘크리트도 무더기로 빠져 있었다. 이러한 부실시공과 허술한 시공사 관리로 천정에 금이 가는 등 치명적인 손상을 입은 징후들이 많이 있었다. 2008년에 발생한 이천 냉동창고 화재 참사도, 감리 시공사의 부실감독이 그 첫 번째 원인이다. 또, 부실 용접 등으로 샌드위치 패널에 불이 옮겨 붙는 사고가 몇 번이나 일어났다. 그밖에도 여러 번의 경고 신호가 있었음에도 불구하고 아무런 조치를 취하지 않았다는 점이다.

세월호의 경우도 배가 침몰하기 이전에 짙은 안개에도 불구하고 무리한 출항이 그 전조였다. 또, 두 번에 걸친 선체 개조, 그리고 승객 정원 늘리기나 과적 등이 그것이다. 그밖에도 갑자기 남서쪽으로 급회전한다든가, 대리 선장의 투입이나 2급 항해사의 운항 등의 사전 재난 징후들은 여러 곳에서 볼 수 있었다. '설마, 우리에게 사고가 일어나겠는가?', '대충대충 하자', '다음에 고치지 뭐', '우리는 괜찮겠지', 이런 생각들이 마침내 대형 사고를 불러오는 원인이 된 것이다. 사소한 조짐들은 당장은 위험하게 느껴지지 않는다. 하지만 사고 발생 시간은 정해진 프로그램(routine work)과 같이 착착 다가오고 있음을 우리 인간들은 모르고 있었던 것이다.[28] 따라서 재난발생 징조를 사전에 과학적인 방법으로 포착하는 것이 무엇보다도 중요하다고 하겠다.

## 4. 국가 재난발생과 '사회자본(Social Capital)'[29]

### 1) 국가 재난발생과 긴급대응 커뮤니케이션[30]

대규모 재난발생 시 대응방법에는 크게 세 가지로 나눌 수 있다. ① 지역 주민들 스스로가 자주적으로 대응하는 '자조(自助)형', ② 지역사회(community) 나 이웃 주민들이 서로 함께 공조해서 협력 대응하는 '공조(共助=協助)형', ③ 또, 지방자치단체나 경찰서, 소방서 등 관공서나 공적기관이 도와주는 '관조(官助=公助)형'이 있다. 일본의 경우 2018년 방위백서 서두에서 밝힌 바와 같이 주민들이나 지방자치단체, 경찰, 소방 등 단체별로 각자 스스로 역할을 분담해서 재난에 대응코자 하는 자조형으로 점점 확대되어 가고 있다.

대규모 재난이 발생하면, 국가나 지방자치단체, 군부대 등의 공적 조직이 효과적이긴 하지만 실제로 구조현장에 투입돼 활동에 이르기까지는 상당한 시간이 걸린다. 즉, 공휴일이나 심야시간대 등에는 재난 관련 공적정보가 전달되어 '재난 발생 72시간(골든타임) 이전'에 행정적인 관조(官助=公助)를 기대하기는 사실상 어려운 상태다. 따라서 재난발생 시 재난 취약자들에 대한 피해구조에는 피해 지역민들 스스로가 지키는 '자조'가 가장 큰 위력을 발휘하게 된다.

---

28 이연 『위기관리와 재난정보』, 박영사, 2016, p. 10. 재인용.
29 한마디로 말해서 사회자본이란 '사회구성원들이 힘을 합쳐 공동 목표를 효율적으로 추구할 수 있게 하는 의식을 말한다. 즉, 사회 구성원들 상호간의 공동 이익을 위해 조정과 협동 등을 촉진하는 규범이나 신뢰, 네트워크 등의 의식이다.
30 이연 『위기관리와 재난정보』, 박영사, 2016, pp. 12~13. 재인용.

실례로 2014년 일본 하쿠바 무라(白馬村) 지진의 경우를 들 수 있다. 2014년 11월 22일(토) 저녁 12시 8분 경 일본 나가노 현(長野県) 북부지역인 기타아즈미군(北安曇郡) 하쿠바 무라를 중심으로 매그니튜드 6.7도의 지진이 일어났다. 진원 단층이 가까웠던 하쿠바 무라 주변에는 가옥이 무너져 내려 재난 취약자 26명이 메몰되었다. 그러나 이웃 주민들의 철저한 신고와 공조활동 등에 의해 한 명의 사망자도 발생하지 않고 전원 구조된 사례가 있다.[31]

## 2) 재난발생과 사사키 카즈유키(佐々木一如)의 자조 모델[32]

앞에서 이미 언급했듯이 대형 재난이 발생하더라도 국가나 지방자치단체, 군부대 등이 행정적으로 지원하기에는 실제로 수일이나 수 시간이 걸릴 수 있다. 다시 말해서 재난발생 후 72시간 이내에 지원을 기대하기는 어렵다는 것이다. 따라서 긴급재난 방재활동에는 이웃 주민이나 혈연, 지역주민들이 공조하여 대응하는 방법이 매우 중요하다고 하겠다. 사사키 교수는 머피(Edward A. Murphy)의 법칙(1995)[33]과 같이 일을 긴급하게 처리하려 하면 원하지 않는 방향으로 일이 진행되는 경향이 있다고 지적하면서, 다음과 같이 사사키 모델을 도식으로 설명하면서 '자조'를 강조하고 있다.[34]

사사키 모델 : 왜, "재난은 관공서가 문을 닫았을 때 일어나가 쉬운가"라는 사사키 모델을 도식화해 보면 다음과 같다.[35]

---

31 『時事通信』, 2014年11月23日付け.

32 中邨章・市川宏雄『危機管理学』,第一法規株式会社, 2014, pp. 194~195.

33 머피(Edward A. Murphy)는 제2차 세계대전 종전 직후부터 1950년대에 걸쳐서 미국공군 소령으로 비행기의 급감속에 대한 프로젝트에 엔지니어로 참가하게 되었다. 그런데 누군가가 프로젝트 연구에서 배선을 잘못 연결해 그것이 원인이 되어 비참한 결과를 낳았다는 것을 알고, 잘못한 누구를 지적해 내게 된다. 그 후 몇 주가 지난 뒤 프로젝트의 리더격인 존 스터브가 이를 군 내부에 소개하게 되고, 마침내는 각종 기술 잡지에도 소개되면서 외부에 크게 알려지게 된 계기가 된 거이다. 즉, 일을 긴급하게 처리하려 하면 원치 않는 방향으로 진행되는 경향이 있다는 말이다.

34 中邨章・市川宏雄 『危機管理学』, 第一法規株式会社, 2014, pp. 194~195.

35 佐々木一如 「一時避難所と集落別防災マニュアル〜自治会活性化に向けて〜」 『第10回鹿嶋市まちづくり市民大会資料』(鹿嶋市まちづくり市民センター), 2014, p. 43.

$$\frac{1}{3} \times \frac{5}{7} = \frac{5}{21} = 23.8\%$$

위의 도식에서 1/3은 하루 24시간 중에 평균적으로 관공서에서 일하는 업무시간은 하루에 8시간이라는 설명이다. 5/7는 1주일인 7일 중에 토·일을 제외한 실제로 근무하는 일수는 5일이라는 의미이다. 이 두 분수를 곱하면 일주일 동안 근무하는 시간을 5/21가 된다. 즉, 1주일 동안 관공서에서 실제로 일하는 근무시간은 5/21로 23.8%가 일하는 시간이다. 흔히 우리들은 많은 관공서가 24시간 항상 업무를 보고 있다고 착각하고 있지만, 실제로 관공서가 업무를 수행하는 시간은 일주일 168시간 중에 23.8%인 40시간 밖에 근무하지 않는다. 따라서 관공서 직원이 근무하지 않는 시간대에 재난이 일어날 확률은 76.2%에 달한다.

공교롭게도 대형 재난은 주말이나 야간시간대에 잘 일어난다. 아마 그것은 근무자가 관리를 못하는 탓도 있겠지만, 근무하지 않는 시간이 76.2%로 절대적으로 일어날 수 있는 확률이 높기 때문이기도 하다. 그래서 결과적으로 관공서 공무원들이 근무하지 않는 시간대에 재난이 발생할 경우는 행정적인 초동대응도 늦어질 뿐만 아니라, '관조나 공조(公助 : Public Assistance)'도 어렵게 된다는 것이다. 이에 사사키 교수는 재난발생 시 긴급대응에 의존할 수 있는 유일한 방법은 '자조(自助 : Self·help)'와 '공조(共助 : Cooperation)' 밖에는 없다고 주장하고 있다. 사사키 교수의 모델은 아주 단순하지만, 물리적인 '관조나 공조(公助 : Public)'의 한계를 현실적으로 인정하고 대안으로 '자조'와 '공조(共助 : Cooperation)'의 중요성을 강조하는 아주 유효한 모델이다. 재난피해를 완전히 없앨 수는 없지만, 재난피해를 최소화하기 위해서는 어떤 노력이 필요한지에 대해 사사키 교수는 우리들에게는 매우 중요한 시사점을 던져주고 있다.[36]

## 2) 새로운 긴급재난 대응 모델 '자조'와 '공조'

지난 1995년 1월 17일 한신·아와지 대지진 당시 붕괴된 건물이나 가옥에

---

36 이연 『위기관리와 재난정보』, 박영사, 2016, p. 13 재인용.

매몰되거나 갇혀 있다가 구조된 사람들의 구출경로를 보면 다음 도표와 같다.[37]

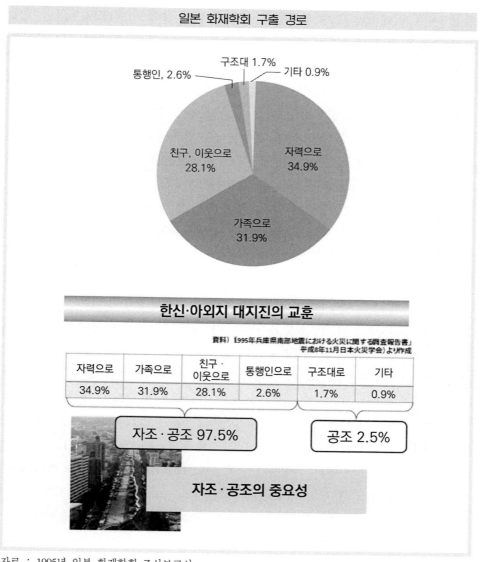

일본 화재학회 구출 경로

구조대 1.7%
기타 0.9%
통행인, 2.6%
친구, 이웃으로 28.1%
자력으로 34.9%
가족으로 31.9%

한신·아외지 대지진의 교훈

資料)『1995年兵庫県南部地震における火災に関する調査報告書』
平成8年11月日本火災学会)より作成

| 자력으로 | 가족으로 | 친구·이웃으로 | 통행인으로 | 구조대로 | 기타 |
|---|---|---|---|---|---|
| 34.9% | 31.9% | 28.1% | 2.6% | 1.7% | 0.9% |

자조·공조 97.5%

공조 2.5%

자조·공조의 중요성

자료 : 1995년 일본 화재학회 조사보고서

---

37 1995年兵庫県南部地震における火災に関する調査報告書(平成8年11月, 日本火災学会).

1995년 한신 대지진 당시에 '자조'나 '공조(共助＝協助)'에 의해 생명이 구출된 사람은 무려 97.5%에 이른다.[38] 이는 공적인 행정 시스템인 '관조(官助＝公助)'가 가동되어 초동대응에 이르기까지는 상당한 시간이 걸린다는 뜻이다. 즉, 한신·아와지 대지진 당시 붕괴된 가옥이나 건물 등에 의해 매몰되거나 갇힌 사람 중에서, 자신의 힘으로 탈출하거나 가족·친구·이웃·통행인 등에 의해서 구조된 사람들은 무려 97.5%에 이른다는 통계수치이다.

대형 재난발생 시 피해를 줄이기 위해서는 평소에 자기 집의 구조를 잘 이해하고 가구의 고정이나 식량 비축 등 사전에 철저히 '준비'해 두어야 한다. 또한, 피난훈련에도 적극적으로 참여하여 신속하게 대피할 수 있도록 사전 준비 훈련에도 철저히 참가해야 한다. 무엇보다도 이웃과는 서로 도우면서 평소에 '자조·공조' 정신으로 협조(共助＝協助)하면서 재난피해경감에 노력을 기울여야 한다.

특히, 재난발생 시 '자조·공조'의 중요성은 동일본 대지진을 통해서 일본 국민들에게는 그 효용성이 크게 인식되었다. 1917년에 일본 내각부가 실시한 여론조사 실시결과에도, "자조·공조·관조" 3조 중에서 가장 중점을 두어야 하는 방재 대책으로는 "자조·공조"에 두고 있는 것으로 나타났다.[39]

한편, 2011년 3·11일 동일본 대지진과 같이 대규모 지진이나, 집중호우, 태풍, 토사 붕괴 같은 풍수해와 같은 대형 재난이 발생할 경우는 고령자나 장애자 등 재난 약자들이 스스로 대피하는 것이 어렵다는 것을 알게 되었다. 따라서 국가적으로는 재난 약자들이 신속하게 대피할 수 있도록 재난지원체제를 구축하는 것이 절실해졌다. 나아가서 일반 시민들도 스스로 대형 재난에 대비하기 위해 평소부터도 '자조'가 필요하다는 결론에 도달하게 되었다. 우선, 최소 3일 분량의 비상식량과 음식물을 준비하고 회중전등이나 휴대용 라디오 등 방재 비품들도 준비해 두고 자주 점검하는 것이 중요해졌다. 그밖에도 가구나 주요 비품들이 넘어지지 않게 고정해 두고, 가옥이나 건축물들도 내진설계 등으로 보강해 재난에 소홀함이 없도록 완벽히 하도록 했다. 그리고 마을이나 이

---

38 1995年兵庫県南部地震における火災に関する調査報告書(平成８年11月, 日本火災学会).
39 1995年兵庫県南部地震における火災に関する調査報告書(平成８年11月, 日本火災学会).

웃들과도 평소에 서로 돕는 '협조'가 이루어질 수 있도록 네트워크를 형성해 두어야 한다. 그밖에는 '관조'로 시청이나 구청, 소방서, 경찰서 등 행정기관과도 긴밀한 유대관계를 유지해야 한다. 아울러 재난구조기관이나 지원기관 등에 대해서도 서로 '협조관계'를 유지하여야 하며, 지역의 봉사활동 단체들이나 사회복지단체, 각종 지원센터, 장애자복지시설 등과도 제휴해 정보를 공유하면서 재난 발생 시에는 신속하게 대응할 수 있도록 평소부터 네트워크를 형성해 두어야 한다.[40]

이미 앞에서 설명한 바와 같이 사사키 교수의 모델과 쵸후시(調布市)의 "자조(自助)·공조(共助)·관조(官助)"[41]의 모형을 인용해 저자는 「재난대응의 3요소」

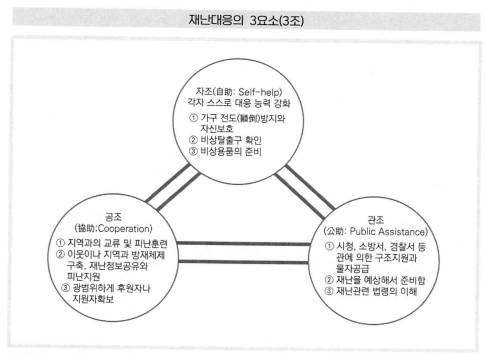

재난대응의 3요소(3조)

Self-help, Cooperation, Public assistance(자조·공조·관조＝3조)

---

40 「調布市災害時要援護者避難支援プラン行動計画(町内編)」, 平成25年10月, 調布市, p. 1.
41 「調布市災害時要援護者避難支援プラン行動計画(町内編)」, 平成25年10月, 調布市, p. 2. 재구성.

라고 하는 새로운 이론으로 '긴급재난대응체제'를 구축해 보았다. 앞 도표에서 3각 축으로 구성된 "재난대응 3요소"는 '긴급재난대응'에 있어서 가장 중요한 핵심모델이 될 수 있다.

앞의 도표에서 '자조·공조'가 신속하게 잘 이루어지기 위해서는 무엇보다도 평소에 가족이나 친척, 가까운 이웃들끼리는 긴밀하게 커뮤니케이션을 나누는 것이 가장 중요하다. 일본화재학회 조사보고서에 의하면, '당신은 대형 재난이 일어나면 어떻게 대응할 것인가?'라는 질문을 해 보았다. 그러자 2002년 조사 때는 34.9%가 가족들이나 가까운 사람들에게 논의한 적이 있다고 대답했다.[42] 그러나 15년 지난 2017년에는 57.7%로 많이 증가해 대부분의 사람이 대화를 나누고 있었다. 이는 2011년 동일본 대지진이 일어나서 재난에 대한 경각심이 그만큼 높아진 경향이 있는 것으로 보인다.

### 3) 재난피해를 줄이는 감재보도(減災報道)

재난보도의 제일 큰 목적은 재난피해를 조금이라도 더 줄이게 하는 감재보도에 있다. 즉, 어떻게 재난정보를 전달하면 조금이라도 재난피해를 더 줄일 수 있을까 하는 데 있다. 일본의 언론들도 1995년 한신 대지진을 기점으로 재난보도에 대한 경각심이 한층 높아져서 여러 방면에서 심도 있는 연구가 진행되고 있다. 예를 들면, 2002년 고베에는 한신 대진재를 추모하기 위해 '인간과 방재 미래 센터(人と防災未来センター)'를 만들게 되었는데 여기에서도 '감재보도 연구회'라는 시민조직단체가 조직되어 감재에 대한 연구가 활발하게 이루어지고 있다.[43] 일본에는 이러한 여러 단체들의 재난보도에 대한 연구들이 일본 언론을 통해서 보도되면서 재난에 대한 '방재 커뮤니케이션', '대피 커뮤니케이션', '복구 커뮤니케이션' 활동이 훨씬 더 활발해지고 있다.

2021년 2월 13일 저녁 일본 후쿠시마현(福島縣) 해안에서 다시 7.3 규모의 지진이 일어난 것과 같이 일본은 지리적인 현상으로 인해 언제 어디서든지 재난의 위협을 받는 국가이다. 이런 재난환경에서 살아가기 위해서는 개인이나

---

42 1995年兵庫県南部地震における火災に関する調査報告書(平成 8 年11月, 日本火災学会).
43 2016년 2월 2일, 「人と防災未来センター減災報道研究会」 회의자료.

다양한 조직들이 각자 자기들의 역할을 고려해 서로 협력해서 그 피해를 최소화 하는 것이 바람직하다. 무엇보다도 자기들이 살고 있는 지역사회의 안전을 확보하기 위해서는 ① 주민, ② 행정기관, ③ 보도기관, ④ 연구자 4자가 긴밀하게 연계해서 감재하는 방법을 강구하는 것이 필요하다. 특히, 재난에 대응하는 행정기관과 함께 재해지 내외에 재난정보를 전달하는 보도기관들과 연계해서 방재커뮤니케이션 활동을 행하는 것은 매우 효과적인 일이다. 나아가서 "감재 사회 실현"이라는 큰 목표를 달성하기 위해서는 유관기관끼리는 서로 대립하는 것이 아니라 연계하는 것이 필요하다. 행정기관은 단순한 "재난정보에 대한 보도대응"이 아니라, 감재 사회를 실현하기 위한 수단으로서도 보도기관을 통해 능동적인 재난정보를 발신해야 할 필요가 있다. 나아가서 보도기관도 재난 발생 시는 우선은 비판이나 책임추궁보다는 재난 수습을 위한 감재 커뮤니케이션 활동에 중점을 두어야 할 것이다.

아래 도표는 일본의 고베(戸神) 「인간과 방재 미래센터」가 제시하는 감재 사회를 실현하기 위한 3각추 모델을 제시하고 있다.

**감재 사회 삼각추[44]**

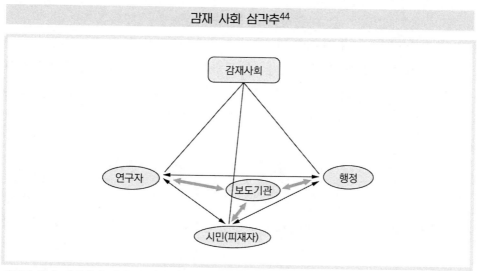

사람과 방재 미래센터 감재 보도연구회 2016년 2월 2일 회의자료.

---

44 2016년 2월 2일, 「人と防災未来センター減災報道研究会」 회의자료.

다시 말해서 재난으로부터 시민들의 생명과 재산을 지키고 피해를 경감시키기 위해서는 행정·보도·연구자가 각각의 역할을 완수하면서 '감재'라는 공통의 목표를 향해 연계해 가는 것이 필요했다고 하겠다.

## 제2절   2011년 동일본 대진재와 일본의 안전의식

### 1. 일본의 '안전·안심 마을 만들기'와 '리스크 커뮤니케이션'

일본은 2011년 3·11 동일본 대진재를 겪으면서 전 국민적으로 안전에 대한 의식이 이전보다 한층 높아졌다. 특히, 안전의식은 무엇보다도 시민 한사람 한사람의 마음가짐에서 출발한다. 시민들 사이에서는 서로서로 대화의 문을 열고 '리스크(risk)'에 관한 정보는 모두가 정보를 공유하는 네트워크가 필요하다고 인식하게 되었다. 즉, 이웃 간에는 대화나 정보공유 네트워크가 잘 이루어지는 지역이야 말로 위기발생 시 '재난에 강한 지역'이 된다는 사실을 깨닫게 되었다.[45] 따라서 모든 국민이 함께 하는 공조(共助＝협조)의식을 높이기 위해서는 평소에도 지역주민들 사이에는 높은 수준의 방재의식을 공유함과 동시에, 서로 간의 긴밀한 대화와 연대의식을 강화하는 방재 커뮤니케이션이 필요하다.

#### 1) '리스크(risk : 위험)'와 '데인저(danger : 위험)'의 차이점

우리는 일반적으로 '리스크(risk)'[46]는 인간이 어떤 행동을 하거나 하지 않아 장래에 입을 수 있는 피해(damage)를 '리스크'라고 말한다. 그러나 '데인저(danger)는 지진이나 폭우·홍수·풍수해 등으로 일어나는 천재나 뜻밖의 사건·사고 등으로 자기 자신이 스스로 제어할 수 없어서 입게 되는 손해를 위험

---

45 渥美公秀「災害に強いコミュニティのために」『CEL』Vol.73(エネルギー研究所), 2005, p. 41.
46 今田高俊「リスク社会への視点」『社会生活からみたリスク』, 岩波書店´ 2013, p. 3.

(danger)이라고 한다. 또한, '리스크'는 인간이 어떤 형태이건 의사결정이나 인위적인 행동에 따라 입게 되는 손해를 의미한다. 즉, 자기의 의사결정과 관계없이 손해를 입게 되는 경우에도 적절한 예방조치를 취하지 않았다면 인위적인 것으로 간주한다. 따라서 지진이나 폭우·풍수해 등과 같은 자연재해는 천재로 원래는 '리스크'의 개념에서 제외되었지만, 이런 위험이 발생할 가능성이 충분히 예상됨에도 불구하고 아무런 효과적인 대처를 취하지 않아서 입는 피해라면 '리스크'라고 말할 수 있다(천재도 인재).

또한, '리스크'는 장래에 입을 피해를 말하는 데 비해, '위기(crisis)'는 위험이 발생하거나 현실화가 확실해졌을 경우를 말하며, 생명이나 조직의 존립 기반에도 부정적인 영향을 미칠 위험성이 있는 사태를 말한다. 즉, '리스크'는 장래에 입을 수 있는 피해로, 심리적인 위험성을 의미하고, '위기(crisis)'는 현재 피해가 미치고 있는 심리적인 상황론적 상태를 의미한다.

## 2) '안전·안심 마을 만들기'와 '리스크 커뮤니케이션'

일본에서 '안전·안심 마을 만들기'란 자연적인 조건에서부터 출발했다. 특히, 지진이나 태풍, 호우, 산사태, 해일, 화산, 폭설 등으로 인해 재난이 발생하기 쉬운 국토를 가지고 있다. 예를 들어, 지진은 일본의 해양 플레이트와 대륙 플레이트의 경계 선상에 있기 때문에 거대 지진과 판 운동으로 내륙지역에 지진이 자주 일어난다.

일본에는 전 세계에서 발생하는 진도 6 이상의 대지진 중에서 약 20%가 일본에서 일어나고 있다. 그뿐만 아니라, 일본에는 해양성 기후로 대규모의 국지적 호우도 빈발해 각지에서 중·소하천의 범람 등으로 저지대의 침수피해가 자주 일어난다. 그밖에도 방범이나 교통안전 등 일상의 범죄피해에 대한 두려움도 줄이기 위해서 '안전·안심 마을 만들기'에 적극 적으로 나서게 되었다. 또한, 고령자나 장애인 등의 이동도 원활하게 이루어지게 하기 위해서는 안전·안심의 생활환경 확보 등이 필수적인 지역과제였다. 이러한 상황 속에서 저출산 등으로 점점 줄어드는 인구감소 현상과 함께 초고령 사회의 도래, 지구 환경의 지속적인 위협 등으로 위험 저감이 절실히 요구되었다. 그동안 '집약형

도시 구조'로 제2차 세계대전 이후에 정비되어 온 도로나 하천, 상하수도 등 공공시설도 노후화되어 이들의 효율적인 유지 관리가 새로운 사회문제로 등장했다.[47]

　　일본에서 '안전·안심 마을 만들기'는 2009년 6월에 총무성 산하 사회자본 정비심의회에서 '안전·안심 마을 만들기' 소위원회 정책 비전에서 처음 논의된 바 있다. 이 비전에 따르면, '정책 전개의 기본적인 생각'은 다음과 같이 두 가지의 축으로 제시하고 있다.[48]

　(1) '리스크 정보의 활용 및 연계에 의한 마을 만들기'를 성공적으로 완수하기 위해서는 먼저 행정, 지역, 기업·주민들이 각각 재난 해저드와 도시의 취약성을 인지하고 평소부터 연계해 잘 대처해 나가야 했다. 이를 위해서는 다양한 위험정보를 모두가 공유하고 그 정보를 바탕으로 '안전·안심 마을 만들기'에 대응하는 것이 효과적이라고 생각했다. 우선 위험정보를 정비함과 동시에 구체적으로 실시 대책을 세운다. 즉, 행정 내부의 행정서비스와 연계해 위험정보를 알기 쉬운 형태로 제공하기 위해서는 지역주민의 제안도 받아들일 수 있는 행정체제를 구축했다.

　(2) '다양한 방법에 의한 안전·안심 마을 만들기'로 공공시설의 정비와 함께 건물의 내진화 내지는 해저드 취약지역에 방재상 중요한 방재시설의 설치 등이었다. 농지의 보전이라는 측면에서는 같은 토지 사용에 대한 안전성 향상, 지역 상황에 따른 위험 개소의 파악과 함께 범죄의 미연 방지 등 다양한 기술 조합 등이 중요하다는 결론을 얻게 되었다.

　　'일본학술회의(학술원)'라는 원로 연구단체에 의하면, '안전은 객관적인 사항으로 위험과 위해가 발생할 우려가 없을 것이라고 판단하는 것이고, 안심은

---

47 国土交通省社会資本整備審議会都市計画・歴史的風土分科会都市計画部会安全・安心まちづくり小委員会 (2011),「安全で安心して暮らせるまちづくりの推進方策 報告書」から抜粋. p. 1. http://www.mlit.go.jp/policy/shingikai/city01_sg_000092.html
48 国土交通省社会資本{整備審議会都市計画・歴史的風土分科会都市計画部会安全・安心まちづくり小委員会 (2011),「安全で安心して暮らせるまちづくりの推進方策 報告書」から抜粋° p. 2. http://www.mlit.go.jp/policy/shingikai/city01_sg_000092.html

주관적인 마음으로 불안해하지 않는 것이다.'라고 규정하고 있다. 안전과 안심의 과제가 끊임없이 더 높은 다음 단계로 해결해 나가기 위해서는 수준 높은 과학 기술적 안전성이 필요하고, 사람들을 안심시키기 위해서는 더욱 더 합리적인 리스크 커뮤니케이션 시스템 구축이 필요하다고 지적하고 있다.

　　안전·안심하고 살 수 있는 마을 만들기를 실현하기 위해서는 우선 '안전성'을 올바르게 인식하고, 그의 향상이 '안심' 확보로 이어질 수 있도록 실천해야 한다는 것이다. 우선, 행정이나 지역, 기업, 주민들이 각종 위험정보를 함께 공유하고 각각의 역할을 인식하면서 상호 협력하여 도시의 안전성을 높이기 위한 대책을 세울 필요가 있다. 또한, '안전·안심 마을 만들기'에는 리스크 정보의 활용 및 연계에 의한 마을 만들기로 '리스크 커뮤니케이션'의 개념이 매우 유효하다고 지적하고 있다. 리스크 커뮤니케이션은 일반적으로 '개인이나 집단, 조직 간에 위험에 대한 정보와 의견 교환과정'이라고 정의하고 있다. 여기에서 교환되는 정보는 위험에 직접적으로 관련된 정보뿐만 아니라, 위험문제에 대한 관심과 의문, 진술 등도 포함되어 있으며 이러한 다양한 정보를 상호작용하고 공유함으로써 사회 전체의 리스크를 관리해 나갈 수 있다는 것이다.

　　'안전·안심 마을 만들기'에는 다음과 같은 분야에서 면밀한 대책을 세울 필요가 있다. ① 지진, ② 수해, ③ 해일·쓰나미, ④ 토사, ⑤ 화산, ⑥ 설해, ⑦ 교통안전, ⑧ 방범 등 전국 각지에서 자발적으로 안전·안심 활동을 실행하도록 강조하고 있다. 이와 같이 안전·안심 마을 만들기를 위한 방재활동에는 재해발생 시간경과에 따라 ① 재난예방(재난발생 이전 공공시설의 정비·점검 및 건물의 내진·불연화, 방재 훈련 실시), ② 재해응급 대응(發災 직후 응급 구호 등), ③ 재해복구·부흥 단계가 피해 경감을 위한 각각의 단계에서 적절히 대응해야 할 것이다.

### 3) 일본의 전국적인 지역 안전운동과 '안전·안심 마을 만들기'

　　경찰, 지역주민, 행정, 사업자 등이 연계하여 안전하고 안심할 수 있는 지역 사회를 구축하기 위해서는 전국적으로 지역안전운동을 전개하여야 했다. 경찰청 등에서는 매년 10월 11일~20일까지 10일간을 '전국 지역 안전 운동기간'

으로 정하고, 전국 각지의 방범협회·방범자원봉사 단체와 함께 지역안전 활동 강화 및 상호간 협력을 더욱 긴밀화해야 한다는 것이다. 이 운동은 1977년에 '전국 방범운동'으로 시작해 1995년에는 '전국 지역안전 운동'으로 명칭을 변경했다. 또한, 2005년에는 각 지역에서 활동의욕을 높이기 위해 10월 11일을 '안전·안심 마을 만들기의 날'로 정하기도 했다.

## 2. 방범 자원봉사단체의 결성과 주요 활동

### 1) 지역의 방범순찰활동(야간순찰, 블루 순찰차)

지역 환경 정화 활동(낙서 지우기와 청소 등), 방범 홍보 활동(방범 교실, 거리 등의 방범 캠페인 활동), 아이들의 안전을 지키기 위한 등하교 시 등의 주의 및 방범활동 등이 있다.

일본은 대체로 경찰서 관할 구역마다 자치회·상점회·기업 등에 의한 지구 방범협회가 조직되어 '방범 연락소'나 '방범 지도원', 자원봉사 단체 등과 연계하여 지역의 방범활동에 임한다. 지구 방범협회의 연합체로서 도도부현 단위의 방범협회, 전국 조직으로는 전국 방범협회 연합회 등이 있다.

### 2) 노인 가구에 대한 개별 방문

'블루 패트(패트롤)'는 청색 회전 등을 갖춘 자동차(패트롤 카)를 사용해서 청색 회전 등을 점등시켜 실시하는 자주 방범순찰대이다. '청색 방범순찰차 '또는' 청색 방범순찰' 등으로도 알려져 있다. 일반적으로 자동차에 청색 회전 등을 장비하는 것은 금지되어 있다. 다만, 일정한 요건을 충족한 단체가 조직적으로 방범순찰을 실시하는 경우에는 경찰서장의 증명을 얻어서 자동차에 청색 회전 등을 설치하고 방범순찰 활동을 할 수 있다.

'블루 패트'를 사용한 방범순찰 활동은 야간에도 눈에 잘 띄게 넓은 범위에 걸쳐서 순찰이 가능하다는 장점이 있다. 방범순찰 활동에서 파란색 패트를 사용하고 싶은 경우는 순찰지역을 관할하는 경찰서에 상담해야 한다.

2018년 전국적인 지역안전운동은 '어린이와 여성의 범죄 피해 방지', '특수사기 방지(보이스 피싱)' 등 전국적으로 수상한 사람의 정보나 특수사기 등에 대한 조기경보를 내리기 위해 적극적으로 정보를 발신하는 작업이다. 경찰과 자치단체, 학교 및 방범자원봉사단체 등의 연계 강화, 위험 개소의 점검·개선, 방범교실 개최 등 다양한 활동을 전개하고 있다. 또한, '안전·안심 마을 만들기의 날'과 관련된 행사로는 안전·안심 마을 만들기 추진에 공적이나 공로가 있던 단체·개인은 표창을 실시한다.

### 3) 지역 안전활동의 전개

지역의 안전활동은 무리하지 않게 우선 할 수 있는 것부터 시작해야 한다. '지역 안전활동에 참여하고 싶다.' '지역에 힘이 되고 싶다.'라고 생각했을 때 무엇부터 시작해야 할까? 그 요점은 '무리하지 않고, 할 수 있는 것부터 시작하는 것이다.' 예를 들면, 동네에서 인사 잘하고, 말을 거는 운동, 산책이나 쇼핑 시 순찰이나 통학로의 교통봉사활동 등 지역의 커뮤니케이션 활동에서부터 시작해야 한다. 이런 활동들은 수상한 사람들을 접근하기 어렵게 만드는 효과가 있다. 방범 자원봉사활동을 시작하려면 가까운 경찰서나 시·정·촌에 문의하고, 지역에 자주 방범봉사활동을 하고 있는 단체가 있으면 소개를 받는다. 또한, 방범 자원 봉사대를 결성하고자 하는 경우는 경찰과 시·정·촌에 신고할 의무는 없다. 하지만 경찰과 시·정·촌과 연계하여 범죄정보와 지역 안전정보 제공 등 순찰에 필요한 조언은 받을 필요가 있다. 활동 보조금이나 활동에 필요한 기자재의 지원도 받을 수 있는 경우가 있다.

# 미국의 긴급재난 경보시스템

# 02 미국의 긴급재난 경보시스템

## 제1절  미국의 재난경보시스템과 법적 규제

### 1. 재난보도의 법적 규제와 국가비밀보호법[1]

#### 1) 수정헌법 제1조와 재난보도의 자유 보장

미 연방수정헌법 제1조 규정에 의하면, 미 연방의회가 언론의 자유를 제약하는 법률을 제정해서는 안 된다고 규정하고 있다. 아울러, 이 규정에 의해서 모든 연방기관에 대해서도 언론·출판의 자유를 제약하는 조치를 취할 수 없도록 규정하고 있다. 따라서 매스·미디어서도 연방수정헌법 제1조에 의해서 언론·출판·보도의 자유가 보장되어 있다.

#### 2) 긴급재난경보와 국가비밀보호

#### (1) 법률 규정

미국에서 국방상 국가비밀보호에 관한 주된 법률로는, 제1차 세계대전 참전 당시 1917년에 제정된 방첩 법(Espionage Act of 1917(3))이 있다. 이 방첩 법은 제정 후 수차례에 걸쳐서 개정되어 현재에 이르고 있다. 현재 합중국법전 제18편 제37장 「방첩 및 검열(Espionage and Censorship)」(18 U.S.C. §§ 792 to 799)에 관한 규정이 있다. 이 규정에 따르면 다음과 같다.[2]

---

1 寺倉憲一 「VIII 緊急事態とマスメディア」『主要国における緊急事態への対処：総合調査報告書』, 2003年, p. 184.
2 New York Times Co. v. United States, 403 U.S. 713(1971).

국방에 관한 정보를 취득하려는 목적 아래 해당 정보가 미합중국에 손해를 끼칠 수 있거나, 아니면 의도적으로 외국의 이익을 위한 것이든지, 또는 그와 같이 이용된다고 믿을 만한 타당한 이유가 있으면 처벌대상이 된다. 즉, 다음과 같은 사항에 해당하면 처벌대상이 된다.

① 군사상 중요한 구역으로 대통령의 포고(Proclamation)령에 의해서 출입이 금지된 지역에 들어가는 등의 정보수집활동을 하는 사람(18 U.S.C. §793(a)).
② 국방에 관한 정보가 포함된 스케치, 사진, 지도, 문서, 기록 등의 복사, 작성, 촬영 등을 실시하는 사람(18 U.S.C §793(b)).
③ ②항과 같은 문서 등을 다른 사람으로부터 입수한 사람(18 U.S.C. §793(c)).
④ 국방상 습득한 정보를 정당한 권한에 근거해 보유하면서, 권한이 없는 사람에게 고의로 정보를 제공한 사람(18 U.S.C. §793(d)).
⑤ 국방상 습득한 정보를 정당한 권한 없이 보유한 후, 권한이 없는 사람에게 고의로 제공한 사람(18 U.S.C.§793(e)).
⑥ 국방상 정보를 정당한 권한 등에 근거해 보유하면서, 중대한 부주의에 의해 그 보관장소 등으로부터 해당 정보가 유출되는 사태를 불러, 분실 등 다른 사람에 의해 위법한 입수 등의 결과를 초래하게 하는 사람(18 U.S.C. §793(f)) 등은 처벌 대상이 된다.
⑦ 또, 국방상 습득한 정보를 외국 정부에 제공하거나, 또는 전시에 미군에 관한 정보를 교전국(the enemy)에 제공한 사람(18 U.S.C. §794)도 처벌대상이 된다.

(2) 판례

취재나 보도라고 하는 매스·미디어의 본래 활동에 대한 방첩 관련 규정의 적용이 문제가 된 저명한 사례로는 1971년의 이른바 닉슨 대통령을 하야시킨 그 유명한 '펜타곤·문서 사건(The Pentagon Papers Case)'이 있다.

이 사건은 베트남 전쟁에 관련되는 국방총성의 비밀 지정 문서를 『뉴욕·타임지(New York Times)』 및 『워싱턴·포스트지(Washington Post)』가 은밀하게 입수해 신문에 보도한 사실에 대해 연방 정부로부터 (1)에서 기술한 방첩에 관한 규정안에 국방에 관련되는 정보를 정당한 권한 없이 입수한 이후에 권한이 없는 사람에게 고의로 제공하는 행위를 금지하는 규정(18 U.S.C. §793(e)) 등에 저촉되는 것으로, 기사 게재 금지를 요구하는 소가 제소되었다. 다만, 연방정부는 기사 게재의 금지를 요구하는 민사상의 소송만을 제기해 양 신문사의 형사상의 책임에 대해서는 묻지 않았다.

이 사건에 대해서 연방최고재판소는 1971년 6월 30일 쌍방의 사건에 대해 연방 정부의 청구를 인정하지 않았던 연방 하급심의 판단을 지지하는 판결을 내렸다.[3] 이 연방최고재판소 판결은 연방헌법 수정 제1조에 보장하는 표현의 자유에 대한 사전억제에 강한 위헌성이 있는 것으로 추정되었다. 이와 같이 사전억제를 실시하는 경우에는, 그 정당성을 입증할 책임이 정부측에 있다고 하는 과거의 판례를 확인한 다음에 본 건에서는 연방정부가 사전억제(기사 게재의 금지)의 정당성에 관한 입증 책임을 완수하지 않았다고 하는 하급심의 판단을 타당한 것으로 보았다.

이처럼 이 건에 대해서 연방최고재판소(대법원)는 방첩에 관한 규정 등에 근거해 보도의 금지 청구를 인정하지 않았다. 그렇지만 이 판결에서는 연방정부가 어떠한 요건을 채우면, 기사 게재 금지처분의 정당성을 입증할 수 있는지는 밝히지 않았다. 또, 현행 방첩에 관한 규정에는 보도 금지에 관한 명확한 언급은 없었지만, 국방에 관련된 정보가 일정한 요건 아래에서 제공되었을 경우에는 형사처벌이 부과된다는 취지의 규정이 있다.[4] 그래서 양 신문사에 대해 기소를 했을 경우에는 유죄판결이 났을 가능성도 있다고도 지적하고 있다. 국가비밀에 속하는 사항이 매스·미디어에 의한 보도와 방첩 관련 법 규정과의 관계에서는 불명확한 부분이 남아 있다고 말할 수 있다.

---

3 New York Times Co. v. United States, 403 U.S. 713(1971).
4 New York Times Co., supranote 6, at 721(Douglas, J., concurring).

## 2. 재난경보와 언론규제

### 1) 미 연방정부의 테러리즘과 보도 제한

2001년 9·11 동시다발 테러 발생 이후 아프가니스탄의 알카에다나 탈레반 공격을 위해 미국의 군사행동 지침으로, 국방총성 및 각 군을 필두로 정부측에서는 매스·미디어의 취재에 대해서는 제약이 극도로 엄격했다는 지적이 있다.[5]

미국에서는 베트남전쟁 당시에 매스·미디어에 의한 언론 보도가 국내외적으로는 미국의 행동을 비판하는 여론형성을 촉진했다고 믿고 있다. 따라서 이번 긴급사태에서는 연방정부에 의한 보도제약이 점차 더 엄격해졌다. 예를 들면, 레이건 정권하에서 행해진 그라나다 침공(1983)[6]에 즈음해서는 매스·미디어의 취재에 대해서 상당한 제약이 부과되었다고 본다. 걸프전쟁 시 언론보도에 대해서 더욱 엄격한 제약이 가해진 것도 자주 언급되고 있다.[7] 그렇지만 이러한 긴급사태에 대한 매스·미디어의 취재 등의 활동에 대한 정부의 규제·제약에 대해서는 사실로 보고되어 있다. 적어도 법률 레벨에서의 명확한 근거 규정이 존재하지 않는 것 같이 보인다.[8] 이 점에 관련해서 아프가니스탄의 미군 공격개시 직후 2001년 10월 7일에 오사마 빈 라덴의 성명이 미 전국의 주요 네트워크를 통해서 방송되었던 것에 대해 연방정부가 취한 조치는 상당히 의례적이다. 이 성명이 방송된 이후, 같은 해 10월 10일 아침 콘돌리자 라이스 국가 안전보장 문제 담당 대통령 보좌관은 전 미국의 주요한 방송 관련 매스·미디어(ABC, NBC, CBS, CNN, Fox News) 수뇌부에 대해 협조를 요청했다고 한다.

---

5 大竹秀子「米テロ報復『戦争』報道の振幅」『総合ジャーナリズム研究』179号, 2002. pp. 12~13.

6 小松原久夫「周到に仕組まれた世論誘導－グレナダ侵攻と報道管制－」, 『新聞研究』(390号), 1984, pp.36~41´ 橋本正邦「レーガン政権のプレス対策」『新聞研究』(391号), 1984, pp. 71~76.

7 佐藤毅「湾岸戦争とマスメディアー報道規制と世論調査－(上), (中), 『大東法学』5巻2号, 1996. pp. 1~37, 日高一郎「戦争と報道規制－湾岸戦争をめぐって－」, 『行動科学研究』46号, 1994. pp. 57~68.

8 斎藤洋「情報分野における危機管理と国際法による規制可能性に関する一試論－マスメディア活動に対する即時的かつ一時的規制の可能性を中心として－」『防衛法研究』(23号), 1999. pp. 139~152.

즉, 테러리스트들의 성명 등이 수록된 영상에는 조직 멤버에게 암호화된 지령 등이 숨겨져 있을 우려가 있는 등의 이유를 들어서 이 이후에는 같은 성명 등의 방송에 대해서는 취급에 주의할 것을 전화로 요청했다고 한다.[9] 라이스 (Rice) 대통령보좌관의 요청에 관해서 백악관 아리 프레이저 보도관은 같은 날(10월 10일) 기자회견[10]에서 '검열(Censorship)'이 아니라, 어디까지나 '요청(Request)'에 의해서 만났고, 이러한 성명 등의 방송에 관련된 판단은 최종적으로는 매스·미디어가 판단해야 할 것이라는 취지로 설명했다. 이로써 긴급시에 매스·미디어의 보도 내용을 정부가 규제할 수 있는 법적 근거는 존재하지 않는다는 것을 엿볼 수 있다.[11]

따라서 정부가 매스·미디어의 보도내용에 어떠한 영향력을 행사하려고 한다면, 위의 사례와 같이 형식상으로 구속력이 없는 '요청' 등의 근거에 의할 수밖에는 없다.

## 2) 국방총성·군의 재난경보 가이드라인

앞의 1)에서 본 것처럼, 긴급사태에 대한 매스·미디어의 보도 등을 규제하는 법령은 볼 수 없지만, 국방총성이나 각 군에서는 지금까지 매스·미디어와는 협의 등을 거쳐 합의를 얻을 수 있었던 사항들을 문서로 만들어서 매스·미디어의 취재에 대한 대응이나 정보의 개시 등에 관한 가이드라인, 매뉴얼 등을 작성하고 있다. 주된 사례로서는 다음과 같은 문서가 있다.

### (1) 국방총성의 재난경보 공개에 관한 기본원칙

국방총성에서는 정보 등의 공개에 관한 기본원칙(Principles of Information)[12]

---

9 The Reporters Committee for Freedom of the Press, Homefront Confidential-How the War on Terrorism Affects Access to Information and the Public's Right to Know, Second Edition, the Reporters Committee for Freedom of the Press, Arlington, VA, September 2002, at 27~28. Available from < http://www.rcfp.org/homefrontconfidential/ >

10 Press Briefing by Ari Fleischer, October 10, 2001, the Executive Office of the President, Office of the Press Secretary. Available from < http://www.whitehouse.gov/news/releases/2001/10/20011010~9.html >

11 海部一男「新しい戦争と放送メディア」『放送 研究と調査』52巻1号, NHK, 2002. pp. 20~21.

12 "Principles of Information", codified as enclosure(2) to Department of Defense Directive 5122.5

을 정했는데 그 요지는 다음과 같다.[13]

① 공중, 연방의회 및 보도 기관(news media)이 국가안전보장 및 방위전략에 관한 사실을 평가해 이해할 수 있도록 정확한 정보를 적시에 이용할 수 있도록 제공하는 것이야말로 확실히 국방총성의 정책이다. 조직 또는 개인인 시민으로부터의 정보공개 청구에 대해서는 신속하게 응답해야 한다. 국방총성의 정책을 실시하면서 정보에 관해 적용되는 원칙은 다음과 같다.

② 정보는 국가안전보장상의 제약 또는 현행법 중의 의무 혹은 예외 규정이 그의 공개를 방해하고 있지 않은 한, 법령이 정하는 데에 따라서 전면적으로 또는, 즉시 일반인들의 이용에 제공되어야 한다. 정보 자유법(The Freedom of Information Act (FOIA), 5 U.S.C. §552.)은 그 문언과 규정을 지탱하는 정신의 쌍방에 의해서 지지를 받는다.

③ 일반적, 또는 군사상의 정보는 검열의 대상이 되지 않으며 또 선전에 이용될 수도 없고, 군에 소속하는 사람과 그 부양가족에 대해서는 자유롭게 유통할 수 있도록 제공되지 않으면 안 된다.

④ 정부는 스스로에 대한 비판 또는 어려운 일을 면하기 위해서 정보를 비밀로 지정하거나 또는, 다른 방법으로 비공개해서는 안 된다.

⑤ 정보는 그의 공개가 국가안전보장에 있어서 불리한 영향을 미쳐서 연방정부의 직원, 또는 그 가족의 안전이나 프라이버시를 위협해 미국시민의 프라이버시를 침해하거나 법에 저촉되는 경우에는 비공개로 해야 한다.

⑥ 국방총성에는 그의 주요한 프로그램에 관한 정보를 공적으로 제공해야 할 의무 때문에 상세한 홍보(Public Affairs : PA) 계획을 수립해 국방총성 내부 및 다른 정부기관과도 조정해야 한다. 이러한 책무는 공공정보의 흐름을 촉진하게 된다. 국방총성의 홍보 프로그램을 이용해서 선전은 할 수 없다.

---

(September 27, 2000). Available from <http://www.defenselink.mil/admin/prininfo.html>
13 이연 외 2인, 『분쟁지역 취재 매뉴얼』, 언론진흥재단, pp. 64~67.

## (2) 국방총성의 뉴스 · 미디어 취재에 관한 기본원칙

게다가 보도기관에 관해서는 '뉴스 · 미디어를 위한 국방총성의 원칙에 관한 성명'[14]이라고 제목을 붙인 문서가 존재했다. 이 문서는 미군을 대상으로 한 취재 등에 관련되는 기본원칙을 기록한 문서인데 그 요지는 다음과 같다.

① 미군의 작전 취재에 대해서는 원칙적으로는 열린 취재와 동시에 보도수단이 독립되어 있어야 한다.

② 미디어 풀(Media Pools) 제도(대표 취재단 제도)는 미군의 작전을 취재하는 데 표준적인 수단은 아니다. 다만 군사 작전 초기 단계에서는 미디어 풀 제도가 유일한 취재 수단일 때도 있었다. 이러한 경우여도 취재가 허가되는 인원수를 가능한 한정해 많이 하는 것과 동시에 극히 빠른 단계에서 (가능하면 24시간부터 36시간까지의 사이에) 인원수 제한을 해제하지 않으면 안 된다. 이미 군사 작전의 초기 단계에서 미디어 풀 제도가 채택되어 인원수가 제한된 보도진이 취재를 실시하는 현장에 도착했을 경우에도, 이미 해당 구역의 저널리스트가 존재할 경우에는 독자적인 취재를 계속 방해할 수는 없다.

③ 열린 취재의 원칙 아래서 취재 대상이 되는 특정 사건이 극히 먼 곳에서 발생하거나 혹은, 해당 사건이 발생한 현장의 공간이 매우 좁은 경우에는 '미디어 풀 제도'가 채용될 수도 있다.

④ 전투 지역에서 취재하는 저널리스트는 미군으로부터 취재허가를 받음과 동시에 미국의 군대와 그 작전수행을 보호하기 위해 군의 안전에 관련된 명확한 기본적 규칙(ground rules)을 준수하지 않으면 안 된다. 이러한 지침에 따르지 않을 경우에는 따르지 않은 저널리스트에 대해서 취재허가의 일시 정지, 전투지역으로부터의 강제적 배제라고 하는 결과로 연결될 수도 있다. 보도기관은 전투지역에서의 작전취재에 대해서는 경험을 쌓은 저널리스트를 충당하는 것과 동시에 이러한 사람에게 미군의 작전을 숙

---

14 "Statement of DoD Principles for News Media", codified as enclosure (3) to Department of Defense Directive 5122.5, Sept. 27,2000. Available from <http://www.dtic.mil/whs/direc-tives/corres/pdf/d51225_092700/d51225p.pdf>

지시키도록 최대한 노력하지 않으면 안 된다.

⑤ 저널리스트에 대해서는 주요 군부대 모두에게 액세스가 되도록 편의가 제공되지 않으면 안 된다. 다만 때에 따라서는 특별 작전요청에 제약이 따라 접근이 제한될 수도 있다.

⑥ 군의 홍보담당관은 군과 저널리스트와의 연락을 맺을 수 있도록 행동해야 한다. 다만 취재과정에 간섭을 해서는 안 된다.

⑦ 열린 취재라는 대원칙 아래 현지 사령관에 대해서는 저널리스트가 군의 차량, 또는 비행기에 동승하는 것을 가능한 한 허가하도록 지령해야 한다. 또한 군은 대표취재단(pools)의 수송에 책임을 진다.

⑧ 군은 그 능력에 따라 홍보 담당관을 통해서 미디어 풀 제도에 의해 인원 수 제한된 보도진이 취재한 내용을 적시 또는 안전하게 송신할 수 있도록 기기를 제공해야 한다.

⑨ 전항에 나타난 미디어 풀 제도에 관한 원칙은 국방총성에서 평소 적용하던 것과 같이 전 미대표 취재단에 대해서도 적용된다. 이처럼 국방총성의 매스·미디어에 대한 기본방침은 가능한 한 정보를 공개해 매스·미디어의 취재 활동의 제약으로 연결될 우려가 있는 미디어 풀 제를 구성할 경우, 최소한으로 억제하고자 하는 취지를 분명히 밝히고 있다. 다만, 9.11 동시다발 테러 발생 이후의 아프가니스탄의 군사작전에서는 국방총성의 매스·미디어의 대응에 관해서는, 정보의 공개나 취재에의 협력이 불충분하다고 보는 비판적인 보도 관계자에게는 이러한 기본방침이 지켜지지 않고 있다는 소리가 나왔다.[15 · 16]

이러한 소리에도 배려한 것인가, 부시 정권은 2003년 3월부터 4월에 걸쳐 치러진 이라크 공격에 임하여 600여 명 이상의 저널리스트를 군의 파견 부대에 동반시켜 종군취재 하는 것을 인정하기도 했다.

---

15 The Reporters Committee for Freedom of the Press, supra note 13, at 6 et seq.
16 "Journalism Coalition Seeks Open and Independent Reporting of Military Campaigns", SPJ News, December 19, 2002, Society of Professional Journalists. Available from < http://www.spj. org/news.asp?ref=304 > )

### (3) 국방총성의 재난경보와 각 군의 보도매뉴얼

보도에 관한 지침이나 매뉴얼은 각 군에서도 작성하고 있다.

예를 들면, 육군성에서는 전지 매뉴얼(Field Manual)의 하나로서 홍보(Public Affairs)에 관한 매뉴얼[17]을 작성하고 있는데, 군의 홍보담당 부국의 임무 조직 등에 관해 규정함과 동시에, 제4장에는 매스·미디어에의 지원(Facilitation)에 관해서도 기술하고 있다. 거기에는 취재 거점이 되는 미디어 센터의 현지에서의 조기 설립과 그 임무, 취재에 참가하는 보도관계자의 등록, 정보의 공개 여부에 관한 기본원칙(Ground Rules), 미디어 풀 제도, 국방총성의 전미 대표취재단(National Media Pool) 제도, 기자회견에 관한 항목 등이 놓여 있다.[18]

해군성에서는 홍보에 관해서 '홍보에 관한 방침과 규칙'이라는 제목의 해군 장관지령[19]을 작성하고 있는데, 그 중에는, 테러리스트의 위협 또는 공격 아래에서의 대 테러리즘 관련 정보의 취급, 전시에 있어서의 홍보(미디어 풀 제도, 취급에 주의를 필요로 하는 군사 활동의 취재에 관한 항목을 포함) 등에 관해서 언급하고 있다.[20]

## 3.  9.11 동시다발 테러 발생과 연방정부의 긴급 재난경보 시스템

### 1) 긴급 재난경보와 통합정보센터의 설치

9·11 동시다발 테러 발생 이후 2001년 11월 초에 미국에서는 연방정부의 정보전략 거점으로 수도 워싱턴에 통합정보센터(Joint Information Center : JIC)를 임시로 설치하게 되었다. 이 통합정보센터는 이미 2001년 1월에 연방정부에 의

---

17 Headquarters Department of the Army, Field Manual No. 3-61.1, "Public Affairs, -Tactics, Techniques and Procedures", October 1,2000. Available from < http://www.adtdl.army.mil /cgibin/atdl.dll/fm/3-61.1/toc.htm >

18 Headquarters Department of the Army, Field Manual No. 46-1, "Public Affairs Operations", May 30, 1997. Available from < http://www.adtdl.army.mil/cgibin/atdl.dll/fm/46-1/46_1.pdf >

19 Secretary of the Navy, SECNAVINST 5720.44A, "Public Affairs Policy & Regulations", June 3, 1987. Available from < http://neds.nebt.daps.mil/Directives/5720_44a.pdf >

20 Office of Chief of Naval Operations,OPNAVINST 5580.1A, "Navy Law Enforcement Manual", July 26,2000.

해서 테러리즘 발생 시에 범부처별 횡단 대책을 위한 계획구상[21] 중에서 긴급시에 설치하는 것이 기술되어 있다.

동 계획구상에 의하면, 이 센터는 긴급사태 발생 현장에서 대응 책무를 지는 연방기관으로부터 대통령, 연방의회, 연방·주·지방 자치체직원에 대한 정보전달의 업무 혹은 일반 국민들에게도 공보의 업무를 담당하도록 하고 있다. 또, 연방 정부의 매스·미디어에 대한 한 개(단일화 된)의 창구가 예정되어 있다. 이상의 업무 외에 실제로 설치된 동 센터의 활동으로서는 세계 각종 보도자료를 24시간 체제로 감시해 미국에 바람직하지 않은 보도에 대해서 즉석에서 반론하는 작업이 행해졌던 것으로 알려졌다.

## 2) 세계 홍보국 설치

2003년 1월 21일 미국은 부시 대통령의 명령에 의해서 백악관에 세계 홍보국(Office of Global Communications)이 설치되었다. 이 조직은 각종 미디어를 통해서 미국의 정책에 관한 설명을 세계를 향해 발신해 미국의 방침에 대한 이해를 당부해서 국제적으로 여론이 형성되도록 노력하는 등 미국의 대외적인 홍보전략을 총괄하는 것을 목적으로 하고 있었다. 또한, 같은 국에서는 최초의 기획으로 2003년 3월 20일에 개시된 이라크 공격에 앞서서 TV 프로그램에 부시 정권 내의 안전보장, 군사, 외교 등의 부문 책임자를 출연시켜 공격을 피할 수 없다는 것을 시청자에게 미리 호소하는 캠페인도 실시했다.

## 3) 긴급재난발생과 재난경보시스템

매스·미디어의 보도내용이나 취재에 대한 억제와는 다르지만, 긴급사태 발생 시 매스·미디어의 정보전달 기능에 주목해서, 경보나 긴급공식 발표 등의 송신에 관해서 매스·미디어에 대한 정부 등으로부터 협력 요청이 있을 경우에는 의무를 부과하는 일이 있다.

---

21 CONPLAN-United States Government Interagency Domestic Terrorism Concept of Operations Plan, January, 2001, at 14, Appendix B-3. Available from < http://www.fbi.gov/publications/conplan/conplan.pdf >

이러한 사례로서 미국에는 다음과 같은 것이 있다.

① 대통령의 긴급명령권

긴급 시에 대통령은 자신의 긴급권한에 근거해 국가의 방위나 안전보장의 관점에서 필요불가결하다고 생각될 경우에는, 일정한 요건에 해당하는 방송사업자에게 긴급경보를 발신하게 할 수 있는 것 외에 국가안전보장 등으로 방송기관에 대해서 관련 규칙의 변경이나 일정한 설비의 가동 중지 등을 명할 수 있다(47 U.S.C. §606.). 그때 보도기관은 각각의 사태에 따라 일정한 제약에 따르지 않으면 안 된다. 이 경우에 연방정부의 관할 기관은 대통령 자신 외에는 주로 연방통신위원회(Federal Communications Commission : FCC)가 맡는다.

② 긴급사태와 경보시스템

긴급사태발생 시 경보 등의 전달에 관해서 미국에서는 1994년 11월 이래 긴급사태 경보시스템(Emergency Alert System : EAS)이라고 하는 제도가 구축되어 있다.[22] 긴급사태에 즈음해 대통령, 주 정부, 지방 자치단체가 주민에 대해서 긴급경보를 전달하기 위해서 전 미국의 방송기관인 모든 라디오(AM/FM) 방송국, 텔레비전 방송국, 케이블 방송국)을 이용할 수 있도록 규정하고 있다(통신위성시스템의 이용을 포함). EAS 시스템의 소관은 연방통신위원회(FCC)이며, 연방긴급재난관리청(Federal Emergency Management Agency : FEMA) 및 전미 기상청(National Weather Service : NWS) 등이 경우에 따라서는 관여하기도 한다. 또, 법적으로는 FCC의 규칙[23]이 EAS 시스템의 근거 법규가 되고 있다.

---

22 EAS시스템은 1963年에 설립된 긴급방송시스템(Emergency Broadcast System : EBS) 및 트루먼 정권에서 실시된 電磁波送信管制(Control of Electromagnetic Radiation : CONELRAD) 프로그램의 전신이다.
23 47 CFR Part 11 (EAS) Rules (2003).

# 4. 미국의 긴급재난 관련 법규

## 1) 미국의 긴급재난 관련 법규와 대응정책[24]

| 법제정 연도 | 법 규 내 용 |
|---|---|
| 1988년 11월 | 로버트 스태포드 법 : Robert T. Stafford Disaster Relief and Emergency Assistance Act, P.L.100-707. 연방정부재난대응기본법 |
| 2000년 10월 | 2000년 재난경감 법(P. L.106-390) 제정, 스태포드 법도 개정 |
| 2001년 9월 | 9·11 동시다발 테러 발생 |
| 2002년 11월 | 2002년 국토 안전보장법(P. L.107-296) 제정 및 신설° 동법 제502조가 국가 대응계획(NRP)의 책정을 규정 |
| 2003년 2월 | 「국내사태 관리」(HSPD-5 : 국토 안전보장 대통령지령 제5호) 제정, 제15조 국가 사태관리 시스템(NIMS)의 구축, 제17조에서 NRP책정에 관한 세부 규정 및 스태포드 법에 따라 대통령선언에 의해 연방에서도 지원가능 |
| 2003년 12월 | 「국가준비」(HSPD-8 : 국토안전보장 대통령 지령 제8호 제정 HSPD-5에 의해 테러 공격의 경우 강하게 모든 위기에 대해 준비하는 규정. 제4조에서 국가 준비 목표(NPG)의 책정을 규정 |
| 2004년 3월 | NIMS 책정 |
| 2004년 12월 | NIMS 책정 |
| 2005년 8월 | 허리케인 카트리나 발생 |
| 2006년 5월 | NRP개정, 국가 중대사태(INS) 발령요건 완화,심대한 재해가 예견된 경우 주지사 또는 지방자치단체장이 발령 가능으로 개정 |
| 2008년 | 「국가계획」 국토안전보장 대통령지령 제8호 ANNEX(HSPD-8, annex) 제정 NRP의 전면 개정을 지시, HSPD-5의 문구 수정 |
| 2011년 3월 | 「국가 준비지령」(PPD-8 : 대통령 정책 지령 제8호) 제정 NPG 대신 국가 준비지침(National Preparedness Guidance)과 국가 방재시스템의 책정지시 |

## (1) 미국의 긴급재난 관련 대응책

미국의 공식적인 재난대책은 우리나라의 재난 안전관리기본법과 같은 기

---

24 井桶三枝子「アメリカの連邦における災害対策法制」『外国の立法251』国立国会図書館調査及び立法考査局, 2012. pp. 18~21.

본법은 존재하지 않고, 각 부처의 설치법 및 관계 정령 등에 따라서 긴급재난에 대처하고 있다. 다만, 긴급재난대책에 대해 중앙부처나 지방 정부 등과의 사이에 임무가 원활하게 이루어질 수 있도록 전체적으로 조직을 관리하는 대응 체계는 있다. 구체적으로 재난발생 시의 대처에는 NRF 아래에서 NRC가 중심적인 역할을 완수하도록 하고 있다.[25]

다음은 재난대응 프로세스의 개요를 나타낸 것이다. 재난대책을 사전준비와 사후로 정보전달, 발생 후의 복구·부흥과 관련되는 체제로 나누어 국면 별로 대응체제를 소개하고자 한다.

## (2) 방재나 리스크 경감 등 사전 준비와 관련된 체제

재난발생 전의 준비에 대해서는 국토 안전보장에 관한 대통령 지령 제8호(Homeland Security Presidential Directive 8, HSPD-8)(National Preparedness 구축을 향한 대처를 규정), 대통령 지령 HSPD-5(재난 관리 시스템의 구축을 규정), HSPD-7(중요 인프라의 특정·보호 등을 규정) 등을 기초로 '국가준비 가이드라인(National Preparedness Guidelines)'이라고 하는 가이드라인을 만들었다. 동 가이드라인에 의하면 우선 국가준비라고 하는 큰 범위가 정해져 있다. 동 가이드라인은 각종 재난에 대한 국가적인 준비 태세인 'National Preparedness System'의 구축을 요구하고 있는데, 이것은 어디까지나 가이드라인이라고 하는 성질 때문에 준수 여부 등의 상황을 평가하는 구조는 존재하지 않는다. 다만, National Preparedness System의 구현화는 각 부처·지방자치단체 등에 맡기고 있다. 2011년 3월 31일에 발효한 대통령 정책지령 제8호(Presidential Policy Directive 8, PPD-8)에 의해서 HSPD-8은 옮겨 놓을 수 있었다.

National Preparedness Guidelines에서는 HSPD-8에 의해서 정의되고 있듯이 '테러 공격, 대 재난 및 그 외의 긴급사태(terrorist attacks, major disasters, and other emergencies)'를 중심으로 하는 '모든 위험 요인(all hazards)'을 대상으로 하고, '연구 개발(Research and Development)'로부터 '과거의 교훈 정보를 공유하는 시스템(Lessons Learned Information Sharing System)'까지 정부 및 민간 활동이 폭넓게 망라되어 있다.

---

25 http://www.fema.gov/pdf/emergency/nrf/nrf-authorities.pdf.

또, 미국에서는 2011년 9월 11일 동시다발 테러로 2005년 뉴올리언스 허리케인 카트리나 등에 의한 자연재해 등에 관한 교훈으로부터 사업 계속 계획(Business Continuity Planning : BCP) 및 그 실시인 사업 계속 관리(Business Continuity Management : BCM)의 중요성을 인식하게 되었다. 미국에서는 2007년 5월에 발효한 국가안전 보장에 관한 대통령령 제 51호(HSPD)/국토 안전보장에 관한 대통령령 제20호(국가 계속 정책) 13에 의해 각 부처에 대해서, 재해 시 등에 계속해야 할 필수 기능의 선정이나 사업의 계속 계획을 규정하고 있다. 동 대통령령 책정 이전도 운용 계속(Continuity of Operation) 프로그램 등이 대통령령(Exective Order : EO) 12656, 13286 및 대통령 지시 사항 제67호(Presidential Decision Directive : PDD)에 근거해 책정되어 왔지만, 그것이 각 부처 레벨로 충분히 기능하고 있지 않다고 하는 지적도 있었다. 2004년부터 백악관 주도로 사업 계속 계획의 재검토로, 각 부처에서의 운용 계속(COOP), 연방정부 전체의 운용 계속(Continuityof Government : COG), 연방정부 기능(Enduring Constitutional Government : ECG)의 3가지는 진행하는 것으로 규정하고 있다.

2021년 8월 현재까지 그 실시 계획인 National Continuity Policy Implementation Plan(NCPRP), 사업 계속에 관한 연방정부 지령 제1호, 제2호 (Federal Continuity Directives : FCD) 등이 책정되어 이것들에 근거해 각 부처에 있어서의 COOP 책정이 진행되고 있다.

National Preparedness Guidelines의 준비 사이클[26]

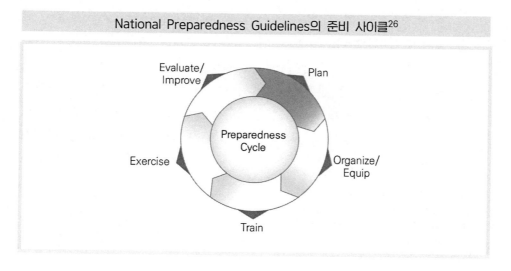

국가 사고관리 시스템(National Incident Management System : NIMS)과 같은 준비를 정의하는 "계획, 조직, 훈련, 무장 운동, 평가 및 사고 대응 시 효과적인 협력을 보장하기 위한 노력에 적극적으로 시정 복구의 연속적인 주기이다." 이 주기는 자연재해, 테러행위 및 기타 인공재해를 예방·대응·복구 및 완화하는 데 필요한 광범위한 시스템의 한 요소이다.

대비 주기의 구성 요소는 다음과 같다.
1. 계획
2. 구성 및 조직
3. 훈련
4. 연습
5. 평가 및 개선

(3) 재난발생 직후의 정보전달, 발생 후의 복구·부흥과 관련되는 체제

재난발생 직후 및 발생 이후의 복구를 위한 체제에 대해 소개하고자 한다. NRF에서는 재난발생 이후의 제휴·연락 체계를 정하고 있는데 그것은 그림과 같다.

대응 프로세스의 흐름은 다음과 같다.
1. 재난발생
2. 첫 번째 응답자가 재난발생지에 도착. 지역의 의원 또는, 대응 부서 관계자에게 연락한다.
3. 재난지역의 정부가 긴급대책센터(Emergency Operations Center)
4. 주 정부가 EOC를 설치. 동시에 주지사는 필요에 따라서 피해 상황의 평가, EMAC[27] 등에 기초를 두는 주 간 지원의 요청, 대통령에 의한 비상사태 선언의 발령을 실시한다. 연방정부에의 연락은 FEMA를 통해서 이루어진다.

---

26 https://www.coehsem.com/emergency-management-cycle/ 2021.2.15.
27 Emergency Management Assistance Compact의 약자로 미국의 주 및 자치령 간에 맺어진 협정에 따라 연방정부의 판단을 기다리지 않고 연방정부가 주나 자치단체에 지원이 가능하다. http://www.emacweb.org/

5. FEMA의 지역 관할부문이 피해상황과 주지사의 요청을 평가해 FEMA
   장관에게 조언을 실시한다.
6. FEMA 장관은 이상의 조언을 기초로 대통령에 보고를 실시한다. 대통령
   에의 보고는 DHS 장관을 통해 행해진다.
7. 대통령은 필요에 따라서 비상사태를 선언한다.
8. 비상사태 선언을 근거로 재난대응에 임하는 인원이 현지에 전개된다.
9. 공동 대책실(Joint Field Office : JFO)이 현지에 설치된다. JFO는 FEMA를
   시작으로 관련 부처, 주 레벨 이하의 지방정부 등에 의해서 구성된다.

## NRF의 재난대응 프로세스의 개요[28]

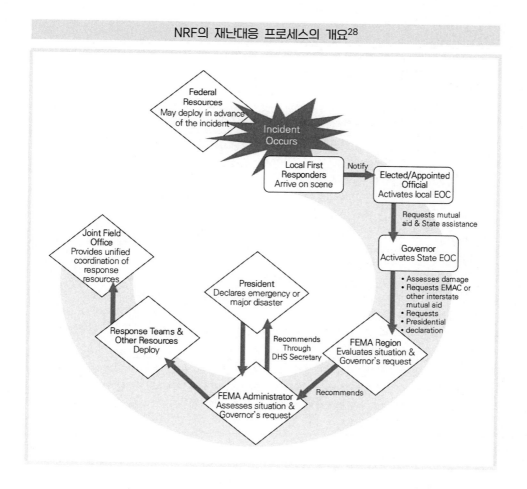

이상으로 특히 대규모 재난발생 시에는 연방정부와 주·지방정부 간의 신속한 협력체제구축이 중시되고 있다. 이들 2자 간의 지원체제에 대해서는 Stafford 법(Robert T Stafford Disaster Relief and Emergency Assistance Act : 통칭 Stafford Act)에 의해서 정의되고 있다. 동법은 일반적인 재난뿐만 아니라, 테러공격 등의 의도적·인위적인 재난도 상정하고 있는데 그 내용은 3개의 프로세스(재난발생 직후, 그 후의 대응, 재난으로부터의 복구·부흥)로 구분하고 있다.

이하, Stafford Act의 내용을 3개의 국면으로 나누어 소개하고자 한다.

### Stafford Act가 정하는 지원체제의 개요[29]

| 프로세스 | 개 요 |
|---|---|
| 재난발생 직후 | ◎ 재난의 정도에 따르고, 주지사는 대통령에 비상사태 선언을 요청할 수 있다.<br>◎ 대통령은 피해 지역이 주로 연방정부의 관할내이다고 판단했을 경우, 주지사의 요청 없이 비상사태를 선언할 수 있다.<br>◎ 인명구조의 목적, 인도적인 이유, 또는 심대한 피해가 예상 되는 경우, FEMA는 주지사의 요청 없이 연방정부에 의한 지원을 실시할 수 있다. |
| 발생 후의 대응 | ◎ 비상사태 선언 전에도 FEMA는 각 부처로부터 필요 인원이나 기기를 예비로 전개해 인명이나 재산에 대한 막대한 위협을 경감하도록 노력할 수 있다.<br>◎ 비상사태 선언에 수반해 대통령은 연방 조정관(Federal Coordinating Officer : FCO)을 임명해야 한다. FCO는 피해지역의 정부 및 관련 조직에 대한 연방정부의 지원을 조정·원활화 한다.<br>◎ 연방정부기관은 이것이 필요하다라고 판단되었을 경우 '중요서비스 제공자(essential service provider)'가 재난지에 들어가려고 하는 것을 거부·방해해서는 안 된다. 또, 중요 서비스 제공자가 스스로의 기능을 복구할 필요가 있는 경우, 이 복구 활동을 연방정부기관은 방해해서는 안 된다. 덧붙여 중요 서비스 제공자란 ① 통신 서비스, 전력, 천연가스, 물, 또는 대통령에 의해서 중요하다. 라고 판단되는 서비스는 어느 쪽 이든 제공하는 사람으로 ② 도·시 정부에 소속하는 조직, 비영리 단체, 또는 개인이나 기업 어느 쪽도 ③ 재해 대응에 공헌하는 사람이라고 정의된다. |
| 재난으로부터 복구·부흥 | ◎ 필요하다고 판단된 이재민에 대해 가설 주택 및 그 외의 지원을 제공한다.<br>◎ 일부의 피해를 받은 공공·비영리 단체에 대해 지원을 제공한다.<br>◎ 이러한 지원 수급자가 보험회사 등 그 외의 제공자로부터도 금전적 지원을 받는 것을 금지한다. |

---

28 http://www.fema.gov/pdf/emergency/nrf/nrf-stafford.pdf.2021.2.15
29 http://www.fema.gov/pdf/emergency/nrf/nrf-authorities.pdf

## 2) 미국의 재난 대책에서 IT의 활용 사례

미국에서 IT를 이용한 재난대책에는 크게 3가지의 단계로 구분할 수 있다. (1) 방재대책이나 리스크 경감 등 재난발생 이전의 대책, (2) 재난발생 직후의 정보전달, (3) 재난발생 이 후의 복구·부흥의 3단계이다.[30]

### (1) 우선 방재대책이나 리스크 경감 등 재난발생 이전의 대책(사전 준비)

먼저 재난발생 이전에 방재대책이나 리스크 경감을 향한 대책에 관하여 소개한다.

### ① 정부에 의한 대처

사전준비를 목적으로 IT를 활용하고 있는 예로서는, 우선 FEMA가 운영하는 Ready.gov라고 하는 포털 웹 사이트를 들 수 있다. 동 사이트에서는 ① 일반 시민, ② 일반 기업, ③ 어린이들 3자를 대상으로 재난에 대비하기 위한 실용적인 충고를 제공하고 있다. 예를 들면, 일반 시민용의 페이지에서는 '1일 1인당 1 갤런(약 3.8리터)의 물을 긴급시를 대비해 준비해 두어야 한다.' 등이 게재되어 있다. 또, 일반 기업 전용으로는 예를 들면 사업계속계획을 입안할 때 도움이 되는 체크리스트 등 각종 자원이 제공되고 있어 Ready.gov는 아주 기초적인 수준에서 재난대책이 진행될 수 있도록 촉진하고 있다. 또한, FEMA는 스스로의 웹 사이트에 서 각종 해저드 맵도 게재하고 있다. 이러한 해저드 맵은 홍수, 허리케인 등 전 종류의 재난을 종류별로 나누어 제공하고 있다. 홍수 해저드 맵 종류에서 지역별로 홍수의 리스크를 감안해 홍수보험료의 기준을 나타내는 지도(Flood Insurance Rate Maps : FIRM) 등도 공개하고 있다. 해저드 맵 작성에 대해서 FEMA는 지리 정보 시스템(Geographic Information System : GIS)를 활용해 재난정보를 공간정보와 연결하고 있는데 이것은 IT활용을 방재분야에 접목한 사례이다. 또, FEMA는 GIS상에서 사용 가능한 재난에 관한 데이터 세트를 일반에게 공개하고 있는데, 대응 GIS 소프트웨어를 가지고 있는 사람이면 누구라도 이 데이터 세트를 다운로드해서 독자적으로 재난 리스크를 분석할

---

30 和田恭「米国の災害対策におけるITの役割」, 日本貿易振興機構, 2011, p. 10.

수 있다.[31]

보건복지성(Department of Health and Human Services : HHS)에서는 각종 재난에 대해서 어떻게 준비하면 좋은지, 발생 시에 어떻게 대응을 해야 하고 또, 이재민 지원을 위해서는 어떠한 자원들이 준비되어 있는지 등의 정보를 포털 사이트에서 제공하고 있다. 특히, 원자력 재해에 관해서도 HHS는 전용 스마트폰 어플리케이션을 일반에게 공개하고 있어서, 원자력재난대책에 관한 상세한 정보를 열람할 수 있다.[32]

그밖에 국립과학재단(National Science Foundation : NSF)이 설립한 Multi-disciplinary Center for Earthquake Engineering Research(MCEER)에서는, 지진 대책에 관한 여러 가지 이론이나 기술에 관한 연구가 실시되고 있다.[33] 이 중에서 동 연구소의 정보서비스 부문에서는, 내진공학, 위험요인경감, 방재 등에 대한 자료를 공개하고 있어 최근 미국 내외에서 발생한 지진에 관한 뉴스들을 제공하는 것은 물론이거니와 QUAKELINE이라고 칭하는 문헌 써치 엔진도 운영해 주로 전문가·기술자 전용으로 6만 건 이상의 지진 관련 학술논문 등을 다운로드할 수 있게 되어 있다.[34] 또, 연방정부 직속의 과학연구기관인 미국 지질 연구소(US Geological Survey : USGS)는 세계 각지에서 최근 발생한 재난에 대해서 지도나 위성사진 등으로 자료를 공개하고 있다.[35]

② 민간 기업에 의한 대처

재난발생 전의 대처로서는 복수의 대기업 IT기업이, 주로 B2B 용도로 재난발생 시의 사업 계속을 목적으로 한 솔루션을 전개하고 있다. 이 중 기업용의 통신 기기 솔루션을 주력 사업으로 하는 Cisco Systems사에서는, 가상 프라이비트 네트워크(Virtual Private Network : VPN)나 VoIP 기술을 활용해 재택근무를 원활화하기 위해 솔루션을 제공하고 있다.[36] IBM도 데이터의 업 사이트 백

---

31 http://www.gismaps.fema.gov/2010pages/lcurrent.shtm
32 http://www.remm.nlm.gov/downloadmremm.htm
33 http://mceer.buffalo.edu/about_MCEER/default.asp
34 http://mceer.buffalo.edu/infoservice/databases.asp
35 http://www.usgs.gov/natural_hazards
36 http://www.cisco.com/en/US/netsol/ns722/index.html

업 외에 재난대책 서비스를 전개하고 있는데 주로 대기업을 대상으로 판매하고 있다.[37] 그밖에 Microsoft사가 Disaster Management 서비스를 2007년 7월부터 전개하고 있다. 동 회사, 자회사 또는, 지점의 종업원은 이전보다 재난발생 시에는 자발적으로 지방정부나 비영리단체·일반시민 등에게 지원하고 있다. Microsoft사는 주로 연구개발활동에 의해서 관련조직의 재난대책능력 향상에 공헌하고 있다. 구체적로서는 FEMA와 공동으로 가혹한 환경에서도 견딜 수 있는 노트북이나 PC, 차세대 경보시스템, 정보공유 루트, 모바일 기술 등의 연구개발에 주력하고 있다.[38]

## (2) 재난발생시·발생 직후(정보 전달)

재난발생 시 또는 발생 직후의 정보 전달에 관한 IT관련 대응에 관해서 소개하고자 한다.

### ① 정부에 의한 대처

앞에서 말한 것처럼, 재난에 의한 희생자 수를 최소화하기 위해서는 조기경보시스템 도입이나 신속하게 피난지시를 하는 체제를 구축하는 것이다.[39] 미 연방정부는 IT를 이용해 복수의 구조시스템을 운영해 재난발생 시나 재난 직후의 신속한 재난정보전달에 주력하고 있다. 미국의 연방정부가 현재 운영하고 있는 조기경보시스템으로는 FEMA, 연방통신위원회(Federal Communications Commission : FCC), 국립기상청(National Weather Service : NWS)이 공동운영하는 EAS(Eergency Alert System)라고 하는 구조가 있다. EAS란, 정확하게는 '지상파 방송국, 케이블 TV사업자, 무선케이블사업자, 위성디지털라디오 및 방송사업자에게 요청해', '국가적 비상사태 시에 대통령이 미 국민에게 직접 호소하기 위한 통신 수단을 확보하는 구조'라고 말할 수 있다. 즉, 국가 재난발생으로 긴급히 필요하다고 판단될 경우, 상기의 방송국 등은 연방정부에 필요한 주파수대를 제공하도록 의무화하고 있다.[40]

---

37 http://www-01.ibm.com/software/tivoli/solutions/disaster/index.html
38 http://www.fema.gov/about/regions/regioni/continuum5-2.shtm
39 http://www.apdip.net/publications/iespprimers/eprimer-dm.pdf
40 http://www.fcc.gov/pshs/services/eas/

FEMA, FCC, NWS 3자는 주 정부나 지방자치체에 대해서도 EAS를 개방하고 있어서, 특정 지역에 한정된 비상사태에 대해서는 지방 레벨의 정부가 EAS를 이용하는 경우도 있다. 실제로 EAS는 1997년에 운용이 개시되었지만, 2017년 현재까지 연방 레벨에서 EAS가 사용된 예는 없었다. EAS의 실용성을 담보하기 위해 FCC는 2011년 2월, 연방 레벨로 EAS를 이용한 경보 시뮬레이션을 실시하기도 했다.

또한, 일반시민이 EAS를 직접 접할 기회는 없지만, 긴급 시에는 FEMA와 주 정부 간을 접속하는 긴급전화 연락망인 국가경보시스템(National Warning System : NAWAS)도 이용되고 있다. NAWAS는 원래 냉전시대에 미국이 핵공격을 받는 사태를 상정해 설치된 시스템이지만, 냉전 종결 이후는 주로 자연재해발생 시에 연락수단으로서 사용되고 있다.[41]

그 외 미국 연방정부는 2011년 4월 하순부터 Twitter나 Facebook을 이용해서 일반 시민들에 대해 테러 공격에 관한 경보도 송신할 수 있도록 결정한 바 있다. 단, 이들이 플랫 홈에서 경보가 송출되는 것은 연방정부의 반테러 관계자에 의해서 '적절'이라고 판단되었을 경우에만 한정한다.[42] FEMA는 재난발생 시에 안부 확인을 위한 온라인 툴도 일반에게 제공하고 있는데, 이것이 국가 긴급가족신고 및 위치 추적시스템(National Emergency Family Registry and Locator System : NEFRLS)으로 불리고 있다. NEFRLS는 웹 사이트에서 피난자·이재민의 정보를 검색할 수 있고, 전화대응도 가능하며 일본어를 포함해 20개 국어로 창구가 제공되고 있다. 그 밖에 비영리 단체인 미국적십자사도 안부확인을 제공하기 위한 시스템을 제공하고 있다.

덧붙여 평상시의 대처로는 다수의 미국 연방기관이 일반의 정보공개나 온라인 행정수속용의 웹페이지와는 별도로 다수의 Facebook 등의 블로그 및 Twitter 어카운트를 개설해 정보 제공을 실시하고 있다.

---

41 http://www.fema.gov/pdf/library/1550_2.pdf
42 http://www.guardian.co.uk/technology/2011/apr/08/us-terror-attack-facebook-twitter

② 민간 기업에 의한 대처

민간에서는 주로 인터넷을 매개로 해 조기경보나 방재, 피해상황 등에 관한 정보를 제공하는 서비스가 다수 존재한다. 당연히, 예를 들면 해일의 경우는 NOAA, 테러 공격의 경우는 DHS와 같이 단서가 되는 정보의 제공원이 되는 것은 공적기관이 중심이 되지만, 그 정보를 이용한 혁신적인 어플리케이션은 민간 기업에 의해서 개발되고 있다.

(ㄱ) 민간 기업에 의한 대처의 일례로서 Cassidian Communications사가 개발하는 조기경보 플랫폼 'Reverse 911'이라고 하는 서비스가 있는데, 동 서비스는 복수의 지방자치체에 의한 사용 사례도 있다. 'Reverse 911'은 1대 다수방식의 긴급사태 연락용 전화 어플리케이션이며 주로 중소도시, 혹은 대도시 내의 구획단위로의 사용이 상정되고 있다고 한다. 'Reverse 911'을 이용하는 지자체는 시민들의 전화번호 주소를 미리 자기 부담으로 구축한 GIS에 등록해 두는 것으로, 국지적인 재난이 발생했을 때에 재해지의 주민에게 긴급전화를 걸 수 있다. 실제로 동일본 대지진 발생 직후 미국 서해안에 위치하는 Oregon주의 일부 지역에 사는 주민은 'Reverse 911'에 의한 전화연락으로 해일 내습 피난지시를 받았다고 한다.

(ㄴ) 또한, Twitter나 Facebook을 시작으로 SNS가 재난정보전달이나 안부확인의 플랫폼으로써 일반시민이나 공적 기관에 의해서 사용될 기회도 증가하고 있다. 특히 Twitter에 대해서 투고자가 스스로의 피드를 일반에 공개하고 있는 경우, Twitter 피드가 보도기관에 의해서 일차적인 자료로서 사용되는 경우도 많아지고 있다. 동일본 대지진의 보도 당시 BBC도 Twitter를 소스로 이용하기도 했다.

(3) 재난발생 후의 대처(복구 · 부흥)

마지막으로 과거 몇 년간 미국에서 발생한 재난에 대해서, 그 복구 · 부흥 단계에서 IT가 활용된 사례를 소개하고자 한다.

① 정부에 의한 대처

복구·부흥의 대처에 관해서는 재난의 종류나 피난상황·지역 등에 의해서 그 내용이 바뀌는 부분이 많다. 하지만, 보편적으로 이재민들이 연방정부에 대해서 보상금 등을 신청할 때에 포털 사이트가 개설되어 있어서 이런 것들을 통하면 쉽게 신청할 수 있다. 또한, 동 사이트에서는 보상금의 온라인 신청은 물론, 간단한 앙케이트에 대답하게 하는 것만으로도 보상대상이 될지? 또한 보상대상이 된다면 어떠한 종류의 보상을 받게 되는지?라고 하는 정보도 이재민에게 제공하고 있다.

그밖에 이재민들의 사회 복귀를 지원하기 위한 의료 IT라고 하는 관점에서는 퇴역군인국(Department of Veterans Affairs : DVA)이 심리적 외상 후 스트레스 장애(Post-Traumatic Stress Disorder : PTSD) 치료를 실시하고 있다. 특히, 특화한 전자 진료기록 카드 시스템을 실시하고 있는데 이 시스템은 임상 데이터나 치료 경과, 치료 후의 정보를 전자적으로 관리·분석하고 있다. 이 퇴역군인 국(DVA)은 California주 Palo Alto시에서 운영하는 병원에 설치되어 있는데, 물론 이 병원에서 진찰을 받게 되는 사람은 퇴직군인에 한정되지만, 이러한 시스템의 유효성이 실증되면 유사 시스템이 이재민의 심리적 케어에 넓게 사용되게 될 것이다.

② 민간 기업에 의한 대처

2005년 미국의 루이지애나(Louisiana)주 뉴올리언스(New Orleans)시를 중심으로 괴멸적인 피해를 가져다준 허리케인 카트리나의 발생 전후에 최신의 정보가 신속히 반영·표시되는 IT의 특징을 살린 대처사례 몇 개를 보도록 한다.

(ㄱ) Google사가 직접 제작한 지도 애플리케이션 'Google Earth'를 통해서 피해를 받은 지역의 위성사진을 순서대로 업데이트한 것을 들 수 있다. Google Earth에 의해서 허리케인 카트리나가 통과한 후의 위성사진, 그리고 Google Earth 유저가 스스로 작성한 지도 레이어를 자사 사이트상에 게재해 관심이 있는 사용자가 이것들을 다운로드할 수 있게 한 것이다. 이러한 지도 레이어에는, 예를 들면 적십자가 긴급히 설치한 쉘터의 장소를 Google Earth상

에 커스터마이즈(customiz)를 표시하는 것 등이 포함되어 있다. 따라서 Google Earth에 액세스하는 수단이 긴급피난장소를 발견하기 쉽고 유효하며 신뢰성이 높은 수단으로 생각할 수 있다. 또, 카트리나 발생 후 2008년경부터 Google은 재난 포털사이트인 'Google Crisis Response'[43]를 실행하고 있어서, 동 사이트에서(Google Earth에 한정하지 않고)는 재난발생 후에 도움이 된다고 생각할 수 있는 자원을 통합적으로 제공하고 있다. 동 사이트에서 다루어지고 있는 재난은 미국 내에서 발생한 재난에 한정되지 않고, 동일본 대지진을 시작으로 2011년 2월에 발생한 뉴질랜드 지진이나, 동년 1월에 발생한 오스트레일리아 대홍수, 2010년 9월에 발생한 멕시코만 원유유출 사고 등도 대상이 되고 있다. 특히, 동일본 대지진 발생 후에 동사는 Google Crisis Response 사이트상에 'Person Finder'[44]라고 하는 메타 서치 애플리케이션을 업로드하고 있는데, 피해 상황에 의해서 지도가 분류되고 있다. 동 애플리케이션에서는 일반 시민이 입력·송신한 정보를 시작으로 언론기관이나 회사들이 공유하고 있는 정보도 한꺼번에 검색이 가능해 이재민들이 안부를 확인할 수 있다.

(ㄴ) 또, Hewlett-Packard(HP) 사는 카트리나의 내습 후 의연금을 자선단체에 제공한다고 하는 대응 외에도, 스스로가 일반 수요자에게 제공하는 사진 공유사이트 'Snapfish'를 통해 독특하게 대처하고 있다. 이것은 Snapfish에 사진을 업로드하고 있던 고객 가운데 카트리나의 피해를 받은 일부 지역에 살고 있던 사람들을 대상으로 사진 인쇄도 무상으로 제공했다. 그밖에도 동사는 카트리나의 영향을 받은 근린 지역의 사원을 동원해 여러 가지로 자원봉사활동에 참여하거나 재난지에서 자사가 보유한 건물의 스페이스를 개방하기도 했다.

(ㄷ) IBM의 경우는 자사가 운영하는 'Crisis Response Team'을 통해서 대처하기도 했다. 이것은 1993년에 동사가 설립한 체제이며, 재난발생지에 관련 없이 '최첨단의 테크놀로지, 헌신적인 전문가, 사원들의 자원봉사' 정신을 살려 지금까지 '49개국에서 발생한 70회의 재난'에 대해 복구활동에 공헌한 실적이

---

43 http://www.google.com/crisisresponse/index.htmlsaiki
44 http://earth.google.com/katrina.html

있다. 'Crisis Response Team'의 구체적인 활동으로서는, 카트리나 발생 후에 미 상공회의소(US Chamber of Commerce)와 공동으로 재난에 의해서 실직한 주민을 위한 구직사이트 'Jobs 4 Recovery'를 개설했다, 동 사이트는 현재도 운영되고 있는데 그 대상 지역은 New Orleans시 이외에도 확대하고 있는 등 시스템의(재난 직후에 한정되지 않는다) 계속적인 운용·활용도 목표로 정하고 있다.

(ㄹ) Amazon.com사는 카트리나 발생 후 약 1개월 사이에 걸쳐서 유명 연예인 등에 의한 독점 콘텐츠를 일일로 한정 판매해 그 판매액 등을 이재민지원에 제공하였다. 이것은 세계 최고의 전자상거래사이트라고 하는 동시에 자리매김을 살린 독자적인 주도라고도 말할 수 있다.

③ 그 외의 대처

앞에서 사사키 카즈유키 교수의 이론에서도 보았듯이 어떠한 종류의 재난에 대해서도 가장 일찍 대응하는 곳은 공적 기관이 아닌, 개인 자신이나 현지의 주민들에 의해서 구성되는 커뮤니티인 지역사회이다. 이러한 풀뿌리 레벨의 활동 지원이라고 하는 관점으로부터도 IT 의 중요성에 더욱 주목된다. 2005년 카트리나 발생 이후에 행해진 지역사회 레벨의 IT관련 활동에 대한 사례를 소개해 보고자 한다.

2005년 8월 29일 허리케인 카트리나는 루이지애나(Louisiana)주 및 미시시피(Mississippi)주 연안에 상륙해 동 지역에는 괴멸적인 피해를 가져다주었다.

특히, 루이지에나주 뉴올리언스(New Orleans)시는 동 시가 접하는 폰차트레인(Pontchartrain) 호수 연안에 지어진 제방이 무너져 홍수에 의해서 대 피해를 입었다. 시 전체가 피난을 강요당해 사람들은 미국 각지로 흩어져 친구, 가족, 친지, 이웃이 이산가족이 되는 아픈 결과를 가져다주었다.[45·46] 카트리나 상륙전에도 비상사태에 대비했고, 상륙 이후에도 시민들에 의해서 많은 웹 사이트가 활동하였다. 여기 한 예로 Katrina.com을 들 수 있다. 이것은 원래 Katrina Blankenship가 운영하던 작은 소프트웨어 컨설팅 회사로 자기 회사를

---

45 http://www.jobs4recovery.com/search.php?loc=New+Orleans%2C+LA
46 http://cdd.blogspot.com/2005/11/aiken-amazoncom-raise-money-for.html

PR하기 위한 사이트로 운영되었다. 하지만, 허리케인 정보를 요구하는 사람들의 액세스가 집중되기 시작하자, Blankenship은 곧바로 이 사이트를 재배치해 허리케인 정보를 제공하는 사이트와 링크해 안부확인을 위한 게시판 역할을 시작했다. 이 사이트의 재배치 이후 5개월 사이에 동 사이트는 1,200만 건 이상 액세스를 기록하기도 했다. 그리고 현재도 허리케인을 기억하기 위한 기념 사이트를 운영할 뿐만 아니라, 허리케인에 대한 사전준비 정보를 제공하는 사이트로 남아 있다. 이런 사례는 빙산의 일각에 지나지 않고, 안부 확인이나 가설 주택정보, 일자리 제공정보 등을 지원하기 위한 무수한 포럼(사이트)이 일반 시민들에 의해서 제공되고 있다.

예를 들면, Hurricane Information Maps(www.scipinous.com)와 같은 사이트는 허리케인이나 허리케인에 의한 피해의 위치정보를 수집·공유하는 목적으로 설치되었다. 동 사이트는 Google Maps의 인터페이스를 구사하기 위한 위키 사이트이며, 지도상에 나타난 건물이나 도로 등의 피해 상황에 관한 논평 등은 누구라도 기재할 수 있게 했다.[47]

다음에 2001년 동시다발 테러발생 이후에 미국에서 볼 수 있었던 지역 레벨로의 IT활용 사례를 소개하고자 한다. 우선, 긴급사태라는 것은 여러 가지로 커뮤니케이션 활동을 필요로 한다. 기존의 연구에서도 긴급사태에 있어서의 커뮤니티의 중요성이 지적되었다. 9·11 테러 공격은 미국의 사회를 근본으로부터 바꾸는 사건이었지만, 미국 시민은 이러한 긴급한 사태에 직면해 어떤 커뮤니케이션 방법을 선택한 것일까?

이 연구에 의하면 온라인 커뮤니티에 참가해 테러 공격에 대한 자신의 체험이나 생각을 투고하거나 다른 사람의 투고를 읽은 사람들 사이에서는 실제로 커뮤니티에 직접 참가하는 확률도 높았던 것으로 확인되었다. 또한, 이와는 반대로 실제로 커뮤니티에 적극 참가했던 사람들이 온라인 커뮤니티에서도 적극적으로 활동하는 경향이 나타났다.[48]

---

47 Palen, Hiltz, Liu 공저 *Online Forums Supporting Grassroots Participation in Emergency Preparedness and Response* 69.

48 Dutta-Bergman, *Community Participation and Internet Use after September 11: Complementarity in Channel Consumption*

이상의 연구에서 '실제로 커뮤니티 참여'에 수반하는 구체적인 행동으로는 '종교의 집회에 참여', '지역의 미팅·집회에 참여', '자원봉사 활동', '신문에의 의견 투고', '청원서에 싸인', '헌혈'의 6개로 분류하고 있다. 하지만, 온라인 커뮤니티 참가자 중에는 특히 '지역의 미팅·집회에 참가', '자원봉사 활동', '신문에의 의견 투고'의 3개 항목에 참가하는 확률이 높았다고 한다.

## | 제2절  미국의 방송체제와 통합재난경보 시스템

### 1. 미국의 방송체제와 언론의 자유 및 국가기밀 보호

세계 각국의 방송체제는 대체로 공공방송과 상업(민영)방송 양자로 구분되고 있지만, 방송제도나 발전의 역사는 나라마다 조금씩 차이가 있다. 유럽에서 상업방송이 시작된 것은 1980년대 이후이며, 그 때까지만 해는 대체로 공공방송이 독점적인 지위를 차지하고 있었다. 전통적으로 유럽형인 공공적인 방송체제를 "가부장 주의의 모델"이라고도 부른다. 당시 공공방송의 중심사상에는 사회·문화적 아이덴티티를 유지·형성하는 등의 계몽적인 역할에 주안점을 두고 있다.[49]

미국의 경우는 ABC. NBC, CBS라고 하는 3대 민영방송 네트워크(후에 FOX를 추가 4대 네트워크)가 주축이 되어 상호 경쟁하면서 발전하는 "자유경쟁형 모델"이 있다. 즉, 미국에서는 오락적인 상업방송에 중점을 두고 있으며, 공공방송은 후발적인 것으로 상업방송을 보완하는 역할을 담당하고 있다. 그밖에 아시아, 아프리카 등에는 정부가 방송내용까지 간섭하는 "독재주의 모델"로 국영방송이 중심이 된 나라도 있다. 일본의 경우는 제2차 세계대전 이후 연합군 최고사령관 총사령부(GHQ) 밑에서 유럽제국에서나 볼 수 있는 "가부장 주의의 모델"과 미국을 전형으로 하는 "자유 경쟁형 모델"을 혼합한 형태였다. 1950년

---

49 田中孝宜「海外の放送事情」島崎哲彦・米倉律編著『新放送論』学文社, 2018, pp. 235-239.

전파3법[50]이 공포됨에 따라, 공공방송과 상업 방송으로 이원적(二元的)인 방송 제도가 성립되었다.

미국의 경우는 미 연방헌법 수정 제1조에 의해서 '연방의회가 언론, 또는 출판의 자유를 제약하는 법률을 제정해서는 안 된다.'고 규정하고 있다. 이 규정에 의하면, 미연방의 모든 기관은 언론·출판의 자유를 제약하는 조치를 취하지 못하도록 하고 있다. 따라서 매스·미디어에 대해서도 이 연방헌법 수정 제1조의 규정에 의해 언론·출판의 자유가 보장되어 있다.

하지만 미국에서는 국방상의 이유로 국가기밀 보호에 관한 법률에 따라서 군사정보는 제약하고 있다. 제1차 세계대전 이후 1917년에 제정된 방첩 법 (Espionage Act of 1917)의 경우는, 수차의 개정을 거치면서 합중국 법전 제18편 제37장 "방첩 및 검열(Espionage and Censorship)"(18 U.S.C. 792 to 799.) 등의 규정에 의해 군사정보는 제약되고 있다. 특히, 2001년 9·11 동시다발 테러 이후 아프가니스탄의 알카에다 및 탈레반 공격을 위한 미국의 군사행동으로는, 국방 총성이나 각 군을 비롯한 정부측에서는 매스·미디어의 취재에 대한 제약이 점점 더 증가하고 있는 것이 현실이다.


## 2. 긴급사태 경보시스템과 매스·미디어

미국에서 긴급사태가 발생하면 대통령은 방송기관에 긴급사태 경보시스템을 발동해 국가의 방위나 안전보장에 필요불가결하다고 판단될 경우, 방송사업자에 긴급명령 및 가동 중지 등을 명할 수 있다(47U. S. C. 606.). 이때 연방정부의 관할 기관은 연방통신위원회(Federal Communications Commission : FCC)가 담당하게 된다. 긴급사태 경보시스템의 경보 등의 전달과정에 관해서는 1994년 11월 이래, 긴급사태 경보시스템(Emergency Alert System : EAS)라는 제도가 구축되어 있다.[51] 긴급사태에 임해 대통령 및 주 정부·지방자치체가 주민에 대해

---

50 「電波法」(昭和25年法律第131号), 「放送法」及び「電波監理委員会設置法」(昭和25年法律第133号).
51 이 EAS시스템은 1963년에 설립된 긴급방송시스템(Emergency Broadcast System : EBS) 및 트루먼 정권 시에 책정된 전자파 송신 관제(Control of Electromagnetic Radiation : CONELRAD) 프로그램을 그 전신으로 하고 있다. 이밖에 EAS 시스템에 관한 데이터는 연방 통신 위원회의

긴급정보를 전달하기 위해서는 미 전국의 방송기관(모든 라디오 AM/FM 국, 텔레비전국, 케이블 방송국·통신위성시스템)을 이용할 수 있게 되어 있다. EAS시스템을 소관하는 담당 부서는 연방통신위원회(FCC)이며, 때에 따라서는 연방재난관리청(Federal Emergency Management Agency : FEMA) 및 미 기상청(National Weather Service : NWS) 등이 관여한다. 또, 법적으로는 FCC의 규칙이 EAS 시스템의 근간이 되는 법규이다.[52]

미국의 비상 경보방송시스템은 원래 자연재해뿐만 아니라, 외국으로부터의 핵 공격이나 화재, 방사능 오염 등 인위적 재해까지 넓은 범위의 긴급정보 전달을 대상으로 하고 있다.

(1) NOAA의 '웨더·라디오' 미국해양 대기권국(National Oceanic and Atomospheric Administration : NOAA)은 20여 년 전부터 '웨더·라디오'를 통해 24시간 최신의 기상정보를 계속해서 반복적으로 방송하고 있다. 또한, 토네이도나 쓰나미, 폭풍우, 지진 등 인명이나 재산피해가 발생할 우려가 있는 경우는 경보신호를 발신한다. 이 신호에 의해서 스위치가 들어 있지 않은 수신기도 기동시킬 수 있다(wake-up). FM의 특수 방송으로서 162MH 2대의 3파를 사용해 약 350국에서 인구의 약 90%를 커버하고 있다. NOAA에서는 수신기의 보급에도 많은 노력을 기울이고는 있지만, 학교나 공공기관에는 어느 정도 보급되어 있어도 일반인의 보급률은 아직 낮은 편이다. 최근, 원자력 발전소에서 긴급사태가 발생할 경우 15분 이내 반경 5마일 이내의 주민에게는 100%, 10마일 이내의 주민에게는 90% 정도에게 재난정보를 알릴 수 있도록 보급을 촉진하고 있다.

(2) D-Ds(Decision Information Distribute System)는 본래, 군이나 공공기관 등의 핵 공격에 대비해 미 전국 10개소에 장파의 경보전용 방송국을 설치하려고 했다. 그 후 자연재해경보용이라고 해도 일반 주민의 TV수신기에 장파 수신기

---

Web-Site에서 입수할 수 있다. <http://www.fcc.gov/eb/eas/>

52 The Reporters Committee for Freedom of the Press, Home front Confidential - How the War on Terrorism Affects Access to Information and the Public's Right to Know, Second Edition, the Reporters Committee for Freedom of the Press, Arlington, VA, September 2002, at 27-28. Available from <http://www.rcfp.org/homefrontconfidential/>

를 조립해 디지털 신호에 맞춰 수신기의 스위치를 ON으로 하도록 검토하게 되었다. 주파수는 160~190KH를 사용해 계획완성 시에는 인구의 99%를 커버 하려고 했다.

(3)미국의 재난경보 시스템인 EBS(Emergency Broadcast System)는 미국 전체의 방송국 중에 98%는 방송국 네트워크를 통해서 지역방송국에 전달하며, 또한 이 시스템은 방송국에서 직접 공공기관이나 일반 주민에게 긴급경보를 전달하는 시스템이다. 핵 공격을 포함하는 인위적 재해나 토네이도 등의 자연재해에 대한 정보를 대상으로 하고 있다.

## 3. 미국의 통합재난경보 시스템

### 1) 미국의 통합재난경보 시스템의 도입

최근 우리 사회는 AI나 ICT 등의 급속한 과학기술의 진전과 함께 자연재난의 예측이나 기상 데이터 등의 정밀도가 점점 더 정확해지고 있다. 따라서 이러한 예측이나 데이터를 시민들에게 신속하게 전달함으로써 긴급한 재난대피로 그 피해를 최소화할 수 있다. 긴급재난피해는 가정 내뿐만 아니라, 옥외나 근무처·학교 등 어디에서도 재난피해를 입을 가능성이 높아짐에 따라 신속한 재난경보의 전달은 매우 중요하다고 하겠다. 따라서 긴급경보를 발신하는 중앙정부나 자치체 등은 신속하고 정확하게, 그리고 효율적으로 재난정보를 전달해야 한다.

## 미국 IPAWS : 통합재난경보 전달체계

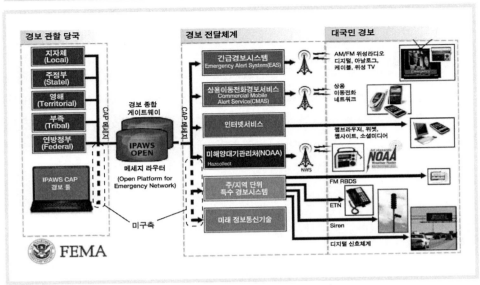

자료 : 한국재난정보미디어포럼 『효율적인 재난방송을 위한 전문가 토론회』, 2015, p. 10.

## 긴급경보시스템

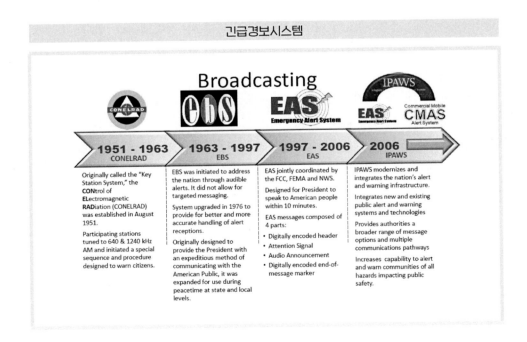

재난정보 선진국인 미국이나 일본, 캐나다 등에서는 이미 통합긴급경보 플랫폼이 운용되고 있다. 미국에서는 IPAWS, 캐나다에서는 NAAD, 일본은 L-Alert가 각각 명칭은 다르지만, 긴급재난경보를 신속하게 송출할 수 있는 플랫폼인 '트래일러(통합재난경보시스템)'가 구축되어 있는 상태다. 나아가서 이 재난경보 전송의 표준규격인 CAP도 규정되어 이용하고 있다. 즉, 방송미디어나 모바일 단말기, 지역 방재 무선시스템 등의 다양한 매체에 에리어를 지정하고 경보를 발신하게 하는 구조는 공통구조이다. 한편, 통합긴급경보 플랫폼의 개발 경위나 운용방법은 국가마다 특징이 있을 뿐만 아니라, 기능 면에서도 다른 방법으로 고도화가 진행되고 있다. 여기에서는 미국과 캐나다의 통합긴급경보 플랫폼의 개요에 대해서 소개하고자 한다.

앞에서도 이미 언급했지만, 본 절에서는 미국의 차세대 통합재난경보시스템인 IPAWS(Integrated Public Alert and Warning System)와 긴급경보시스템인 EAS(Emergency Alert System), 그리고 모바일 경보시스템인 CMAS(Commercial Mobile Alert System)에 대해서 설명해 보고자 한다. 아울러 다양한 재난경보 전달시스템을 상호 연계하기 위해 만들어진 공통 메시지 규약인 CAP에 대해서도 언급해 보고자 한다. 현재, 미국 연방정부에 의해서 일반시민들에게 전달되는 조기경보체제는 앞서 설명한 EAS가 있고, EAS의 규격상 조기경보 채널은 TV와 라디오로 한정되어 있다. 이 때문에 FEMA는 FCC 및 NWS(National Weather Service : 국립기상대)와 공동으로 차세대의 통합경보 시스템인 IPAWS를 개발해 이것으로 '가능한 한 많은 채널로' 경보발령을 가능케 하고자 했다.[53]

FEMA에 의하면, 구체적인 목표로는 2012년 제1/4분기부터 모바일 사업자가 IPAWS에 참가하는 것으로, 모바일 가입자에 한해서 보편적인 재난경보가 전달되게 하는데 있었다. 이 시스템은 CMAS로 IPAWS를 구성하는 중요 부품이 된다. 덧붙여 CMAS에 의한 경보의 포맷은 초기에는 최대 90자 문자메시지로 정해져 있었다. 또, SMS 송신 시에는 다른 대역폭이나 통신 프로토콜을 동시 병용하는 것인데, 회선이 혼잡하기 쉬워 긴급재난발생 시에는 보다 더 신속하게 전달하는 방법도 강구하고 있다. 이미 IPAWS는 경보 데이터 형식을 통일

---

53 http://www.fema.gov/emergency/ipaws

한 프로토콜인 CAP으로 여러 가지 공적 기관에 의해서 발령되는 경보의 상호 호환성도 확보하고 있다.

CAP의 이점으로서는 호환성이 확보되는 것으로, 단일 플랫폼 상에서 모든 경보가 해독이 가능한 것 외에 CAP은 개방적인 규격(XML)을 채용하고 있기 때문에, TV나 라디오는 물론, 휴대전화나 웹 브라우저, 또한, 고속도로상의 전자표지 등 다양한 채널을 이용해 일반시민들에게도 재난경보 송신이 가능하다. 따라서 앞으로는 보다 더 신속한 대응·대피의 정보전달 실현이 가능할 것으로 기대하고 있다. 그밖에도 오픈 규격의 채택에 의해서 경보 수신시에 부가적 기능을 추가하는 애플리케이션 개발도 용이하게 이루어지게 되었다, 이처럼 다양한 개발환경의 정보제공에 의해서 재난경보의 다언어화와 함께 시각·청각적 정보도 경보에 첨부되어 보다 정확한 상황 판단이 용이하게 되었다. 특히, 시각장애가 있는 사람들도 경보를 곧바로 이해할 수 있도록 하는 유니버설·인터페이스 향상도 기대되고 있다.[54]

한편, 미 연방정부에 의한 대처와는 별도로, 미국의 비영리 공공방송인 PBS(Public Broadcasting Service)는 2011년부터 모바일 디지털방송 서비스를 개시함과 동시에 동 서비스상에서 멀티미디어를 활용한 조기경보시스템을 시험하기도 했다. 따라서 향후는 휴대전화 단말기뿐만 아니라, 동 서비스에 대응하는 태블릿 PC, 노트북, 카 내비게이션 시스템에까지도 경보송신이 가능해졌다.

앞의 그림 IPAWS를 보면, 좌측에 위치하는 것이 경보를 발령하는 공적 기관이며, 우측에 위치하는 것이 경보를 전달하는 구조(EAS, CMAS 등 발령시스템)이다. 그 사이에 들어가는 것이 IPAWS Open Aggregator(어그리 게이터)이며, 이것은 경보를 그 내용에 근거해 적절한 발령 시스템에 배포하는 것을 말한다.

미국은 2005년 뉴올리언스의 카트리나와 동일본 대지진을 겪으면서 IT를 활용한 대형 재난에 대비해 대책을 강구하게 된다. 특히, 고정 전화나 휴대전화가 두절된 환경 하에서, 방재무선·음성에 의한 경보 이외의 수단이 요구되었다. 특히, 폭넓게 주민들에게 긴급경보를 전달하기 위해서는 TV나 라디오를 주요채널로 하는 이른바 '풀 형'(정보를 요구하는 사람은 능동적으로 정보를 찾으러

---

54 http://www.fema.gov/emergency/ipaws/

갈 필요가 있는 형태)이 아니라, IPAWS와 같이 보급률이 높은 휴대전화 단말기 등으로 경보가 송신되는 것으로, 능동적으로 정보를 찾지 못하는 사람들에게도 통지가 가능한 '푸쉬 형'의 연락체제 확립이 중요하다고 생각했다. 또한, 신뢰성의 낮은 정보가 유포된다고 하는 과제에 대해서는, IPAWS와 같은 공적 구조를 정부기관이 주도해 각 채널을 통해 국민들에게 신뢰성이 높은 정보를 제공함으로써 그 피해를 훨씬 더 경감할 수 있다.[55]

## 2) 정보의 정합성(整合性)·신뢰성의 확보

재난정보는 미국에 한정되지 않고 만국 공통의 과제라고 할 수 있다. 또한, SNS를 시작으로 풀뿌리 베이스, 즉 비공식적 정보전달 채널이 넓게 이용되게 되는 가운데 도착하는 정보의 정합성이나 신뢰성의 확보도 중요한 과제가 된다. 2011년 3월 동일본 대지진 이후 공적 기관이 수집한 신뢰성이 높은 정보가 재난피해를 줄이는데 큰 역할을 하게 되었다. 그것은 국가의 공적 기관이 가지는 책임과 정보수집 능력이 국민의 안전을 지키는데 중대한 영향을 미치기 때문이다. 앞에서 언급했듯이 우리나라에서도 웹 사이트나 Twitter 어카운트 정보의 신뢰성과 전달 속도·리치를 양립시키기 위한 노력이 다양하게 진행되고 있다. 하지만, 공적 기관이 완수해야 하는 역할에는 한계가 있을 수 있다. 특히 대규모 재난이 발생했을 경우, IT의 유무에 관계없이 재난정보의 결여, 공포감, 긴장감이라고 하는 이유로 오해를 부를 수도 있는 정보도 상당히 많은 편이다. 여기에 가세해 IT에 의한 정보유통, 특히 SNS에 의한 그 정보의 확산 속도는 종전의 매스·미디어에 비해 매우 빨라 다수의 사용자에게 공유되고 수습이 되지 않는 경우도 많다. 따라서 대규모 재난발생 시에는 속도에 못지 않는 신뢰성과 정확성이 가장 중요하게 요구되는 시점이다.

---

55 http://unpan1.un.org/intradoc/groups/public/documents/un-dpadm/unpan042456.pdf

## 3) 미국의 긴급경보시스템(EAS)과 재난경보

### (1) 긴급경보시스템(EAS)의 설치

FCC는 1994년 11월에 긴급경보시스템(Emergency Alert System : EAS)의 사용을 승인하고, 1997년 11월 29일에 관련 시스템이 설치됐다. 그리고 2011년에 최초로 미국 전역을 대상으로 EAS 시험을 시행하게 되었고, 이후는 지속해서 EAS 실험을 통해서 해당 시스템을 개선해 나가고 있다. EAS는 원래 허리케인이나 홍수, 해일, 지진, 폭설 등 자연재난과 함께 사회재난인 화재, 독가스, 정전과 같은 비상경보 사태가 발생하면 모든 국민에게 긴급경보를 전달하는 대표적인 공공경보시스템이다. 1994년 11월 이전에는 냉전체제인 민방위 경보방송에서 시작된 긴급방송시스템 EBS(Emergency Broadcast System)를 대체하도록 EAS를 승인하게 되었고, 현재는 민간 라디오 및 TV 방송국 등 약 14,000여 개 이상이 EAS의 긴급경보신호를 전송받고 있다.

2019년 최성종 교수의 보고서에 의하면,[56] EAS는 실시간으로 정확한 정보를 제공하고, 지역에서 긴급한 재난 상황이 발생하면 스스로 경보를 발령할 수 있다. 필요하다면 전국 단위의 경보 발령도 가능하다. 여러 기관과의 긴급경보 체계가 연동되어 있고, 특히 AM/FM 라디오 방송국과 TV 방송국, 케이블 방송국, 호출기, 컴퓨터 등과도 연동되어 재난경보를 제공하고 있다. 또한, EAS는 긴급경보의 우선순위를 지정하여 입력할 수도 있고, 비상사태 시 일정 지역 또는 특별한 지역에 대해서도 사전에 프로그램을 준비하여 제작할 수도 있다. 그뿐만 아니라, TV 화면에 자동으로 영상이나 오디오 메시지를 송출하며, 특히 중요한 메시지의 정보를 신속하고 정확하게 확인하여 송출한다. 앞에서도 몇번 언급했지만, EAS와 관련된 연방재난관리청(FEMA)은 연방정부 차원에서 EAS의 개발과 운영 그리고 관리를 수행하며 긴급경보시스템과 관련된 지방정부의 역할을 계획 수립하여 하달한다. 연방통신위원회 (FCC)는 EAS의 기술과 운영, 그리고 관련된 요구 사항을 고시하게 된다. 또한, 각 주의 EAS 활용계획이 연연방통신위원회(FCC) 규정에 부합하는지 여부를 결정하고, EAS의 재난메시지

---

56 최성종『지상파 UHD 방송을 활용한 재난방송 고도화 방안 연구』, 한국재난정보미디어포럼, 2019, p. 13. 긴급경보시스템(EAS) 부분 인용.

나 프로토콜 정합 시험에 관한 전반적인 제반 규정도 정의하고 있다. 그밖에 미국 지방정부의 비상 통신위원회는 지방정부의 비상 통신계획을 수립 작성하며, 매달 정기적으로 EAS의 의무시험을 실시하도록 규정하고 있다. 미국 상무부 산하 해양대기청(National Oceanic and Atmospheric Administration : NOAA)은 기상정보를 비롯한 지진이나 해일 등의 자연재난에 대한 정보도 실시간으로 제공한다.[57]

미국에서 재난발생 시 긴급재난경보를 전달하는 방법은, ① 방송시스템 경유의 긴급경보시스템(Emergency Alert System : EAS), ② 무선통신 시스템 경유의 무선 긴급경보(Wireless Emergency Alert : WEA), ③ 복수의 시스템으로 횡단적 정보발신이 가능한 통합공중경보시스템(Integrated Public Alert & Warning System : IPAWS)이 있다. 미국에서 긴급재난경보 발령 시 정보전달이 불충분했기 때문에, 2005년 대형 허리케인 뉴올리언스 카트리나에 의한 피해가 매우 컸다고 하겠다. 따라서 이에 대한 시스템의 기능 강화와 운용체제 정비가 본격화된다.

EAS의 재난방송의 기본적인 구조는 다음 도표와 같이 히에라르키(Hierarchie : 지휘·명령)와 같은 톱 다운형식의 전송시스템이다. 즉, 미국의 재난방송체계는 전국의 방송사를 계층화로 분류하였다. 이는 광활하고 넓은 영토에서 무수히 많은 방송국이 운영되고 있기 때문에 방송사가 긴급하게 재난경보 신호를 효율적으로 수신할 수 있도록 전달하기 위한 분류체계이다. 다음 도표와 같이 국립기상국(National Weather Service : NWS)이나 주정부·지자체는 지역 제1차 전송자(LP1 : Local Primary)라고 불리는 키 스테이션에 대해 경보를 발령해, 키 스테이션에서 타 방송국으로 경보가 릴레이 형식으로 전달되게 한다.

첫째, PEP(Primary Entry Point) 방송국은 미국의 연방정부가 발령하는 경보(Alert)를 직접적으로 수신하여 재송출하는 방송국이다. 둘째, LP-1(Local Primary One) 방송국으로 각 지역의 지방정부나 지역의 지방기상청에서 발령하는 경보를 직접적으로 수신하여 재송출하는 방송국이다. 즉, PEP 방송국으로부터 재전송하는 연방정부의 경보신호를 수신하여 다시 재송출하는 방송국이다. 또한,

---

57 최성종『지상파 UHD 방송을 활용한 재난방송 고도화 방안 연구』, 한국재난정보미디어포럼, 2019, p. 13. 긴급경보시스템(EAS) 부분 인용.

## 긴급경보시스템(EAS)의 구조

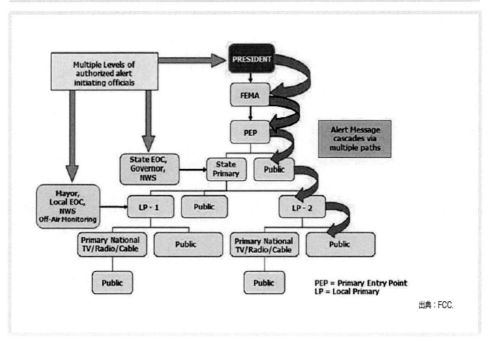

出典 : FCC.

LP-2(Local Primary Two) 방송국은 지방정부나 지방기상청에서 발령하는 경보신호를 직접적으로 수신하여 재송출하는 방송국이다. 앞에서 언급한 LP-1 방송국과는 달리 PEP 방송국으로부터 재전송한 연방정부의 경보 수신은 불가능하다. 끝으로 일반 방송국이 있는데, LP-1 방송국이나 LP-2 방송국이 재전송하는 경보신호를 수신하여, PEP와 LP-1, LP-2 방송국에서 송출하는 경보신호 수신에 제외된 국민에게 전송한다.[58]

　　이처럼 EAS에 의한 전국 일제 경보는 대통령이 연방 긴급재난관리청(FEMA)을 통해서만 발령이 가능하며, 지금까지 시험 송출 이외에는 발령된 적이 없다. 한편, 주정부·지방자치단체 레벨의 경보는 연간으로 몇 천 회 정도로, 기상 관련의 경보 외에 유아·유괴 등의 다양한 경보가 방송사업자에 의해서 임

---

58 최성종『지상파 UHD 방송을 활용한 재난방송 고도화 방안 연구』, 한국재난정보미디어포럼, 2019, p. 13. 긴급경보시스템(EAS) 부분 인용.

의로 전달되고 있다.

FCC에서는 허리케인 카트리나에 의한 통신네트워크의 영향력을 검증하는 독립위원회를 설치하게 되었는데, 그 보고서가 2006년 6월에 동 위원회로부터 FCC 위원장에게 제출되었다. 동 보고서에는 허리케인 카트리나의 맹위에 대한 통신 기반은 비교적 양호하기에 작동했지만, 폭풍우 후의 홍수나 정전 등에 대응하기 위한 백업수단이 없었기 때문에 넓은 지역에 걸쳐서 영향력이 발생하게 되었다고 지적하고 있다. 따라서 사전대응(pre-positioning)을 잘 실시해서 네트워크의 신뢰성과 복원력(resilience)을 향상해야 한다고 권고했다.[59]

또한, 2007년 연방정부감사기관(GAO)의 보고서에 의하면 EAS의 릴레이의 구조(그림 1)는 신뢰성이 낮고, 그 검증도 행해지지 않았다고 지적했다. 이상의 권고나 지적에 입각해 FCC는 2009년부터 개선작업을 준비해 2011년 9월에 처음으로 EAS에서 전국 레벨로 경보전송 시험을 실시해 그 결과 보고서를 2013년에 공표했다. 동 보고서에 따르면, 경보의 릴레이 전송의 실패율은 전송 포인트마다 다르지만, 몇 %에서 20% 정도이고, 지역의 키 스테이션(LP1) 레벨이라도 기기대응의 불충분 등의 이유로 경보의 약 1/5이 전송되지 않았다. 또, FCC는 전국 레벨의 경보전송테스트 결과를 주별로 정리한 GAO의 보고서에 의하면, 전국에 송출된 경보를 수신한 방송국과 케이블방송국의 비율은 동해안 지역에 있는 주는 90%를 넘는 곳이 많았던 반면에, 방송설비가 아주 노후한 오리건 주의 경우는 6%로 가장 낮게 나타나 주에 따라 수치가 크게 달랐다. FCC는 EAS를 개선하기 위해 2015년 6월에 명령을 발동했다. 동 명령은 전국 레벨의 코드 번호를 할당하고, EAS 참가자만 한해서 전송기기가 동 코드와 전국 정기시험(National Periodic Test : NPT)에 대응하는 것이나 전자시험 보고시스템(ETRS)에 시험결과를 보고하도록 했다. 그다음 2회째는 전국 레벨로 상향하여 EAS의 시험은 2016년 9월에 실시했다. 약 2만 2,000여 개의 지상파 방송국이 테스트로 수집한 정보를 FCC에 보고했는데, 스페인어의 경보전달에 문제가 있었던 것으로 판명되었다. 또한, 미국에서는 차세대의 디지털 방송 규격인 ATSC 3.0이 책정되어 다양한 단말에 고도의 긴급경보(Advanced Emergency Alert:

---

59 *Journal of the ITU Association of Japan*, Vol. 47 No. 3(2017, 3)

AEA)의 기능이 실현될 것으로 보인다. ATSC 3.0에서의 AEA에서는 EAS pro-tocol이나 IPAWS의 CAP에도 대응하는 것 외에 위치 정보에의 대응이나 슬립 모드(sleep mode)에서의 수신과 기동의 기능이 신장할 것으로 보인다. ATSC에서는 2016년 2월과 9월에 관련 사업자에 대해 ASTC 3.0에 AEA의 개발을 위한 자발적인 참가를 호소하고 있다. 또, 고도 경보 대응 네트워크 협의회(AWARN)(http://awarn.org/)가 ASTC 3.0 규격의 모바일 단말기로 경보발신 구조의 보급·추진 활동을 실시하고 있어, 통신망이 기능하지 않을 경우에도 방송파에 의해 경보전달이 가능해진다고 하고 있다.

또한, 2017년 8월 25일 허리케인 하비(Hurricane Harvey)가 미국을 관통할 당시 FCC의 긴급재난방송의 역할에 대해서 좀 살펴보고자 한다.

당시 휴스턴 등 미국 텍사스 지역에 허리케인 하비(Harvey)가 강타하면서 미국 연방통신위원회(Federal Communications Commission)는 효과적으로 신속한 재난방송이 이루어질 수 있도록 적극적인 지원을 아끼지 않았다. 미국에 허리케인 하비가 예보된 8월 25일 당일 FCC는 공공안전 및 국토안전보장성과 함께 허리케인 하비에 대한 대책으로 재난정보 보고시스템(DIRS)의 활성화를 발표했다.[60] 재난정보 보고시스템은 무선, 유선, 방송, 케이블 및 인터넷 전화 공급자를 포함한 통신공급자가 위기발생 시 통신 인프라 상태 및 현황을 보고하는 자발적인 웹시스템이다. FCC는 통신사업자가 FCC의 재난정보 보고시스템에 제출된 네트워크 정보 데이터를 실시간 통신상태 보고서를 매일 공개했다.[61]

또한 별도로 마련된 홈페이지(www.fcc.gov/harvey)에서도 관련 정보를 신속하게 제공하며 플로리다로 진행 중이던 허리케인 어마(Irma)에 대한 공유도 즉각 공유하도록 했다. FCC는 이외에도 도움이 필요한 상황에 대비해 비상 통신 공급자인 FCC 오퍼레이션 센터(Operations Center)를 운영하고 위기상황에 대해 언제든지 문의할 수 있도록 이 메일을 항상 열어두었다. 이와 같이 FCC는 허리케인에 대해서는 적극적이고 신속한 대응방침에 따라 각 기관들에게 적극적

---

60 방송통신위원회(최유정 해외통신원)「허리케인 하비로 보는 미국 재난 방송에 대한 FCC의 역할」(프로파일), 2017년 10월 26일자. 15:56, URL 복사.

61 https://m.blog.naver.com/PostView.naver?isHttpsRedirect = true&blogId = kcc1335&logNo = 221125833825(2021.11.10일자).

으로 협조했다. 특히, 국제안전국, 미디어국, 유선경쟁국 및 무선통신국의 협조로 FCC는 허리케인의 영향을 받은 지역에서는 통신서비스를 재개하거나 유지할 수 있도록 지원하는 절차도 발표했다. 그뿐만 아니라, 기관별로 지침도 제공하고 추가 정보를 원하면 특정 직원에게 연락할 수 있도록 연락처를 공개하기도 했다. 나아가 허리케인 하비와 같이 긴급한 사항에 관련된 비상요청은 전례 규칙의 제한에서 면제되고 비공식 서신 또는 이메일, 전신 전화로도 제출할 수 있도록 했다.

허리케인 하비 당시 FCC 아짓 파이(Ajit Pai) 의장은 피해조사를 위해 휴스턴 지역을 방문하는 등 지역, 주 및 연방 공무원들과도 논의했다. 주변 지역을 항공으로 시찰하면서 비상 네트워크를 방문한 뒤 긴급상황에서도 중요한 정보를 전달하고 받을 수 있도록 하는 대책도 세웠다. 또 의장은 휴스턴 거주민에게 응급정보를 제공하는 방송국도 방문했고, 지역방송사가 국민들의 생명과 재산을 구할 수 있는 긴급정보와 뉴스를 제공하기 위해서는 더욱더 앞선 기술력이 필요하다는 의견도 제시했다.

이후 FCC는 허리케인 어마(Irma)로 인한 방송통신 상태도 업그레이드했다. 재난의 영향권에서 벗어난 이후에 FCC는 재난정보시스템을 비활성화하고 이를 국민에게 보고하는 절차도 거쳤다. 재난에 대한 추가적인 보고는 하지 않았지만, FCC는 통신서비스의 상태를 계속 모니터링하고, 나머지 복원 작업도 지원하기 위해 필요한 경우 공급 업체 및 정부 파트너와 협력한다는 내용이었다. 이처럼 FCC는 재난방송에 관해서는 재난상황에서의 통신 서비스 및 운영 상태에 대한 정보전달에 중점을 두고 있다. 나아가서 재난상황에 대한 정보를 상세하게 제공하고, 효과적으로 비상대응시스템의 복원 및 지원에 대해서는 중요한 역할을 수행하고 있다. 우리나라 방송통신위원회의 역할과는 전혀 다른 역할을 하고 있다는 점을 밝히고자 한다.[62]

---

62 https://www.worldvision.org/disaster-relief-news-stories/2017-hurricane-harvey-facts

## (2) EAS(긴급경보시스템)의 발전사

미국의 긴급경보방송의 원조는 1951년으로 거슬러 올라간다. 당시는 동서 냉전의 격화로 소련의 폭격기가 미국 본토를 침공할 수도 있다는 전제하에서 긴급경보방송 시스템인 컨엘라드(Control of Electromagnetic Radiation : CONELRAD)가 만들어진다. 당시는 정부가 직접적으로 비상상황을 신속하게 전달할 방법이 없어서, 이를 해결하고자 생각한 것이 CONELRAD다. 이 시스템이 작동하게 되면 사이렌과 함께 지정된 라디오 방송국에선 송출기를 5초간 끈 뒤, 다시 5초씩 켰다가 끄는 등 반복해서 15초간 960Hz 사인 음을 송출해 다른 방송국들에게 경보발령 사실을 통보하게 된다. 이후 모든 TV 및 라디오 방송국들은 송출을 종료한다. 그다음 라디오 방송국들은 지정된 순서에 따라 각각 640KHz나 1240KHz에서 돌아가면서 방송한다. 여기에서 CONELRAD의 1차적인 목적을 알 수 있다. 그것은 두 개의 주파수를 번갈아 사용함으로 같은 방송국이 같은 주파수로 계속해서 송출하지 않는다는 인식을 주게 되어 소련 폭격기들이 삼각측량(triangulation, 三角測量)[63]으로 도시를 찾아내는 걸 막으려 한 것이다. 특히, CONELRAD는 전국적인 긴급 상황을 효과적으로 송출하기 위해 EAN (Emergency Action Notification)을 도입하기도 했다. EAN은 대통령이나 대통령의 대리인에 의해서만 발령될 수 있었으며, 모든 방송국은 의무적으로 현재 방송을 중단하고 경보를 송출해야 한다, EBS 경보는 방송국에서 무시를 할 수 있었다. 그러나 그 후 ICBM의 개발로 소련 폭격기의 침공 가능성은 낮아졌고, 송출기도 너무 빨리 껐다 켜다보니 노후한 송출기가 제 기능을 다하지 못하게 되었다. 이러한 문제점을 해결하고자 새로 개발한 것이 EBS(Emergency Broadcasting System)이다. EBS는 1993년부터 시험방송을 하다가 1997년 1월 1일부터 시행되었다. EBS는 토네이도나 지진, 눈사태 등과 같은 천재지변 상황이나 테러 등 미국 내 안보에 심각한 영향을 줄 수 있는 사건이 발생했을 경우에는 모든 미디어 채널을 동원해 이를 통보하는 시스템이다. EBS는 CONELRAD와는 달리 라디오 방송국들의 지정된 주파수에서만 방송하지 않고, TV와 함께 원래 방송

---

63 삼각측량은 삼각형 한 변의 길이와 그 양쪽의 각을 알면 남은 변의 길이를 계산해 내는 수학공식을 이용해 평면위치를 결정하는 측량방식이다.

하던 주파수 및 채널로 경보를 발령했다. 토네이도와 같은 평상시에 지역 긴급상황까지 방송하게 되면서 EAS는 그 자리를 잡을 때까지 약 2만 번 송출되었다.

〈EAS(긴급경보시스템)의 발전단계〉

① 제1세대 : CONELRAD(Control of Electromagnetic Radiation) – 구소련의 핵폭격에 대한 대책의 하나로 트루먼 대통령의 지시로 1951년에 건설되었다. 국가 수준의 유사시를 상정한 것으로 공군에서 전용 전화로 라디오 기간 방송국에 전달해 그 후 각 지국에 전달하고, 거기에서 경보를 방송하는 방식을 취했다.

② 제2세대 EBS는 정부 기관의 전용회선으로부터 연락을 받는 기간 방송국이 규격화된 가청역의 경보신호를 방송했다. 각 지역방송국은 그것을 다시 받아서 방송 프로그램을 중단하고 경보방송하며, 준비가 되는 대로 대통령의 메시지를 전달하는 구조였다. 처음에는 국가 수준의 유사시를 대상으로 하였지만, 그 이후에는 각 지방의 비상사태나 기상경보 등에도 활용되었다.

③ 제3세대 EAS는 2012년에 긴급경보시스템이 정비되어 미국의 텔레비전이나 라디오 방송을 통해 경보방송을 송출했다. 국가 수준의 경보발신 시에는 긴급재난관리청(FEMA)을 통해 국내 기간방송국에 전달하고, 주나 군 수준의 경보발신 시에는 주 레벨 수준의 방송국에 각각 경보를 전달했다. 거기에서 다시 각 지국에 전달하여 방송내용을 컨트롤하게 된다. 그러나 일본의 긴급경보방송과 같이 수신기를 강제로 기동시키는 시스템이 아니라, 미국 정부나 주 정부가 제공하는 통일 형식의 정보를 각 방송국에 보내 자동화 된 경보 글을 자막과 음성으로 전달했다.
EAS는 경보 신호가 디지털 부호화 되어 경보문의 방송이나 프로그램 중단 등은 자동화되었다. 국가유사시 외 에도 각 주나 군(카운티) 단위의 비상사태나 기상경보, 아동유괴정보(앰버 경보) 등을 대상으로 했다.

④ 제4세대 EAS는 휴대폰이나 호출기 등을 대상으로 한 CMAS, NOAA의 기상라디오 방송 등을 통합해서 IPAWS로 전환하였다. 각 기관으로부터 방

송국에 전문을 XML(Extensible Markup Language) 형식의 CAP으로 통일하고, "Aggregator"라고 부르는 중간 기관이 정보를 일원화해 정세 도를 높여서 전달하는 구조다.

〈기간방송국〉

① 기간 방송국은 무선국의 종별 코드에는 규정되어 있지 않지만, 무선국면허장에 무선국의 종별로는 지상파 기간방송국, 지상파 기간방송 시험국, 위성 기간 방송국 또는 위성 기간방송 시험국의 4개 종류 중에 어느 하나에는 지정된 방송국으로 종별 무선국 수의 통계에 공표되어 있다.

② 운용은 전파법 제16조 제1항 단서 및 전파법시행 규칙 제10조의 2에 따라 운용 개시 신고를 요한다.

③ 연혁을 보면, 1950년 전파법시행규칙 제정 시 방송국이 '방송업무를 행하는 무선국'이라고 정의했다.

④ 1971년 방송시험 국이 '방송시험 업무를 수행하는 무선국'이라고 정의했다.

1980년 방송위성국이 '일반 공중에 의해 직접수신 되는 무선전화, TV 또는 팩시밀리에 의한 무선통신업무를 수행하는 인공위성국(위성방송 시험국을 제외)'과, 방송시험위성국이 '방송 및 그 수신의 진보 발달에 필요한 시험, 연구 또는 조사를 위해 일반 공중에 의하여 직접 수신되기 때문에 무선전화, TV 또는 팩시밀리에 의한 무선통신업무를 시험할 인공위성국'으로 정의되었다.

2011년에는 기간방송사가 다시 정의되었다. 아울러 방송사, 방송시험 방송국, 방송위성국, 방송시험 위성국이 지상파 기간방송, 지상파 기간방송시험국, 위성 기간방송, 위성 기간 방송시험국으로 개칭되었다.

## (3) EAS(긴급경보시스템)의 특징64

① EAS는 자연재난과 비상사태 시 국민에게 위험을 경보하는 공공경보시스템
  * 자연재해 : 태풍, 허리케인, 홍수, 해일, 지진, 폭설 등을 의미.
  * 비상사태 : 화재, 독가스, 정전, 산업재해 등을 의미한다.

---

64 최성종『지상파 UHD 방송을 활용한 재난방송 고도화 방안 연구』, 한국재난정보미디어포럼, 2019, p. 13. 긴급경보시스템(EAS) 부분 인용.

② EAS는 긴급정보를 전달하기 위해 주정부 혹은 지방자치단체에서도 이용될 수 있다.

③ EAS는 2011년 초에 EAS 전국 테스트를 실시

④ EAS는 구체적이고 올바른 정보 및 실시간 정보를 제공할 수 있으며, 긴급상황발생 시 지자체 및 전국 단위로 경보발령 가능하다.

 * EAS는 다른 단체의 경보체계와 연동되며, 라디오, TV, 케이블방송 등을 통해 방송 가능하다.

 * 방송국과 케이블시스템에 자동으로 영상 및 오디오 메시지를 전송하고 EAS 메시지의 시간을 비교, 오래된 메시지를 중복 전송하지 않도록 고안되었다.

⑤ EAS 신호는 디지털 시그널로 되어 있어 비방송 대역이나 전화선을 통해서도 전송 가능

 * 디지털 신호는 메시지 생성자, 사건내용, 사건발생장소, 메시지의 유효시간대역 등 그 메시지의 주요 구성요소를 인식할 수 있는 코드를 포함하고 있다.

 * 모든 방송국은 2개 이상의 방송국의 EAS 메시지 송출 여부를 모니터링하며, 필요한 경우 자동으로 정규방송을 중단하고, 재난방송 송출한다.

 * EAS는 국가기상국(National Weather Service : NWS)에서 개발한 디지털코드를 사용해 필요한 지역의 EAS 디코더만을 작동시켜 긴급상황이 발생한 지역에서만 긴급경보가 방송되도록 하며, 원하는 방송국이나 케이블 방송사를 통해 신속하고 자동으로 응급상황 정보를 수신, 발신 가능케 한다.

⑥ EAS 메시지 송출은 국가적 긴급상황이나 지역별 긴급상황 시 송출한다.

 * 긴급상황(Emergency)이란 국민의 생명과 재산상에 위험을 일으키는 상황을 말하며, 홍수, 기상이변, 폭설, 산불 등 자연재난과 폭발, 핵 관련 사고, 테러 등의 인적 재난을 포함한다.

 * TV나 라디오를 꺼두었을지라도 옵션을 통해 EAS 경보를 자동으로 받을 수 있다.

⑦ FCC와 FEMA, 기상국(NWS) 등은 전국적인 수준의 EAS를 실행할 수 있다.
  * 대통령만 국가적인 수준에서의 EAS가 활성화되는 것을 결정하거나 FEMA에 이러한 권한을 위임할 수 있다.
  * 따라서, FEMA가 국가적인 차원의 EAS를 활성화할 수 있으며 전국적인 테스트도 시행할 수도 있다.
  * NWS는 기상이변이나 다른 긴급상황 시 지역 및 주 단위로 EAS를 이용할 수 있다.
⑧ FCC는 통신법(Communication Act) 706조에 의해, 재난발생 시 방송통신과 관련하여 신속하고 적절한 조치를 하기 위해 EAS를 비롯해 방송사들을 지휘할 수 있는 법적 권한을 지닌다.
  * FCC의 역할은 EAS의 기술적 표준을 확립하고 EAS에 참여하는 주체가 따라야 할 절차를 확보하는 일을 포함한다.
  * 또한 EAS에 참여하는 방송사업자들의 시설이 미비한 경우에도 긴급정보를 빠르게 자동적으로 주고받을 수 있도록 힘쓴다.
⑨ 비상경보 시스템 규칙(Emergency Alert System Rules)의 강화[65]

  <불만사항>
  * 위원회의 비상경보 시스템 규칙 위반을 주장하는 불만사항은 연방통신위원회 주파수집행부, 445번가, SW, 워싱턴 DC 20554번지로 보내야 한다. 불만사항에는 방송국의 콜사인과 면허 커뮤니티, 그리고 위반 혐의를 둘러싼 구체적인 상황 등이 포함되어야 한다.

  <최근 규칙 강화 시행 작업 사례>
  * 2020년 10월 26일 – 명백한 몰수 책임 통지/EB, 목성에 대해 2만 5천 달러 벌금 제안
    FCC 시행국은 목성 공동체 라디오(주피터 커뮤니티 라디오, Inc.)의 면허 조건을 준수하지 않음, 해당 방송국을 검사할 수 있도록 하지 않음 및

---

65 https://papago.naver.net/website?locale=ko&source=en&target=ko&url=https%3A%2F%2Fwww.fcc.gov%2Fenforcement%2Forders%2F1830 /FCC2021/1/31

EAS 위반에 대해 25,000달러의 벌금을 제안한다.

\* 2019년 9월 9일 – 명백한 몰수 책임 통지/FCC, 긴급경보 톤 오용에 대해 CBS 벌금 272,000달러 제안

FCC는 'Young Sheldon'이 FCC 규칙 제11.45절을 명백히 위반하여 실제 비상 사태, 인가된 시험 또는 PSA가 없는 동안 분명히 EAS 톤을 방송한 것에 대해 CBS에 대해 272,000달러의 벌금을 제안한다.

### (4) 무선시스템을 통한 긴급경보시스템의 개선점66

EAS의 개선책에 이어 이동통신 서비스의 활용제도도 2006년부터 정비하고 있다. 연방의회에서는 2006년 9월에 '항만 법(Security and Accountability For Every Port Act of 2006)'을 통과 시켜 10월부터 동법이 발효됐다. 동 법에 의하면 2012년부터 미국행 모든 화물은 선적하기 전에 100% 검색하여 컨테이너의 내부 화물영상(影像), 방사능 데이터와 기록을 파악하여 미국 관계기관에 송부해야 미국에 화물이 도착해서 수입통관이 가능하다. 이와 아울러 동법 제6편은 별명 '경고·경보·대응 네트워크 법(Warning, Alert, and Response Network Act, 약칭 WARN 법)'이라고 부른다. 또한, FCC는 상업이동서비스 경보자문위원회(CMASSC)를 설치해서 그 위원회의 권고를 받아서 FCC가 상용 이동서비스에 대한 경보시스템의 기술사용 등을 결정하도록 규정하고 있다. FCC는 WARN법에 기초해서 2008년에는 1차에서 3차에 걸쳐서 상업 이동체 경보시스템(Commercial Mobile Alert System : CMAS)의 요건 등을 정한 명령을 채택했다. 2009년에는 FCC가 연방재난관리청(FEMA)과 공동으로 CMAS의 기술표준을 채택했다. 또한, CMAS를 이용한 경보발신은 무선긴급경보(Wireless Emergency Alert : WEA)나 PLAN(Personal Localized Alerting Network)라고도 부르기 때문에, FCC도 CMAS/WEA/PLAN과는 병기하는 경우가 있다(이하, WEA로).

FCC 규칙에 WEA는 엔드·투·엔드의 경보발신 시스템으로 이동통신 사업자가 텍스트·메시지 형식의 경보를 모바일·유저의 단말에 전달하도록 하고 있다. 경보는 대통령으로부터의 경보, 태풍 등의 임박한 위협의 경보, 아동 유

<hr>

66 *Journal of the ITU Association of Japan*, Vol. 47 No. 3(2017, 3)

괴에 관련된 경보의 앰버(umber : 색깔) · 경고가 포함되어 있다. WEA 대응 단말을 가지는 유저측에서는 승인 등의 수속 없이 바로 경보를 수신할 수 있다. 그 밖에 장애자용의 진동(vibration) 기능 등을 제공하는 것이 이동통신 사업자에게 의무화되었다. 경보가 전달되는 것은 군(County)의 레벨의 지역, 경우에 따라서는 군보다 좁은 지역에 대해서도 경보를 전달할 수도 있다는 규정이다. 또, 셀 · 브로드캐스트 기술을 이용해서 모바일 망의 혼잡회피를 꾀하고 있다.

　WEA에서 이동통신 사업자에 의한 경보의 전송은 임의이며 모든 사업자가 대응하고 있는 것은 아니지만, 2012년 4월의 WEA 운용 개시의 시점에서 전국 서비스를 제공하고 있는 3대 이동통신 사업자의 AT&T와 Verizon Wireless, T-Mobile가 참가하게 되어 WEA는 96%의 인구를 커버하게 되었다. 단, 제공하는 모든 단말에 WEA가 대응하고 있다고는 할 수 없기 때문에, WEA 비대응 단말에는 경보가 도착하지 않는다는 것을 우선 이용자에게 주지해 둘 필요가 있다.

　EAS와 WEA의 경보 포맷의 차이점은, EAS는 TV, 라디오를 사용하여 경보를 전달하는 방송을 말하고, WEA는 휴대용 전화기를 사용해서 경고 문자를 보내는 것을 말한다. WEA는 휴대용 전화기로 경고 문자를 보내기 때문에 사전에 주의를 기울이기 위해서는 경고음을 울린다. 이 경고음은 다양한 소리(음악/음성/음향 등)를 낼 수 있기 때문에 일반적으로 사용하는 경보음과는 차별화할 수 있는 경보음을 사용해야 한다.

　FCC 자료에 따르면, 악천후 시나, 테러의 위협, 화학물질의 확산 등의 경우, 피난 명령이나 피난 권고의 경보 등을 발신할 수 있는 것은 EAS와 같이 사전에 인증된 주나 자방자치단체 기관이다. 또한, 경보는 후술하는 IPAWS를 경유해 이동통신 사업자에 전송되고, 거기에서 경보가 발신된 지역(기지국 레벨) 이용자의 WEA 대응 단말에 경보가 송출된다. 또한, 경보는 로밍되기 때문에, 예를 들면, 시카고 거주의 WEA 대응 단말을 보유한 이용자가 뉴욕에 있는 경우, 뉴욕 주에서 발신된 경보는 로밍되어 경보를 수신할 수 있다. WEA 대응 단말을 보유하고 있는 이용자는 WEA의 경보를 무료로 수신할 수 있다.

　FCC는 2016년 9월에 명령으로, WEA를 개선할 것을 목적으로 ① 4G(LTE)

이후의 네트워크에서 텍스트·메시지의 경보 문자수를 90문자로부터 360문자에 확대, ② 공공 안전 메시지의 경보 분류를 신설해 사업자에 대해 ③ 경보 내에서의 URL나 전화번호의 기입에 대응과 ④ 스페인어 경보에의 대응을 요구하는 것, ⑤ WEA 대응 단말이 경보수신 후 곧바로 경보를 표시시키는 것을 요구했다. 또, 사업자에 대해 경보발신의 로그의 기록을 보관하는 것이나 경보발신 가능한 지리적 범위를 보다 좁게 대응할 수 있도록 요구했다. 그밖에 동 명령으로는 주·지방자치단체에 대해서는 WEA 시험에 대응하는 것이나 경보 발신 소프트웨어의 훈련에 참여할 것도 요구했다.

### (5) 통합 공중경계(公衆警戒)·경보 플랫폼(IPAWS)의 개요67

2006년에는 부시 대통령이 허리케인이나 카트리나로 입은 피해를 교훈 삼아 대통령령으로 국토 안전보장성(DHS)에 대해 EAS, 국가 경보시스템(National Warning System : NAWAS), WEA, 해양대기청(NOAA) 전 재해 날씨 라디오(NOAA Weather Radio : NWR)에 대응하는, 새로운 통합 공중경계·경보시스템(IPAWS)을 개발하도록 지시했다. 동 명령에 의해서 IPAWS는 ① 휴대전화, SMS, 위성, 케이블TV, 전광판, 인터넷 등의 새로운 커뮤니케이션 수단에 대응해 상호 운용성이 있는 공통 경계경보 프로토콜의 확립, ② 위치 정보에의 대응, ③ 신체장애자나 비 영어로 말하는 사람을 포함한 전미 국민에게 전송하는 기능, ④ 통신 인프라를 보유하는 사업자와의 협력, ⑤ 시험의 실시, ⑥ 미 국민에 대해 사용법 등의 교육실시, ⑦ 시스템을 구성하는 요소(component)로서 EAS를 운영, ⑧ 대통령에 의한 경계경보 발령에 대응할 수 있도록 요구했다.

FEMA가 개발한 IPAWS는 EDXL 베이스의 CAP의 디지털인 표준규격(open standard)을 채택하고 있어 정보 전달의 상호 운용성을 확보해 다양한 매체(third party)에 의한 경보수신이 가능해 졌다. IPAWS 경유로 EAS의 경계 경보발신은 2012년 1월부터, WEA의 텍스트 경보발령은 동년 4월부터 운용이 개시되었다. IPAWS에 의한 경보발신은 승인을 받은 군·시는 2015년 10월 현재로는 합계 745개, 2016년 8월 현재로는 합계 766개 정도다. 또한, 군 레벨(군과 군 동등의

---

67 *Journal of the ITU Association of Japan*, Vol. 47 No. 3(2017, 3)

지구/county)의 자치체 수는, 3,144이며 IPAWS의 이용보급은 그 정도로 보인다.

　　최근의 움직임으로는 IPAWS의 기능강화를 위한 법률인 'IPAWS 근대화법'이 2016년 4월에 성립됐다. 같은 법 규정에 따라 FEMA에서는 IPAWS의 기능개선 권고를 제안할 수 있는 소위원회를 설치했다. 동 위원회의 위원은 2017년에 임명되었는데 임기는 2019년 4월까지로 되어 있다. 그 외 FCC에서는 지진속보를 IPAWS 경유해 전송할 때의 기술적인 검토도 하고 있다. 2016년 12월에 공표된 화이트·페이퍼에 의하면, 지진속보센터에서 IPAWS를 경유해 WEA, EAS에의 정보전달은 1초 이하까지 단축이 가능해졌다.

## 4) 미국 FCC의 방송사 재난피해 지원 사업[68]

　　재난이 발생하면 시민들은 지역 방송사에 의존하여 생명을 구하는 공공 안전 및 비상 공지에 의존하게 된다. 미국의 FCC(연방통신위원회)는 연방, 주 및 지역 공무원이 재해 및 비상사태 발생 시 일반 대중에게 사전 통보 및 지침을 제공하게 하도록 지역방송사의 중요한 역할을 돕고 있다. FEMA와 협력하여 FCC의 공공안전 및 국토 안전보장성은 지역방송사가 다음과 같이 공공안전의 책임을 수행할 수 있도록 하고 있다.

　　대형 지진이나 정전과 같은 대형 재난발생 시 방송사들이 재난정보 보고 시스템(DIRS)을 활성화하여 방송시설과 같은 주요 통신시스템의 운영에 대한 정보를 수집하여 전달하도록 지원하고 있다. FCC는 국가비상운영센터, 국가통신시스템의 국립조정센터, 그리고 연방합동현장사무소(JFO)의 FEMA 관계자와 자신의 요구를 조정하여 도움이 필요한 방송사를 지원한다. 또한, 주정부가 요청된 지원을 제공할 수 없다고 결정하거나 국무부가 이러한 지원이 필수적이라고 판단하는 경우 FCC는 FEMA에 물류를 조정해서 지원(연료, 발전기 등)한다.

① DIRS는 다음 사항을 지원한다.
  • 재해발생 시 통신상태에 대한 최신 정보
  • 복원 진행 상황을 추적하기 위한 일일 업데이트

---

68 https://www.fcc.gov/general/disaster-support-broadcasters(2021.9.22.)

• 반복성을 위해 자동화하고 체계적인 프로세스
• 일관된 데이터 – 각 회사의 동일한 유형의 정보

② 방송사 물류 조정지원

　　FCC와 FEMA는 국가 원조를 사용할 수 없을 때 지원을 제공하기 위해 물류 조정지원 절차를 개발했다. 이 절차에 따라 FEMA는 방송사를 포함한 통신회사에 지원을 제공하기 위해 FCC 직원을 JFO에 배치할 것을 요청한다. FCC 직원은 다른 민간 부문 통신회사와 지역 기업(예: 주택공급 회사, 연료 운송업체 등)과 협력하여 필요한 지원을 제공할 수 있는 사람을 결정한다. FCC 직원은 조정이 완료될 때까지 방송사를 대신하여 조정 노력을 계속하기 위해 JFO에 남아 있다.

③ 다국어 비상 방송지원

　　국가의 특정 지역은 비영어권 방송사가 있다. 비영어권에서 재난이 발생하면 많은 시민은 다른 언어로 공개 경보 및 경고 방송에 액세스할 수 없다. FCC, FEMA 및 국방부(DoD)는 필요한 비영어 긴급방송을 제공하는 효과적인 절차를 개발해 지원했다. FEMA는 지역방송 기능이 심각하게 손상되었을 때 영어와 다국어 공중 경보 및 경고 방송을 제공하기 위해 재해발생 시 다국어 방송 기능을 갖춘 DoD 모바일, 자체 유지 AM/FM 라디오 방송국의 배포를 위한 사전 스크립트 임무 과제를 준비했다. DoD 스테이션을 배치하면 FCC는 주파수 및 전력 레벨을 승인하고 연방, 주 및 지역 비상 운영 관계자, 지역방송사 및 주 방송 협회와의 운영을 조정하는 업무를 담당한다.

## 사례 1) 뉴올리언스 지역의 비상업적 교육(NCE)방송국에 상업방송프로그램 허용

　　2005년 9월 2일부터 뉴올리언스 지역에 카트리나 발생으로 비상업적인 교육방송국도 상업프로그램 방송을 할 수 있도록 일시 허용을 실시했다.[69]

　　FCC(미국연방통신위원회) 미디어국은 2005년 9월 2일 상업방송국에서 수신

---

[69] https://www.fcc.gov/document/media-bureau-suspends-television-and-radio-rules-permit-nce-stations

한 상업적 문제를 포함한 비상업적 교육(NCE) 텔레비전 및 라디오 방송국의 방송 허용 규정 73.621(e) 및 73.503(d)조를 즉시 중단했다. 이러한 중단 문제는 LA 뉴올리언스 인근 시청자와 청취자에게 재난방송 서비스를 제공하기 위해 허용되었다. 즉, 뉴올리언스 주민들에게 가장 신속한 방법으로 즉각적인 인명구조를 위해 프로그램 정보를 제공하기 일시적으로 영리적인 홍보나 공지 또는 상업적인 내용을 방송을 허용한 것이다. 또한 현재 운영중인 제한된 방송시설로 정보를 전파하려는 방송사의 협력 노력을 촉진하기 위한 것이다. 이 권한은 2005년 11월 1일에 만료되었다. 비상업방송에서의 광고는 일종의 지원책인 셈이다. 다시 말해서 FCC 미디어국은 NCE 방송국이 큰 뉴올리언스 지역에서 상업프로그램을 방송할 수 있도록 기존의 텔레비전 및 라디오 규칙을 일시 중단한 것이다.

### 사례 2) FCC는 허리케인 카트리나 재난 구호지원70

2005년 9월 15일 연방통신위원회 케빈 J. 마틴 위원장은 2억 1,100만 달러의 유니버설 서비스 기금을 지원할 것을 제안했다. 허리케인 카트리나로 피해를 입은 소비자와 기업을 즉시 구제하고 재난이 발생했을 때 FCC의 계획 및 대응 노력을 강화하기 위한 조치를 오늘 발표했다. 피해주민들에게는 즉각적인 구제책을 제공하고 공공안전 및 국토 안보문제를 더 잘 해결하기 위해 새로운 FCC 사무국 설립도 발표했다. 또한, 워싱턴 D.C. 연방통신위원회의 케빈 J. 마틴 위원장은 허리케인 카트리나의 영향을 받는 소비자, 학교, 도서관, 의료 사업자 및 통신 사업자에게 다음과 같은 네 가지 프로그램을 통해 약 2억 1,100만 달러의 예산지원책을 발표했다.

① FCC의 저소득 프로그램을 통해 FCC는 무선 단말기에 대한 지원과 전화 서비스 없이 여전히 피해지역에 있는 피난민 및 지역 사람에게 300분 무료 패키지를 제공하기로 했다. 이 계획은 연방재난관리청 재난지원 자격이 있는 피해지역의 사람들이 사랑하는 사람들과 다시 연락하고 허리케인의 여파로 생활, 주택 및 업무 준비를 할 수 있도록 도와 줄 것이다. 또

---

70 https://www.fcc.gov/document/fcc-takes-steps-assist-hurricane-katrina-disaster-relief

한 저소득 프로그램을 통해 FCC는 재난 유발 지역이 재건될 때 소비자들을 통신망에 다시 연결하는 비용을 지불하는 데 도움이 되는 지원을 제공하도록 했다. 동 위원회는 이 프로그램들은 전국적인 피난민들에게는 약 5,100만 달러를 지원할 것으로 추산하고 있다.

② FCC의 시골 지역 의료 프로그램을 통해 FCC는 재난 피해자에게 의료서비스를 제공하는 프로그램이다. 미국 적십자사를 포함한 공공 및 비영리 의료 사업자가 재난 피해자 치료를 위한 원격의료 애플리케이션에 사용되는 고급 서비스에 대한 지원을 신청할 수 있도록 허용할 것이다. 이 프로그램은 피해 지역의 유자격 사업자와 전국의 재난 피해자들을 돕는 사람들에게 50%의 할인을 제공할 예정이다. 또한, 지원 제공 속도를 높이기 위해 FCC는 올해 의료사업자가 신규 또는 수정된 서비스 신청을 할 수 있도록 허용할 것이고, FCC는 이 프로그램이 지역의 응급 의료사업자에게 약 2,800만 달러를 지원할 것으로 추정한다.

### 사례 3) FCC의 E-레이트 프로그램 지원

FCC의 E-레이트 프로그램을 통해 FCC는 영향을 받는 지역의 학교와 도서관이 올해에 대한 E-레이트 기금 요청을 재청구할 수 있도록 새로운 신청 창을 열 것이다. 또한 FCC는 허리케인 카트리나의 영향을 받는 학교와 도서관을 연결하는 E-레이트 프로그램(rate Program:학교와 도서관 등 계측과 연결 등)에 가장 높은 우선순위를 부여하여 이러한 학교가 가장 큰 할인 혜택을 받을 수 있도록 할 것이다. 이러한 학교와 도서관이 이 지역의 허리케인과 홍수로 인한 파괴로부터 재건을 돕기 위해 FCC는 2006년 기금 연도에 이러한 학교와 도서관에 최고 수준의 우선순위를 계속 부여할 것이다. FCC는 또한 피난민 유입으로 인한 학생 및 후원자 인구 증가를 처리하는 학교와 도서관이 올해 E-레이트 지원 신청을 수정할 수 있도록 허용할 것이다. 위원회는 이러한 수정이 허리케인의 영향을 받는 학교와 도서관에 약 1억 3천 2백만 달러를 지원할 것으로 추산하고 있다.

사례 4) FCC는 허리케인 윌마(Wilma) 피해지역 라디오 및 TV 방송 재개 추진[71]

2005년 10월 25일 FCC 미디어국은 허리케인 윌마의 영향을 받은 지역주민들에게 라디오와 텔레비전 방송국이 재개되고 방송운영을 유지할 수 있도록 돕는 절차를 발표했다. 자세한 내용은 아래에 명시된 미디어 부서 직원에게 문의 하십시오.

특별임시권한 : 위원회 규칙 73.1635조에 따른 특별임시권한(STA)에 대한 요청은 비공식 서한이나 메일로 제출할 수 있다. FM라디오, 텔레비전 및 저전력 텔레비전 방송국도 CDBS(Consolidated Database System)를 통해 전자문서로 요청을 제출할 수 있다. 이 요청들은 최대한 신속하게 처리될 것이다. 요청에는 다음 인증이 포함되어야 한다. "이 신청서의 신청자나 당사자 어느 쪽도 1988년 약물 남용 방지법 제21조 미국법 제862조에 따라 FCC 편익을 포함하는 연방 편익의 거부의 대상이 되지 않는다."

① 비상 안테나 : 위원회 규칙 73.1680조는 FM과 TV방송국이 FCC의 사전 권한 없이 임시 안테나를 설치할 수 있도록 허용한다. 또한 AM 스테이션은 수평 또는 수직 와이어 또는 방향 안테나의 비방향 수직 요소를 비상 안테나로 사용할 수 있다. 미디어국은 면허소유자가 그러한 안테나를 사용한 운영 개시 후 24시간 이내에 위원회에 통보해야 하는 요건을 포기한다. 면허소지자가 비상 안테나를 계속 사용하고자 하는 경우, 운용 개시 후 영업일 기준으로 10일 이내에 STA에 대한 요청서를 제출해야 한다. 본 면제는 허리케인 윌마의 결과로 운영을 중단한 모든 스테이션에 적용되며 2006년 1월 23일까지 유효하다.

② AM 야간 작업 : 위원회 규칙 73.1250(f)조에서는 모든 운영이 비상업적 기반에서 수행될 경우 AM 방송국이 야간시간대에 전체 주간시설을 사용하여 비상정보를 방송할 수 있도록 허용하고 있다. 미디어국은 그러한 운영이 생명이나 재산의 안전에 필요하거나 일반적인 성격의 위험한 조건

---

71 https://www.fcc.gov/document/fcc-media-bureau-provides-relief-mvpds-and-broad-cast-stations-affected

이 존재하는 경우 면허소지자의 선의의 결정에 기초하여 야간 시간대에 AM 면허소지자가 그러한 시설과 함께 운영하도록 허용하는 위원회 규칙 73.1250(f)조를 포기한다. 면허소지자는 그러한 운영이 개시된 후 48시간 이내에 위원회에 통보해야 한다. 야간 시간대에 주간 시설과 함께 운영하는 권한은 면허소지자가 모든 간섭 민원을 해결하지 못한 경우 철회될 수 있다. 이 포기는 2005년 11월 25일까지 유효합니다.

③ 제한된 운영 및 중단 : 미디어국은 허리케인 Wilma의 결과로 운영을 중단한 모든 방송국에 통지서를 제출할 것을 권장하며, 필요한 경우 위원회 규칙 73.1740(a)(4)에 명시된 기간 내에 당국에 묵비권을 행사할 것을 요청한다. 미디어국은 이 규칙을 포기하고 30일 이내에 통보를 수락하며 영업 중단 후 60일 이내에 묵비권을 행사할 것을 요청한다. 통보 및 요청은 비공식 서신, 메일 또는 CDBS를 통해 전자 메일로 제출될 수 있다. 본 포기는 2006년 1월 23일까지 유효하다.

④ 방송국 건설허가 마감일 조정 : 요청이 있을 경우, 연방재난지역 내에 위치한 방송국 허가자는 공사를 완료하기 위해 추가로 90일을 제공해야 한다. 그러한 지역 밖에 위치한 역들은 허리케인 월마에 의해 야기된 건설 지연에 대한 구체적인 보고서를 제출하는 즉시 90일이 추가로 제공될 것이다.

이와 같은 것들은 직접적인 금전 지원보다는 편의나 수속 등을 간소화, 또는 연장 등으로 인력이나 장비, 규정 개정 등으로 간접적인 지원을 한 것으로 보인다.

### 사례 5) 미국의 장애인에 대한 긴급재난방송[72]

미국에는 2010년 10월 8일 오바마 대통령에 의해서 '21세기 통신 및 비디

---

72 한국재난정보미디어포럼 『지상파 UHD 방송을 활용한 재난방송 고도화 방안 연구』, 2019, p. 24~31. 인용.

오 접근법(21th Century Communications and Video Accessibility Act : CVAA)'이 공표
되었다. 이 법은 장애인들이 최신의 방송통신매체에 더욱 용이하게 접근할 수
있도록 규정한 일종의 '장애인보호법'이다. 이 법은 디지털, 인터넷, 이동통신과
같은 최신 통신기술의 발전에 따른 장애인들의 긴급재난정보 접근성 향상에
중점을 두고 있다. 이 법은 전달 매체를 크게 통신 및 비디오 방송으로 구분하
고 있으며, 재난상황을 전달하는 긴급재난방송의 경우는 모든 TV 단말기에서
장애인들이 긴급재난방송에 접근할 수 있도록 규정하고 있다.

또한, 장애인들에게는 재난발생 시 긴급재난방송 접근성에 대한 자세한 규
정을 FCC 연방규칙(CFR Title 47 Part 79 §79.2)에 규정하고 있다.[73] 먼저 TV 방송
으로 제공하는 재난정보(Emergency Information)의 정의를 규정하고, 정규방송
또는 정규방송을 중단하고 재난정보를 전달하는 경우에는 반드시 장애인들이
접근할 수 있도록 규정하고 있다. 재난정보를 음성으로 전달할 경우 청력 장애
인을 위해서는 반드시 폐쇄 자막을 제공해야 한다. 재난정보를 화면으로 방송
하는 경우, 반드시 경보음(Aural Tone)을 먼저 울리고, 시각 장애인을 위해서 음
성 다중채널을 통해(Secondary Audio Channel) 경보음을 다시 울리며 재난정보를
2번 이상 반복해서 전달하도록 규정하고 있다.

### 사례 6) 미국 전역에 휴대전화로 '대통령 경보' 시험방송

자료 : 2018년 10월 5일, Alert(경보), 이미지 제공, Fema

---

73 FCC : CFR Title 47 part 79: §79.2 Accessibility of programming providing emergency in-
   formation : 재난 약자들의 재난정보 접근성 보장 규정.

미정부는 2018년 10월 3일 전 미국의 휴대전화를 대상으로, 국가 긴급 경보의 시험송신을 실시했다. 이 시험으로 미국 내의 휴대전화 약 2억 대 이상이 "대통령 경보"의 시험통지를 수신했다. 이 시험은 지금까지 사용하지 않았던 긴급 경보 시스템이 적절히 동작하는지를 확인하는 목적으로 시행되었다.

이 긴급경보는 종래의 자연재해 경보 등과 달리, 휴대전화 자체의 전원을 끄든지, 아니면 통신회선을 차단해서 거부할 수밖에는 없다. 일부 사람들은 이 시험을 "트럼프 경보"라고 명명하기도 했지만, 실제로 도널드 트럼프 미 대통령 자신은 이번 시험에 일절 관여하지 않았다. 전미 규모로 행해진 이번 시험은 미연방 긴급사태 관리청(FEMA)이 감독했다. 동 청은 만약 트럼프 대통령으로부터 실제로 경보송신 지시가 나올 경우, 시스템을 직접 관리하는 역할을 담당하고 있다.

긴급경보의 발령 대상이 되는 중대 위기의 예는 다음과 같다.[74]

① 미 본토의 미사일 공격
② 테러 공격
③ 자연재해

이번 시험통지로 경보를 수신하면 통지음이 울려, 화면에는 "이것은 시험 경보입니다. 국가 무선 긴급경보시스템을 테스트하고 있습니다. 행동할 필요는 없습니다(굵은 글씨는 원문으로 대문자 강조)라고 표시되었다. 경보는 미 동부 시간 3일 오후 2시 18분(한국 시각 4일 오전 3시 18분)부터 약 30분간 휴대전화용 통신 안테나로부터 송신되었다. 전화 기기에는 통지문이 한 번만 표시되는 구조였다. 이 시험은 2015년에 법률로 의무화되었다. 동 법으로는, 최소한이라도 3년에 한 번은 시험 실시가 정해져 있었다. 시험은 원래 9월에 실시할 예정이었지만, 노스캐롤라이나 주와 사우스캐롤라이나 주를 중심으로 미 동해안을 차례차례로 덮친 허리케인 "플로렌스"에 관한 경보와의 혼란을 피하고자 연기된 것이다. BBC 북미 총국은 소속 기자들의 휴대전화를 모아 동영상을 촬영하면

---

74 TODAY(10/3) : At 2:18 PM EDT, we will be testing the Wireless Emergency Alert system nationwide. Expect a message box on your phone along with a loud tone and vibration.

서 "BBC의 저널리스트가 대통령 경보를 위해서 있을 수 없는 일을 했다. 휴대 전화를 손 났다는 설명문을 더하고 트위터에 동영상을 투고했다.[75]

당시 경보가 발신된 후 트위터나 페이스북에는 곧바로 시스템이 자신에게는 통지가 오지 않았다고 불만을 말하는 사람으로 많았다. 미연방 의회는 법적인 문제를 들어 대통령이 이 경보를 발령할 수 있는 조건에 제한을 마련하고자 했다. 의회는 경보가 자연 혹은 인위적 재해 혹은 공공의 안전에 대한 위협과 관련되어 있어야 한다고 정했다. 그런데도 대통령 경보시스템의 시험 저지나 동 시스템의 다목적 사용에 최대한의 노력을 계속하는 사람들도 있다. 하지만, 경보가 휴대전화를 보는 사람들이나 야외 그라운드 센트럴 역 저널리스트나 모유 육아의 추진자, 피트니스 인스트럭터가 "정부에 의한 강제경청"으로부터 자유로운 권리를 침해당하고 있다고 주장하며 FEMA를 합동으로 고소하기도 했다. 이러한 시험은 아이들에게 "심리적 외상이 된다"고 주장하며 법적 권리를 주장하기도 했다. 경보시스템에 관한 오보는 과거에도 두 번 일어났다. 첫 번째는 하와이에서의 미사일 공격에 관한 오경보, 두 번째는 존 매케인 상원의원의 사망에 관한 대통령 발표가 잘못돼 송신된 사건이다. 때문에, 경보시스템의 신용에 관한 문제로 시험방송 등은 국민을 대상으로 정기적으로 실시할 필요가 있다고 본다.[76]

## 4. 캐나다의 긴급경보통합 플랫폼

### 1) 캐나다의 국가 공공경보시스템(NPAS)

2005년 이후 캐나다에서는 매년 회오리나 홍수, 산불이 점점 많이 발생해

---

75 BBC journalists do the unthinkable-part with their phones-for the #presidential alert
https://t.co/Z27gItu6Ji pic.twitter.com/ESTXRNcymR
BBC North America(@BBCNorthAmerica) October 3, 2018 Twitter, Presentational white space
76 Presidential alert: US mobile phones get test message. The first "Presidential Alert" will be sent to every American's phone today. Minutes later you will also get 250 million texts say-ing`Sounds great!"from people who pressed reply all.
MAD Magazine(@MADmagazine) October 3, 2018.

인명과 재산피해가 극심해지고 있다. 캐나다 정부는 긴급사태관리 오피스와 방송사업자들과 함께 힘을 합쳐 전국 레벨의 긴급경보방송시스템의 도입 문제가 매우 중요한 과제로 떠올랐다. 캐나다 정부는 '방송은 국민들의 생활에 가장 밀착한 정보전달 수단이며, 특히 재난발생 시의 재난방송의 역할은 매우 중요하다'고 인식하게 되었다. 재난정보를 신속·정확하게 공중에게 전달하기 위해서는 ICT를 이용한 긴급경보시스템의 재검토를 진행해 왔다. 캐나다에서 도입되고 있는 대표적인 긴급경보시스템으로서는 '국가 공공경보시스템(National Public Alerting System : NPAS)'[77]이 구축되어 있어서 2015년 3월 31일부터 전국적으로 운용되고 있다.

## (1) 국가 공공경보시스템(NPAS)과 국가 경보집계 및 전파시스템(NAAD)[78]

캐나다에서는 2005년에 캐나다·라디오 텔레비전 통신위원회(Canadian Radio-Television and Telecommunications Commission : CRTC)가 ICT를 이용한 긴급경보시스템의 도입 재검토를 시작했다. 즉, 방송사업자 및 긴급사태 관리관계자 등에게 의견 공모를 했는데 상업방송사업자(Pelmorex Communications : Pelmorex)와 공공 방송인 캐나다 방송협회(Canadian Broadcasting Corporation : CBC) 등에서 제안서가 접수되었다.

1989년에 설립된 Pelmorex(본사는 온타리오 주 오크 빌딩, 종업원 수 500명)는 기상정보나 교통정보 등을 전문에 취급하는 상업 텔레비전 네트워크로, 'The Weather Network'(영어 방송)과 'MétéoMédia'(프랑스어 방송)라는 일기예보 채널을, 케이블TV 사업자나 위성방송사업자, VOD 서비스 사업자에게도 공급하고 있었는데, 케이블TV·위성방송 가입세대의 99%가 시청 가능하게 되었다. Pelmorex는 콘텐츠 전송료의 약간의 가격 인상을 인정받는 대신에 연방정부 보조금 없이 독자적으로 긴급경보용 전송시스템을 개발·운용하는 것을 제안했다. 또, 연방·주·준 주정부[79]나 지방자치단체와 방송사업자에 대해 동 회사의 전송시스템과의 연계를 법적으로 의무화할 것을 요청했다. 캐나다통신위원회(CRTC)는 검토

---

77 *Journal of the ITU Association of Japan*, Vol. 47 No. 3(2017, 3).
78 *Journal of the ITU Association of Japan*, Vol. 47 No. 3(2017, 3).
79 캐나다는 10의 주(province)와 3개의 준주(territory)로 구성되어 있다.

결과 Pelmorex의 일부 제안을 정식으로 채용하는 것으로 하고, 방송사업자의 NPAS 참가는 도입 초기 단계에서는 임의로 하는 것 등을 결정했다. 2009년 6월에 CRTC는 연방·주·준 주정부나 지방자치체가 발신하는 재난정보를 집약하기 위한 공통기반으로서 Pelmorex가 개발한 '국가경보집계 및 전파시스템(National Alert Aggregation & Dissemination system : NAAD)'으로 구성되어 있다.

2014년 8월는 CRTC가 국가경보집계 및 전파시스템(NAAD)의 도입 의무화를 결정해 모든 방송사업자는 2015년 3월 31일까지는 NAAD로부터의 정보를 수신할 수 있는 체제를 정비했다. 그 후 CRTC는 국가공공경보시스템(NPAS)이 일반적으로 널리 인지되었기 때문에, 보다 알기 쉬운 명칭으로 'Alert Ready'를 채용해 새로운 로고를 작성했다. 당초 예정대로 2015년 3월 31일부터 전국 레벨로 본격적으로 운용을 개시했다.[80]

## (2) 국가 공공경보시스템(NPAS)과 국가 경보집계 및 전파시스템(NAAD)의 정비

캐나다의 NPAS는 미국의 IPAWS, 일본의 'J-Alert'와 크게 다른 점은 ① 캐나다의 NPAS가 민간방송 사업자인 Pelmorex가 주도해 개발해서 운영하고 있다는 점이며, 연방정부는 NPAS의 개발·운영비에 대해서 연방정부의 보조금은 교부하지 않고 있다. Pelmorex는 캐나다 정부의 위탁을 받아 중계자로서 NPAS를 운영하고 있다. 연방·주·준 주정부나 지방자치단체(정보 발신자)가 발신하는 재난정보는 NAAD(공통기반)에서 일괄수집되어서 정보의 신뢰성이 확인된다. 신뢰성이 확인된 정보는 인터넷이나 위성통신을 통해서 지상파 텔레비전국이나 라디오방송국, 케이블TV 사업자, 위성방송사업자(정보전달자)[81] 등 다양한 미디어에게 일제히 전송되었다. Pelmorex는 NAAD 운영 등에 관한 방향성을 조언하는 자문위원회(Governance Council)를 설치하고 있는데 그 멤버는 연방·주·준 주정부 각 긴급사태 관리 오피스의 대표나 미디어 기업, 공공안전기관의 전문가 등으로 구성되었다.[82]

---

80 *Journal of the ITU Association of Japan*, Vol. 47 No. 3(2017, 3).
81 캐나다에서는「Last Mile Distributors : LMDs」라고도 부르고 있다.
82 *Journal of the ITU Association of Japan*, Vol. 47 No. 3(2017, 3).

② 지상파텔레비전국이나 라디오 방송국, 케이블TV사업자, 위성방송사업자, VoD 서비스 사업자 등 재난정보를 주민에게 전달하는 정보 전달자는 NPAS의 참가가 법적으로 의무화 되어 있다. CRTC는 처음에는 방송사업자에 NPAS의 자발적인 참가를 요청해 왔지만, NPAS의 보급이 잘 진척되지 않자 규제하는 방법을 강구하게 되었다. 참가의 의무화에 대해서는 비용 대 효과라는 측면에서 잘 맞지 않아 지상파방송사업자나 케이블TV사업자로부터 강한 반발에 부딪혔는데, CRTC는 긴급경보방송은 방송법에 의한 방송사업자의 사명이라는 인식하에서 NPAS의 참가는 의무화가 하게 되었다. 그것을 위한 법도 개정해 재면허의 조건으로서 방송면허를 받은 방송사업자는, 2015년 3월 31일까지 NAAD의 참가를 완료해야 한다는 규정이 있다.[83]

## 2) 공통기반 구축에 국제표준규격 CAP를 채택

캐나다에서는 미국과 같이 연방·주·준 주정부나 지방자치체마다 다른 경보시스템이 얼마든지 존재할 수 있어서 그것들을 통합하는 표준 사양이 요구되었다. NAAD는 다른 경보시스템 사이에서 데이터를 교환할 수 있는 공통포맷인 CAP을 베이스로 하고 있다. CAP은 국제표준이며 미국이나 오스트레일리아 등에서도 채용되고 있다. CAP의 이점은 다음과 같다. ① 각 긴급사태관리 오피스가 발신하는 재난정보의 호환성을 확보한다. ② 종래, TV나 라디오에 더해 휴대전화나 인터넷 등 다양한 채널에 재난정보를 전송하는 것이 가능하다. ③ 오픈 소스·소프트웨어이기 때문에 다중언어화나 시각·청각 장애인을 지원하기 위한 애플리케이션 개발이 용이하다.

2007년 7월 캐나다의 산업성은 캐나다 사양에 현지화(localize)된 'Canadian Profile of the Common Alerting Protocol : CAP-CP'를 채택했다. CAP-CP의 특징 중에 첫째는 공용어인 영어와 프랑스어의 2개 국어에 대응하고 있다. 연방·주·준 주정부나 지방자치단체는 재난정보의 데이터 입력 시에 텍스트 메시지나 음성안내 표시형식에서 영어나 프랑스어 또는 양쪽을 지정할 수 있다.

---

83 캐나다정부는 방송법관련규칙 「Radio Regulations, 1986」, 「Television Broadcasting Regulations, 1987」, 「Broadcasting Distribution Regulations」을 개정했다.

2개 국어로 재난정보가 발신된 경우, 언어의 선택은 대상 구역의 텔레비전방송국이나 라디오방송국이 최적의 언어를 선택하도록 장려하고 있다.

둘째, 경보의 대상지역을 좁히는 목적으로, 지리 코드에 캐나다 통계국(Statistics Canada)의 'Standard Geographic Classification : SGC'를 이용하고 있다. SGC는 '주/준 주정부' '국세조사 구분(군/지역)' '국세조사 소구분(시·군·구 등)'의 7자리 수의 번호로 구성되어 있어서 재난정보를 시읍면 단위로 발신할 수 있다. NAAP에서 다루어지는 재난경보의 종류는 기상재난뿐만 아니라, 생활에 밀착한 정보(테러, 범죄·유괴 사건, 감염증, 라이프라인, 교통시설, 볼런티어 모집) 등 광범위하며 재난경보리스트[84]는 100여 개도 넘는다.

그 중에서도 중요도가 높은 것은, 즉시 방송(Broadcast Immediately)이라고 하는 유형을 만들어서 먼저 미디어에 전송하는 구조다. 즉시 방송 리스트는 연방 주·준 주정부와 각 지방자치단체의 긴급사태관리사무의 실무 대표로 구성되어 있는 SOREM(Senior Officials Responsible for Emergency Management)이 작성하고 있다. 또, NPAS는 CLF(Common Look and Feed Guidance)라는 정보 발신자, 정보전달자, 애플리케이션 개발자용의 가이드라인을 공표하고 있다. CLF는 2013년 캐나다의 위기관리나 긴급대책 분야의 이해관계자(stakeholder)들에 의해 책정된 것이다. 또한, 경보의 내용은 누구라도 즉석에서 이해하기 쉬운 경보음(사이렌 음)이나 음성, 문자 슈퍼, 지도 데이터 등을 포함한 정보의 제공 수법이나 표현의 통일화를 기하도록 하고 있다. 향후 과제로는 휴대전화나 스마트폰 등 모바일·플랫폼과의 연계를 들 수 있다.

나아가서 CRTC는 2015년 6월에 휴대전화 업계 단체인 CWTA(Canadian Wireless Telecommunication Association)와 캐나다의 주요 휴대전화 사업자는 NPAS에 참가할 것도 합의한 바 있다.

이상 본고에서 개관한 것과 같이 미국과 캐나다에서는 각각 긴급경보통합 플랫폼으로, IPAWS와 NPAS를 구축해 운용하고 있다. 미국의 IPAWS 구축주체는 정부기관인 FEMA이며 정부주도형인데 비해 캐나다의 NPAS는 민간사업자

---

84 대기오염, 비상사태, 테러리즘, 야생동물, 산불, 산업화재, 도시화재, 화재, 산림화재, 쓰나미, 지진, 화산, 화학재난, 생물재난, 방사능, 폭발, 낙하물, 음료수 오염, 유괴사건정보, 911 서비스 등.

가 주체인 Pelmorex로 민간주도형이라고 말할 수 있다. 단, 미국에서는 주·지방자치단체의 레벨로 경보전달은 방송시스템이나 무선시스템의 경유에서도 사업자의 대응은 임의규정으로, 반드시 모든 사업자가 의무적으로 대응해야 하는 것은 아니다. 한편, 캐나다 방송사업자의 경우는 연방정부와 지방자치단체에 대해 경보전달의 연계의무가 지워져 있어서 NPAS는 2015년 3월 말부터 운용하고 있다. 그 외의 차이로서는 미국에서는 모바일 단말용의 경보도 IPAWS 경유로 발신되고 있는 점이나 차세대 방송규격에서도 경보전송 대응검토를 진행하고 있는 점을 들 수 있다. 이런 차이는 있지만, 어느 나라든 디지털TV나 스마트폰, PC과 같은 다양한 단말기를 활용해 시민들에게 긴급경보를 신속·적확(的確)하게 발신하는 제도를 정비하고 있다. 즉, 관민이 협력해서 긴급경보통합플랫폼을 구축하기 위해 기능을 한층 강화하고 있다는 점이다.

# 일본의 긴급재난경보

# 03 일본의 긴급재난경보

| 제1절 | 일본의 재난경보 관련 법제와 긴급경보시스템

## 1. 일본의 재난경보에 관련된 법규[1]

　　어느 국가든 그 나라의 재난경보시스템은 엄격한 법·규정 테두리 안에서 이루어진다. 일본의 경우도 예외 없이 재난방송체계 안에서 이루어지고 있어서 먼저 일본의 재난방송 법체계를 이해해야 한다. 일본은 2020년 도쿄올림픽을 앞두고 재난경보전달체계인 제이 얼럿(J-Alert : Japan-Alert)를 개발했다. 일본이 제이 얼럿트를 개발하게 된 동기는 2004년 북한의 제4차 핵실험 및 장거리 미사일 발사를 계기로 개발했다. 아울러 일본은 재난경보 전달시스템인 J-Alert를 개발해서 2020년 도쿄올림픽까지는 '재난약자 제로(Zero) 시대'를 목표로 추진한 바 있다.

　　한편, 일본은 2018년 9월에는 지진으로 인해 홋카이도가 블랙아웃되는 현상도 있었고, 한국도 같은 해 11월에 아현동 KT 화재사건으로 통신이 두절되는 통신 블랙아웃 현상을 겪기도 했다. 미국도 2021년 2월 16일(현지 시각) 텍사스와 오리건, 켄터키, 버지니아 등 18개 주에 한파와 대설이 몰아쳐 550만여 가구가 정전되어 전력 공급이 끊겼고, 텍사스 주의 경우는 430만 가구가 정전되는 블랙아웃 현상으로 그 피해가 매우 컸다고 하겠다.[2] 이처럼 대형 재난발생 시 피해를 최대한 줄이기 위해서는 긴급재난경보 전달시스템의 역할이 매

---

1 이연 "일본의 재난방송 관련 법규와 NHK에 관한 연구", 2019년 6월 22일 한국방송공학회 하계학술대회 발표자료 요약.
2 『서울경제』 2021년 2월 16일 자. https://www.sedaily.com/NewsView/22IKEGRK8B

우 중요하다. 미국이나 일본의 경우는 재난방송 전달시스템을 구축함과 동시에 관련 법령까지도 제도화 하였다.

특히, 일본에는 재난에 관련한 법령으로 모법이라고 할 수 있는 ① 재해대책기본법이 1961년에 제정되었고, 그밖에도 ② 방송법, ③ 대규모지진대책특별조치법, ④ 국민보호법, ⑤ 소방조직법, ⑥ 수해방지법 등의 재난관련 법률이 있다.[3]

과거에는 일본에 우리나라와 같이 대형 산불이 잦았으나 요즘은 국지적인 소형 산불만 발생하는 추세다. 이는 과학적인 산불감시와 함께 NHK가 보유한 700여 대의 로봇카메라와 전 국토를 샅샅이 감시하는 열 감지 카메라인 CCTV의 덕택이라고 할 수 있다. 또한, NHK 보도국에는 '기상·재해센터'라는 것이 있는데, 이는 재난발생 시 신속한 재난정보 전달로 재난피해를 줄이기 위해 40여 명의 전문 인력들이 24시간 재난대응 체제를 갖추고 있다. 나아가 NHK는 전국 12개의 거점지역에 헬리콥터 15대를 배치하여 신속하게 재난 영상을 취재하여 재난에 대응하도록 하고 있다. 이뿐만 아니라, 46개의 지역방송국을 7개의 거점 방송국으로 나누어, 거점 방송국마다 40여 명의 카메라맨을 상주시켜 언제 어디서든지 현장 취재가 가능하도록 대비하고 있다. 세계 각국은 국제전기통신연합(International Telecommunication Union : ITU)으로부터 주파수를 할당받아 사용하고 있는데, 원래 방송용 주파수는 공공재(公共財)에 속한다. 이러한 공공재인 주파수에 관한 사용 권한은 각국 국민 모두에게 있다. 그러나 효과적인 주파수 활용을 전제로 정부가 일정한 자격을 갖춘 방송사업자에게만 일시적으로 주파수 사용 권한을 위임하고 있는 상태다. 따라서 일본 정부는 국가적인 위기나 대형 재난발생으로 국민들의 생명과 재산이 위협받고 있을 때에는 언제라도 공공재인 주파수를 즉시 재난방송으로 사용할 수 있도록 <재해대책기본법 제6조>와 <방송법 제108조>에는 재난방송 의무규정을 두고 있다.

---

3 「電子政府の総合窓口 イーガブ」「災害対策基本法」, 「内閣府/防災情報のページ」「災害対策基本法」
　「内閣府/国会提出法案」「災害対策基本法の一部を改正する法律案/災害対策法制見直しの全体像」

## 1) 재해대책기본법4

이 법이 제정된 배경에는 1959년 이세만(伊勢湾)의 태풍피해를 계기로 1961년에 제정된 재해대책 관련 기본 법률이다. 이 기본법은 재난대책 전체를 체계화해 종합적으로 계획적인 방재대책의 정비 및 추진을 도모하고자 하는 것을 목적으로 제정되었다. 그 후 1995년 한신·아와지 대지진을 거치면서 2차에 걸쳐서 재해대책 강화를 도모하기 위해 개정이 이루어졌다. 궁극적으로는 국토 및 국민의 생명과 재산을 재해로부터 보호하고, 사회 질서의 유지와 공공의 복지 확보에 이바지하게 할 수 있도록 다양한 규정을 정리해 두고 있다.

### (1) 재해대책기본법의 6가지 개요5

① 방재에 관한 책무의 명확화

국가나 도·도·부·현, 시읍면, 지정 공공기관 및 지정 지방 공공기관에는 각각 방재에 관한 계획을 작성하고 그것을 실행함과 동시에 서로 협력하도록 하는 등의 책무가 주어져 있다. 즉, 주민에 대해서도 자발적으로 방재활동에 참여하도록 하는 등의 책무가 규정되어 있다.

② 종합적인 방재행정의 정비

방재활동의 조직화 계획화를 도모하기 위해 종합 조정기관으로 국가와 도·도·부·현, 시읍면 각각에 중앙 방재 회의, 도·도·부·현에 방재회의, 시읍면 방재회의를 설치하게 되어 있다. 또한, 재해가 발생하거나 발생 우려가 있는 경우에는 도도부현(都道府県) 또는 시읍면에 재해대책본부를 설치하고, 비상재해발생 시에는 국가에서도 비상(긴급)재해대책본부를 설치해 신속하게 재해에 응급 대처하도록 했다.

③ 계획적 방재행정의 정비

중앙 방재회의는 방재 기본계획을 작성해 방재에 관한 종합적인 동시에 장기적인 계획을 세워서 지정 공공기관 등이 작성하는 방재업무 계획 및 도도

---

4 https://elaws.e-gov.go.jp/document?lawid=336AC0000000223.(2021.8.13)
5 http://www.bousai.go.jp/taisaku/kihonhou/pdf/kihonhou_gaiyou.pdf.(2021.8.13.)

부현 방재회의 등이 작성하는 지역 방재계획 등에 있어서도 중점을 두어야 할 사항 등은 밝히고 있다.

④ 재해대책의 추진

재해대책을 '재해 예방', '재해 응급대책' 및 '재해 복구'라는 3개의 단계로 나누어, 각각의 단계마다 각각 실시 책임 주체가 다 해야 할 역할이나 권한을 규정하고 있다. 구체적으로는 '방재훈련 의무', '시읍면장의 경계구역 설정권', '응급대응 시 공동 부담', '재해 시의 교통 규제' 등에 대한 자세한 규정이 담겨 있다.

⑤ 극심 재해에 대처하는 재정원조 등

재해예방 및 재해 응급대책에 관한 비용 부담에 관해서는 원칙적으로는 실시 책임자가 부담하는 것으로 하고 있으면서도, 특히 극심한 재해에 관해서는 지방공공단체에 대한 정부의 특별한 재정원조, 이재민에 대한 지원 등을 실시하도록 하고 있다. 극심한 재해 지역에 대처하기 위한 특별한 재정원조 등에 관한 법률도 별도로 제정되어 있다.

⑥ 재해 긴급 사태에 대한 조치

국가의 경제 및 사회 질서 유지 등에 중대한 영향을 미치는 비정상이고 극심한 재해가 발생한 경우에는, 내각총리대신은 긴급 재난사태를 선포할 수 있다. 국회가 폐회 중이어도 국가 경제 질서 유지나 공공의 복지 확보를 위해 긴급히 필요하다고 판단될 경우, 정부는 금전적인 채무 지급 연기 등에 대해 정부 령으로 필요한 조치를 취할 수 있도록 하고 있다. 그러면, 구체적으로 개별 조항 중에 중요한 몇 개 조항에 대해서만 언급해 보기로 한다.

## (2) 재해대책기본법 제2조(정의)6

① 재해대책기본법 제2조 1항

재해 폭풍, 회오리, 호우, 폭설, 홍수, 절벽 붕괴, 토석류, 해일, 지진, 쓰나미, 분화, 사태 및 그 외의 비정상인 자연현상 또는 대규모 화재 혹은 폭발 그

---

6 https://elaws.e-gov.go.jp/document?lawid=336AC0000000223.(2021.8.13)

외 그 미치는 피해의 정도가 이와 비슷한 정도로 정부령으로 정해져 있는 원인에 의해 발생하는 피해를 말한다.

② 재해대책기본법 제2조 2항
방재(防災), 재해를 미연에 방지하고 재해가 발생한 경우에는 피해 확대를 막고 재해 복구에 도모하는 것을 말한다.

③ 재해대책기본법 제2조 5항
지정 공공기관 독립 행정 법인(독립 행정 법인 통칭 법(1999년 법률 제103호) 제2조 제1항에 규정하는 독립 행정 법인을 말한다.)
   * 일본 은행, 일본 적십자사, 일본방송협회 및 그 외의 공공적 기관 및 전기, 가스, 수송, 통신 및 그 외의 공익적 사업을 영위하는 법인에서, 내각총리대신이 지정하는 것을 말한다.

④ 재해대책기본법 제2조 7항
방재계획 방재기본계획 및 방재업무계획 및 지역방재계획을 말한다.

⑤ 재해대책기본법 제2조 8항
방재기본계획 중앙방재회의가 작성하는 방재에 관한 기본적인 계획을 말한다.

⑥ 재해대책기본법 제2조 10항
지역방재계획 일정한 지역에 관련된 계획으로, 다음과 같은 내용을 말한다.
도·도·부·현의 지역방재계획은 도·도·부·현의 지역이므로, 해당 도·도·부·현의 도·도·부현 방재회의가 작성하는 것이고, 시읍면 지역방재계획은 시읍면의 지역이므로, 해당 시읍면의 시읍면 방재회의 또는 시읍면장이 작성하는 것이다. 도·도·부·현 상호간 지역방재계획은 2개 이상 도·도·부·현의 구역 전부, 또는 일부에 해당하는 지역은 도·도·부현 방재회의 협의회서 장성한다. 시읍면 상호지역간 방재계획은 2개 이상 시읍면의 구역 전부, 또는 일부에 해당하는 지역은 시읍면 방재회의 협의회가 작성한다.

### (3) 재해대책기본법 제2조 제3·4·5항

재해대책기본법 제2조 제3항(지정행정기관), 제4항(지정 지방행정기관) 제5항 (지정공공기관)의 규정에 의하면 내각총리대신이 지정한 기관(지정행정기관, 지정 지방행정기관, 지정공공기관)은 법률 규정에 따라 재해발생 시 각각 직장 영역에 따라 책임을 완수할 의무를 지고 있다.

### (4) 재해대책기본법 제2조 제5항

지정공공기관 독립행정법인, 일본은행, 일본적십자사, 일본방송협회 그 외 공적기관 및 전기, 가스, 수송, 통신 기타 공익적 사업을 하는 영업법인으로 내 각총리대신이 지정한 것.
* 지정 행정기관 : 내각부, 국가공안위원회, 경찰청, 금융청, 소비자청, 총무 성 등 정부 각 정부 부처.
* 지정 지방행정기관 : 오키나와 종합사무소, 관구경찰국, 종합통신국, 지방 후생국 등 지방자치단체 및 지방부처.
* 지정공공기관 : 일본은행, 일본적십자사, 일본방송협회(NHK), 도쿄전력, 일 본전신전화국(NTT 등)

### (5) 재해대책기본법 제6조

1. 재해대책기본법 제6조(지정 공공기관 및 지정 지방공공기관의 책무) 지정 공 공기관 및 지정 지방공공기관은 기본 이념에 따라 그 업무와 관련해서 방재에 관한 계획을 작성하고, 관련 법령에 따라 이를 실시함과 동시에 그 법률 규정 에 의해 국가, 도도부현(都道府縣 : 광역지자체) 및 시정촌(市町村 : 기초지방자치단체) 의 방재계획 작성 및 실시가 원활하게 이루어지도록 해야 한다. 업무에서도 해 당 도도부현 및 시정촌에 대해서 협력할 책무가 있다.[7]

2. 지정 공공기관 및 지정 지방공공기관은 그 업무의 공공성 또는 공익성 에 비추어 각 각의 업무를 통해서 방재에 기여하지 않으면 안 된다.

---

7 https://elaws.e-gov.go.jp/document?lawid=336AC0000000223.(2021.8.13)

* 가스, 철도, 수도, 일본적십자 등 재난발생시 신속히 대응을 해야 하는 공공기관. NHK의 지정 공공기관 지정은 우리나라의 재난방송 주관방송사에 해당한다.

### (6) 재해대책기본법 제54조(발견자의 전달의무 등)

1. 재해가 발생할 우려가 있는 비정상인 현상을 발견한 사람은 지체 없이 그 취지를 시정촌(시읍면) 장, 또는 경찰관, 혹은 해상 보안관에게 통보해야 한다.

2. 몇 사람이라도 전 항의 통보가 가장 신속히 도달할 수 있도록 협력해야 한다.

3. 제1항의 통보를 받은 경찰관 또는 해상 보안관은 그 취지를 신속하게 시정촌(시읍면) 장에게 통보해야 한다.

4. 제1항 또는 전항의 통보를 받은 시·정·촌(시읍면) 장은 지역방재계획이 정해져 있는 대로 그 취지를 기상청, 그 외의 관계 기관에 통보해야 한다.

### (7) 재해대책기본법 제55조(도·도·부·현 지사의 통지 등)[8]

도·도·부·현 지사는 법령 규정에 따라서 기상청 그 외의 국가기관으로부터 재해에 관한 예보, 혹은 경보의 통지를 받았을 때, 또는 스스로 재해에 관한 경보를 했을 때는 법령 또는 지역방재계획에 따라 예상되는 재해의 사태 및 이것에 대해서 취해야 할 조치에 대해서 관계지정 지방 행정기관의 장, 지정 지방 공공기관, 시정촌(시읍면) 장 그 외의 관계자에 대해 필요한 통지 또는 요청을 해야 한다.

### (8) 재해대책기본법 제56조(시정촌장의 경보전달 및 경고)[9]

1. 시정촌(시읍면) 장은 법령 규정에 의해 재해에 관한 예보, 혹은 경보의 통지를 받았을 때, 스스로 재해에 관한 예보 혹은 경보를 알았을 경우, 법령규정에 따라 스스로 재해에 관한 경보를 했을 때, 또는 전조의 통지를 받았을 때는, 지역 방재계획에 정해져 있는 대로 해당 예보 혹은 경보 또는 통지와 관련

---

8 https://elaws.e-gov.go.jp/document?lawid=336AC0000000223.(2021.8.13)
9 https://elaws.e-gov.go.jp/document?lawid=336AC0000000223.(2021.8.13)

되는 사항을 관계기관 및 주민 그 외 관계가 있는 공사의 단체에 전달해야 한다. 이 경우에 필요하다고 인정될 때는, 시정촌(시읍면) 장은 주민 그 외 관계가 있는 공사의 단체에 대해 예상되는 재해의 사태 및 이에 따라서 취해야 할 피난을 위한 퇴거의 준비 그 외의 조치에 대해서 필요한 통지 또는 경고를 할 수 있다.

2. 시·정·촌(시읍면) 장은 전항의 규정에 의해 필요한 통지 또는 경고를 하면서, 요 배려자가 제610조 제1항의 규정에 의해 피난을 위한 퇴거의 권고 또는 지시를 받았을 경우에 원활히 피난을 위한 퇴거를 실시할 수 있도록 특히 배려해야 한다.

(9) 재해대책기본법 제57조(경보전달 등을 위해 통신설비의 우선 이용 등)

전항 2조의 규정에 의해 통지, 요청, 전달 또는 경고가 긴급을 요하는 경우 도·도·부·현지사, 또는 시정촌 장은 타 법률에 특별히 정해져 있는 경우를 제외하고 정령(政令)에 따라 전기통신사업법 제2조 제5호에 규정하는 전기통신사업자가 그 사업용으로 사용하고 있는 전기통신설비를 먼저 이용한다. 또는 유선전기통신법 제3조 제4항 제4호(경찰사무, 소방사무, 항공보안사무, 해상보안사무, 기상업무, 철도사업, 궤도사업, 전기사업, 광업 등)에서 들고 있는 자가 설치한 유선전기통신설비, 또는 무선설비를 사용하거나 또는 방송법 제2조 제23호에 규정한 기간방송사업자에 방송을 요청한다. 또 인터넷을 이용해서 정보제공 사업 활동하는 사람에 대해서는 인터넷을 이용해서 정보를 제공할 것을 요구할 수 있다.

(10) 재해대책기본법 제79조(통신 설비의 우선 사용권)10

재해가 발생해서 응급조치에 필요한 통신 때문에 긴급하게 특별히 사용할 필요가 있을 때는 지정 행정기관의 장, 혹은 지정 지방 행정기관의 장, 또는 도·도·부·현 지사, 혹은 시읍면장은 다른 법률에 특별한 규정이 없는 한 전기통신 사업법 제2조 제5호에 규정하는 전기통신사업자가 그 사업의 용도로 이용

---

10 https://elaws.e-gov.go.jp/document?lawid=336AC0000000223.(2021.8.13)

하는 전기통신설비를 먼저 이용해, 또는 유선 전기통신법 제3조 제4항 제4호에 해당하는 사람이 설치하는 유선 전기통신설비, 혹은 무선설비를 사용할 수 있다.

## (11) 재해대책기본법 제80조(지정 공공기관 등의 응급조치)[11]

1. 지정 공공기관 및 지정 지방 공공기관은 재해가 발생, 또는 발생하려고 할 때는 법령, 또는 방재계획이 정하는 바에 의해 그 소장 업무에 관련된 응급조치를 신속하게 실시하는 것과 동시에, 지정 지방행정기관의 장, 도·도·부·현 지사 등 및 시정촌 장 등이 실시하는 응급조치가 적확하고 원활히 행해지도록 하기 위해 필요한 조치를 강구해야 한다.

2. 지정 공공기관 및 지정 지방 공공기관은, 그 소장 업무에 관련된 응급조치를 실시하기 위해 특별히 필요하다고 인정될 때는 법령, 또는 방재계획이 정하는 바에 의해 지정 행정기관의 장, 혹은 지정 지방행정기관의 장, 또는 도·도·부·현 지사, 혹은 시읍면 장에 대해 노무, 시설, 설비, 또는 물자의 확보에 대해서 응원을 요구할 수 있다. 이 경우에 응원이 요구된 지정 행정기관의 장, 혹은 지정 지방행정기관의 장, 또는 도도부현 지사, 혹은 시읍면 장은 정당한 사유가 없는 한 응원을 거절해서는 안 된다.

## 2) 방송법[12]

## (1) 방송법 제2조(방송의 정의)[13]

방송법 제2조 1항, '방송'이란, 공중(公衆)이 직접 수신할 수 있도록 하게 하는 것을 목적으로 하는 전기통신(전기통신사업법 제2조 제1호에 규정하는 전기통신)의 송신(타인의 전기통신설비를 이용해서 행하는 것도 포함)을 말한다.

---

11 https://elaws.e-gov.go.jp/document?lawid=336AC0000000223.(2021.8.13)
12 https://www.tele.soumu.go.jp/horei/reiki_honbun/72490000001.html.(2021.8.13)
13 https://elaws.e-gov.go.jp/document?lawid=325AC0000000132.(2021.8.13)

## (2) 방송법 제2조 2항(기간방송)14

'기간방송(基幹放送)'이란, 전파법(1950년 법률 제131호)의 규정에 의해 방송을 행하는 무선국으로 전적, 또는 먼저 할당된 주파수의 전파를 사용하는 방송을 말한다.

> * 무선국은 무선설비 및 무선설비의 조작을 행하는 사람의 총체를 말한다. 단, 수신만을 목적으로 하는 것은 포함되지 않는다.

방송법 제2조 3항 '일반방송(一般放送)'이란, 기간방송 이외의 방송을 말한다.

방송법 제2조 13항, '기간방송'에는 인공위성을 이용한 '위성 기간방송'

방송법 제2조 14항, '이동수신용 기간방송'은 자동차나 그 외 육상을 이동하는 것에 설치해서 사용하거나 또는, 휴대전화를 사용해서 수신하는 것을 목적으로 하는 기간방송으로 '위성 기간방송' 이외의 것을 말한다.

방송법 제2조 제15항, '지상 기간방송'은 지상파방송으로 '위성 기간방송' 및 '이동수신용 지상기간방송' 이외의 것을 말한다.

방송법 제2조 20항, '방송국'이라 함은 방송을 하는 무선국을 말한다.

## (3) 방송법 제108조(재해방송)15

기간방송사업자는 국내 기간방송 등을 실시하면서, 폭풍, 호우, 홍수, 지진, 대규모 화재 그밖에 '재해대책기본법 제2조 1항'에 의해 재해가 발생하거나 또는 발생할 우려가 있는 경우에는, 그 발생을 예방하고, 또는 그 피해를 경감하기 위하여 도움이 되는 재난방송을 해야 한다.

방송법 제2조 2항, 13항, 14항, 15항에 의하면, '기간방송(基幹放送)'은 전파법 제2조 5항의 규정에 의해 방송을 행하는 모든 무선국, 또는 먼저 할당된 주파수의 주파를 사용하는 방송을 말한다.

즉, 본 방송법 제108조는 기간방송사업자에 대해서 국내 방송 등을 행함에 있어서 재해가 발생, 또는 발생할 우려가 있는 경우는 그 발생을 예방하고, 그 피해를 경감하는 역할을 하는 방송을 행할 의무를 부여하고 있다.

---

14 https://elaws.e-gov.go.jp/document?lawid=325AC0000000132.(2021.8.13)
15 https://elaws.e-gov.go.jp/document?lawid=325AC0000000132.(2021.8.13)

(4) 방송법 제9조(학교방송의 광고 제한)

기간방송사업자는 학교 제공 교육프로그램에서 학교교육에 방해가 된다고 인정되는 광고를 제공해서는 안 된다.[16]

(5) 방송법 제102조(방송프로그램 공급에 관한 협정의 제한)

기간방송사업자는 특정한 사람에게만 방송프로그램을 공급받는 조항에 관한 협정을 체결해서는 안 된다.[17]

### 3) 대규모지진대책특별조치법[18]

(1) 제8조 지진방재응급계획의 특례

경계선언시의 대응 등 지진방재대응대책에 관한 각종 계획을 작성하고, 그 실시를 추진

(2) 제9조 경계선언 등

지진재해에 관한 경계선언을 발령 → 각종 계획에 의한 지진방재응급대책 조치와 집행 실시

(3) 제20조 지진예지정보의 전달 등에 관한 재해대책기본법의 준용

국가에서 관측·측량 강화

(4) 강화계획에 입각해 긴급히 정비해야 할 시설 등의 정비에 보조

### 4) 기상법[19]

(1) 기상업무법 제11조(관측성과 등의 발표)[20]

기상청은 기상, 지상, 지동, 지구자기, 지구전기 및 수상 관측의 성과 내지

---

16 https://elaws.e-gov.go.jp/document?lawid=325AC0000000132.(2021.8.13)
17 https://elaws.e-gov.go.jp/document?lawid=325AC0000000132.(2021.8.13)
18 https://elaws.e-gov.go.jp/document?lawid=353AC0000000073.(2021.8.13)
19 https://elaws.e-gov.go.jp/document?lawid=327AC0000000165.(2021.8.14)
20 https://elaws.e-gov.go.jp/document?lawid=327AC0000000165.(2021.8.14)

기상, 지상 및 수상에 관한 정보를 즉시 발표하는 것이 공중의 편의를 증진한다고 인정될 때는, 방송기관, 신문사, 통신사 그 외 보도기관의 협력을 요청해서 즉시 그것을 발표하고, 공중에게 주지시키도록 노력해야 한다.

### (2) 기상업무법 13조(예보 및 경보)[21]

기상청은 정부령에 정해져 있는 대로 기상, 지상, 지진동, 쓰나미, 해일, 파랑 및 홍수 등 일반이 이용할 수 있는 적합한 예보 및 경보를 해야 한다.

### (3) 기상업무법 제15조 1항, 6항[22]

기상청이 기상 등을 경보할 때에는 NHK에 통지하고, NHK는 즉시 그 사항을 방송해야 한다.

## 5) 국민보호법(무력공격사태 등 국민보호조치에 관한 법률)[23]

### (1) 국민보호법의 제정 배경

국민보호법은 일본에서 오래전부터 검토해 오던 법이지만 반대여론이 강한 분야였다. 그러나 2001년까지 이어지는 북한의 미사일 발사나 핵실험, 모란봉 호의 불심사건, 그리고 미국의 무역세터 폭발 사건 등에 의해 세계적으로 테러 위협을 심각하게 인식하게 되었다. 이에 일본 내에서 유사 법제 제정의 논의가 갑자기 활발해지기 시작했다. 2002년 고이즈미 준이치(小泉純一郎)로 내각에서 제안한 유사 법제를 기본적 골격으로 무력 공격 사태 관련 3법이 제출되어 법안을 심의하게 되었다. 당시 사회적인 불안과 함께 고이즈미 총리의 인기에 힘입어 공동 여당인 공명당의 지지와 제일 야당이었던 민주당도 유사법에 찬성하게 되어 2003년 다수결로 유사 관련 3법이 성립되었다. 즉, ① 무력공격사태대처법, ② 개정, 자위대법, ③ 개정, 안전보장회의 설치법이 그것이다. 이에 힘입어 '국민보호법(国民保護法)'[24]은 2004년 6월 18일에 제정, 공포되어 9

---

21 elaws.e-gov.go.jp/document?lawid=327AC0000000165.(2021.8.14)

22 elaws.e-gov.go.jp/document?lawid=327AC0000000165.(2021.8.14)

23 https://elaws.e-gov.go.jp/document?lawid=416AC0000000112.(2021.8.14)

24 원래는 '무력공격사태 등에 있어서 국민보호조치에 관한 법률(武力攻撃事態等における国民の保護のための措置に関する法律)'의 약해서 국민보호법(国民保護法), 또는 일본어로는 "유

월 17일부터 시행되었다.

### (2) 국민보호법 제8조(국민에 대한 정보의 제공)

1. 국가 및 지방공공단체는 무력공격사태에 있어서 국민보호 조치를 위해 국민에 대해서 정확한 정보를 적시에, 동시에 적절한 방법으로 제공하지 않으면 안 된다.

2. 국가 및 지방공공단체, 또는 지정공공기관 및 지정지방공공기관은 국민보호를 위한 조치에 관한 정보에 대해서는 신문이나 방송, 인터넷, 그밖에 적절한 방법으로 신속하게 국민에게 제공하도록 노력하지 않으면 안 된다.

## 6) 그 외 관련 법규

① 자연재해대책기본법, ② 대규모지진대책특별조치법, ③ 도난가이(東南海)・난가이(南海)지진, 니혼가이코(日本海溝)・치시마가이코(千島海溝)주변 해구형지진에 관련된 지진방재대책법, ④ 소방조직법, ⑤ 수해방지법 등이 있다.

| 종류 | 예 방 | 응 급 | 복구・부흥 |
|------|-------|-------|-----------|
| 지진<br>쓰나미 | • 재해대책기본법<br>• 대규모지진대책특별조치법<br>• 쓰나미대책 추진에 관한 법률<br>• 지진재정특별법<br>• 지진방재대책특별조치법<br>• 건축물내진개수촉진에 관한법률<br>• 밀집시가지 방재지구정비촉진법률<br>• 동남해・남해지진에 관련 지진방재대책추진에 관한 특별조치법<br>• 일본해구・치시마해구 주변해구형지진에 … 관련된 지진방재대책추진에 관한 특별조치법 | 재해구조법<br>소방법경찰법<br>자위대법 | 극심 재해 법<br><피재자 구조 원조조치><br>중소기업신용보험법<br>천재융자 법<br>소규모기업자 등 설비자금조성법<br>재해조위금 지급 등에 관한법률<br>고용보험법<br>피재자 생활재건지원법<br>주식회사 일본정책금융공고 법<br><재해폐기물의 처리><br>폐기물처리 및 청소에 관한법률<br><재해복구사업><br>농림수산업시설재해복구사업비국고보조잠정조치에관한법률 |

<일본의 재해 관련 법규들>

---

지호(有事法)"라고도 부른다.

| 화산 | • 활동화산 대책특별조치법 | | 공공토목시설 재해복구사업비국고부담 법 |
|---|---|---|---|
| 풍수해 | • 하천법<br>• 특별도시 하천침수피해대책법 | 수해방지법 | 공립학교 시설재해복구비국고부담 법<br>피해시가지복구특별조치법 |
| 산사태<br>언덕붕괴<br>토석류 | • 사방법<br>• 삼림법<br>• 특수토양지대피해방제 및 진흥 임시조치법<br>• 사태등방지법<br>• 급경사지 붕괴에 의한 피해방지 법률<br>• 토사재해경계구역등토사재해방지대책추진에 관한 법률 | | 피해구분소유건물재건 등에 관한 특별조치법<br><보험공제제도><br>삼림국영보험법<br>농업재해보상법<br>지진보험에 관한 법률<br><재해세재관계><br>재해피해자에대한세제감면, 징수유예등에관한법률 |
| 호우우뢰 | • 호우우뢰지대대책특별조치법 | | <그 외><br>방재를위한집단이전촉진에관한국가재정상의 특별조치 등에 관한 법률 |
| 원자력 | • 원자력재해대책특별조치법 | | |

## 2. 일본의 재난경보 전달시스템

### 1) 일본의 긴급재난경보 전달체계

#### (1) 제이 얼럿(J-Alert)

일본도 미국의 IPAWS와 비슷한 긴급재난경보 시스템인 J-Alert(Japan-Alert)와 L-Alert(Local-Alert)라는 재난정보 전달시스템[25]이 있다. 원래, 제이 얼럿(J-Alert)은 전국 순시 경보(全国瞬時警報)시스템이라고 부르는데, 통신위성과 재해행정 유무선이나 방송전화 등을 연계시켜 긴급정보를 주민들에게 신속하게 전달하는 일본의 통합방재시스템이다. 앞에서 언급했지만, 일본은 북한의 미사일 발사나 핵실험을 계기로 2004년에는 '국민보호법(有事法)'을 제정하게 된다. 실제로 북한은 2004부터 2007년까지 3년에 걸쳐서 미사일 발사와 핵실험 등을 강행해 일본은 만약의 사태에 대비해 전 국민들에게 신속한 대피정보를 전달할 수 있는 시스템을 개발했다.

---

25 近藤玲子 「非常災害時における情報伝達手段の確保について」, 総務省総合通信基盤局 電波部 重要無線室長, p. 11, 2017年 1 月27日付け.

첫째, 일본 총무성(소방청)에서는 쓰나미정보, 긴급지진정보, 탄도미사일 등 시간적 여유가 없는 긴급사태에 대비해 정부(① 내각관방, ② 기상청, ③ 소방청)가 인공위성 등을 활용해 신속하게 대피정보를 발신하는 시스템을 개발했다. 일본 정부가 인공위성 및 통신망을 통해 시·정·촌의 방재행정무선(동보계) 등을 자동적으로 기동하게 해 주민들에게 긴급하게 재난경보를 전달해주는 제이 얼럿이다. 이 제이 얼럿은 2010년 12월부터 가동하게 되었다. 이와 같이 소방청은 유사시 주민들을 신속하게 대피시키기 위해 지방공공단체와 제휴하여 제이 얼럿을 정비했다. 또한, 제이 얼럿은 탄도 미사일 공격에 관한 정보나 긴급 지진 속보, 쓰나미 경보, 기상 경보 등의 긴급정보를, 인공위성과 지상 회선을 통해 전국 도도부현, 시읍면 등에 전달해서 시읍면 방재행정무선(동보계) 등을 자동 기동하게 한다. 이때는 다른 네트워크 도움 없이 순식간에 주민에게 전달하는 시스템이다.[26]

둘째, 관방에서는, 탄도 미사일 공격에 관한 정보 등 국민 보호에 관한 정보는 내각 관방에서 소방청 네트워크를 통해서 전달한다.

셋째, 기상청도 긴급 지진 속보, 쓰나미 경보, 기상 경보 등의 방재 기상정보는 기상청에서 발송되어, 소방청의 송신설비를 경유하고 전국의 도도부현, 시읍면 등에 송신되는 구조이다.

넷째, 현재 일본은 이러한 지방공공단체 경유에 의한 정보전달과는 별도로, 나라에서 휴대전화 회사에 전송한 제이 얼럿 정보를 각각의 휴대전화 이용자에게 메일(에리어 메일·긴급 속보 메일)로 전달하는 루트도 정비되어 있다.

### (2) 엘 얼럿(L-Alert)

L-Alert(local)은 재난정보 공유시스템의 통칭으로 전국 순시 경보시스템에 대치되는 언어로 광역 지방자치단체인 도도부현과 기초지방자치단체인 시정촌 등 자치단체에서 활용하는 긴급경보시스템이다. 긴급재난발생 시에 피난정보(준비·권고·지시), 피난소정보, 재난대책본부설치상황, 피해정보, 기상경보, 주의보, 토사재난경계정보, 홍수예보 등을 재난정보공유시스템을 통해서 신속하

---

26 https://www.soumu.go.jp/johotsusintokei/whitepaper/ja/r01/html/nd249240.html(2021.12.27)

게 다양한 미디어로 공유하게 된다. 이 구조에 따르면, 주민들은 ① 방재행정무선, ② 스마트 폰 전용 긴급속보메일, ③ 방재 애플리케이션, ④ 역이나 가두 등의 사이니지(전자 간판), ⑤ 텔레비전, ⑥ 라디오, ⑦ 인터넷, ⑧ 원세그(일본형 DMB) 등으로 긴급재난정보를 전달하게 된다. 이 사업의 주체는 재단법인 일본 멀티미디어진흥 센터인데, 2009년부터 실용화시험을 거쳐 2011년 6월부터는 실제 서비스를 개시하고 있다. 출발 당시의 명칭은 '공공정보 커먼즈(公共情報 commons)' 즉, 공공재였으나, 보다 알기 쉬운 명칭으로 개칭하게 되었다. 또한, 탄도미사일정보나 긴급 지진속보 등을 전달하는 방법으로는 J-Alert와 L-Alert

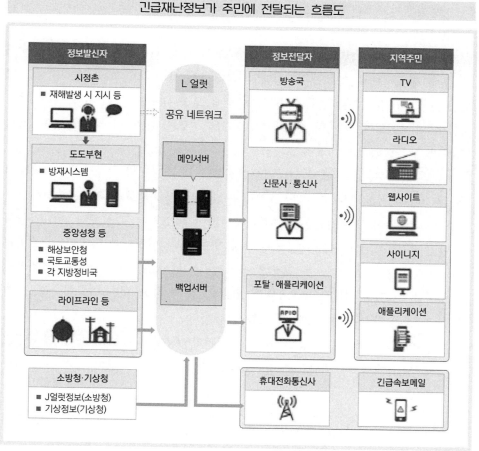

긴급재난정보가 주민에 전달되는 흐름도

자료 : 일본 멀티미디어센터(주 : 29 참조, 2022.2.12)

를 통합하는 것이 효율적이라고 생각했다. 따라서 2014년 8월부터는 J-Alert와 L-Alert를 합해서 한 쌍이 되어 운용하고 있는데, 그 명칭은 엘 얼럿(L-Alert)로 개칭하였다. L-Alert는 2016년 8월 시점에서 41개 도·도·부·현에서 운용되고 있었으나, 2018년도에는 전국적으로 운용되게 되었다. 아래 도표는 J-Alert와 L-Alert를 통합한 재난정보전달 흐름도[27]이다.

엘 얼럿의 경우, 정보발신자가 연계시스템이나 데이터 투입 툴 등으로 엘 얼럿에 재해정보 등을 송신하면, 엘 얼럿으로부터 SOAP(Simple Object Access Protocol)[28] 등의 전송형식으로 정보전달자에게 일제히 전송된다(PUSH형). 그때, 정보전달자는 연계시스템이나 데이터 조회 툴에 의해, 엘 얼럿에 참가하는 모든 정보발신자로부터의 정보를 일정한 포맷으로 효율적이고 신속하게 수신할 수 있다.

지역주민은, 정보전달자가 제공하는 다양한 매체(TV, 라디오, Web 사이트 등)를 통해 재해정보를 입수할 수 있다.[29] 휴대전화 사업자의 서비스는 국가나 지방공공단체가 발신하는 긴급정보(긴급지진 속보, 쓰나미 경보, 피난지시 등)를 특정 지역의 휴대전화에 일제히 전달된다. 2021년 12월 현재 전국 시정촌에 거의 100%가 보급되었다.

앞의 도표를 보면 크게 (1) 정보발신자, (2) 정보전달 수단, (3) 지역주민 (정보수신매체)으로 나누고 있다. 그런데 J-Alert는 정보발신의 위치로 ① 중앙정부나 내각관방이 발표하는 정보, ② 기상청이 발표하는 기상재난, ③ 기상청 정보는 직접, 또는 소방청을 통해 직접적으로 주민에게 전달하던가 아니면 L-Alert에게 전달해 준다. ④ 그밖에 라이프라인(life line) 사업자 등도 정보발신을 요청할 수 있다. 이때 L-Alert는 L-Alert가 속한 지역의 도·도·부·현, 그리고 시·정·촌 주민들에게 재난정보를 전달한다.

여기에서 지진속보의 경우, NHK는 ① 기상청에서 송신되어 온 재난정보나 ② L-Alert에서 온 재난정보 ③ 그리고 각 도·도·부·현이나 시·정·촌에

---

27 近藤玲子 「非常災害時における情報伝達手段の確保について」, 総務省総合通信基盤局 電波部 重要無線室長, 2017年 1月 27日付け, p. 11.
28 SOAP는 네트워크를 경유해서 오브젝트 사이에 통신을 하는 간단한 프로트콜이다.
29 https://www.fmmc.or.jp/commons/merit/3-2.html

서 재난보도를 요청해 오면 즉시 지진속보를 주민들에게 신속하게 전달해야
한다.

　다시 말해서 제이 얼럿(J-Alert)은 통신위성과 시·읍·면의 동보계 방재행
정무선이나 유선방송전화 등을 이용해 주민들에게 긴급재난경보를 순식간에
전달하는 일본의 통합방재시스템이다. 통신위성(communications satellite)은 마이
크로파대의 전파를 이용한 무선통신을 목적으로 우주 공간에 쏘아 올린 인공
위성이다. CS나 COMSAT(콤샛) 등으로 불린다. 그 출력이 크고 사용 목적이 인
공위성으로부터 직접 방송하는 것을 방송위성(BS 또는 DBS)이라고 한다. 대처
하는데 시간적 여유가 없는 대규모 자연재해나 탄도미사일 공격 같은 긴급경
보를 '주민들에 순식간에' 전달할 수 있다고 하는 점이 J-Alert의 최대 장점이다.

　주민들에게 조기피난이나 예방조치 등을 촉구해 피해경감에 크게 공헌할
것으로 기대하고 있다. 또한, 지방공공단체의 위기관리 능력을 높이고 있는
J-Alert는 해일을 시작으로 대규모 재해나 무력공격사태, 또는 국가 존립 위기
사태가 발생했을 때 국민들을 보호하기 위한 매우 유용한 시스템이다. 즉, 대
규모 핵공격이나 재난경보 전달시 통신위성(Super Bird B2)을 이용해 순간에 지
방공공단체에 전달함과 동시에, 지역위성통신 네트워크에 접속된 동보계 시읍
면 방재행정무선이나 유선방송전화 등을 자동 기동시켜 사이렌이나 방송 등에
의해서 주민에게 긴급정보를 전달할 수 있다. 그밖에도 연계해서 이용할 수 있
는 시스템은 스카파 JSAT(SKY Perfect JSAT Corporation), 즉 스카이 퍼펙트 커뮤
니케이션 JSAT 주식회사는 일본의 통신위성사업자, 위성방송플랫폼사업자(유료
방송관리사업자) 및 유선일반방송 사업자 등이 있다.

　제이 얼럿(J-Alert)은 국민보호법에 근거해 국민보호체제를 운용 면에서 지
탱해 주고 있다. 특히, 탄도 미사일공격이나 게릴라·특수부대에 의한 공격
(Guerrilla Commando 공격)이 발생했을 경우에는 대피행동이 일각을 다투기 때
문에 '국민 보호 사이렌'을 울리는 등으로 주민들에게 긴급하게 경보를 전달해
가능한 한 많은 주민이나 외출중의 사람들을 피난소로 인도하도록 규정하고
있다. 국민보호 사이렌은 누구나가 자신들에게 가하는 무력공격이라는 위기적
상황을 인식할 수 있도록 해서 자기 방어 본능을 불러일으키는 소리이다. 이

소리는 총무성이 운영하는 '국민보호 포털 사이트'에 의해 누구라도 시청 할 수 있지만, 함부로 발령하는 것은 또한, 위법행위가 된다.

　당초는 J-Alert를 수신할 수 있는 기관은 지방공공단체에 한정되어 있었지만, 2009년 1월 6일 이후는 지정행정기관, 지정 지방행정기관, 지정 공공기관 등에도 확대되어 각 부처나 공공기관, 매스컴, 공립학교·병원 등에서도 수신이 가능하다.

## 2) 긴급재난경보 전달 흐름

　긴급재난사태의 발생 시 주민들에게 재난경보가 전달되는 정보의 흐름도는 다음과 같다.

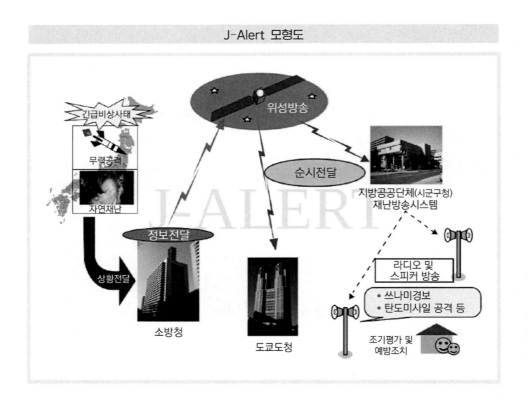

J-Alert 모형도

(1) 긴급재난 발생과 그에 대한 지각(인지)

해일이나 무력공격 등 긴급사태의 발생 후, 기상관계정보에 관해서는 기상청이, 무력 공격 등의 국민보호관계 정보에 대해서는 내각 관방이 우선 지각한다. 탄도 미사일의 정보에 관해서는, 항공자위대의 자동경계관제조직 또는 미국 전략군의 우주통합기능 구성 부대·북아메리카 항공 우주 방위사령부로부터 내각 관방에 전달된다.

(2) 소방청에 긴급재난정보 전달

기상청, 또는 내각 관방은 입수한 긴급사태에 대해서는 소방청에 정보를 전달한다.

(3) 지방공공단체에 대한 긴급정보 전달

소방청은 통신위성(Super Bird B2)을 경유해 긴급정보를 전국 지방공공단체에 전달한다.

(4) 주민들에게 긴급재난정보 전달

지진의 경우, 기상청으로부터의 긴급재난정보를 지방공공단체가 수신한다. 시군읍면에 대해서는 방재행정무선이나 유선방송전화, 긴급고지 FM라디오 등이 자동 기동되어 사이렌이 울리거나 음성방송 등에 의해 재난정보가 주민들에게 전달된다. 기본적으로는 옥외대피나 높은 곳으로 쓰나미 피난에 의한 자기 방위가 지시된다.

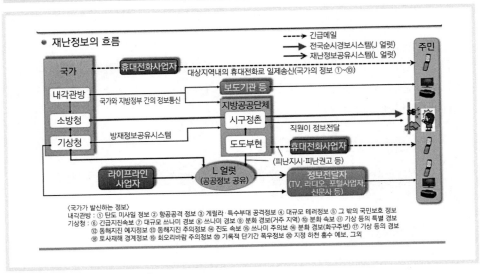

긴급재난정보의 주민전달시스템(전체 이미지)[30]

출처 : 총무성자료 : (주) 152 참조. 2022.2.10.

## 3. 긴급재난정보의 종류

　　J-Alert로 전달되는 정보는 기상청이 작성하는 기상관련 정보와 내각 관방이 작성하는 유사시 관련정보로 구분되며, 2020년 10월 현재 24 종류의 정보가 송신되고 있다(전국순간경보 시스템 업무 규정 제4조).[31] 어떤 정보에 대해서 방재행정무선을 자동 기동시킬지는 시읍면에서 결정할 수 있게 되어 있지만, 대형 쓰나미 경보, 쓰나미 경보, 기상 등의 특별 경보, 분화 경보, 긴급지진 속보, 유사시 관련 정보에 대해서는 자동 기동이 원칙으로 되어 있다(전국 순간경보시스템 업무 규정 제9조).[32]

---

30　총무성 자료: http://www.boukakiki.or.jp/crisis_management/pdf_1/171025_noguchi.pdf(2022.2.10)

31　'全国瞬時警報システム業務規程' 제9조

32　'全国瞬時警報システム業務規程' 제9조, 「登録済情報受信機関である地方公共団体」(2016.3.22. 일부 개정), ttps://www.fdma.go.jp/mission/protection/item/protection00105_J-ALERT_gyomu_ kitei_ 280322.pdf.(2022.2.10).全国瞬時警報システム業務規程(2011.2.10.)

## 1) 지진 정보(6종류)

① 긴급지진 속보 : 긴급지진 속보는 지진발생 후 큰 흔들림으로 피해(S파)가 도달하는 몇 초로부터 수 십초 전에 경보를 발표(P파)하는 것을 목적으로 한 지진 조기경보시스템이다. 일본 기상청이 중심이 되어 제공하고 있는 지진 예·경보시스템인데[33] 영문 명칭은 EEW(Earthquake Early Warning)이다. 2004년에 일부 시험 운용을 개시해서 2007년 10월 1일부터는 일부의 낙도를 제외한 일본 국내 거의 전역 모든 주민을 대상으로 본 운용을 개시했다. 이 같은 시스템으로서는 세계 최초이다.

② 진도 속보

③ 진원·진도에 관한 정보

④ 도카이(東海) 지진예지 정보

⑤ 도카이(東海) 지진 주의 정보

⑥ 도카이(東海) 지진 조사 정보

## 2) 쓰나미 정보(3종류)

① 대형 쓰나미 경보(특별 경보)

② 쓰나미 경보

③ 쓰나미 주의보

## 3) 화산 정보(3종류)

① 분화 경보(일부는 특별 경보)

② 화구 주변 경보

③ 분화 예보

---

33 https://ja.wikipedia.org/wiki/全国瞬時警報システム(2022.2.10)

### 4) 기상 정보(7종류)

① 기상 등 특별 경보(폭우, 폭설, 폭풍, 폭풍설, 파랑, 해일)
② 기상 경보(폭우, 홍수, 폭설, 폭풍, 폭풍설, 파랑, 해일)
③ 기상주의보(16항목의 기상주의보)
④ 토사 재해 경계 정보
⑤ 회오리 주의 정보
⑥ 기록적 단시간 폭우 정보
⑦ 지정 하천 홍수 예보

### 5) 유사시 관련 정보(5종류)

① 탄도미사일 정보
② 항공공격 정보(공습경보)
③ 게릴라·특수부대 공격 정보
④ 대규모 테러정보
⑤ 그 외의 긴급 주민 전달해야 하는 국민보호정보

## 4. 자동 기동대상 필터링

소방청이 재난정보를 전달할 때 정보의 종류를 식별하는 ① 정보 번호와 ② 대상지역 코드 정보를 함께 발신함으로써 방송내용의 자동 선택 및 방재행정 무선·유선방송을 자동 기동시키는 지방공공단체의 필터링이 가능해졌다. 이것으로 인해 필요한 정보를 필요한 장소에 전달할 수 있게 되었다.

또한, 이러한 필터링 기능에 의해 방재행정 무선망·유선방송이 자동 기동하는 것은 원칙으로서 기상재해 등의 대상 지역에만 해당하지만, 무력 공격에 관한 정보(탄도 미사일 정보, 항공 공격 정보, 게릴라·특수부대 정보, 대규모 테러정보)에 대해서는 그 특수성과 확대 가능성의 크기로부터 공격대상 지역, 이외의 지역에 대해서도 '통지·전달 지역' 및 '참고 정보 지역'으로서 방재행정 무선이 자동적으로 기동한다.

지진발생 직후 진원에 가까운 관측점의 지진계로 파악할 수 있었던 지진파의 데이터를 해석해 진원의 위치나 지진의 규모(매그니튜드)를 즉시 추정해, 이것에 근거해 각지에서의 주요지진동의 도달시각이나 진도를 추정해 가능한 한 신속하게 알려준다.

주요 진동도달 전에 몇 초 안 되는 시간이라도 적절히 활용한다면, 지진재해의 경감에 크게 도움이 된다. 특히 육지로부터 떨어진 곳에서 발생하는 해구형 등의 대지진에 대해서는 연안의 도시에서 원리상 몇 초로부터 수십 초의 유예 시간을 전망할 수 있다. 그러나 기술적인 한계가 있기 때문에 속보가 주요지진동의 도달에 늦은 경우가 있어서 특히 육지를 진원으로 하는 이른바 직하형 지진으로 격렬하게 흔들리는 진앙 부근에서는 원리상 몇 초 밖에 유예 시간이 없다. 이점에 대해서는 관측점을 늘리거나 처리 · 전달 속도를 고속화하는 등의 기술 향상도 조금씩 진행되고 있다.


## 5. 장주기(長周期) 지진동에 관한 정보와의 연동

현 상황은 긴급지진 속보와 경보 등과는 연동하고 있지 않지만, 장주기 지진동의 계급 3 이상에 대해서는 큰 지진과 동일한 정도의 피해가 미칠 것으로 예상되기 때문에, 긴급지진 속보와의 연동이 필요하다.


### 1) 법적인 자리매김

긴급지진 속보는 지진동의 예보 · 경보 · 특별 경보로 자리매김되고 있어서 다른 예보(주의보) · 경보 · 특별 경보와 같이 기상청의 의무가 되고 있다(기상업무법 제13조). 2013년 8월 30일 특별 경보 시행에 의해서 진동 특별 경보를 새롭게 설정하고 있다.

## 2) 지진동 예·경보의 구분

지진동 예보·경보·특별 경보의 구분(기상청 자료)

① 지진동 특별 경보
추정 최대 진도 6약 이상으로 발표. 강한 진동이 예상되는 지역에 대해, 지진동에 의해 현저하고 중대한 재해가 일어날 우려가 있다는 취지를 경고.

② 지진동 경보
추정 최대 진도 5약 이상으로 발표. 강한 진동이 예상되는 지역에 대해, 지진동에 의해 중대한 재해가 일어날 우려가 있다는 취지를 경고.

③ 지진동 예보
추정 최대 진도 3 이상, 또는 추정 매그니튜드 3.5 이상으로 발표.
다만, 현재 상태로서는 속보성의 기술적 한계가 있어서 긴급지진 속보 발표 시에는, 경보와 특별 경보는 구별하지 않는다.

중대성의 차이에 비춰, 기상청이 '일반용'으로 발표하는 경우는, 지진동경보·지진동 특별 경보를 '긴급지진 속보(경보)', 또는 단지 '긴급지진 속보'의 명칭으로서 발표한다. 지진동 예보는 '긴급지진 속보(예보)'로서 '고도 이용자용'으로 발표된다.
'일반용' 긴급지진 속보는 경보·특별 경보에 해당하고, 또 '고도 이용자전용'에서도 '일반용'의 기준을 만족하게 하는 것이 생기면, 그 일련의 속보를 포함해 경보·특별 경보 취급한다.
기상청 이외의 사람은, 원칙적으로 지진동의 경보(특별 경보를 포함)를 발표하지 못하고(동법 제 23조), 또 예보의 업무를 실시하려면 기상청 장관의 허가가 필요하다(제17조). 또 동법에 의해 기상청은 허가 사업자의 '예보' 발표에 임해서는, 기상청에 의한 '경보'와의 구별을 이용자에게 주지해야 한다고 규정하고 있다.
또, '경보'에 관해서는 기상경보와 같이, 기상청은 '정령이 정해져 있는 데로, 즉시 그 경보 사항을 경찰청, 국토교통성, 해상보안청, 도도부현, 동일본 전신전화주식회사, 서 일본전신전화 주식회사, 또는 일본방송협회의 기관에 통지해야 한다.'(제15조)고 규정하고 있다. 덧붙여 '특별 경보'에 해당하는 경우는, 발표시에는 '경보'라고 표현에 차이가 없는 것 외에, 지진동 이외의 특별 경보와는 달리, 통지처의 취급에 '경보'와의 차이는 아니다. 이하 더 구체적인 지진과 자연재해와의 법적지위에 대해서는 다시 한 번 후술하는 5) 긴급지지진 속보의 법적지위 참조 바람.

## 6. 제이 얼 럿(J-Alert)의 특징이나 역할

대처에 시간적 여유가 없는 대규모 자연재해나 탄도 미사일 공격 등에 대한 정보를 '국가로부터 주민에까지 직접 순간적으로' 전달할 수 있는 점이 J-Alert의 최대 특징이다. 주민에게 조기피난이나 예방조치 등을 재촉해 피해경감에 공헌하기 위해 도입된 제도로, 지방공공단체의 위기관리 능력이 훨씬 높아진다고 여기고 있다. J-Alert는 재난정보공유시스템의 통칭으로 처음에는 로컬(local)의 머리글자와 긴급경보를 의미하는 경계체제 Alert를 조합한 합성어이다. 중앙관청이나 지방공공단체, 교통관련사업자 등 재해 관련 정보의 발신자와 각종의 미디어와의 사이에, 재해재난 등에 관한 정보를 효율적으로 공유하는 정보기반시스템이다. 긴급시에 피난정보(준비 권고·지시), 피난소정보, 재난대책본부 설치상황, 피해정보, 기상경보나 주의보, 토사재난경계정보, 홍수 예보 등이 재해 정보공유시스템을 통해서 다양한 미디어로 공유된다. 이 구조에 의해 주민들은 피해나 피난을 위한 정확한 재난정보를 방재행정무선망이나 휴대전화, 스마트폰 전용으로 긴급속보 메일이나 방재 애플리케이션, 역이나 가두 등의 디지털사이네이지(전자간판), 텔레비전이나 라디오 방송, 인터넷, 원 세그, 재해 시에 무료로 음료를 꺼낼 수 있는 재해대응 자동판매기 등에서 정보를 입수할 수 있다. 사업주체인 '재단법인 멀티미디어 진흥 센터'가 2009년부터 실용화 시험을 개시해, 2011년 6월부터 실용서비스를 개시하고 있다. 처음 운용 당시의 명칭은 공공정보 커먼즈였지만, 보다 알기 쉬운 명칭으로, 또 탄도 미사일 정보나 긴급지진 속보를 전달하는 J경계체제(전국 순간 경보시스템)와 연계해, 2014년 8월에 개칭하였다. 2016년 8월 시점에서는 전국 41개 도·도·부·현에서 운용되었으나 2018년에는 전국적으로 실시하게 되었다. 재난에 관한 정보를 일각이라도 빨리 많은 주민들에게 알리기 위해서는 다양한 미디어의 활용이 불가결하다. 그러나 종래에는 지방공공단체나 기상청, 교통 관련 사업자 등에서의 재난 관련 정보나 가스, 수도 등의 라이프라인에 관한 재해 정보는 지역마다의 방재무선이나 정보전달서비스로의 이용을 전제로 해, 그 이외의 미디어에의 전달은 데이터 방식이나 발신 루트가 복수로 나누어져 있기 때문에 정확한 정보를 다 미디어로 신속하게 전달하는 것은 어려운 문제였다. L경계체제에서는 각 방면에서 발신되는 재난정보를 신속하게 수집해, 정보데이터의 변환이나 출력을 일괄해 다양한 미디어로 신속하게 재난정보제공을 할 수 있게 되었다.

### 1) J-Alert의 안정적인 운용[34]

총무성 소방청에서는 긴급지진 속보 등의 자연재난정보나 탄도미사일정보 등 국민보호정보를 실시간으로 사태발생 시 긴급정보를 국가(내각관방, 기상청에서 소방청을 경유)가 위성회선 및 지상회선을 사용해서 발신하고, 시정촌 방재행정무선(동보계 : 同報系)등을 자동적으로 기동함과 동시에 탄도미사일정보 등의 국민보호정보 등에 관해서는 휴대전화회사(NTT. DOCOMO)를 통해서 휴대전화나 스마트폰에 긴급속보 메일을 송신해 주민들에게 긴급정보를 순간적으로 전달하는 <전국 순간 경보시스템 J-Alert>를 정비하게 되었다.

### 2) 재난에 강한 소방방재 네트워크의 정비

재난발생 등의 긴급 상황에서 신속한 정보수집과 전달을 위해서는 신속한 통신 네트워크가 필요하다. 재해 시에도 통신을 확실하게 확보하기 위하여 국가나 도·도·부·현, 시·정·촌 등에 있는 공중망을 사용하는 외에 재난에 강한 자력적인(독자적인) 소방방재 통신네트워크, 비상용전원 등의 정비가 진행되고 있다. 현재, 국가, 소방청, 지방공공단체, 주민 등을 연결하는 소방방재 무선

---

34 총무성 자료: https://www.fdma.go.jp/publication/hakusho/h29/topics10/46067.html(2021. 12. 27)

통신 네트워크를 연결하는 주요한 통신망으로는 ① 정부 내의 정보를 수집 전달하는 중앙 방재 무선망, ② 소방청과 도·도·부·현을 연결하는 소방방재무선망, ③ 도·도·부·현과 시·정·촌 등을 연결하는 도·도·부·현 방재무선망, ④ 시·정·촌과 주민 등을 연결하는 시·정·촌 방재무선망, ⑤ 국가와 지방공공단체, 또는 지방공공단체 간을 연결하는 위성통신 네트워크 등이 구축되어 있다.

## 3) 자동 기동 라디오 도입사례

일본에는 커뮤니티 방송을 활용한 <자동 기동 라디오의 재난정보 수집·전개 및 방재정보의 다중화>를 실시하고 있다. 2020년을 목표로 한 커뮤니티 방송은 시·정·촌 기존의 재난정보 전달시스템을 보완하는 기능으로, 효율적이고 동시에 저렴하게 지역에 뿌리 내리고 있다. 자동 기동 라디오는 긴급재난 발생 시에는, 고령자 등의 재난약자의 보호자에 대해 실내·실외를 막론하고, 각 지역에 재난정보나 긴급피난정보를 전달하는 등 방재행정무선의 호별수신기를 보완하는 지역밀착 미디어다. 재난시에 고령자등에게 지역밀착 정보전달을 확보하기 위해서는, 지방자치단체에 의한 자동 기동 라디오의 정비에 관한 비용을 지원하는 것이 필요해 새로운 지원 조치를 취하고 있다.

## 4) 재난발생 시 비상용통신 수단의 확보

동일본 대지진의 교훈으로 전기통신서비스의 두절·집중 대책 등이 이루어지고 있지만, 재해의료·구호 활동 등 비상용 통신이나 지역방재 등 재난발생시 필요한 통신수단이 양·질 모두 확보되었다고 말하기는 어렵다. 이를 근거로 총무성은 2015년 11월에서 2016년 6월에 걸쳐서 '대규모재해시의 비상용 통신 수단의 본연의 자세에 관한 연구회'를 개최했다. 동 연구회의 제언에는 배치계획의 책정이나 조달시의 지침이 되는 '재해의료·구호 활동에 있어서 확보되어야 할 비상용 통신 수단에 관한 가이드라인'이 포함되고 있어, ICT에 의한 재해의료·구호 활동의 강화를 위해서 널리 활용될 것이다.

또, 재난 시 등에 공중통신망에 의한 전기통신서비스가 이용곤란한 상황 등에 대비하여 총무성이 연구개발한 ICT유닛(서류 가방형)을 2016년도부터 종합 통신국 등에 순차적으로 배치하고 있다. 또한, 지방공공단체 등의 방재유관기관으로부터의 요청에 따라 대출도 하고, 필요한 통신수단의 확보를 지원하는 체제를 갖추고 있다. 게다가 2017년 5월 국제전기통신연합(ITU)은 세계 각지에 있어서 재해가 발생했을 시 피해지역에 제공하는 긴급통신 수단으로서 ICT유닛(서류 가방형) 도입을 결정했다. ITU는 지금까지 주로 위성통신시스템(전화 및 데이터 전송용)에 제공하고 있었으나, 앞으로는 위성통신시스템과 함께 ICT유닛이 세계 각지의 재해지원에 활용될 것으로 기대하고 있다.

이외에도 총무성이 중심이 되고, 국가나 지방자치단체, 주요한 전기통신사업자, 무선 통신국의 면허인 등 약 2,000개 기관에 의해서 구성되어 있는 비상통신협의회에서는 1951년의 설립 이후, 재난 시에 원활한 통신을 확보하기 위한 활동으로서, 비상통신계획의 수립과 책정, 통신훈련 실시, 기타 비상통신에 관한 주지(周知)·계발에 대응하고 있다. 2016년 11월부터 일본정부는 전국 47개 도도부현, 133개 시정촌 등이 참가하는 전국비상통신 훈련을 매년 실시하고 있다.

**방재와 국민보호와의 차이점**

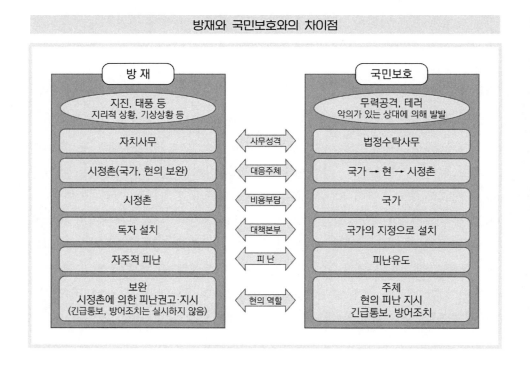

## 5) J-Alert(전국 순간 경보시스템 업무 규정, 全国瞬時警報システム業務規程)[35]

2010년 12월 15일 제정
2012년과 2014년, 2016년에 각각 일부개정

### 제1장 총칙

**제1조(목적)** 이 업무 규정은 전국순간 경보 시스템 제이 얼럿(이하 "J-ALERT")의 운용 및 총무성, 소방청(이하 "소방청") 이 정보 수신 기관의 책무 등에 관해 필요한 사항을 규정하는 것을 목적으로 한다.

**제2조(정의)** 이 업무 규정에서 "정보 수신기관"이란, 제4조의 규정에 의하여 소방청에서 송신된 정보를 수신(이하 "정보의 수신"이라고 함) 할 수 있는 기관으로 다음 각 호에 제시한 것을 말한다.

1. 지방공공단체(지방자치법 제1조의 3, 제2항에 규정하는 보통 지방공공단체, 동조 제3항에 규정하는 특별 구(이하 "특별 구") 및 동항에서 규정하는 조합 중 소방에 관한 사무를 처리하는 것(이하 "조합")에 한정 한다.)

2. 지정행정기관(무력 공격 사태 등 및 존립 위기 사태에서 우리나라의 평화와 독립 및 국가, 국민의 안전 확보에 관한 법률(이하 "사태 대처법") 제2조 제5호에 규정하는 지정행정기관을 말한다.)

3. 지정 지방행정기관(사태 대처법 제2조 제6호에 규정하는 지정 지방행정기관을 말한다.)

4. 전 2호에 규정한 기관 이 외의 국가기관이 있는데, 소방청 국민보호·방재부 방재과 국민보호운용실장(이하 "소방청 국민보호운용실장")가 인정하는 것

5. 지정공공기관(사태 대처법 제2조 제7호에 규정하는 지정 공공기관을 말한다.)으로, 별도로 정하는 바에 의해, 소방청 국민보호운용실장이 인정하는 것

6. 지정 지방공공기관(무력 공격 사태 등에서의 국민보호를 위한 조치에 관한 법률 제2조 제2항에 규정하는 지정 지방공공기관)이고, 별도로 정하는 바에 의해, 소방청 국민보호운용실장이 인정하는 것

7. 전 각호에 규정된 것 외, 소방청에서 설치한 시스템의 송신·처리 능력의

---

35 총무성소방청, 全国瞬時警報システム業務規程,
  https://www.fdma.go.jp/mission/protection/item/protection001_05_J-ALERT_gyomu_ki-
  tei_280322.pdf(2021.8.28)

범위 내에서, 주민에 대한 재해정보 전달에 관한 공적 역할을 가진 법인(이하 "재해 정보 전달법인")로서, 별도로 정하는 바에 의해서 소방청 국민보호운용실장이 인정하는 것

제3조(지방공공단체의 수신기의 설치 장소) 지방공공단체가 수신기를 설치할 수 있는 장소는 지방자치법 제4조 제1항에 규정하는 사무소 및 동법 제155조 제1항에 규정하는 지청, 지방사무소 및 출장소, 소방조직법 제9조 제1호에 규정하는 소방본부로 한다. 단, 소방청 국민보호운용실장이 인정하는 경우에 대해서는 그러하지 아니하다.

## 제2장 운용

### 제1절 소방청에서 정보수신기관에의 정보의 송신

제4조(소방청에서 정보 수신 기관에의 정보의 송신) 소방청은 인공위성 및 지상회선을 경유해서 다음 각 호에 해당하는 정보를 송신한다.

1. 탄도미사일정보
2. 항공공격정보
3. 게릴라·특수부대 공격 정보
4. 대규모 테러정보(사태 대처법 제22조 제1항에 규정하는 긴급대처 사태인 것이 인정이 된 경우 및 그에 준하는 경우에 한정한다.)
5. 앞의 각호에 규정하는 정보 외에, 긴급히 주민에게 전달할 필요가 있는 국민보호에 관한 정보
6. 긴급지진속보
7. 대형 쓰나미 경보
8. 쓰나미 경보
9. 분화 경보(거주 지역)
10. 분화 속보
11. 기상 등의 특별 경보
12. 도카이(東海) 지진 예지(豫知) 정보
13. 도카이 지진 주의 정보
14. 진도 속보
15. 쓰나미 주의보

16. 분화 경보(화구 주변)

17. 기상 등의 경보

18. 토사 재해 경계 정보

19. 회오리 주의 정보

20. 기록적인 단시간 호우 정보

21. 지정 하천 홍수 예보

22. 도카이 지진에 관련된 조사 정보

23. 진원·진도에 관한 정보

24. 분화 예보

25. 기상 등의 주의보

2. 전항에 규정된 것 외에 소방청은 다음 각 호에 제시된 정보를 정보 수신기관에 송신할 수 있다.

① 시스템 또는 기기의 시험, 또는 보수 관리를 위해서 필요한 정보

② J-AaLERT를 사용한 훈련을 실시하기 위해서 필요한 정보

③ 전 2호에 규정한 것 외에, 소방청 국민보호운용실장이 필요하다고 인정하는 정보

3. 소방청은 다음 각 호에 해당하는 경우를 제외하고, 상시정보 수신기관에 정보를 송신할 수 있는 체제를 유지하는 것으로 한다.

① 전원 설비 등의 보수 점검 등에 의해 정전하는 경우

② 시스템 및 기기의 보수 점검 등 때문에 정보의 송신을 정지해야 하는 경우

③ 시스템 또는 기기에 장애가 발생해 송신을 할 수 없는 경우

④ 전 3호에 내거는 것 외에, 소방청 국민보호운용실장이 부득이하게 인정하는 경우

## 제2절 정보 수신기관에서의 정보의 수신 등

제5조(등록) 정보 수신기관 중, 정보의 수신 및 제8조의 규정에 의한 활용(이하 "정보의 활용")을 실시하려고 하는 것은, 미리, 별기의 양식 제1호에 필요 사항을 기입한 서류<그 작성에 대신하고, 전자적 기록(전자적 방식, 자기적 방식 및 그 외의 사람의 지각에 따라서는 인식할 수 없는 방식으로 만들어지는 기록이고, 전자계산기에 의한 정보처리 용도로 제공되는 것) 작성이 되어 있는 경우에서의 당 해당 전자적 기록을 포함한다. 이하 이 조에 있어서 같음>를 소방청에 제출해 정보의

수신 및 정보의 활용을 실시하는 정보 수신기관으로서 등록을 요구해야 한다. 이 경우에 있어서 시읍면(특별 구를 포함. 이하 같음) 및 조합(도도부현이 가입하는 것은 제외)에서는 해당 시읍면, 또는 조합을 구역에 포함하는 도도부현을 경유해서, 지정 지방공공기관에서는 해당 지정 지방공공기관을 지정한 도도부현을 경유하고, 재해정보 전달법인 중 하나의 도도부현의 구역에서 사업을 영위하는 법인으로, 당 해당 도도부현을 경유해서 제출하는 것으로 한다.

2. 제1항에서 요구를 받은 경우, 소방청은 제출된 서류에 미비가 있는 때를 제외하고는, 해당 정보수신기관을 정보의 수신 및 정보의 활용을 행하는 정보 수신기관으로서 등록하는 것으로 한다.

3. 전항의 규정에 의해 등록된 정보 수신기관(이하 "등록완료 정보 수신기관")은 제1항에 의해서 제출한 서류 내용에 변경이 발생한 경우는, 신속하게, 별기 양식 제2호에 필요 사항을 기입한 서류를 소방청에 제출하고, 당해 변경 내용을 소방청에 제출해야 한다. 이 경우에 시읍면 및 조합에서는 해당 시읍면 또는 조합을 구역에 포함해 도도부현을 경유해서, 지정 지방공공기관에서는 해당 지정 지방공공기관을 지정한 도도부현을 경유해, 재해정보 전달 법인 중 한 개의 도도부현의 구역에서 사업을 영위하는 법인에 대해서는, 해당 도도부현을 경유해서 제출하도록 한다.

제6조(등록의 취소 등) 소방청은 등록 완료 정보 수신 기관이, J-ALERT에 의한 소방청으로부터 정보의 송신, 또는 다른 등록 완료 정보 수신기관에 의해 정보의 수신, 혹은 정보 활용에 지장을 미치는 행위를 한 경우에는, 해당 등록완료 정보 수신기관에 대해 개선 조치 강구를 요청할 수 있다.

2. 전항의 요청에 관계없이 개선 조치가 강구되지 않을 경우에, 소방청은 해당 등록 완료 정보 수신기관의 등록을 취소할 수 있다.

3. 전항의 규정에 의해 등록 취소로 손해가 발생한 경우에 소방청은 그 책임을 지지 아니한다.

4. 소방청은 등록완료 정보 수신기관이 정보의 수신, 또는 정보의 활용을 실행하지 않을 경우 그 등록을 취소할 수 있다.

제7조(등록 완료 정보 수신기관에서의 정보의 수신) 등록 완료 정보 수신기관은 다음 각 호에 제시한 경우를 제외하고, 정보를 수신하는 것으로 한다.

1. 전원 설비 등의 보수 점검 등에 의해 정전하는 경우
2. 시스템 및 기기의 보수 점검 등에 의해 정보의 수신이 불가능한 경우

3. 시스템 또는 기기에 장애가 발생해 정보를 수신할 수 없는 경우

4. 전 3호의 규정 이외에, 등록 완료 정보 수신기관의 장이 어쩔 수 없이 인정해야 하는 경우

제8조(등록 완료 정보 수신기관에 의해 주민에게 정보의 제공, 그 외의 정보의 활용) 등록 완료 정보 수신기관은 전조의 규정에 의해 수신한 정보 중 필요하다고 인정하는 것은, 동보 계 방재 행정 무선 및 그 외의 전달 수단(이하 "동보 계 방재 행정 무선 등")을 이용해 주민에게 제공하는 것과 그 외 주민의 생명, 신체 및 재산을 재해 등으로부터 보호하기 위한 활동에 활용하는 것으로 한다.

제9조(동보 계 방재 행정 무선 등을 사용한 주민에게의 정보의 제공) 등록 완료 정보 수신기관인 지방공공단체(이하 "등록 완료 지방공공단체")는, 해당 지방공공단체의 구역에 관련된 제4조 제1항 제1호로부터 제11호까지 규정한 정보를 자동기동에 접속하고 있는 동보 계 방재 행정 무선 등을 이용해서 주민에게 제공할 때는 동보 계 방재 행정 무선 등의 자동기동기를 사용해서 기동(이하 "자동 기동") 하도록 한다. 단, 정당한 이유가 있는 경우에는 그러하지 아니하다.

2. 전항의 규정에도 불구하고, 다음 각 호에 열거하는 규정의 경우에는 자동기동을 실시하지 않는 것으로 한다.

① 전원 설비 등 보수 점검 등에 의해 정전하는 경우

② 시스템 및 기기의 보수 점검 등 때문에 자동 기동을 정지해야 하는 경우

③ 시스템 또는 기기에 장애가 발생해 자동 기동을 할 수 없는 경우

④ 전 3호에 규정된 것 외에도 등록완료 지방공공단체의 장이 어쩔 수 없이 인정해야 하는 경우

3. 등록 완료 지방공공단체는 해당 지방공공단체의 구역에 관련된 제4조 제1항 제12호에서 제19호까지 규정된 정보를 동보 계 방재 행정무선 등을 이용해 주민에게 제공할 때는, 동보 계 방재 행정 무선 등의 자동기동을 실시할 수 있다.

4. 제1항의 규정에 의해 자동기동에 의한 주민에게 제4조 제1항 제6호에 규정된 정보를 제공하는 경우에는, 다음의 항에 따르는 것으로 한다. 단, 등록완료 지방공공단체가 해당 단체의 실정에 의해 변경하는 것에 지장을 줘서는 안 된다.

① 방송하는 내용은 긴급 지진속보의 알림음의 소리를 내고 "긴급지진속보, 대형 지진입니다"라고 한다.

② 동보 계 방재 행정 무선 등의 자동기동 조건이 되는 진도의 설정은 해당 지역에서 예상 진도 4 이상 또한 최대 예상 진도 5 약 이상으로 한다.

5. 제1항의 규정에 의해 동보 계 방재 행정 무선 등의 자동 기동에 의해서 주민에게 제공되는 제4조 제1항 제1호로부터 제4호까지 규정한 정보 내용은, 국민보호에 관련된 경보 사이렌의 먼저 사전에 소리를 내고, 정보의 종류에 따라 별표 제1의 아래 난에 정해진 내용을 방송하고, 2회 이상의 범위 내에서 등록 완료한 지방공공단체가 정하는 횟수를 반복해서 방송한다. 단, 등록 완료 한 지방 공공단체가 당해 단체의 실정에 따라 별표 제1의 하단에 규정된 내용과 다른 내용의 방송에도 관여하지 않는다.

## 제3장 책무

### 제1절 공통의 책무

제10조(법령 등의 준수) 소방청 및 등록 완료 정보 수신기관은 법령 및 이 업무 규정, 또는 여기에 근거해 규정된 규칙 등을 준수해야 한다.

제11조(비밀의 보관 유지) 소방청 및 등록 완료 정보수신 기관은 J-ALERT에 관한 사무에 종사하는 직원이 직무상 파악한 비밀을 누설하지 않도록 적절한 조치를 강구해야 한다.

제12조(보안 레벨의 확보) 소방청 및 등록 완료 정보 수신기관은 시스템 및 기기에 대해서, 하드 및 소프트의 양면에 걸쳐서 필요한 보안 레벨을 확보하기 위해 소방청 국민보호운용실장이 정하는 바에 의해 적절한 조치를 강구하는 것으로 한다.

제13조(시스템 및 기기가 정상적으로 작동하고 있는지의 확인 실시) 소방청 및 등록 완료 정보 수신기관은 시스템 및 기기가 정상적으로 작동하고 있는 것을 정기적으로 확인해야 한다.

### 제2절 소방청의 책무

제14조(적절한 정보의 송신) 소방청은 소방청에 설치하고 있는 시스템 및 기기를 적절히 유지 관리하는 것 등에 의해 등록 완료 정보 수신기관에 정보송신을 적절하게 실시할 책무를 가진다.

제15조(J-ALERT의 개량의 검토) 소방청은 J-ALERT의 개량에 관해서는 계획적으

로 검토하는 것으로 한다.

    2. 소방청은, 등록 완료 정보 수신 기관에 대해 J-ALERT의 개량에 관한 정보를 제공하도록 한다.

제16조(정보 수신 기관에의 조언) 소방청은 등록 완료 정보 수신기관이 정보의 수신 및 정보의 활용 및 이들에 관련된 사무를 원활히 처리할 수 있도록 조언하도록 노력해야 한다.

## 제3절 등록 완료 정보 수신기관의 책무

제17조(적절한 정보의 수신 등) 등록 완료 정보 수신기관은 해당 등록 완료 정보 수신기관에 설치하고 있는 시스템 및 기기를 적절히 유지 관리하는 것 등에 의해, 정보의 수신 및 정보의 활용을 적절히 실시하도록 하는 책무를 가진다.

제18조(지상 회선에의 접속) 등록 완료 정보 수신기관은 수신기 소프트웨어의 버전 업, 상황에 따라 정보 전달의 확보, 소방청에 의한 가동 상황의 파악 등을 위해서 수신기와 지상 회선을 접속해야 한다.

제19조(소방청에의 보고) 등록 완료 정보 수신기관은 소방청의 요구에 응해서 필요한 보고를 하지 않으면 안 된다. 이 경우에 시읍면 및 조합에서는 해당 시읍면, 또는 조합을 구역에 포함 도도부현을 경유해서 지정 지방공공기관이 있는 해당 지정지방공공기관을 지정한 도도부현을 경유해서, 재해정보전달 법인 중 하나의 도도부현의 구역에서 사업을 영위하는 법인에게는 해당 도도부현을 경유해서 보고하도록 한다.

제20조(주민에게의 주지) 등록 완료 정보 수신기관은 주민에게 정보를 제공함에 있어서, 혼란을 부르지 않도록 필요한 정보의 주지에 노력해야 한다.

## 제4장 보칙

제21조(비용 부담) 소방청으로부터 등록 완료 정보 수신기관에 정보송신에 필요한 비용은 소방청이 부담한다.

    2. 정보의 수신 및 정보의 활용에 필요한 비용은 등록 완료 정보 수신기관이 부담한다.

제22조(위임) 이 업무 규정에 의는 것 외 J-ALERT의 운용에 필요한 사항은 소방청 국민보호운용실장이 정한다.

부칙

1. (시행 기일) 이 업무 규정은 2010년 12월 21일부터 시행한다. 단, 제4조 제1
   항 제17호로부터 제20호의 송신하는 정보에 관한 규정에 대해서는 국민보
   호운용실장이 별로 정하는 날부터 시행한다.

**별표 제1**(제9조 제5항 관계)

| 정보의 종류 | 탄도 미사일 정보 | 항공공격정보 | 게릴라·특수부대 공격정보 | 대규모테러정보 |
|---|---|---|---|---|
| 음성 방송 내용 | 미사일 발사정보 미사일 발사정보 이 지역에 떨어질 가능성이 있습니다. 옥내로 대피하고, TV, 라디오를 켜 주세요. | 항공공격정보 항공공격정보 이 지역에 떨어질 가능성이 있습니다. 옥내로 대피하고, TV, 라디오를 켜 주세요. | 게릴라공격정보 게릴라공격정보 이 지역에 게릴라 공격 가능성이 있습니다. 옥내로 대피하고, TV, 라디오를 켜 주세요. | 대규모테러정보 대규모테러정보 이 지역에 테러의 위험이 미칠 가능성이 있습니다. 옥내로 대피하고, TV, 라디오를 켜 주세요. |

## 6) 일본의 제이 얼럿(J-Alert) 재난경보, 북한의 미사일보다도 더 빠른 대응

2017년 미국령 괌 정부는 8월 11일자로 북한의 대륙간 탄도미사일(ICBM) 공격에 대비해 2쪽짜리 미사일 대피전단을 지역 주민들에게 배포했다. 북한의 미사일 공격에 대비해 안전한 대피장소를 찾는 방법이나 옷, 피부에 묻은 방사성 물질 등을 씻어내는 법 등 비상수칙을 담은 전단지였다. 서울시(605㎢) 면적보다 약간 작은 괌(544㎢) 섬엔 미국 시민권자만이 16만 명 살고 있고 미군도 7,000여 명이 주둔해 있다. 하와이 주(Hawaii 州)는 2017년 11월부터 한 달에 한 번씩 재래식 폭탄 외에 북한의 핵 공격에 대비해 '핵 민방위' 훈련을 실시하기로 했다. 1945년에 히로시마(廣島)에 떨어진 것과 똑같은 15kt(킬로톤)급 핵무기가 호놀룰루(Honolulu市)시 300m 상공에서 폭발했을 경우를 가정한 훈련이었다.[36]

---

36 『조선일보』, 2017. 8. 29일자.

## 일본의 제이 얼 럿

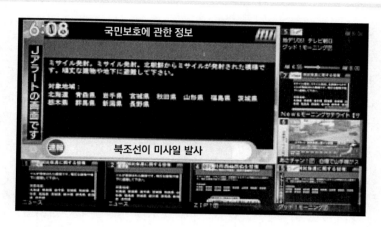

北朝鮮のミサイル発射を伝えるテレビ各局の画面＝
29日午前6時8分、東京都港区、加藤丈朗撮影

자료 : 조선일보 2017. 8. 29일자 제공.

일본의 제이 얼럿(J-Alert)은 북한에서 발사한 핵 미사일이 일본 영토에 떨어질 가능성이 있다고 판단되면 전국적으로 긴급재난정보를 전달한다. 일본 총리를 책임자로 하는 대책 본부를 구성하고, 경찰·해상 보안청·자위대·소방기관의 구조 요원들이 구조·구급 활동을 시작한다. 이때 일본 내의 원자력 사업소의 가동은 모두 중단된다. 국민들에게는 음식물 섭취 제한 안내를 하고 방사성 요오드의 흡수를 막아준다는 '요오드제'를 먹게 해 방사성 노출에 대비한다.[37]

스위스의 경우는 1975년 인구 800만 명의 대피소 건설을 법적으로 의무화하고 있다. 그 중 공공 대피시설은 5,100여 개, 개인 대피소는 30만 개에 달한다. 이것은 스위스 국민 전체를 대피시키기에 충분한 시설이다. 대표적으로 루체른의 소넨베르그 터널은 2만 명을 동시에 수용할 수 있는 세계에서 가장 큰 방공호다. 각 가정에도 별도로 독가스와 방사능에 대비한 환기 및 공기 여과장치가 부착된 대피시설 건설을 의무화하고 있다고 한다.

---

37 『조선일보』, 2017. 8. 29일자.

독일도 16~65세의 국민을 대상으로 미사일이나 핵 공격 상황에서 어떻게 대응해야 하는지를 교육하고 있다. 이와 관련된 교육은 10시간으로 이를 준수하지 않으면 벌금을 내도록 의무화하고 있다. 각 가정마다 마스크와 응급 구조 도구 등을 구비하도록 하고 있다. 또한, 독일 정부는 모든 국민이 집이나 일터에서 반경 100m 이내에 각자가 긴급 대피할 피난 시설을 제공하고 있다. 이러한 대피소는 방사성 물질이나 화재, 무기 파편, 생화학 공격 등을 막을 수 있다. 나아가 인구 5만 명 이상인 지역에서 새로 짓는 건물들은 모두 대피소를 마련하도록 법으로 규제하고 있다. 또한, 각 대피소에는 11일 간 먹을 수 있는 식량이나 물·화장실·환기 장치 등이 갖추어져 있다.

영국도 1953년 이후 핵 전쟁 등 긴급 상황을 전달할 수 있는 '4분 경보시스템'을 구축하고 있다. 또한 국민들에게는 실제 핵 공격을 받았을 경우에 어떻게 대응해야 하는지에 대한 행동 매뉴얼을 보급했다.


## 제2절 NHK(일본방송협회)의 재난방송

### 1. NHK의 방재업무계획(요지)

NHK는 "재해대책기본법 제2조 5항"에 의해서 보도기관으로서는 유일하게 '지정공공기관'으로 지정되어 있어서, 대규모 재해가 발생했을 때에는 피해자의 생명과 재산을 지키기 위하여, 방재정보를 정확하고 신속하게 전달할 책무를 지고 있다. 또한, 이 법은 '지정공공기관'에 대해서는 '방재업무계획'을 작성하여 내각총리대신에게 보고함과 동시에, 그 요지를 공표하도록 되어 있다. NHK는 재해 시에 사명을 다하기 위해 필요한 조치를 '일본방송협회방재업무계획'으로 규정하고 있는데 그 요지는 다음과 같다.[38]

---

38 https://www.nhk.or.jp/info/pr/bousai/(2021.8.15)

## ○ 일본방송협회방재업무계획(요지)

제정 1963년 10월 16일
개정 2015년 1월 6일

### 제1장 총 칙

#### 제1절 계획의 의의

이 계획은 '재해대책기본법' 및 '대규모지진대책특별조치법' 남해 트로프(trough) 지진, 일본해구·쿠릴해구주변 해구 형 지진에 따른 지진방재대책의 추진에 관한 각 '특별조치법'에 따라 '방재 기본계획'·'지진방재기본계획'·'지진방재대책 추진 기본계획'에 따라서 작성했다. 재해 시에 방송의 송출 및 수신을 확보해서, 재해 대책 조치의 원활, 적절한 실시를 도모해서 공공방송으로서의 사명을 달성하고 자 하는 것이다.

#### 제2절 방재체제의 확립

재해가 발생한 경우에는 비상배치체제를 취하고 '재해대책본부'를 설치하는 등 만전의 조치를 강구한다.

#### 제3절 방재시설·설비 등의 정비

재해 시에는 방송 송출을 확보하기 위하여 방재 시설·설비의 정비확충을 꾀 한다. 재해 응급·복구대책에 필요한 자재의 비축, 정비를 도모한다.

### 제2장 재해예방계획

#### 제1절 직원에 대한 방재교육 실시

방재사상의 보급, 재해에 관한 지식의 주지철저에 노력함과 동시에 재해발생 시 즉시 적절한 조치를 취할 수 있도록 강습회 등의 실시 및 지도를 한다.

#### 제2절 방송에 의한 방재사상의 보급

평상시부터 재해 관련 프로그램 등을 적극적으로 편성해서 시청자들의 재해

예방, 응급조치, 피난 등에 관한 인식의 향상에 노력한다. 관계 각 기관과 연대를 긴밀하게 하여 재해에 관한 홍보 활동에 적극적으로 협력한다.

## 제3절 방재 훈련

### 제1 내부 훈련

직원이 신속하고 적확하게 방재 업무를 수행 할 수 있도록 동원이나 정보연락, 방송 송출, 시청자 대응, 방송시설 방재 등의 대책에 대해서 훈련을 실시한다.

### 제2 관계 기관과의 공동 훈련

국가 또는 지방공공단체 등이 주최하는 방재 훈련, 방재 연구회 등에 적극적으로 참가한다.

## 제3장 재해응급대책계획

### 제1절 방송대책

### 제1 재해시의 프로그램 편성 방침

재해 시에 방송프로그램은 재해의 종별·상황에 따라 긴급경보방송, 재해 관련 정보, 경보, 뉴스 및 공지사항, 해설·캠페인 프로그램 등 유효적절한 관련 프로그램을 기동적으로 편성한다. 방송함에 있어서도 외국인, 시청각 장애인 등에도 배려하도록 노력한다.

### 제2 재해시의 뉴스 취재

재해 시에 주민들이 적절한 조치를 취할 수 있도록 재해 상황이나 전망 등에 대해서 관계기관과의 긴밀한 연락을 유지하면서 정보수집, 속보·적확한 방송을 한다.

### 제3 요청에 따른 예보, 경보, 경고등의 방송

지방자치단체 및 관계기관의 장으로부터 재해에 관한 예보, 경보, 경고 그 외 긴급을 요하는 공지사항의 방송관련 요청이 있을 때에는, 미리 협의하여 정한 절차에 따라 적확하고 즉각적인 조치를 강구하고 관계지역에의 주지철저에 노력한다.

## 제2절 방송시설대책

재해시에는 방송시설에 대한 장해배제에 만전을 기한다. 방송시설이나 중계회선, 연주소 등에 장해가 발생하여 평상시의 운용이 곤란해진 경우에는 조치를 강구해서 방송 송출 확보에 노력한다.

## 제3절 수신대책

재해시에 있어서 수신의 유지·확보를 위해 수신시설에의 복구나 피난소 등에 수신기 대여·설치 등의 대책을 강구한다.

## 제4절 관계기관에 정보제공

재해시에는 국가의 비상재해대책본부나 관계 성청 등의 정보제공에 노력한다.

## 제4장 재해복구계획

재해 복구에 있어서는 피해를 입은 시설 및 설비의 조기복구를 도모함과 동시에 다시 이 같은 종류의 피해가 반복되지 않도록 충분히 배려한다. 피해를 입은 시설이나 설비 등에 관해서는 신속·적확하게 피해 상황을 조사하여 신속하게 복구계획을 작성한다. 복구공사는 인원, 자재 등을 최대한으로 활용해서 신속하게 진행한다.

## 제5장 지진방재강화계획과 지진방재대책추진계획의 작성

대규모지진대책특별조치법에 따라 지진방재대책강화지역의 지정이 있는 경우에는 당해 지역에 관련된 지진방재강화계획을 작성한다. 남해 트로트지진에 관한 지진방재대책의 추진에 관한 특별조치법 및 일본해구·쿠릴-캄차카해구 주변 해구형지진에 관한 지진방재대책의 추진에 관한 특별조치법에 근거하여 지진방재대책추진지역이 지정된 경우에는 지진방재대책추진계획을 작성한다.

## 2. NHK(일본방송협회)의 국민보호업무계획

NHK는 "재해대책기본법 제2조 5항"에 의해 '방재업무계획'을 세움과 동시에 "국민보호법 제8조 2항(우리나라 민방위법과 유사)"에 의해서 '국민보호 업무계획'을 세워야 한다.

### NHK(일본방송협회)의 국민보호 업무계획

"무력 공격 사태 등에서 국민보호 조치에 관한 법률"[39]이 2004년 9월에 시행되어, NHK는 유사시의 지정 공공기관으로서 경보, 피난의 지시(경보의 해제, 피난의 지시 및 해제 포함), 긴급통보 3개의 긴급정보를 방송하는 책무를 지게 되었다. 또 이 법은 지정 공공기관에 대해 국민보호에 관한 업무 계획을 작성해서 내각총리대신에게 보고하도록 요구하고 있다.

NHK는 유사시에도 보도의 자유, 편집의 자유를 확보하면서 취재·방송을 하는 것을 전제로, NHK가 사명을 완수하기 위해서 필요한 대책을 아래와 같이 업무 계획으로 정했다.[40]

### 일본 방송협회 국민 보호 업무 계획[41]

제정 회장 2004. 2. 28
개정 회장 지시(2004. 10. 2)
개정 회장 지시(2014. 5. 31)

---

### 제1장 총칙

#### 제1절 계획의 목적

이 계획은 '무력 공격 사태 등에서의 국민보호 조치에 관한 법률' 및 '국민 보호에 관한 기본 지침'(2005년 3월 25일 내각회의 결정)에 기초하여 작성된 일본방

---

39 https://elaws.e-gov.go.jp/document?lawid=416AC0000000112.(2021.8.14)
40 https://www.nhk.or.jp/info/pr/hogo/.(2021.8.16)
41 https://www.nhk.or.jp/info/pr/hogo/.(2021.8.16)

송협회(이하 "협회")의 국민보호에 관한 업무 계획이고, 무력 공격 사태 등에 있어서, 방송의 자율과 표현의 자유를 확보하면서, 협회 업무에 관련된 국민보호를 위한 조치를 신속하고 적확하게 실시해, 공공방송으로서의 협회의 사명을 달성하려고 하는 것이다.

## 제2절 용어의 정의

이 계획에 있어서 "무력 공격 사태 등", "무력 공격", "무력 공격 재해", "긴급 대처 사태", "대처 기본방침", "대책 본부장", "국민의 보호를 위한 조치", "긴급 대처 보호 조치", "도도부현 대책 본부장", "시읍면 대책 본부장", "피난의 지시", "긴급 통보", "안부 정보" 및 "재해 정보"의 의의는, 각각 무력 공격 사태 등 및 존립 위기 사태에서의 우리나라의 평화와 독립 및 국가와 국민의 안전 확보에 관한 법률 및 법에 규정하는 해당 용어의 의의에 따른다.

## 제3절 국민보호를 위한 조치 실시

대처 기본방침이 정해져 있을 때는 이 계획이 정해져 있는 대로, 협회 업무에 관련된 국민 보호 조치를 자주적으로 실시한다.

## 제4절 계획의 변경

제1 이 계획을 변경했을 때는 신속하게 총무대신을 경유해서 내각총리대신에게 보고한다. 단, 법 시행령에서 정해진 경미한 변경의 경우는 그러하지 아니한다.

제2 이 계획을 변경했을 때는 신속하게 이것을 관계 도도부현 지사 및 관계 시읍면장에게 통지하는 것과 동시에, 공표한다.

# 제2장 실시체제의 확립

## 제1절 체제의 정비

제1 국민보호를 위한 조치를 신속하고 적확하게 실시하기 위해서는, 각 부문의 권한과 책임을 명확히 함과 동시에 상호적으로 유기적인 연계를 도모한다.

제2 대처 기본방침이 정해졌을 때는 회장을 본부장으로 하는 국민보호실이 본부를 설치한다.

제3 국민보호 조치에 관한 업무는 국민보호실이 본부를 지휘하고 별도로 정해진 직원의 배치 및 복무의 기준에 따라 분담하고 집행한다.

제4 무력 공격 사태 등에 있어서 초동 대응에 만전을 기하기 위해, 필요한 직원 등의 비상 참여집합체제는 미리 정비해 둔다.

제5 총무대신으로부터 경보(법 제44조 제1항의 규정에 의해 대책 본부장이 발령하는 경보), 또는 그 해제의 통지를, 도도부현 지사로부터 피난의 지시 혹은 그 해제, 또는 긴급 통보의 통지를 각각 24시간 수신할 수 있도록, NHK 본부 및 각 NHK 방송국(단, 홋카이도에서는 삿포로 방송국, 후쿠오카현에서는 후쿠오카 방송국으로 한다)에 창구를 정해, 미리 관계 기관에 주지한다.

## 제2절 직원 등 안전의 확보

국민보호를 위한 조치 실시에는 해당 조치에 종사하는 직원 등의 안전 확보에 충분히 배려한다.

## 제3절 국민에게 정보제공

NHK 업무에 관련된 국민보호 조치에 관한 정보에 대해서는, NHK의 방송, 인터넷 및 그 외의 적절한 방법에 의해 국민·시청자에게 신속히 제공하도록 노력한다.

## 제4절 훈련의 실시

국민보호 조치에 대한 훈련은, 평소부터 NHK 독자적으로, 또는 다른 기관과 공동으로 실시하도록 노력한다.

## 제5절 비축 등의 실시

제1 국민보호 조치를 실시하기 위해 필요한 물자 및 자재는 평소부터 이것을 비축, 정비, 또는 점검해 국민보호 보호 조치 실시에 필요한 협회의 관리하는 시설 및 설비는, 평소부터 이것을 정비, 또는 점검한다.

제2 전항의 규정에 의한 물자 및 자재의 비축은 재해대책기본법 제49조의 규정에 의해 물자 및 자재의 비축과 겸할 수 있는 것으로 한다.

## 제3장 국민보호 조치의 실시

### 제1절 경보 등의 내용으로 방송

제1 총무대신으로부터 경보, 또는 그 해제의 통지를 받았을 때는 신속하게 그 내용을 원칙적으로 전국용으로 방송한다.

제2 도도부현 지사로부터 피난지시, 혹은 그 해제 또는 긴급 통보의 통지를 받았을 때는, 신속하게 그 내용을 해당 도도부현의 구역용으로 방송함과 동시에, 필요에 따라서 그 외의 구역용, 또는 전국용으로 방송한다.

단, 해당 통지를 받은 피난지시의 내용은 시청자에게 신속하고 적확히 전달되도록, 그 정확성을 해치지 않는 범위에서 요약, 또는 그 표현을 변경, 혹은 간결하게 해서 방송하는 것은 무방하다.

제3 전 2항의 규정에 의해 방송을 실시하는 경우, 해당 방송의 내용을 포함한 방송프로그램의 배열(편성), 방송계통, 방송 구역 및 그 외의 방송 실시 방법은 무력공격 사태 등의 상황에 따라서 이를 자주적으로 결정한다.

제4 제1항 및 제2항의 규정에 의해 방송을 실시함에 있어서는, 고령자, 시청각장애인, 외국인 등에 대한 정보 전달에도 배려한다.

### 제2절 재난피해 정보의 수집

제1 무력 공격 사태 등에 있어서, 방송 국장 및 본부의 부국장은 각각 그 소관시설, 설비 및 직원의 무력 공격에 의한 피해 상황을 신속하게 수집하려고 노력하는 동시에, 판명된 피해 상황은 신속하게 보도국 '재해·기상 센터장'에 보고한다.

제2 보도국 '재해·기상 센터장'은 보고를 받은 피해 상황을 정리해 신속하게 총무 대신에게 보고한다.

### 제3절 응급 복구

NHK가 관리하는 시설 및 설비에 관해서는 무력 공격에 의해서 피해가 발생했을 경우에는, 관계하는 방송국 및 본부의 부·국은 국민보호실의 본부지휘 하에 서로 연계해, 신속하게 그 응급복구에 필요한 조치를 강구한다.

### 제4절 복구

제1 NHK가 관리하는 시설 및 설비에 관련된 무력 공격 재해는, 피해 상황의 조사 결과에 입각하여 복구계획을 작성하고 복구를 실시한다.

제2 전항의 복구 실시에 즈음하여 인원, 자재 등의 중점적인 활용에 의해 조기완성에 노력하도록 한다.

## 제4장 관계 기관과의 연계

### 제1절 국민보호 조치에 관한 요청

제1 NHK 업무에 관련된 국민보호 조치의 실시에 관해 총무 대신, 지방공공단체의 장 및 그 외의 관계 기관으로부터 법 제21조 제3항의 규정에 의해 요청이 있었을 때는, 해당 요청의 내용이 법령 및 이 업무 계획의 규정에 위배되지 않고, 또한, 특히 실시 곤란한 사정이 없다고 인정될 경우에는 해당 요청의 내용에 근거하여, 국민보호를 조치를 실시하도록 노력한다. 이 경우에 있어서 해당요청 내용은 NHK에 방송 자율이 보장되어 또한, 협회의 언론 및 그 외 표현의 자유가 확보된다고 인정할 수 있어야 한다.

제2 NHK 업무에 관련된 국민보호 조치를 실시하기 위해 특히 필요하다고 인정할 때는, 법 제21조 제2항에 입각하여 총무 대신, 지방공공단체의 장 및 그 외의 관계 기관에 대해, 노무, 시설, 설비, 또는 물자확보에 대해서 응원을 요구할 수 있다.

### 제2절 종합 조정에의 대처

NHK 업무에 관련된 국민보호 조치에 관해 대책 본부장, 도도부현 대책 본부장, 또는 시읍면 대책 본부장의 종합 조정이 있었을 때는, 해당 종합 조정 결과가, 법령 및 이 업무 계획의 규정에 위배되지 않고, 동시에 특별히 실시가 곤란한 사정이 없이 인정되는 경우에는 해당 종합 조정결과에 의해서 국민보호 조치를 실시하도록 노력한다. 이 경우에 있어서 해당 종합 조정 결과는 NHK에 방송의 자율이 보장되고 또한, NHK의 언론 및 그 외 표현의 자유도 확보된다는 것이 인정되어야 한다.

## 제3절 직원 파견

도도부현 대책 본부장으로부터 법 제29조 제3항의 규정에 의한 직원의 파견 요구가 있었을 경우, 특히 곤란한 사정이 없는 경우에는 직원을 지명해서 해당 도도부현 대책 본부에 파견한다.

## 제4절 보고, 자료의 제출

도도부현 대책 본부장 또는 시읍면 대책 본부장으로부터 법 제29조 제9항의 규정에 의한 보고, 또는 자료의 제출의 요구가 있었을 때는 특히 곤란한 사정이 없는 경우에는, 해당 보고를 실시해 또는 자료를 제출한다.

## 제5절 안부 정보 등의 수집에 협력

총무대신, 지방공공단체의 장 및 그 외의 관계 기관에서부터 해당 기관이 실시하던 재해정보, 또는 안부 정보의 수집에 협력하도록 요청이 있었을 때는, 해당 요청에 관련된 재해 정보, 또는 안부 정보를 보유하고 있는 경우는, 개인정보 및 그 외 제삼자의 권리 이익 보호에 충분한 배려하면서, 특별한 지장이 없는 범위에서 제공 및 그 외의 협력을 실시한다. 단, 해당 요청에 관련된 재해정보, 또는 안부정보가 취재·보도를 목적으로 취득하고, 또는 보유하고 있는 것인 경우는, 원칙적으로, 제공에 의한 협력은 실시하지 않는 것으로 한다.

## 제6절 비축 물자 등의 공급에의 협력

무력 공격 사태 등에 있어서, NHK가 비축하는 물자 및 자재의 공급에 관해서는 총무대신, 지방공공단체의 장 및 그 외의 관계 기관과 서로 협력하도록 노력한다.

## 제5장 긴급 대처 사태에의 대처

긴급 대처 사태에 있어서는, 무력 공격 사태 등에서 대응에 준해서 NHK 업무에 관련된 긴급 대처 보호 조치 등을 자주적으로 실시한다.

## 3. NHK의 긴급재난경보

### 1) NHK 재난경보 사례[42]

NHK는 일본에서도 유일하게 전국적인 독자적 방송·취재망을 갖고 있다. 즉, NHK는 재난방송을 위해 도쿄에 ① NHK도쿄본부(東京本部), ② 삿포로(札幌), ③ 센다이(仙台), ④ 나고야(名古屋), ⑤ 오사카(大阪), ⑥ 히로시마(広島), ⑦ 마쓰야마(松山), ⑧ 후쿠오카(福岡)로 도쿄를 포함해 8개의 지역에 거점방송국(거점국)을 설치해 운영하고 있다. 그밖에도 도도부현을 중심으로 전국적으로 46개의 지역방송국이 있는데, 여기에는 약 1,400여 명의 기자와 400명의 취재 카메라맨이 현장에 배치되어 있다. NHK 본부 보도국에는 정치부, 경제부, 사회부 등 취재 테마마다 부가 있는데 기상·재난의 취재는 주로 사회부가 담당하고 있다. 재난보도에 중점을 두고 있는 NHK에서는 사회부 안에 기상·재해 분야를 전문으로 취재하는 팀이 편성되어 있고, 대부분의 팀원들은 폭우나 태풍, 지진, 해일, 화산 등 재난에 전문적인 지식을 갖고 있다. 거점국에는 기자가 20명 전후가 있는데 그 중 기상·재난을 담당하는 기자가 있으며, 거점국은 관내에서 재난이 일어났을 때에는 지방방송국을 지원하는 역할도 담당하고 있다. 지역방송국에는 기자가 10명 남짓 있는데 이들은 소수의 인원으로 매일매일 여러 가지 뉴스 취재에 대응하고 있으며, 재난발생 시에는 거의 사원 전원 체제로 대응하여 취재나 중계 등으로 재난보도에 임한다.

NHK는 2018년 7월 니시 닛폰(西日本) 폭우를 겪으면서 재난발생 시 긴급하게 많은 재난피해 국민들의 인명을 구출할 수 있는 대응체제로 재난방송의 내용을 크게 개선했다. 즉, 대형 쓰나미 경보나 쓰나미 경보가 발령된 경우 즉시 피난할 수 있도록 강한 어조로 피난을 촉구하고 있다. 쓰나미 경보의 경우, 전달하는 화면을 될 수 있는 한 가장 간략한 표현으로 '보고 듣고 금방 알 수 있는' 재난방송을 실시하고 있다. 나아가서 재난의 위험성을 자기 자신이 받아들여 바로 피난행동으로 연결될 수 있도록 재난행동의 절박성을 호소하고 있

---

42 橋爪尚泰(日本放送協会報道局災害·気象センター長)「ＮＨＫの災害報道最前線」, 日本気象学会, 2018年度夏季大学.

다. 또한, 긴박할 때는 지역방송국에서도 로컬방송을 적극적으로 실시하도록 '로컬 퍼스트(local first)' 방침도 세웠다. 최근에는 기상이변 현상 등으로 국지적인 재난이 다발하고 있어서 될 수 있는 한 상세한 지명이나 피난장소 등 최신의 재난상황을 기자나 기상예보사가 리얼타임으로 자세하게 해설하도록 발신 시스템 강화하고 있다.[43]

## 2) 재난정보를 입수하는 영상 취재망 강화

언제 어디에서 재난이 일어날지 아무도 모르는 상황에서 재난영상 소식을 신속하게 입수하기 위해서 NHK는 독자적으로 영상취재망을 운영하고 있다. 하나는 로봇 카메라 망[44]으로 각지의 지역방송국이나 주요 시설 등 전국 약 850여 개 소에 로봇 카메라를 설치하고 있다.[45] 많게는 도쿄의 본사와 인터넷 회선으로 연결되어 있어서 뉴스센터에서 리모컨으로 컨트롤 할 수 있다. 또한 뉴스센터 서버에는 각지의 카메라 영상이 72시간 축적되고 있기 때문에 공항에서의 사고 등은 과거로 거슬러 올라가 피해 영상을 다시 검색해서 보도할 수 있다. 이 리모트 컨트롤은 수도 직하지진으로 도쿄본부가 재난을 당했을 경우를 예상해 오사카 방송국에서도 백업할 수 있도록 2중화를 진행하고 있다. 또 하나의 취재망은 헬리콥터이다. NHK에서는 전국 12개 공항 기지에 15기의 영상 취재전용 헬리콥터를 배치하고 있다.[46] 낮에는 모든 공항 기지에 취재 카메라맨과 파일럿이 대기하고 있어서, 재난발생 시에는 즉각 출동할 수 있는 체제를 갖추고 있다. 이 중 도쿄와 오사카에 대해서는 공항기지에 취재 카메라맨과 파일럿이 24시간 대응체제로 상주하고 있다. 2011년 동일본 대지진 시에는 센다이 공항에 대기하고 있던 젊은 카메라맨이 지진발생 직후, 즉시 이륙해 센다이 평야에 해일이 덮치는 모습을 그대로 촬영해 전 세계에게 타전했다. 당시

---

43 https://www.nhk.or.jp/info/pr/#cate02, 「災害報道の体制と強化」, 15쪽.(2022.2.12)

44 橋爪尚泰(日本放送協会報道局災害・気象センター長)「ＮＨＫの災害報道最前線」,日本気象学会 2018年度夏季大学.

45 https://www.nhk.or.jp/info/pr/#cate02, 「災害報道の体制と強化」,15쪽.(2022.2.12)

46 橋爪尚泰(日本放送協会報道局災害・気象センター長)「ＮＨＫの災害報道最前線」,日本気象学会 2018年度夏季大学.

다른 언론사나 자위대, 소방 등 많은 헬기들이 신속하게 이륙하지 못해 해일의 피해를 받기도 했다.[47]

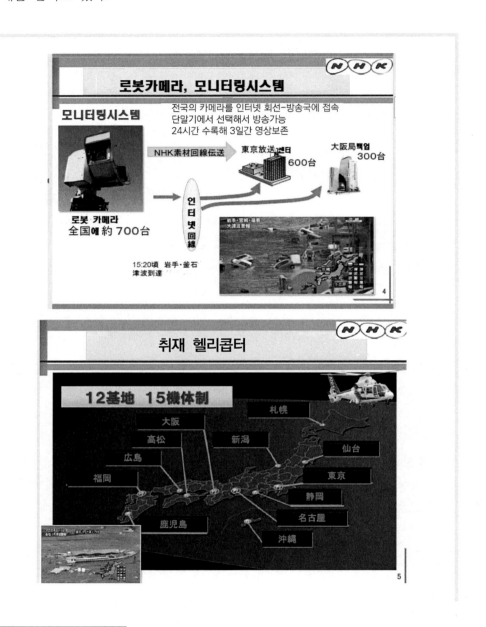

47  https://www.nhk.or.jp/info/pr/#cate02, 「災害報道の体制と強化」, 15쪽.(2022.2.12)

ロボットカメラで撮影した津波　　災害報道で力を発揮するヘリコプター

출처 : 橋爪尚泰, 2018.

### 3) 지진과 쓰나미의 재난경보

#### (1) 지진 · 쓰나미의 재난경보의 특징

재난보도 가운데 지진·쓰나미의 속보는 갑자기 덮쳐 오는 재난이기 때문에 초동대응매뉴얼은 아주 신속하게 체계적(TTS : Text to Speech, 자동음성합성기)으로 대응해야 한다. 특히, 심야나 휴일 등 재난방송 취재 체제가 아주 취약하고 허술한 시간대에 이런 긴급한 종류의 재난이 자주 일어나기 때문에 신속하게 파악해 대응하는 데는 다소 시간이 걸린다. 한순간에 많은 사람들이 희생될 우려가 있는 재난의 경우는 초동대응이 매우 중요하고, 특히 쓰나미의 경우에는 도달 시까지 시간이 걸리기 때문에 그 사이에 대피할 수 있는 시간적 여유가 있다.[48]

지진의 경우는 다음 그림[49]과 같이 "P파(primary wave)"라고 하는 작은 흔들림이 있고 난후, 수초, 또는 수분 후에 "S파(secondary wave)"라고 하는 큰 진동이 와서 막대한 피해를 입게 된다. 긴급지진·쓰나미의 속보는 처음 오는 "P파"를 먼저 신속하게 인지해 지진의 규모나 진원지를 예측해서 큰 진동인 "S파"가 오기 수초나 수 십초 전에 발표해 신속히 대피케 한다. 일본 기상청은

48 https://www.nhk.or.jp/info/pr/#cate02, 「災害報道の体制と強化」, 15쪽.(2022.2.12)
49 https://www.nhk.or.jp/sonae/bousai/introduction.html. (2022.2.12)

진도 5 약(4.5도~5도 미만) 이상 예측되면 즉시 발표한다. 단, 진원지가 가까우면 정보가 다소 맞지 않을 수도 있지만, 예측진도가 마이너스 플러스 1 정도의 오차가 생기는 것은 기술적으로 어쩔 수 없는 한계다. 하지만, 수초 전이라도 잘 살린다면 지진피해를 조금이라도 줄일 수 있다.

긴급지진 속보[50]

① "S파"가 오기 전에 "P파"를 지진계가 감지   ② 기상청이 지진규모 등을 예측해서 발표

### (2) 지진 · 쓰나미 속보

지진발생으로 진도 5 약(4.5도~5도 미만) 이상 흔들림이 있을 경우, 약 1초 후에 기상청으로부터 긴급지진 속보가 들어온다. 이 정보는 판단할 시간적 여유가 없기 때문에 텔레비전에서는 자동적으로 슈퍼 임포즈(super impose : 자막과 영상)로 방송되고, 라디오도 자동중계로 전달된다. 긴급지진 속보가 없는 경우, NHK에서는 각지의 지역방송국에서 독자적으로 전개하고 있는 진도계의 데이터를 활용한다.

일정한 기준을 넘는 흔들림이 관측되면 NHK의 판단으로, "▽시▽분, 00지방에서 지진이 있었습니다."라고, 지진발생정보를 슈퍼 임포즈로 방송한다. 그 후 지진발생으로부터 1분 30초 정도는 각 지역의 진도가 '진도 속보'로 발표한다. NHK에서는 최대 진도의 크기에 따라서 방송방법을 단계적으로 나누어 실시하고 있다. 게다가 3분을 목표로, 해일의 유무가 기상청으로부터 속보가 들

---

50 https://www.nhk.or.jp/sonae/bousai/introduction.html.(2022.2.12)

어오면, 대형 쓰나미 경보나 쓰나미 경보의 경우에는 '긴급경보방송'의 형태로 NHK가 소유하고 있는 텔레비전·라디오의 모든 전파를 사용해서 임시 뉴스형태로, 긴급피난을 호소하게 된다.[51]

### (3) 긴급경보방송

긴급경보방송은 대형재난발생의 우려가 있을 경우, 방송국으로부터 특별한 신호를 보내는 것을 말 한다. 전용수신 설비장치가 내장되어 있는 텔레비전이나 라디오는 스위치가 자동으로 켜져서 재난보도를 수신할 수 있도록 설치했다. 경보방송의 실시 기준은 3가지가 있는데 ① 대규모지진 경계 선언이 내려진 경우, ② 대형 쓰나미 경보나 쓰나미 경보가 발령되었을 경우, ③ 재해대책기본법에 근거해 도지사나 시·읍·면장으로부터 재난방송을 요청받았을 경우다. 긴급경보방송은 1985년부터 운용해 2020년까지 23회 방송하였지만, 모두 대형 쓰나미 경보나 쓰나미 경보가 발효되었을 경우였다.

### (4) NHK의 지진·쓰나미 속보 시스템

#### ① 긴급지진 속보[52]

지진·쓰나미의 정보는 일각을 다툴 정도로 신속하게 인지해야 되기 때문에 여러 가지로 자동화가 진행되고 있다. 기상청으로부터 보내오는 진도나 쓰나미 정보는 모두 자동적으로 텔레비전용으로 제작되어 곧바로 방송할 수 있게 되어 있다. 또 아나운서의 자리에는 다음 그림[53]과 같이 기상청의 전문이 자동적으로 원고 스타일로 변환되어 읽어주는 모니터가 장치되어 있다. 아나운서는 스튜디오 안에만 있어도 최신의 지진·쓰나미 정보를 수신함과 동시에 읽을 수 있는 프롬프터 시스템이 아래와 같이 구축되어 있다.[54]

---

51 橋爪尚泰(日本放送協会報道局災害·気象センター長)「NHKの災害報道最前線」,日本気象学会 2018年度夏季大学.

52 『방통융합정책연구 KCC-2020, 국민 맞춤형 재난방송 실시방안 마련을 위한 연구』, 방송통신 위원회, 2020년, 서울시립대학교 산학협력단, 221쪽.

53 橋爪尚泰(日本放送協会報道局災害·気象センター長)「NHKの災害報道最前線」,日本気象学会 2018年度夏季大学.

54 https://www.nhk.or.jp/info/pr/#cate02, 「災害報道の体制と強化」,15쪽.(2021.8.17)

출처 : 橋爪尙泰, 2018


② NHK 긴급지진 속보 화면

긴급지진 속보는 기상청이 지진직후 작은 흔들림(P파)을 감지하고 큰 진동 (S파)이 오기 전에 진도나 규모, 진원지를 예측해서 발표하는 것이다. 기상청은 진도 5 약(4.5도~5도 미만) 이상의 강한 진동이 예상될 때, 또 진도 4 이상 예측 되는 장소를 폭넓게 일반인들에게 공개한다.[55] NHK는 텔레비전, 라디오 등 NHK가 보유하고 있는 7개 채널 모두 가동해 속보한다. 텔레비전은 차임 음을 울림과 동시에 지진이 일어난 장소와 강한 진동이 예상되는 지역을 지도와 문자와 함께 발표한다. 또한, 라디오에서는 평소 프로그램을 중단하고 차임 음을 울림과 동시에 텔레비전과 같은 내용을 음성으로 속보한다.

NHK 긴급지진 속보화면56

자료 : NHK 홈페이지.

NHK 긴급속보 지진화면

자료 : NHK 홈페이지.

---

55 https://www.nhk.or.jp/sonae/bousai/pdf/about.pdf.(2022.2.12)
56 출처: NHK 홈페이지, https://www.nhk.or.jp/sonae/bousai/about.html.(2022.2.12)

③ 수도 직하지진에 대한 준비

향후 30년 이내에 매그니튜드 7도의 지진이 일어날 확률이 약 70%라고 추정되는 수도 직하형 지진의 경우. 만약, 시부야(渋谷)의 NHK방송센터가 큰 피해를 입어 방송할 수 없는 경우도 상정하여 준비하고 있다. 도쿄방송센터가 다운됐을 때에는 '오사카(大阪) 거점방송국'이 지진방송을 개시해 방송위성을 통해서 전국의 방송국이 수신할 수 있도록 하는 시스템이다.[57] 이러한 지진 뉴스를 각지의 방송국이 자기 구역 내의 지상파 방송으로 전달하는 구조가 되도록 하고 있다. 오사카 방송국에서는 긴급보도 훈련을 반복하고 있는 것 외에 일부의 전국방송을 오사카 방송국으로부터 정기적으로 방송하는 훈련도 하여 수도 직하형 지진에 대비하고 있다.

④ 지진이나 태풍의 재난보도의 교훈

NHK에서는 재난보도를 위해 여러 가지로 준비를 하는 한편, 지혜도 모으고 있지만, 무엇보다도 과거 재난보도의 교훈으로부터도 큰 개선책을 배우고자 한다. 지난 2011년 동일본 대지진에서는 대형 쓰나미 경보가 발령되고 나서 약 30분간의 사이에 아나운서가 피난호소를 21회나 방송했다. 또한, 동북지방의 태평양 연안에 설치되어 있는 로봇 카메라를 바다측으로 향하게 하여 해상의 변화를 관찰해 계속 전달하기도 했다. 그밖에 진동이 격심했던 지역인 시·읍·면 담당자에게 전화 인터뷰를 요청해 피해정보를 리얼타임으로 전했다. 예일대학의 페로우 교수는 위험이 다가오고 있는데도 자기 자신은 괜찮다고 믿으려고 하는 심리, '정상화에의 편견'이 있다고 한다. 쓰나미가 도달하기 전 잠잠해진 해상의 영상은, '설마'라는 '정상화에의 편견'의 심리를 조장시킬 수 있다는 의견도 나왔다. 또, 2016년 동북지방에 직접 상륙해 이와테현 이와이 즈미쵸 등에서 큰 피해를 가져다준 태풍 10호는 상륙 전날부터 강하게 경계경보로 호소하였음에도 불구하고, 대형 시설 홈에 거주한 고령자가 피난하지 못해 큰 피해를 입는 사례가 발생했다. 상륙 전날부터 경계 강화를 촉구했음에도 불구하고, 구체적인 지역·지명까지 명확하게 예시하지는 않았다는 이유로 자기 자신

---

57 https://www.nhk.or.jp/info/pr/#cate02.(2021.8.17)

의 지역이라고 받아들이지 않아서 피해가 커졌다는 반성도 있다.

⑤ 쓰나미 보도의 재검토

일본은 동일본 대지진을 겪으면서 대형 쓰나미 경보에는 경보방송 화면이나 전달방법 등을 대폭 수정하였다. 방송화면에서는 쓰나미 도달 이전에는 로봇카메라의 영상을 작게 해서 '예상 쓰나미의 높이', '도달 예상 시각' 등을 중심으로 화면을 구성하고, 피난요청 문자도 들어갈 수 있게 수정했다. 아나운서는 '대형 쓰나미가 옵니다. 즉시, 대피해 주세요.' '해안가에서 멀리 떨어진 곳으로 대피하십시오.'라는 경보로 종전과는 사뭇 다른 강한 어조로 행동을 촉구하는 형태로 바꿨다. 한편, 재난초기에 아직 피해정보가 입수되지 않은 단계에서는 '피해 정보가 없다'라고 피해의 유무는 아직 알지 못한다는 것을 전달하기도 했다.[58]

**쓰나미 상황을 시청자가 알기 쉽게 화면 개선**

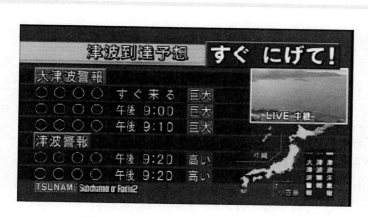

※ 재검토된 대형 쓰나미 경보의 방송 화면의 예

자료 : 橋爪尚泰, 2018).[59]

---

58 橋爪尚泰(日本放送協会報道局災害・気象センター長)「ＮＨＫの災害報道最前線」,日本気象学会 2018年度夏季大学.

59 https://www.nhk.or.jp/sonae/bousai/pdf/about.pdf.(2022.2.12).

⑥ NHK의 새로운 리얼타임 해설

쓰나미 재난에 한정하지 말고, 태풍이나 큰 폭우 등에서 재난이 다가오고 있는 경우에 남의 일이 아니라, 자신의 일이라고 받아 들여서 적절하게 대피행동을 취하도록 NHK에서는 새롭게 '리얼타임 해설'이라고 하는 보도수법을 도입하고 있다. 이 수법은 2020년 7월 큐슈 북부 호우 시에 처음으로 실제 방송으로 사용하게 되었다. 우량이나 풍속, 거기에 토사재난의 위험도 등 관측된 데이터를 스튜디오의 특수한 모니터에 비치게 해 기상재난 전문지식을 가진 기자가 위험성을 치밀하게 전달하는 방법이다. 지금까지 재난방송은 기자가 우량 데이터를 취재하고 원고를 써서 원고와 영상을 맞춰 뉴스를 제작한 뒤에 아나운서가 읽는 형식이었다. 이 때문에 아무리 서둘러도 기상 데이터를 취재하고 나서 방송까지는 약 10분 이상 걸린다. '리얼타임 해설'은 급속히 강해지는 비나 하천 증수의 최신 데이터 화면을 통해서 전달할 수 있다. 한층 더 화면을 조작하면, 지시한 장소의 구체적인 지명이 자동으로 나타나게 되어 자신의 지역에 위협이 다가오고 있다는 것을 이해할 수 있도록 연구하고 있다.

〈다양한 정보를 리얼타임으로 멀티미디어로 발신〉

재난의 위험성을 가까이에서 느껴 대피행동을 취하게 하려면, 텔레비전·라디오 방송뿐만 아니라, NHK가 가지고 있는 모든 전달 매체의 활용도 매우 중요하다. 구체적으로는 텔레비전 방송 중에도 방송 본선과는 별도로 전하는 'L자 방송', D버튼으로 볼 수 있는 '데이터 방송', 한층 더 홈페이지나 스마트폰의 어플리케이션이라고 하는 디지털 매체의 활용이다. NHK에는 취재한 재난정보를 이러한 여러 가지 매체에 동시 전달해 언제 어디서나 충분한 정보를 얻을 수 있도록 '멀티 발신' 구조를 만들고 있다. 여러 가지 전달매체 중에서 특별히 힘을 쓰고 있는 것이 어플리케이션 '뉴스·방재'로, 전달을 시작하고 나서 2년간 다운로드 수가 370만 건을 넘고 있다(2018년 7월 시점). 어플리케이션에서 소재지 지자체를 등록하면, 발표되고 있는 기상경보나 피난정보가 한 화면에서 모두 볼 수 있게 되어 있다. 또한, 이것 외에 데이터 맵이라고 하는 항목에서는, 비구름 레이더나 태풍의 진로, 지진의 섬세한 진도 정보, 토사재해의 위험도 등이 지도정보 위에서 확인할 수 있다. 재해발발 시에는 NHK의 텔레비전 재해보도를 동시에 볼 수 있고, 이동하면서도 텔레비전의 정보와 개인의 재난정보도 습득할 수 있다. 또 푸쉬 통지도 가능하고, 자신이 있는 지역에서 기상경보가 발표되자마자 곧 바로 인지할 수 있는 방법도 고려하고 있다.

**리얼타임**

※ 리얼타임 해설의 모습 2017년 7월 5일 방송

자료 : 橋爪尚泰, 2018.

# NHK의 재난방송과 기본정책

# 04 NHK의 재난방송과 기본정책

## 제1절    NHK의 재난방송정책

　　일본은 「재해대책기본법」 제6조와 「방송법」 제108조에 의해서 "기간방송 사업자는 폭우, 지진 등의 자연재해 발생, 또는 발생할 위험성이 있는 경우 그 발생을 예방하고 재해를 경감하기 위해 역할을 하지 않으면 안 된다"고 하는 재난방송 관련 의무규정을 두고 있다. 재난방송 관련 법규로는 「재해대책기본법」, 「소방조직법」, 「수해방지법」, 「기상업무법」, 「대규모 지진대책 특별조치법」, 「유사법」 등이 있다.

### 1. NHK의 재난방송

　　NHK가 2016년에 제정한 신방송가이드라인에 의하면 일본의 방재기본계획은 크게 ① 재해 예방 대책, ② 재해 응급 대책, ③ 재해 복구·부흥 대책으로 3단계로 나누고 있다. 또한, 지정행정기관 및 공공 기관의 방재업무계획이나 도도부현(광역지자체)이나 시정촌(기초지자체 : 시읍면)의 지역 방재계획 등 재해정보 전달체계 역시 법으로 규정하고 있다.

　　일본의 재난방송은 재난발생 또는 발생 위험성이 있는 경우, 방송법 제108조에 따라 NHK는 물론, 민영방송인 '니혼TV'와 '후지TV', 'TBS', 'TV아사히', 'TV도쿄' 등 도쿄의 민영 방송사를 포함한 기간방송사업자는 당연 재난방송을 실시해야 한다. 그 외 지역의 방송사들도 재난의 종류 및 유형, 진행단계에 따라 자율적이고 차별적으로 재난방송을 실시해야 한다. 이들 주체들은 중앙부처

(총무성, 소방청 등)나 기상청으로부터의 재난방송 요청이나 지방자치단체장의 요청, 그리고 방송사 자체 판단에 따라 재난방송을 실시한다. 지방자치단체장의 요청이 있을 경우, 특별한 사유가 없는 한 재난방송을 즉시 실시하여야 하며, 긴급한 재난의 경우는 방송사별로 자율적으로 재난방송을 실시하게 된다.

특히 일본은 「재해대책기본법」 제6조와 「대규모 지진 대책 특별조치법」 제2조에 따라 NHK를 재난방송 주관방송사로 지정하여 방재정보의 정확하고 신속한 전달 등 재난방송에 관한 명확한 책임과 의무를 부과하고 있다. 이에 따라 재난시 NHK는 재난방송을 의무적으로 실시하며, 평상시는 재난방재계획을 사전에 작성하여 총리에게 보고하며, 이를 국민에게 공포하여야 할 의무가 있다. 구체적으로 NHK는 자체적인 재해보도 매뉴얼 마련, 재해대책 종합위원회 설치, 재난피해 정도에 따른 대응책 마련, 방송 인력의 수시훈련, 재난방송 전담부서를 통해 재난방송에 대비하고 있다. 해당 부서는 재난상황 발생을 가정한 방송 인력의 수시 훈련, 재난정보 공유시스템 구축 등을 통해 재난방송에 대비하고 있다.

특히 NHK는 기상 재해센터에 재난방송 전담부서를 독자적으로 설치하고, 기상청 등 재난관리 주관기관의 도움 없이도 독자적으로 기상을 관측할 수 있는 첨단시스템을 구축하고 있다. 구체적으로 NHK는 재난방송을 위해 보도국 내에 재해·기상센터를 설치 및 운영하며, 지진의 경우 2007년 10월부터 조기경보시스템(Early Warning System)을 도입하여 빠르고 신속하게 재난 상황을 시민들에게 알리고 있다. NHK는 전국 73개 지역에 독자적으로 지진계를 설치하고, 계측된 자료를 30초에서 1분 간격으로 도쿄 재해 기상센터에 송신하는 전자동 속보체계를 갖추고 있다. 또한 전국 850개 소에 24시간 원격조정이 가능한 로봇 카메라 모니터링 시스템을 구축하여 재난현장 주변 영상을 언제든지 송출할 수 있다. 이밖에도 NHK는 24시간 재난대응 태세로 신속한 재난정보를 전달하기 위해 전국 8개의 거점별로 헬기 15대를 보유하고 있다.[1]

NHK의 경보방송 매뉴얼에는 해일경보 및 동해 지진의 경계 선언을 제외한 기상경보는 로컬방송으로 하는 것을 원칙으로 하고 있다. 기상경보(폭풍우,

---

1 「2020 NHK방송가이드라인 제12장 재해·비상사태」, 부분.

폭풍설, 폭우, 대설, 높은 파고, 홍수, 파랑에 관한 경보)는 원칙적으로 전국 중계는 하지 않고, 정규방송 중 경보가 발령된 경우에는 로컬 차원에서 자막방송, 정규방송 종료 후 발령 지역이 광범위할 경우나 큰 피해가 예상되는 때에는 도쿄 로컬로 방송한다. 해일 경보의 경우, NHK가 소유하고 있는 채널 모두를 통해 전국 중계로 임시 뉴스가 방송된다. 단, 재해 또는 재난의 규모나 종류에 따라 재난방송 범위가 차별화 된다. 가령, '동해지진'이 발생한 경우에 한해 재난방송 지속 기간을 정한다. 동해 지진의 경계선언에 관해서는 보도해금에 관한 최종 판결이 나올 때까지 최종 판정회(기상청 장관, 전국 전문가)가 소집되며, 소집 30분 후부터 NHK의 모든 채널에서 정규방송을 중단하고 전국 중계방송인 임시 뉴스로 방송된다.

## 2. NHK의 재난방송과 '재해대책기본법'

NHK는 방재업무계획에 따라 방송가이드라인을 만들었는데 그 내용들을 요약해 보면 다음과 같다.[2]

(1) 지진·쓰나미·태풍 등의 재해, 인명이나 국민생활에 중대한 영향을 미치는 비상사태가 발생할 경우, NHK시청들은 신속하고 정확한 재난정보를 요구하고 있다. 따라서 NHK는 공공방송으로 시청자의 기대에 부응하기 위해 보다 신속 정확하게 알기 쉬운 정보를 전달하기 위해 취재와 보도에 전력을 기울인다.

(2) 재해나 비상사태에 대한 보도에 있어서는 피해나 영향을 경감하기 위하여 시청자들에게 여러 가지의 주의를 환기 시킨다. 한편, 혼란을 방지하기 위하여 배려하는 태도가 필요하고, 쓸데없이 불안을 조성하는 방송은 엄격하게 삼가해야 한다.

(3) 비상사태의 보도에 관해서도 방송의 자주·자율은 관철되어야 한다.

---

2 https://www.nhk.or.jp/info/pr/bc-guideline/assets/pdf/guideline2020.pdf.(2022.2.13)

## 3. 재난보도의 의의와 역할

NHK는 재해대책기본법에서 일본적십자사나 전기, 가스, 수송, 통신 등의 공익사업과 함께 지정공공기관(기간방송사업자)으로 지정되어, 재해시의 상황을 정확·신속하게 전달할 책무가 있다. 방송법도 재해발생 시에는 피해경감에 역할을 할 방송을 의무화하고 있다.

(1) 재해발생과 쓰나미 정보를 신속·정확하게 전달하고, 또 태풍이나 폭우의 피해발생 우려가 강하다는 것을 방송해서 피해를 조금이라도 줄인다.

(2) 피해대책기본법에 입각해 피난지시나 피난권고, 지역방재계획에 입각한 피난준비정보를 될 수 있는 한 전달해서 자력으로 피난이 어려운 고령자나 장애자의 피난이나 방재에 도움을 주고자 한다.

(3) 피해 상황을 신속하게 전달해 국가나 지자체 등의 행정기관, 의료기관, 볼런티어를 포함 광범위하게 구원활동에 도움이 되게 한다.

(4) 피해자에 필요한 정보를 전달해 생활 재건을 지원함과 동시에 피해자가 처해 있는 상황을 계속적으로 취급하여 부흥을 위한 장기적인 지원을 촉구한다.

(5) 피해지뿐만 아니라, 평소부터 방재에 대한 과제를 적극적으로 취급하여 안전한 사회 만들기에 기여한다.

(6) 화산분화나 수해, 쓰나미 등의 피해에 미친 범위를 예측한 재해예측지도 (hazard map)나 지방자치체의 방재계획의 요점을 전달하는 등 시민들에게 방재지식이 광범위하게 보급되도록 노력한다.

## 4. 지진·쓰나미

(1) 긴급지진 속보는 대규모 지진발생 이후 강한 진동이 오기 이전에 이를

경계하도록 하는 것을 목적으로 한 재난정보다. 기상청은 2007년부터는 광범위하게 일반시민에게도 정보제공을 실시하고 있다. 기상청은 최대 진도 5 약(4.8도) 이상이 예측되는 경우, 또는 진도 4 이상 예측되는 지역을 발표한다. NHK는 전 자동시스템으로 TV(종합 TV, 교육 TV, BS1, BS 프리미엄)채널과·라디오(R1, R2), FM방송의 7개 전 전파를 통해서 속보한다. 그밖에도 원 세그(1Segment : 긴급 모바일 방송), 인터넷 방송, 데이터 문자방송 등 다양한 채널로 재난정보를 전달한다. 종합 TV는 슈퍼 임포즈(superimpose : 지도와 지명표시)[3]와 자동음성으로, 라디오는 통상 프로그램을 중단하고 자동음성으로 지명을 읽는다. 진원지에 가까운 지역에는 정확하게 전달할 수 없는 등의 기술적인 한계도 있지만, 피해 경감에 중요한 역할을 할 수 있기 때문에 전달하고 있다.

(2) 대규모 지진이 발생했을 때 진원지가 해저이면 쓰나미가 발생할 우려가 있다. 이 때문에 지진·쓰나미에 대한 속보는 신속하게 이루어져야 한다.

(3) NHK는 진도 3 이상은 전국방송(TV는 문자 슈퍼방송, 라디오는 음성)으로 전달하고, 진도 6 약(5.8도 정도) 이상이 되면 통상 프로그램을 중단하고 임시 뉴스로 방송한다. 단, 상황에 따라서는 진도 5 강(5.3)이나 5 약(4.8)이라도 뉴스를 특별 설치하는 경우가 있다. 기상청으로부터 <긴급지진 속보>가 발표된 경우는 자동시스템에 의해 TV는 강한 진동이 예상되는 지역을 지도와 문자로 표시하고, 라디오는 자동음성으로 읽는다.

큰 진동이 관측된 쓰나미의 경우는, 쓰나미로부터 대피명령을 최우선으로 한다. 대형 쓰나미 경보나 쓰나미 경보가 발표된 경우는 통상 프로그램을 중단하고 긴급경보방송을 개시한다. 아나운서는 강한 어조로 피난을 호소하고, 로봇 카메라 영상이나 기상청 발표 정보 등을 활용해 피난을 강하게 촉구한다. 쓰나미 주의보도는 뉴스로 전환하는 경우도 있다.

---

3 TV화면 내의 특정한 위치에 특정의 상(像)이나 이미지, 문자 등을 정확히 중첩하거나 또는 지도 등을 삽입해 영상효과를 다중화하는 것을 의미한다. 텔레비전방송에서는 텔롭(television opaque projector : telop) 삽입이 이에 해당한다. 줄여서 SIP, 간단히 슈퍼라고도 한다.

## 5. 긴급경보방송

대형 재해의 발생 우려가 있을 때에는 방송국이 특별한 신호를 보내 전용 수신 설비가 내장되어 있는 TV나 라디오는 스위치가 자동적으로 켜져 긴급한 상황에서는 방송을 수신할 수 있도록 했다.

긴급경보방송 실시 기준은 다음과 같다.

(1) 대규모 지진의 경계 선언이 발표된 경우
(2) 쓰나미(대쓰나미) 경보가 발표된 경우
(3) 재해대책기본법에 의해서 도도부현(都道府県) 지사 등으로부터 요청을 받은 경우

NHK는 1985년부터 전국적으로 운영하고 있다.

## 6. 대지진에 대한 준비

지진은 일본 국내 어디에서도 발생할 우려가 있지만, 과거부터 반복해서 발생하고 있는 대지진에 관해서는 특별 조치법으로 지진에 대해 대책을 훨씬 강화하고 있다. 또, NHK는 이러한 특별조치법과는 별도로 국가의 방재기본방침으로 지진대책 대강(地震對策大綱)이 있다. NHK는 이러한 특별 조치법이나 국가의 지진대책 대강에 준거해서 대규모 지진발생 시 신속·정확한 방송을 실시하기 위하여 일상적으로 준비를 진행하고 있다. 지진발생 시에는 피해나 혼란을 줄이고 주민이 취해야 하는 방재행동의 지침이 되는 방송에 전력을 다하고 있다.

## 7. 속보의 기준

(1) TV는 문자 슈퍼 임포즈, 라디오는 음성에 추가해서 속보한다. 단, 뉴스

방송 중에는 아나운서나 캐스터의 음성으로 전달하고 문자 슈퍼 임포즈는 하지 않을 수도 있다.

(2) 긴급 지진속보에 관해서 TV는 지도와 함께 슈퍼 임포즈, 라디오는 자동 합성음성으로 통상 프로그램을 중계방송 한다.

(3) 기상경보는 2010년5월부터 시·정·촌(市·町·村) 단위에서 발표하게 된다. 원칙적으로 속보는 시·정·촌 별로 전달되지만, 지역 실정에 맞춰 각 방송국의 판단에 따라 정리된 지역부터 방송되는 경우도 있다.


## 8. 재난방송 요청

(1) 일본의 재난방송 요청은 기상청 등 재난관리 대책기관이나 중앙정부, 지방자치단체장 등이 요청시 실시한다.

(2) 일본의 재난정보 전달체계의 주체는 총리, 기상청, 지방공공단체, 방재관계 성·청 등으로 구성되어 있으며, NHK 및 도쿄 민영방송 키 스테이션(Key station : 모국) 등 중앙과 지역방송사 체재로 대응한다.

(3) 중앙부처인 총무성, 소방청, 기상청 등으로부터의 요청, 지자체단체장의 요청, 방송사 자체판단에 따라 재난방송을 실시한다.

(4) 기상청 등이 NHK에 방송을 요청시 NHK 자체 매뉴얼에 따라 재난방송을 실시한다. NHK는 지진의 경우, 진도 3 이상은 TV자막으로 공지, 진도 6 이상이면 정규방송 중단 후 임시뉴스로 재난정보를 전달한다. 대형 해일발생 시도 정규방송을 중단 한 후 긴급경보방송을 실시한다.

① NHK는 각 정부기관의 재난정보를 수집하여 TVCML(Television Common Markup Language) 등의 재난전달 시스템으로 재난정보를 국민에게 전달한다.

② TVCML Data gathering system : 정부나 지방자치단체, 운송기관, 라이프라인(전기, 가스, 수도 등) 등의 정보를 TV 서버를 통해 전달하는 시스템으로 방송한다.

## 제2절 · 2020 NHK 재난방송 가이드라인

### 1. 제12장 재해 · 비상사태 편4·5

○ 지진 · 쓰나미 · 태풍 등의 재해, 인명이나 국민 생활에 중대한 영향을 미치는 비상사태가 일어났을 때, NHK를 시청하고 있는 사람들은 정확하고 신속한 정보를 요청하게 된다. 공공방송으로써 기대에 부응해 정확하고 알기 쉬운 정보를 보다 신속하게 전달하기 위해, 취재와 보도에 전력을 기울인다.

○ 재해나 영향을 경감하기 위하여 필요에 따라서 시청자에게 여러 가지로 주의를 환기한다.

○ 재해 · 비상사태의 보도에 있어서도 방송의 자주 · 자율을 관철한다.

#### 1) 재해

① '방재 · 감재(減災)보도'는 NHK의 사명

○ NHK는 재해대책기본법에서 전기 · 가스 · 통신 등의 공익사업과 함께 지정공공기관으로 지정되어, 방송을 통해서 방재에 기여하는 책무가 있다. 방송법에도 방송이 재해의 피해경감에 역할을 하도록 의무화하고 있다.

> ◇ 재해대책기본법
>
> 제6조(지정공공기관 및 지정지방공공기관의 책무)
>   2. 지정공공기관 및 지정지방공공기관은 그 업무의 공공성 또는 공익성에 비추어 각 각의 업무를 통해서 방재에 기여하지 않으면 안 된다.
>     * 지정공공기관 독립행정법인, 일본은행, 일본적십자사, 일본방송협회 그 외 공공적기관 및 전기, 가스, 수송, 통신 기타 공익적 사업을 하는 영업법인

---

4 日本放送協会(2021), 「NHK放送ガイドライン2020」, pp. 44–49.
5 https://www.nhk.or.jp/info/pr/bc-guideline/assets/pdf/guideline2020.pdf.(2022.2.13)

으로 내각총리대신이 지정한 것.

⇨ **방송법**

제108조(재해의 경우 방송)

2. 기간방송사업자는 국내 기간방송 등을 행함에 있어서 폭풍, 호우, 홍수, 지진, 대규모화재, 그 외 재해발생 시, 또는 발생할 우려가 있으면 그 발생을 예방하고, 또 그 피해를 경감하기 위한 방송이 되도록 노력해야 한다.

○ '방재·감재(減災)보도'는 NHK의 사명이고, 그 중요성을 인식해서 만일에 대비해 재해 시에는 사람들의 생명과 일상을 지키기 위하여 정보 발신에 전력을 다한다.

○ 재해 때 뿐만 아니라, 평소부터 방재라는 과제를 적극적으로 받아들여 안전한 사회건설에 기여함과 동시에 사람들에게 방재 지식이 확산하도록 노력한다.

② 재해보도의 기본방침

○ 재해발생이나 그 위험성이 있을 때 본부는 전국 시청자들에게 '방재·감재(減災)보도'를 하는 전국방송을 실시한다. 지역의 방송국은 상황에 따라 지역의 시청자가 필요로 하는 정보를 TV, 라디오, 데이터방송, 각 방송국의 홈 페이지 등 다양한 미디어를 활용해서 상세하게 전달한다.

○ 기상경보 등 시청자에게 즉시 전달해야 하는 정보는 TV는 문자 슈퍼 임포즈(superimpose) 등으로, 라디오는 음성 등으로 속보한다. 대형 쓰나미 경보가 발령될 경우 등에는 긴급경보방송을 한다.

⇨ **긴급경보방송**

대형 재해의 위험성이 있을 경우 방송국에서 특별한 신호를 보내면 전용 수신 설비가 내장되어 있는 TV나 라디오에서는 스위치가 자동적으로 켜져 긴급시에는 방송수신이 가능해진다. 긴급경보방송의 실시기준은 다음과 같다.

① 쓰나미(대형 쓰나미)경보가 발표된 경우
② 재해대책기본법에 의해서 도도부현 지사 등으로부터 요청을 받은 경우
NHK는 1985년부터 전국적으로 경보방송을 실시하고 있다.

○ 재해대책기본법에 의한 피난지시나 피난권고는 지역방송에서 할 수 있는 한 속보를 한다. 또, 지역방재계획에 의거 피난준비정보도 상황에 따라 전달해서 고령자나 몸이 부자유스러운 사람들의 피난이나 방재에 도움을 준다.
○ 재해보도는 피해상황을 신속하게 전달해 행정기관, 의료기관, 볼런티어를 포함 광범위하게 구조에 도움을 주고자 노력한다.
○ 상당한 피해나 영향이 미칠 경우에는 상황에 따라서 NHK 도쿄 본부와 각 방송국은 TV나 라디오에서 '라이프 라인(life line)방송'을 실시하고, 피해자의 생활지원에 필요한 정보를 전달한다.
○ 피해지에서의 취재는 소중한 사람이나 가옥, 일자리를 잃고 깊이 상처받은 피해자들의 기분을 첫 번째로 고려하여 프라이버시 등에 충분히 배려한다.
○ 피해자가 처해있는 상황을 계속적으로 취재하여 생활의 재건을 지원함과 동시에 부흥을 위해서도 장기적인 지원을 촉구한다.
○ 재난의 취재·제작에 있어서는 안전에 충분히 유의한다.

③ 지진·쓰나미
○ NHK는 진도 3 이상은 전국방송(TV는 문자 슈퍼 임포즈, 라디오는 음성으로)으로 전달해, 도 6 약(5.8 정도) 이상은 통상 프로그램을 중단하고 임시뉴스로 전달한다. 단, 상황에 따라서는 진도 5 강(5.3)이나 5 약(4.8)이라도 뉴스를 특설할 경우가 있다. 기상청으로부터 '긴급지진속보'가 발령될 경우, 전자동시스템에 의해서 TV는 강한 흔들림이 예상되는 지역을 지도와 문자로 표시하고, 라디오는 자동음성으로 읽는다.
○ 큰 흔들림이 관측되어 쓰나미의 우려가 있는 경우는 쓰나미로 부터 피난호소를 최우선으로 한다. 아나운서는 강한 어조로 피난을 호소해 로버트

카메라 영상이나 기상청 발표정보 등을 활용해 피난을 강하게 촉구한다. 쓰나미 주의보에도 뉴스로 전환하는 경우가 있다.

○ 지진은 일본 국내 어디에서도 발생할 우려가 있지만, 과거부터 반복해서 발생하고 있는 대지진에 관해서는 국가가 특별조치법을 제정해서 대책을 강화하고 있다. 상정되는 대지진으로는 도카이 지진(東海地震), 난카이(南海) 트러프(trough)[6] 거대지진(東南海·東海地震), 수도 직하지진 등이 있다. NHK는 동일본 대지진을 경험으로 어떠한 재해에도 대응할 수 있도록 방송 설비나 체제의 강화를 중점으로 추진하고 있다.

④ 기상재해

○ NHK는 특별 경보나 기상경보가 발령된 경우는 TV와 라디오로 속보를 한다. 특별 경보는 중대한 재해가 일어날 위험성이 현저하게 높을 때에 발표하는 것으로, 호우·대설·폭풍·폭풍설·해일·파랑의 여섯 종류가 있다. 기록적인 단시간 호우정보, 토사재해경보정보, 회오리주의보,[7] 범람 위험정보, 범람 경보정보도 지역방송에서 속보를 한다.

○ 태풍이 일본에 접한다든지 상륙할 위험성이 있을 때는 상황에 따라서 TV와 라디오에서 특설 뉴스를 방송한다. 이미 풍우가 강해지고 있는 지역의 모습이나 피해상황, 이제 곧 접근할 지역의 대응이나 준비상황, 거기에 방재상 경계해야 할 점 등을 상세하게 전달한다.

○ 국지적인 호우는 사전 예측이 어려워 주민들의 피난이 늦어지기 쉽다. 비가 강해지고 있는 지역이 있으면, 중점적으로 경계를 호소한다.

---

6 주상 해분(舟狀海盆). 배의 밑바닥 처럼 생긴 깊은 바다의 해저 지형. 해양

7 일명 회오리바람, 용숫바람이라고도 하는데, 일본 기상청은 2008년 3월부터 발표를 개시한 기상정보의 하나이다. 즉, 비와 바람의 움직임을 3차원적으로 연속 감시하는 기상 도플러 레다(Doppler radar)에 의한 관측 등에서 토네이도(tornado)나 해상 등의 수면에 닿은 워터 스파트(water spout: 용오름) 등의 격한 돌풍이 발생하기 쉬운 기상 상황에서 감전주의보 등 문장 형식으로 발표한다. 유효기간은 발표로부터 1시간이다. 2010년 5월부터는 폭풍이 적운(積雲: 대규모 구름)을 동반하거나 격한 돌풍을 예보하는 회오리바람 발생 정확도 now cast(竜巻発生確度: 단시간예측정보) 및 우뢰를 예보하는 우레 시황방송(now cast)도 발표하고 있다.

⑤ 화산분화

○ 기상청은 활화산을 대상으로, 거주 지역에 중대한 피해를 미치는 분화가 발생했거나 발생이 예상되는 경우에 '분화경보'를 화구 주변에서 가까운 거주 지역에 영향을 미치는 분화가 발생하거나 발생이 예상되는 경우는 '화구 주변 경보'를 발표한다. 기상청이 경보를 발표한 경우는 TV나 라디오에서 속보한다.

○ 화산의 분화는 갑자기 발화해 급속히 활성화되는 경우가 있고, 폭발적인 분화나 화쇄류(火砕流),[8] 용암류, 화산가스 등 여러 가지 현상이 일어난다. 때에 따라서는 인근 주민들에게 신속한 피난을 요구해 피난생활이 장기화되는 경우도 있다. 여러 가지 사태를 상정해서 방재에 도움을 주는 방송을 한다.

⑥ 속보의 기준

○ TV는 문자 슈퍼 임포즈, 라디오는 음성으로 속보한다.

<2020년 1월 현재>

| | 정 보 | 방송의 종별 | 비 고 |
|---|---|---|---|
| 지진<br>·<br>쓰나미<br>·<br>화산 | 긴급지진 속보 | 전국방송(全波) | 자동지도 슈퍼와 자동음성 |
| | 진도 속보, 시정촌(市町村)진도<br>(진도 3 이상) | 전국방송 | 5 약 이상은 전파<br>6 이상은 전파 임시 뉴스 |
| | 대 쓰나미경보, 쓰나미경보 | 긴급경보방송(전파) | |
| | 쓰나미 주의보 | 전국방송 | |
| | 분화경보(噴火警報) | 전국방송(전파)<br>지역방송 | |
| | 화구주변경보(火口周辺警報) | 지역방송 | |
| | 먼 곳 지진정보 | 전국방송 | 내용에 따라 실시 |
| | 동해지진경계선언 | 긴급경보방송(전파) | |
| | 동해지진조의정보 | 전국방송(전파) | |

---

8 화쇄류는 화산 쇄설류(火山砕屑流 : 화산으로 부서진 가루나 돌 등)의 준말로 화산에서 분출한 화산 쇄설물과 화산 가스의 혼합물이 화구에서 빨리 흘러내리는 일.

| | | | |
|---|---|---|---|
| 기상 | 특별경보 | 전국방송(전파) 지역방송 | 호우, 대설, 폭풍, 폭풍설, 해일, 파랑 |
| | 기상경보 | 지역방송 | 파랑 경보는 지역의 실정에 따라 실시 |
| | 토사재해경계정보 | 지역방송 | |
| | 기록적 단시간 호우정보 | 지역방송 | |
| | 회오리바람 주의정보 | 지역방송 | |
| | 범람위험정보, 범람경계정보 | 지역방송 | |
| 피난 | 피난지시, 피난 권고, 피난준비정보 | 지역방송 | 가능한 한 실시 |

## 2) 감염증

○ 신형 인플루엔자나 에볼라 출혈열, 항생물질이 잘 듣지 않는 다재내성균 (多劑耐性菌 : multiple drug resistance)에 의한 원내감염(院內感染) 등의 감염 증, 그 위에 조류 인플루엔자, 구제역을 필두로 동물의 전염병을 취재하 는 기회가 많아지고 있다. 이러한 보도에는 정확한 정보를 신속하게 전달 하는 것이 피해를 최소한으로 억제해 사회적 혼란을 방지하는 역할로 NHK의 공공방송으로서의 큰 역할을 담당하고 있다.

○ 취재에 있어서는 취재자의 안전 확보와 동시에 취재에 의한 감염도 확대 되지 않게 해야 한다. 그를 위해서는 사전에 병원성(독성)이나 감염력의 강도, 잠복기간, 감염방법 등 병원체의 성질을 충분히 파악하고 필요에 따라서는 전문가에게 조언을 받아 취재계획을 세운다. 취재 때는 마스크 를 끼는 등 상황에 따라서 대책을 세운다.

○ 취재시 병원체의 성질이 밝혀지지 않은 시점에서는 병상에 있는 사람들 의 대면 취재는 원칙적으로 금지하고, 전화에 의한 취재 등을 검토한다. 병원 등의 시설관리자나 행정당국의 안전상 요청이나 지시가 있을 경우 는 원칙적으로 여기에 따른다.

○ 해외 감염증 유행지에서의 취재에 관해서는 계획 단계에서 필요성을 충분 히 검토하고, 취재하는 경우에는 사전에 전문가에게 유의할 점을 확인한다.

○ 방송에서는 감염자에 대한 차별·편견이 생기지 않도록 표현에 세심한 주의를 기울인다. 사람의 감염은 물론, 구제역 등 가축의 전염병에도 관계 시설을 실명으로 할까 익명으로 할까는 감염 확대의 억제, 프라이버시, 풍문(헛소문)피해 등의 관점에서 신중하게 영향의 진위를 확인하여 NHK로서는 적확하게 판단한다.

○ 감염증이 확산하고 있을 경우, 고비마다 가능한 한 복수의 전문가에 취재하고 앞으로의 견해 등에 대해서도 전달 해 간다.

○ NHK는 2013년에 시행된 신형 인플루엔자 등 대책특별조치법(제2조 6호)에 지정공공기관으로 되어 있다. 공공방송으로써 신속한 보도를 해야 할 책무가 있고, NHK의 '행동계획'이나 '취재 매뉴얼'에 근거해서 대응하고 방송해야 한다.

## 3) 원자력 사고

① 원자력 사고의 보도

○ 원자력 발전소나 원자력 시설에서의 사고는 인간의 오감으로는 직접 감지할 수 없는 '방사성물질·방사선'이 위협이 되기 때문에 적확(的確)한 정보를 신속하게, 그리고 알기 쉽게 전달할 필요가 있다.

○ 사고시설 주변의 취재는 방사선량을 측정하는 포켓 선량계를 휴대하는 등 안전에 충분히 유의한다.

② 중대 사고

○ 중대 사고가 일어난 경우는 원자력재해대책 특별조치법(原災法)에 따라서 취재와 방송을 실시한다.

○ 원자력재해대책 특별조치법은 1999년 이바라키현 도카이무라(茨城県東海村)에서 일어난 임계사고(臨界事故 : criticality accident)[9]를 계기로 시행되어, 원자력에 관한 중대한 사고가 발생할 시에는 국가가 주도적으로 대응하

---

9 핵분열성 물질이 예기하지 못한 원인에 의해서 제어불능인 상태로 임계량(또는 임계의 크기)을 넘어서 임계초과 상태가 되어 일어나는 사고.

도록 정해져 있다. 또, 전국 원자력 시설 주변에는 긴급하게 대응할 수 있도록 업사이드 리스크 센터도 설치하도록 하고 있다.

○ 그러나 2011년 도쿄전력 후쿠시마 제1 원자력 발전소(福島 第1原子力發電所) 사고 때는 업사이드 센터는 기능하지 못하고, 방사성 물질은 당시 지침이 정해져 있는 원전 반경 10km권보다 넓은 범위로 방출되었다. 이것 때문에 사고 직후 새로 만들어진 국가 원자력 재해대책 지침에는 사고에 대비해 사전에 대책을 취하는 범위도 반경 30km권으로 넓히고 긴급사태 구분도 다시 수정하게 되었다.

---

⇨ **원자력재해대책특별조치법 제10조 시설부지긴급사태**(施設敷地緊急事態)

원자력재해특조법 제10조에는 원자력시설의 부지 경계에서 방사선량이 일정 기준치를 넘는다든지, 원자로 수위가 내려가 비상용 노심 냉각장치가 가동된다든지 할 경우, 원자력사업자는 국가나 지방 자치 단체에 통보하지 않으면 안 된다. 말하자면 이것은 '주의보'에 해당해, NHK는 즉시 속보를 한다.

⇨ **원자력재해대책특별조치법 제15조 전면긴급사태**(全面緊急事態)

원자력재해특조법 제15조는 사태가 더욱 확대된 경우에, 내각 총리대신은 '원자력긴급사태'를 선언하도록 규정하고 있다. 이는 '경보'에 해당하고 대형 사고나 재해가 날 가능성이 매우 높다. NHK는 즉시 방송으로 속보함과 동시에 쓰나미 경보에 준해서 '옥내 대피·피난', '음식물섭취 제한' 등 필요한 조치와 주의사항 등을 전한다.

---

○ 원자력사고는 사태가 시시각각으로 변해가기 때문에 방사성 물질의 외부의 방출이나 주민의 피난, 혹은 옥내 퇴실권고·지시 등의 정보는 가능한 한 실시간으로 전한다.

○ 피난이나 옥내 퇴실이 권고·지시된 구역에 들어가는 취재는 원칙적으로 하지 않는다.

## 4) 국민보호법제

○ 국민보호법에 의해서 NHK는 타국으로부터의 무력 공격 등 유사 시 지정 공공기관으로써, 경보(해제 포함), 피난 지시(해제 포함), 긴급통보의 3가지 정보를 방송할 책무를 지니고 있다.

○ 경보는 국가의 대책본부장(내각 총리대신)이 발령하고, 도쿄의 방송센터에 연락한다. 또, 피난지시와 긴급통보는 도도부현 지사가 발령하고 당해 방송국에 연락한다.

○ 유사시에도 어디까지나 NHK는 독자적인 편집 판단에 의해서 취재하고 방송함에 있어서는 어떠한 변화도 없다.
국민의 생명이나 재산에 직결되는 정보는 신속 적확하게 전달하여, 보도 기관으로서의 역할을 다할 뿐만 아니라, 공공방송에 대한 국민의 기대에도 부응해야 한다.

---

⇨ **국민보호법 제7조**

　2. 국가나 지방공공단체는 방송사업자로서 지정공공기관 및 지정지방공공기관이 실시하는 국민보호를 위한 조치에 관해서는, 언론의 역할과 그 외 표현의 자유에 특별히 배려하지 않으면 안 된다.

⇨ **중참양원(衆議員 · 參議員)의 특별위원회 부대결의(附帶決議)**

　방송사업자로서 지정공공기관 및 지정지방공공기관이 실시하는 국민보호를 위한 조치에 관해서는, 방송의 자율을 보증하는 것으로부터 언론과 그 외 표현의 자유가 확보될 수 있도록 특단의 배려를 행해야 할 것.

---

○ 긴급 정보방송은 간략하고 알기 쉬운 것이 중요하다. 내용이 과대한 분량이거나 이해하기 어려우면 신속 적확한 방송에는 장해가 될 우려가 있기 때문에 주의해야 한다.

○ 3가지의 긴급정보 중에 특히, 주민의 피난에 관한 도도부현 지사의 지시에 관해서는 상세하게 전달될 것으로 예상된다. 총무성소방청이 작성한

'도도부현 국민보호 모델계획'에 의하면, "전달해야 할 피난지시 내용의 정확성을 훼손하지 않는 한도 내에서 방송방법에 관해서는 방송사업자가 자주적인 판단에 맡기기로 한다"라고 기술하고 있다.

## 2. 2020 NHK 재난방송 가이드라인(사건 · 사고 편)[10·11]

### 1) 범죄보도의 의의(意義)

○ 범죄보도의 의의는 안전하고 질서 있는 사회 실현에 기여하고자 하는 데 있다.

사회에 어떠한 위험이 존재하고 있는가를 전달함으로, 시청자가 위험을 회피할 수가 있게 된다.

또, 법령의 불비나 수사당국 · 행정의 늑장 대응이 피해를 확대하는 경우가 있으며, 보도에 의해 법령의 정비나 수사당국 등의 대응을 촉진하는 효과도 기대된다.

### 2) 실명과 익명

○ 사건 · 사고의 보도는 진상이나 배경에 다가가 국민의 알 권리에 부응하기 위해, 실명보도가 원칙이다.

최근에는 피해자 측의 의향을 들어서 경찰 당국이 피해자나 관계자의 이름을 익명으로 발표하는 사례가 증가하고 있는데, 실명으로 보도할까 익명으로 보도할 까는 사건이나 사고의 내용과 배경, 관계자의 사정 등을 충분히 검토한 후에 NHK의 책임 하에 판단한다.

○ 2005년에 제정된 '범죄 피해자 지원을 위한 정부 계획'에는 '피해자

---

10 日本放送協会(2021),「NHK放送ガイドライン2020」, pp. 39-43.
11 https://www.nhk.or.jp/info/pr/bc-guideline/assets/pdf/guideline2020.pdf.(2022.2.13)

의 실명을 발표할지 익명으로 할지의 판단은 경찰에 위임한다'라고 하는 것이 포함되어 있다.

여기에 대해서는 NHK가 가맹하고 있는 일본신문협회와 일본방송연맹에서는 「익명발표는 피해자나 그의 주변 취재가 곤란하게 되고, 경찰의 입장에서는 나쁜 것이 은폐될 위험성도 있다. 객관적 취재, 검증, 보도로 국민의 알권리에 보답하고자 하는 사명을 다하기 위해 피해자의 발표는 실명으로 해야 한다」라는 등의 공동 반대 성명을 발표했다.

## 3) 용의자·피고의 인권과 호칭

○ 체포되거나 기소된 인물도 범죄가 확정되기 전까지는 법률적으로는 무죄로 추정된다. 따라서 체포단계나 재판 중에는 범인으로 단정하는 것 같은 보도는 하지 않는다.

○ NHK는 1984년부터 다른 언론사보다 한발 앞서서 범죄보도에서 이름에 경칭을 붙이지 않고, 직책이나 '용의자', '피고' 등의 호칭으로 방송한다.

인권존중의 입장을 중시함과 동시에 활자미디어에 비해 방송이 시청자의 감정이나 심리에 강하게 호소된다고 하는 특성을 고려한 결과이다.

뉴스의 내용에 따라서는 '직책'이나 '용의자'로 사용하기가 어려운 경우가 있겠지만, 인권을 존중해서 불공평하게 취급되지 않도록 배려하고 있다.

## 4) 재판원제도

○ 2009년 재판원제도의 개시와 함께 사건보도에 있어서는 재판원이 될 가능성이 있는 시청자에게 과도하게 예단을 미치지 않게 하기 위해서도 용의 점에 관한 단정적인 표현은 피하는 등의 주의가 필요하다.

○ NHK는 독자적으로 재판제도에 관한 '취재·방송가이드라인'을 작성하여 취재·방송에는 다음의 것을 기본적으로 지키도록 하고 있다.

- 용의자나 피고를 범인으로 단정하는 보도는 하지 않는다.
- 정보의 출처를 가능한 한 명시하도록 한다.
- 용의자나 피고측의 공술이나 주장은 될 수 있는 한 취재·방송한다.
- 전문가의 코맨트는 범인이라고 단정하지 않도록 주의하도록 한다.
- 뉴스 타이틀이나 자막, 슈퍼 임포즈(도표 등 다중 영상포함) 표현, 영상사용·편집에도 세심한 주의를 기울인다.

○ 재판원제도 개시에 즈음해서 일본신문협회는 취재·보도의 지침을 제시하고 있다.

## 5) 소년사건

○ 사건발생 당시 20세 미만의 용의자에 대해서는 소년법 제61조의 취지를 존중해서 원칙적으로는 본인이 특정되지 않도록 익명으로 보도한다. 영상 등에 관해서도 본인이 특정되지 않도록 세심하게 주의를 기울인다.
○ 소년심판이나 형사재판 도중에 성인이 되어도 사건당시에 소년이었다면, 똑같은 원칙으로 익명으로 보도한다.
○ 경찰청은 소년이 흉악사건을 일으켜 도주 중에도 범행을 다시 반복할 위험성이 강하며 사회에도 큰 불안을 미치게 할 수도 있다. 그밖에 수사할 방법이 없는 경우에는 사진 등을 공개할 수 있다고 하는 방침을 명확하게 밝히고 있다.

또, 일본신문협회는 용의자인 소년이 도주 중에 방화나 살인 등 흉악사건에 다시 연루될 가능성이 명확하게 예상될 경우 등, 소년의 보호보다는 사회적 이익을 지키는 것이 우선시 되는 특수한 경우에는 예외적으로 이름이나 사진을 게재할 수 있도록 하고 있다.

NHK는 일본신문협회의 방침을 근거로 심각한 위험이 있을까 어떨까 등을 종합적으로 판단해서 실명보도를 할까 익명보도를 할까를 결정하도록 하고 있다.

○ 이지메(집단 괴롭힘)나 학교폭력 등의 사건이 학교 내에서 멈추지 않고, 지역이나 사회의 문제가 될 경우, 또한, 학교에서의 지도에 중대한 책임이 있을 때 등은 학교명을 보도할 수 있다.

○ 사건의 배경을 안 이후에 필요한 제3자의 주변 취재를 해야 할 경우는, 용의자인 소년의 이름을 보도하지 않도록 노력할 것 등의 취재에 관해서도 세심한 주의를 기울인다.

○ 소년법 제61조의 취지는 '갱생의 기회를 닫아서는 안 된다'라는 것으로, 이미 갱생의 기회를 향한 사례를 소개하는 프로그램 등에는 본인이나 가족의 승낙을 얻는 등 우선 인권을 배려한 후에 얼굴이나 실명을 밝힐지 어쩔지를 신중하게 판단한다.

○ 외국에서는 소년으로 취급하는 연령이 다양해서 국가에 따라서는 프로그램이나 뉴스의 기획의도·취지를 전달하기 위해 불가결하다고 판단될 때에는 그대로 방송할 수 있다. 단지, 일본의 소년법과 현저하게 균형이 맞지 않는 경우가 발생하지 않도록 충분히 주의한다.

## 6) 영상

○ 용의자의 인권을 배려하고, 수갑을 찬 영상은 원칙적으로 사용하지 않는다.

○ 용의자의 얼굴 사진에 관해서는 필요 이상 반복 사용 등의 활용은 피한다.

○ 사건과 직접관계가 없는 용의자의 가족 등의 영상은 사용할 때에 신중하여 판단한다.

○ 수색 등에서 사건과 관계가 없는 사람이나 주위 건물 등을 촬영하지 않도록 주의 한다.

○ 죄를 범한 사람도 이미 형기나 집행 유예 기간이 지난 경우에는 사건 당시의 영상 사용에는 십분 주의를 기울인다.

○ 사건이나 사고, 재해 등에서는 사자의 존엄이나 유족의 심정에 상처를 주는 사체 영상은 원칙적으로 사용하지 않는다.

## 7) 미디어 스크럼(집단적 과열취재 : scrum)

○ 사건·사고 때에 미디어의 취재가 과열·집중되어 관계자의 프라이버 시나 시민들의 평온한 일상이 침해당하고 있다는 비판적 목소리가 높아서, 2001년 일본신문협회의 편집위원회는 '집단적 과열 취재에 관한 견해'를 발표했고, 또, 일본민간방송연맹도 '집단적 과열취재 문 제에의 대응에 관해서'라는 것을 발표해서, 연대해서 대책을 진행했 다. NHK도 미디어의 신뢰에 관한 문제로 취급되어서, 지나친 과열 취재에 의한 미디어 스크럼은 일어나지 않도록 노력하고 있다.

○ 일본신문협회 편집위원회의 견해는, 미디어 스크럼은 '대형사건·사 고의 당사자나 그 관계자의 주변에 다수의 미디어가 쇄도함에 따라 서, 당사자나 관계자의 프라이버시가 부당하게 침해하고 사회생활을 방해, 혹은 많은 고통을 안겨주는 상황을 만든 취재방법'이라고 정의 하고, 향후 다음과 같은 점에 대해서 지켜줄 것을 요구하고 있다.

• 싫어하는 당사자나 관계자들을 집단적으로 강제 포위한 상태에서 취재해서는 안 된다. 상대가 초등학생이나 유아의 경우에는 취재방 법에 있어서 특단의 배려를 요한다.

• 유해를 지키는 저녁시간이나 장례식, 유체반송 등을 취재할 경우에 는 유족이나 관계자의 심정을 짓밟지 않도록 십분 배려함과 동시 에 복장이나 태도 등에도 각별히 유의한다.

• 주택가나 학교, 병원 등 정숙을 요하는 장소에서 취재를 할 때에는 취재 차량의 주차방법을 포함해서 주위의 교통이나 정숙을 저해하 지 않도록 유의한다.

○ '견해(見解)'에는 미디어 스크럼이 발생한 경우에는 회사마다 취재자 수를 억제하고 취재하는 장소·시간의 한정, 질문자를 한정한 공동 취재나 대표 취재 등의 대책을 들 수 있다.

미디어 스크럼의 조정에는 기자클럽, 각 지역의 보도책임자 회 등 이 있지만, 현장 레벨에서 해결되지 않을 경우를 대비해 NHK를 포함한 신문·통신 각사의 횡단적 조직으로 일본신문협회에 「집단적 과열 취재 대책 소위원회」가 설립되어 있다.

○ 또, '견해(見解)'에는 대상이 유명인이나 공적인 인물로 취재 테마에 공 공성이 있는 경우에는 일반적인 경우와는 구별해서 고려하도록 한다.

## 8) 피해자의 인권

○ 피해자의 인권은 가해자의 인권에 비해 지켜지지 않았다고 하는 비 판과 반성이 있어서, 2004년에 '범죄 피해자 등 기본법'이라는 것이 제정되는 등 범죄나 사고 피해자의 권리를 지키고자 하는 움직임이 확산되었다.

○ '범죄피해자 등 기본법'에는 '많은 피해자들에게는 그러한 권리가 존 중되어 왔다고는 말하기는 어렵다', '직접적인 피해에 그치지 않고, 그 후에도 부차적인 피해로 어려움을 겪는 경우가 적지 않았다', '범죄 피해자의 권리이익이 보호되는 사회를 실현하기 위해서는 새로운 한 걸음을 내 딛지 않으면 안 된다'라고 진술하고 있다.

○ 보도의 방향에 대해서도 취재 방법에서 피해자의 심정을 무시한 점 은 있지는 않았는지 반성이 필요하다. 과열 취재나 보도, 무 신경적 인 말투 등에 따라서 피해자를 괴롭히게 해서는 안 된다. 또, 현장에 달려오는 가족을 가로막는 듯한 취재도 하지 않았는지 등을 충분히 배려하지 않으면 안 된다.

○ 피해자의 사진이나 영상 사용에 관해서도 불필요하게 반복적인 사용 은 피하는 등의 배려가 필요하다.

○ 폭력단이 관계하는 사건이나 성범죄 등에서는 피해자의 안전이나 2 차 피해의 우려 등을 검토해서 익명 보도를 하는 경우에는 영상에서 도 피해자가 특정되지 않게 주의한다.

## 9) 유괴보도

○ 사람을 인질로 몸값을 요구하는 등 유괴 사건에 관해서는 인질의 생명이나 안전을 제1로 고려하여 취재나 보도에 임해야 한다.

○ 도쿄에서 1960년에 일어난 '마사기군 유괴 사건(雅樹ちゃん誘拐殺人事件)'에서는 피해자가 살해되어 범인이 체포된 후 범인이 '보도에 의해서 궁지에 몰렸다'라고 진술한 바 있다. 이 사건에 대한 반성으로 피해자의 생명과 안전을 최우선시해서 보도의 자유를 스스로 제한하지 않을 수 없는 상황이었다. 각 언론사도 자주적인 취재랑 스스로 보도를 자제하는 '유괴 보도협정'을 맺게 되었다.

○ 유괴 보도협정의 체결은 경찰의 요청으로 이루어졌지만, 실제로는 협정을 체결할지 어떨지는 NHK를 필두로 언론각사가 독자적으로 협정의 필요성을 판단하게 되었다.

○ 이 협정은 어디까지나 경찰측이 유괴사건의 수사상황을 보도기관에 상세하게 전달하는 것을 전제조건으로 하고, 언론 각사는 보도협정이 필요 이상으로 보도규제가 되지 않도록 경찰측에 대해서는 수사정보의 전면적인 제공을 요청하게 되었다.

## 3. 일본 민간방송의 재난방송 사례

### 1) 후지TV의 재난보도

후지TV는 다른 민방과는 다르게 재난방송 주관방송사인 NHK와 정보통신사인 야후 재팬과 제휴해서 재난방송을 실행하고 있다. 특히, 동일본 대지진 9주년을 맞아서는 공동기획으로 아래의 로고와 같이 공동으로 재난보도를 실시하고 있다.

**NHK** ✿フジテレビ YAHOO!JAPAN

共同企画

# 「その時」メディアに何ができるのか

후지TV는 NHK와 야후 재팬은 공동으로 재난보도를 하고 있는데, 지진이나 미사일 같은 정보는 NHK와 공동으로 총무성이나 기상청으로부터 직접 정보를 받아서 보도한다. 또한, 지역의 J-Alert로부터도 재난정보를 받아서 재난방송을 실시하고 있다. 때로는 이 3사의 기획보도로 '미래의 재난보도'를 생각하면서, 검증 프로그램으로 『잊을 수 없는 방송』 등 동일본 대지진으로부터 9년을 회고하는 특집도 방송했다. 그러면서 지난 경험을 살려 지금이 그때라면 어떻게 방송해야 할까? 희생자 제로(Zero)를 목표로 미디어의 벽을 넘어서 등 새로운 시대의 정보를 발신해야 한다는 취지로 재난방송을 준비하고 있다.

" '잊지 못하는' 사자(死者)를 제로(Zero)로 하는 재난정보시대는" 등의 재난보도

## 2) 지역민방과 기획특집 동시방송 : 2020년 3월 11일(水) 15 : 50〜16 : 50 방송

간사이TV, 도카이TV, 홋카이도 문화방송, TV신 히로시마, 이와테 맨 고이TV, 체리TV, 후쿠시마TV, 도야마TV, 후쿠이TV, TV나가사키, TV미야자키, 가고시마TV, 오키나와TV, 센다이 방송, TV시즈오카, 나가노방송, 오카야마방송, 고치CCTV, 사가 TV, TV구마모토는, 일시 방송.

2020.03.07. 동일본 대지진으로부터 벌써 9년 ＮＨＫ·후지TV·야후–공공기획 『그 때』 미디어에서 무엇을 할 수 있었나.

\# 과거방송 일람

동일본 대지진으로부터 9년.

전대미문의 재해를 결코 잊지 않고 교훈으로 삼기 때문에, 후지 텔레비전 정보 제작국에서는, 시리즈 "와·스·레·나이(잊지 않는다)"라고 하고, "쓰나미의 검증"과 "이재민의 생각"을 테마로 20개의 콘텐츠를 방송해 왔다. "쓰나미의 검증"에 관해서는 매회 특정 지역을 다뤄 쓰나미의 움직임과 사람들의 피난 행동을 방대한 영상과 증언에 기초한 시계열로 상세하게 검증해 "생명을 지키기 위한 행동"을 이끌어내 왔습니다.

그럼, 사람들의 생명을 지키기 위해서 TV가 할 수 있는 것은 무엇인가··· 또한, 재해 보도에 있어서는 미디어와 연계에 의해 더 할 수 있는 일이 있는 것은 아닌가··· 지진 재해로부터 10년이 되는 2021년을 향해, 후지 텔레비전은 NHK, 야후와 공동으로 이 테마에 임합니다. 우선 올해는, 후지 텔레비전에서 "검증 VTR 방송", NHK에서 "스튜디오 토론 방송"을 제작, 야후에서는 특설 페이지를 개설. 재해 대국 일본에서 "사망자를 제로로 한다."를 테마로 미래의 재해 보도를 생각합니다.

후지텔레비전에서는 "와·스·레·나이(잊지 않는다)" 시리즈로서, 이와테 현 가마이시와 미야기 현 야마모토 초를 다뤄 그날 어떻게 재해 정보가 전해져, 사람들의 피난 행동에 결합된 것이며 NHK의 방송을 포함한 영상과 새로운 증언으로부터 검증한다. 또한 야후의 네트에서의 시도도 취재, 재해 시에 정말로 필요한 정보를 찾습니다.

이와테 현·가마이시 "10분간"으로 구할 수 있던 생명

"와·스·레·나이(잊지 않는다)" 2회째로 검증한 가마이시의 쓰나미. "어디에서 오는지 모른다." 쓰나미의 두려움을 전했다. 그날, 쓰나미 도달을 최초로 전한 것은 가마이시 항을 파악한 NHK의 카메라. 그 약 10분 후였다··· 시가지는 거의 전역이 침수, 많은 생명이 없어졌다. 가마이시 시청 앞에는, 불과 15m의 거리를 늦게 도망친 60세의 여성이 있었다. 방송으로는 여성의 행동을 직장의 동료나 유족의 증언으로부터 추적. 그때, 카메라가 파악하고 있었던 "이상 사태"가 어떤 정보로서 전해지고 있으면, 여성은 피난해 살아날 가능성이 있었던 것인가··· 재해 시에 미디어의 정보는 재해지에 어떻게 전해지고 있었는지

검증. 생명을 지키기 위해서 필요한 정보와, 피난으로 이어지는 "전달 방법"을 생각한다.

미야기 현·야마모토 초 "보도 공백 지대"를 어떻게 막을까

미야기 현 야마모토 초는 마을의 반 가까이가 쓰나미에 습격당해 사망자·행방불명자는 690명. 인구에서 차지하는 비율은 미야기로는 오나가와, 미나미 산리쿠를 뒤 잇는 3번째의 높이였지만 심각한 사태가 보도되기까지는 며칠을 필요로 했다. 그 사이, 동사무소는 통신 기능을 잃어 자세한 피해 상황이 현에 전해진 것은 3일 후 구원이나 피난소의 지원 등 큰 영향이 나왔다. 올해의 태풍 15호로도, 지바 현 남부의 피해가 전해지기까지 시간이 걸린 것은 기억에 새롭다. 큰 과제인 "보도 공백 지대"의 문제. 어떻게 하면, 야마모토초의 상황을 외부에 전할 수 있었던 것인가. 미래의 재해 보도의 열쇠가 되는 네트 미디어. 야후가 개발을 진행하는 "재해 맵"을 비롯하여 쌍방향성이 뛰어난 넷 미디어와 TV의 재해시의 연계의 가능성에 대해서 찾는다.

## 3) 야후 재팬

빅 데이터로부터 생각한다.
재해시의 정보 전송

빅 데이터를 토대로 동일본 대지진 당시의 재해지의 요구를 분석한다. 본 기획에 임해 NHK, 후지 텔레비전에도 데이터를 제공, 정보 전송의 본연의 자세를 데이터의 관점에서 생각합니다. Yahoo! JAPAN에서는 검색이나 미디어·EC 등 다방면에 건너는 사업을 통해 축적한 빅 데이터를 AI 기술로 분석해 자사의 서비스 개선에 활용해 왔습니다. 야후 독자의 빅 데이터로 이번 대처를 지원합니다.

지진, 피난지, 라이프라인 등에 관한 정보를 게재하고 있는 사이트를 안내하고 있습니다.     *자세한 사항은 각 사이트 운영자에게 확인해 주세요.

## 4) 일본 재난방송 평가와 시험실시(테스트 방송)

일본의 '긴급경보방송'은 방송국이 긴급경보신호를 송출해서 각 가정에 연결돼 있는 긴급경보방송 대응 수신기를 강제적으로 기동, 또는 정지시키는 시스템이다. 법률적으로는 ① 동해대지진 경계선언, ② 쓰나미 경보, ③ 현지사로부터 요청이 있는 경우 등에 긴급경보방송을 한다. 통상 '삐로 삐로'라는 경보음을 반복하면서 경보방송을 시작한다. NHK종합 제1방송은 매월 1회씩 아래와 같이 시험방송을 실시하고 있다.

**NHK지상파 디지털텔레비전 판(NHK G)**

NHK디지털종합방송, NHK종합방송, NHK-FM, NHK제1라디오방송(毎月1日 午前11時59分에서 1分間´ 1月에는 4日에 放送)

디지털방송으로 대응한 수신기로 EWS을 인식한 경우(샤프)
「이 채널에서 긴급경보방송이 방송되고 있습니다.」

## 1. 일본의 '긴급경보신호'

　　'긴급경보방송'은 비상 재난발생 시나 발생할 우려가 있을 경우, 총무성령 전파법시행규칙 제2조 제1항 제84호의 2의 규정[12]에 의해 '긴급경보신호'를 사용해서 대기상태에 있던 텔레비전이나 라디오의 수신기를 자동적으로 스위치를 켜게 해서 실시하는 방송이다. '긴급경보방송'은 지진 등 대규모 재해가 발생한 경우, 또는 해일 경보가 발표된 경우 등에 실시하며, 재난발생에 따른 피해 예방이나 경감에 도움이 되게 하는 방송이다. 영어 명칭은 EWS(Emergency Warning System)로 표기하고 있다.

　　텔레비전이나 라디오를 자동적으로 기동시키기 위해서는 우선 '긴급경보방송'에 대응하는 수신기가 필요하다. 또한, 수신기의 스위치를 자동적으로 기동시키는 방송으로는 '긴급고지 FM라디오' 등이 있지만, 이들은 법령에 따라서 '긴급경보신호'를 사용하지 않는다는 것이 다르다.[13]

### 1) '긴급경보방송'의 개요

　　해당 지역주민들의 생명과 재산을 보호하기 위해 당해 방송국이 '비상경보

---

12 「재해에 관한 방송수신의 보조를 위해 전송하는 신호로, 제1종 개시신호, 제2종 개시신호, 또는 종료신호를 말한다.(電波法施行規則 第2条 第1項 第84号 2)

　• 재해발생예방, 또는 피해경감을 위한 방송의 역할은 매우 중요하지만, 수신기가 작동하지 않으면 귀중한 정보도 주민들에게 전달되지 않아서 방송의 기능이 상실된다. 따라서 주민들이 취침 중이거나 수신기를 꺼놓은 상태라도 방송국 측이 특별한 신호를 보내 수신기를 강제로 작동시켜 재해정보 등을 확실하게 전달하는 시스템이 개발되어 실용화되었다. 여기에서 방송국 측으로부터 수신기를 작동 시키기 위해서 송신되는 신호가 '긴급경보신호'이다. 긴급경보신호 사용이 허용된 것은 재난방송의 사회적 영향력이 너무나도 크기 때문에 '대규모지진대책특별조치법'의 경계 선언이 발표된 경우 등 3가지 조항에 한정해서 허용하고 있다.

13 어느 쪽이든 대응 수신기가 기동될 수 있도록 법령에 근거한 긴급경보신호와 수신기 스위치를 자동적으로 켜고 그외 신호를 병용하는 예(FM 長岡)가 있다.

신호(Emergency Warning Signal : EWS)'라는 특별 신호를 먼저 발신 후 임시로 실행하는 방송으로 1985년 9월부터 실시하고 있다. 다음 조건 중 하나에 해당하는 경우에 긴급경보방송을 실시(방송법 시행 규칙 제82조 : 2011년 총무성령 제62호 및 무선국 운용 규칙 138 조의 2의 규정[14]).

① 도카(東海)이 지진의 경계 선언이 발령된 경우

② 해일 경보가 발표된 경우

③ 재해 대책 기본법 제 57조[15]에 의해 '도도부현(都道府県)' 지사나 '시정촌장(市町村長)'의 요청이 있는 경우

긴급경보방송수신을 지원하는 수신기는 대기 상태에서도 긴급경보신호를 수신하기 위한 회로를 운영하고 있으며, 긴급경보신호를 수신한 경우에는 즉시 전원을 켜고 방송의 수신 상태로 이동한다. 따라서 긴급경보방송이 시작될 때 수신기의 전원이 꺼진 상태였다 해도 방송을 수신할 수 있다.

---

14 제138조 지상파 기간방송 및 지상파 일반방송은 방송 시작과 종료 시에는 자국의 호출 부호, 또는 호출 명칭(국제방송인 지상파 기간 방송은 주파수 및 전송 방향을, 텔레비전방송을 하는 지상파 기간 방송국 및 지역방송(방송법 시행규칙 : 1950년 전파감리위원회 규칙 제10호) 제142조 제2호에 규정하는 지역방송을 말한다. 이하 같다)을 행하는 지상파 일반 방송국에는, 호출 부호 또는 호출 명칭을 나타내는 문자에 의한 시각적 수단을 병행해서 방송해야 한다. 그러나 이를 방송하기가 어렵거나 또는 불합리한 지상파 기간방송, 혹은 지상파 일반방송은 별도로 고시하는 것에 대해서는 제한하지 아니한다.
2. 지상파 기간방송 및 지상파 일반방송은 방송시간 동안 매시간 한번 이상 자국의 호출 부호 또는 호출명칭(국제방송 지상파 기간 방송국에 있어서는 주파수 및 전송방향을, 텔레비전방송을 방송하는 지상파 기간방송 및 지역방송을 행하는 지상파 일반 방송국에서는, 호출 부호 또는 호출 명칭을 나타내는 문자에 의해 시각적 수단을 병행해서)을 방송하지 않으면 안 된다. 그러나 전항 단서에 규정된 지상파 기간 방송이나 지상파 일반 방송국의 경우, 또는 방송의 효과를 방해할 우려가 있는 경우에는 그러하지 아니하다.
15 전 2조의 규정에 의한 통지, 요청, 전달 또는 경고가 긴급을 요하는 경우에, 그 통신을 위해 특별히 필요가 있을 때는 도도부현 지사 또는 시읍면 장은 다른 법률에 특별한 규정이 없는 한 정령에서 정하는 규정에 따라서 전기통신사업법(1984년 법률 제86호) 제2조 제5호의 규정에 따라 전기통신사업자가 그 사업의 이용으로 제공하는 전기통신설비를 먼저 이용하고, 또한 유선전기통신법(1953년 법률 제96호) 제3조 제4항 제4호에 열거하는 자가 설치하는 유선전기통신설비 또는 무선설비를 사용하거나 방송법(1950년 법률 제132호) 제2조 제23호에 규정하는 기간방송 사업자에게 방송할 것을 요구, 혹은 인터넷을 이용해 정보제공에 관한 사업 활동을 하면서 정령으로 정한 것을 행하는 자에 인터넷을 이용해 정보제공을 하도록 요청할 수 있다.

긴급경보신호의 형식은 아날로그와 디지털로 나눈다. 아날로그 방송에 음성 FSK[16]는 경보신호를 다중화 하지만, 1024 또는 640Hz의 가청음이기 때문에 귀로 들을 수 있다. 수신에서는 "삐로 삐로 음"이라고 속칭하고 있다. 디지털 방송에서는 방송파에서 디지털 신호로 묶여 있기 때문에 인간이 직접 감지할 수 없다. 단, 디지털방송에서는 긴급경보방송 수신 이후 자동적으로 전원이 켜진 후 메시지("긴급경보방송이 방송되고 있습니다.")가 표시될 뿐 경보음이 울리지 않는 기종이 대부분이기 때문에 일본방송협회(NHK)는 디지털 방송에서도 알람 대신 신호음을 송출하고 있다.

방송 내용은 대체로 일반 재난보도이며, 안부 정보 및 화재의 안전을 호소하는 방송, 해일 도달이 예상되는 경우는 경보·주의보의 발령 상황, 해일의 도달 예상 시간 등을 계속 반복해서 방송한다.

## 2) 신호

### (1) 긴급경보신호의 종류

긴급경보방송의 개시·종료 시에 사용되는 비상경보신호는 '제1종 개시신호', '제2종 개시 신호', '종료 신호' 3가지 종류다.

① 제1종 신호는 도카이 지진의 경계 선언 발표, 또는 각 지방자치단체(도도부현 및 도시) 장의 피난지시(명령)가 발동된 경우 등에 전송된다(제1종, 제2종류 모두 약 10초간 울린다).

② 제2종 신호는 해일 경보가 발표된 경우에만 전달된다. 제1종 신호는 강제로 동작하지만, 제2종 신호는 수신측에서 작동하지 않게 설정하는 것이 가능하다(특히, 해안이나 강 하구에서 훨씬 떨어져 있는 지역과 내륙 지역).

③ 종료 신호는 제1종 개시 신호와 제2종 개시 신호가 전송된 경우, 신속하게 전송된다(대체로 10분 이내, 신호음은 2초간 4번 울린다).

---

16 FSK(Frequency shift keying), 즉 주파수 편이변조(周波数偏移変調) 0과 1의 디지털신호를 반송파(긴급경보신호의 경우 음성 반송파에 할당되어 있는 방송주파수 대역)를 저주파수와 고주파수에 변환해서 송신하기 때문에 수신기에서 그 신호를 검지할 수 있다.

시험신호는 종료신호와 동일하지만, 시작신호를 보내지 않고, 종료신호만
이 전송되는 경우를 의미한다. 시험신호는 수신기가 제대로 작동하는지 확인하
기 위한 신호이다(사실상 긴급경보방송의 정기적 방송이라고도 한다).

### (2) 아날로그 방송

아날로그 방송에서 긴급경보신호는 음성신호를 사용하여 디지털 신호 "1"
을 1024Hz의 음성신호 "0"을 640Hz의 음성신호에 주파수를 변조한 것을 사용
해서 64bps의 속도로 전송되고 있다. 따라서 '긴급경보신호 송출 시'에 수신 상
태에 있으면 전용 수신기가 없어도 경보신호음을 직접귀로 식별할 수 있다.

### (3) 디지털 방송

디지털 방송에서 긴급경보신호는 긴급경보방송 식별자라고 하는 데이터로
전송되고 있다. 구체적으로는 전송제어신호 TMCC(Transmission and Multiplexing
Configuration and Control) 중에서 "기동제작신호"(기동 플라그)와 MPEG-TS신호
의 PMT(Program Map Table)의 긴급정보기술자(緊急情報記述子) 중의 신호 두 가
지를 사용하고 있다. 기동제어 신호(시작 제어신호)는 모두 204비트(bit)의 TMCC
비트 열 중 26번째로 설정되어 있으며, 이것이 "1"의 경우 긴급경보방송 '방송
중', "0"의 시간이 종료 · 통상 방송중이다. 긴급정보기술자 중의 관련 부분은
'1', '0'에서 방송중인가 아닌가를 표시하는 'start end flag」(1bit)', 제1종/2종 종
별을 표시하는 부호(1 bit), 사이에 예비 비트(6bit)를 사이에 두고, 지역 부호의
길이를 나타내는 부호(8bit), 지역부호(12bit)로 구성된다. 수신기는 기동 제어
신호를 상시 감시하고 '1'이 되면 다음은 'start end flag'를 감시하고, 이것도 '1'
이 되면 긴급경보방송수신을 시작한다. 또한 'start end flag'가 '0'이거나 기동
제어신호가 '0'이 되면 수신을 종료한다. 이와 같은 신호는 이론적으로 원세그
로도 수신할 수 있다. 또한, 대응 기종은 극히 제한되어 있기 때문에 모든 디지
털 방송 수신기에 표시되는 것은 아니다. 디지털 방송이 아날로그 방송의 EWS
신호음을 음성신호로 간주하여 방송할 수 있도록 법률적으로 인정하고 있기
때문에 2012년 현재 NHK는 아날로그 버전 긴급경보방송 신호 소리를 음성으
로도 방송하고 있다. 또한 대다수의 민방은 가청음을 취소하고 있다.

### 3) 지역부호

긴급경보신호는 특정 현 지역에만 경보를 발하는 "① 현역부호", 보다 더 범위가 넓은 "② 광역부호", 전역 발하는 "③ 지역 공통부호"가 있다.

### 4) 방송의 제한

긴급경보방송은 그 역할 상 방송법시행규칙 제82조 및 무선국운용규칙 제138조에 규정된 이유 이외에는 사용해서는 안 된다고 규정하고 있다. 그러나 2010년 3월 7일 TBSTV '선데이 모닝'에서 지난주 2010년 2월 28일에 방영된 내용을 녹화 방영할 때 전날 2월 27일 칠레에서 발생한 쓰나미 경보와 해일경보, 해일주의보가 일본 각지에 발령된 때의 긴급경보방송이 종료되지 않고 수신 상태가 켜져 있는 상황에 VTR을 방영해 일부 수신기가 작동한 사례가 있었다. 이 사례에서는 두 규칙에서 규정된 의무규정인 긴급방송 종료신호를 송신하지 않은 채 '선데이 모닝' 프로그램을 방송해 종료신호가 약 80분 정도 늦어지는 경우가 있었다.

### 5) 시험신호방송

#### (1) NHK

NHK와 일본 민간방송사 대부분은 긴급경보방송 수신기의 동작 등을 확인하기 위해 월 1회 정도는 시험방송을 실시하고 있다.

NHK는 매달 1일(1월에는 4일) 11:59~12:00 종합TV, 라디오 제1채널, FM방송에서 실시하고 있고, 그밖에도 각 방송사별로 종합TV도 One seg(DMB)를 포함해 시험신호방송을 송출하고 있다. 또한, AM·FM의 동시 송출하는 'NHK 네트 라디오 라지루(らじる)★ 라지루(らじる)'[17]라는 시험신호방송자체(방송·신호음 공통)가 완전히 잘려서 그간은 클래식 음악으로 방송하고 있다.

---

17 NHK 인터넷 라디오 '라지루★라지루' 방송은 AM(채널1, 채널2)·FM방송을 동시 송출하는 온라인 라디오 방송으로 NHK 라디오 방송의 IP동시라디오·동시 송출서비스(실시간 검색)의 공칭, 애칭이다.

"지금부터 긴급경보방송 시험신호를 NHK ○○ (각지의 방송국명, NHK 방송센터의 경우는 「도쿄」)에서 방송합니다. 긴급경보수신기를 가지고 계신 분은 수신기 신호가 제대로 수신되고 있는지 확인해 주십시오."

(신호음 : 종료 신호와 같이 2초간 4번 울린다.)

「긴급경보방송 시험신호를 전했습니다. 이 긴급경보방송은 대규모 지진이나 해일 등의 발생시 자동적으로 텔레비전·라디오 스위치가 켜져서 정보를 전달하고 있습니다.」

홋카이도 지방 등 일부 지역에서는 '지금부터 긴급경보방송 시험신호를 NHK에서 방송합니다'라고 단순히 각지의 방송국 이름을 포함하지 않는 'NHK'만의 발표로 들어가는 곳이 많다.

시험신호 발신 후 사용되는 영상은 기본적으로 전국 공통이지만, 한신·아와지 대지진 발생 시의 피해 영상(무너진 한신 고속도로 3호 고베선 육교)가 포함되어 있기 때문에, 긴키 광역권(NHK 오사카 방송국발신)에 한하여 2012년 3월까지 다른 영상(시작 초기부터 실시하고 있는 일러스트의 정지 이미지만)으로 교체되었다. 그 이전에는 1993년 홋카이도 남서쪽 오키지진으로 피해를 입은 오쿠시리 섬(奥尻島)의 영상이 사용되었다.

2012년 4월 이후 시험신호 방송에서는 지금까지 한신·아와지 대지진 발생시의 피해 영상 대신 동북지방 태평양 바다 지진(동일본 대지진)의 영상이 '지진발생 시 NHK 방송센터 옥상 정보 카메라에서 촬영된 신주쿠(新宿) 신도심을 비추면서 카메라가 격하게 움직이는 광경', '시부야 역(渋谷駅) 상공에서 촬영한 역 앞에 비치는 귀가가 곤란한 자', '미야기 현(宮城県) 상공에서 촬영된 앞바다에서 밀려오는 해일' 순으로 사용되고 있다. 긴키 광역권(近畿広域圏)도 도쿄와 같은 영상이 사용되고 있다.

## (2) 민간방송

민간방송 각 국에서도 시험방송(밤, 또는 새벽 : 방송국 이름 고지 전후)을 실시하고 있다. 다음은 긴급경보방송 시험방송을 실시하고 있는 방송국들이다.

① 텔레비전

| | |
|---|---|
| 青森TV(JNN) | (毎月1日(1月만 2日), 방송 시작 전) |
| 東北放送(JNN) | 不明 (月1回) |
| 日本TV(NNN) | (不定期 放送休止中/과거는 毎月1回実施) |
| TV朝日(ANN) | (月1-2回程度 日曜은 放送休止後) |
| TBSTV(JNN) | (月1回程度 放送休止中) |
| TV東京(TXN) | (月末日曜日 放送休止後) |
| 후지TV(FNN) | (不定期 放送休止前) |
| 信越放送(JNN) | (毎月1日, 放送休止後) |
| TV山梨(JNN) | 디지털放送専用試験実施(毎月1回, 필러(filler)前) |
| 富山TV(FNN) | (毎月1日 방송시작 전) |
| 北陸放送(JNN) | (毎月第1日曜 放送休止前) 등의 방송국이 있다. |

② 라디오

| | |
|---|---|
| 青森放送(JRN·NRN) | (毎週 第2月曜 実施) |
| 東北放送(JRN·NRN) | (毎週 第2月曜 14時59分00秒에서 14時59分50秒) |
| TBS라디오(JRN) | (毎月第2日曜放送終了後 以前은毎月1日基点時放送) |
| 文化放送(NRN) | (毎月第1週日曜深夜＝月曜未明 종료 후. 단第1週는終夜放送을 행하는 경우는 翌週 第2週로 대체 実施) |
| 日本放送(NRN) | (毎週月曜시작 국가 演奏後. 또는 日曜深夜종료전 실시) |
| FM長岡(커뮤니티FM) | (毎月1日 長岡市지역은 12時30分頃 小千谷市지역은 12時35分頃) 등의 방송국이 있다. |

## 6) 본 방송에서의 운용

NHK에서 긴급경보방송이 실시되는 경우에는 위성 채널을 포함해서 TV와 라디오 전 채널을 통해서 경보가 전달된다. NHK는 7개 채널 NHK 종합TV, ETV, BS1, BS프리미엄, Radio 1, Radio 2, FM으로 방송한다. 동시에 외국어방송의 경우는 TV부음성(2중 언어)과 라디오 제2방송으로 대별되는데, 라디오의 외국어방송(영어, 중국어, 한국어, 포르투갈어 등)은 8개 국어로 방송된다. 이와 같이 NHK는 7개 채널 외에도 하이비전채널, 온라인채널 등을 합하면 9개 채널이 긴급경보방송을 하고 있는 셈이다. 한 민방 각 방송국은 2010년 2월과 2011년 3월 대형 쓰나미 경보발령 시에는 대부분의 방송국이라도 긴급 경보방송을 실시했다.

## 7) 기 타

한때, NHK에서는 긴급경보방송 시에 시작과 끝을 예고하기도 했다. 즉, 쓰나미 경보 발표 제1 보가 나가면 '긴급경보방송입니다'라고 하고, 지금부터 긴급경보방송이 시작된다는 것을 알림과 동시에(긴 신호음 이른바 "길게 삐로 삐로"로 음을 발신)하고, 종료신호가 발신되기 직전에 긴급 경보방송은 여기에서 종료되지만 계속해서 텔레비전이나 라디오로 쓰나미에 대한 정보를 알려드리겠습니다. 지금부터 방송하는 신호는 "댁의 TV와 라디오 전원이 꺼진 경우에는 다시 전원을 켜 주시기를 부탁드립니다"라고 방송 종료 안내(즉 긴급경보방송 수신기를 갖추고 있는 가정을 배려)로 종료 신호(짧은 신호음, 이른바 "짧게 삐로삐로 소리"를 4번)를 발신한다.

## 8) 유사 시스템

긴급경보방송과 같이 강제기동을 포함한 것에 한정하지 않는다면, 많은 언론기관들을 규격화·통일화해서 경보를 시민들에게 전달하는 '공중 경보시스템'이라는 방식은 일부 국가에서는 이미 실시하고 있다.

즉, XML(Extensible Markup Language)[18] 형식의 CAP(Common Alerting

Protocol)를 이용한 경보시스템은 이미 미국을 비롯해 캐나다나 멕시코 등에서 운용되고 있다.

## 9) 대규모 지진과 NHK의 대응

### (1) 대규모 지진(동해지진)과 NHK

「대규모 지진대책 특별조치법」(1978년 12월)에 기초한, 동해지진의 "지진방재대책 강화지역"에 관한 대책으로서, NHK도 '지진방재강화계획'을 필두로 관련 규정과 실시 세목을 정비하고 판정회 소집에서부터 경계선언, 나아가서 발재의 각 단계에 대응할 수 있는 태세를 정비해 두고 있다.

### (2) 판정회 소집 후의 NHK의 움직임

동해 지역에 관한 판정 회의 개최가 결정되면, 즉시 기상청으로부터 NHK 등 보도기관에 통보된다. 그리고 통보 30분 후에 "보도 해금에 관한 최종판정"이 결정되고, 방송은 그 시점에서 시작된다. 그 30분 사이에 방재관계의 각 기관은 초동체제를 정비해야 한다.

NHK에서는, 보도국이 기상청으로부터 "일보(一報)"를 받음과 동시에, 뉴스센터(사회·특보)를 기점으로 해서 '긴급 연락 루트도(연락망)'에 따라 각부·국에 연락된다. 연락을 받은 강화지역, 즉 시즈오까(靜岡), 하마마쯔(橫松)를 시작으로 다른 강화 지역 관련의 각국에서는, 각국의 '동원 계획'에 따라서 동원을 소집한다.

"보도 해금"이 되면 NHK 텔레비전(종합TV, 교육TV, BS1, BS프리미엄)채널과 라디오(R1, R2)· FM 7개 전파가 동시에 정규 프로그램을 중단하고 판정회가 소

---

18 W3C(World Wide Web Consortium)은 World Wide Web에서 사용되는 각종 기술의 표준화를 추진하기 위하여 설립된 비영리단체이다. Timothy 'Tim' John Berners-Lee가 1955년 6월 8일에 창설한 단체로 2014년 1월 26일 현재 388조직이 회원으로 가입해 있다. W3C는 교육활동도 하고 있는데 소프트웨어도 개발하고 있다.
HTML(HyperText Markup Language)는 종래 IETF(The Internet Engineering Task Force: 인터넷 기술 테스크 포스)로 RFC(Request for Comments)를 통해서 의견을 수렴하고 있다. XHTML의 규격에 불만을 가진 기업은 W3C에 대항하기 위해 WHATWG라고 하는 대항 단체를 만들기도 했지만, 양 단체는 HTML5의 정책에 협력관계에 있다.

집된 뉴스를 시작으로 관측데이터의 소개, 사회적 혼란방지를 위한 호소 등 지진(재해)에 관한 방송을 속보해야 한다. 또한, 경계 선언이 발령된 때나 지진발생의 경우에도 미리 정해진 요령에 따르고, 사회적 혼란을 방지하기 위해서 냉정하고 정확한 행동지침이 되는 정보나 대책을 실시 상황에 따라 극히 자세한 정보를 방송해야 한다.

### (3) 비상재해와 긴급경보방송

인명이나 사회생활에 직접적으로 중대한 영향을 미치는 대규모 지진이나 해일 등 비상 재해에 대한 예지정보나 경보류는 국민들에게 신속·정확하게 전달하는 것이 바람직하다. 방송은 그 수단의 하나로 중요한 역할을 수행하고 있지만, 심야 등 가정의 수신기 스위치가 켜져 있지 않을 경우에는 너무나도 무력한 난점이 있다. 여기에서 방송 전파의 긴급경보신호에 의해서 가정에 설치되어 있는 긴급경보수신기가 자동적으로 경보음을 낸다든지, 아니면 자동적으로 수신기의 스위치가 켜지게 하는 긴급경보방송 장치가 필요하다. 현재 개발되어서 시즈오카현(靜岡縣) 일부에 보급되어 있는 긴급경보방송 장치는 아직까지 설비비가 너무 비싸다는 것이 흠이다.

긴급경보방송은 1982년 당시 '전파기술심의회'에 의한 기술방식에 대한 답변에 따라 1985년 6월 1일 전파법 시행규칙 등 7개의 성령(省令)이 개정되어 법적 제도적인 뒷받침이 만들어지게 되었다. 따라서 긴급경보방송은 대재해의 두려움이 있을 경우, 방송국으로부터 '삐뽀 삐뽀'하는 경보음을 겸한 신호(긴급경보신호)를 보내는 것에 의해서 특정 기능을 가진 수신기(긴급경보수신기)를 자동적으로 작동시켜 심야에도 재해 정보를 직접 수신자에게 전달하도록 하는 방송이다. NHK에서는 1985년 9월 1일 '방재의 날'을 기해서 긴급경보방송을 전국적으로 실시하게 되었다.

긴급경보방송의 송출 순서는 내용을 아나운서 하기 전에 '개시 신호'를 송출하고, 재해방송을 전달한 후에 '종료 신호'를 보낸다.

'개시 신호'에는, 수신대기 상태에 있는 모든 수신기를 작동시키는 '제1종 개시 신호'와 수신할까 하지 말까를 수신기에 의해서 선택 수신할 수 있는 '제2

종 개시 신호'가 있다. 또, 신호의 적용범위를 한정시키기 위해서는 지역부호 (지역 공통, 광역 부호, 및 현역 부호)를 접촉시켜서 송신하도록 되어 있다. '종료 신호'를 수신하면 수신기는 원래의 수신 상태로 돌아간다.

또, '긴급경보신호'는 1kHz 근방의 2개의 신호를 각각 부호 '0'과 '1'로 대응시키는 디지털부호로 되어 있고, 들리는 음감은 '삐로 삐로(삐뽀 삐뽀)' 음으로 들린다.

### (4) 비상재해와 위성이용

비상재해 시 중계에는 통신위성(Communication Satellite : CS)을 이용한 CS 회선이 가장 유효한 전송 수단으로 최근에는 통신연락 수단으로도 이용되고 있다. CS 회선은 현장의 CS 중계차와 방송국을 통신위성을 경유해서 연결하는 영상·통신회선이다. CS 회선에 의해서 지금까지 중계가 극히 어려웠던 산간벽지나 낙도 등 일본 전국 어디에서나 현장 CS중계차의 수신설비로 방송국과 위성으로 동시영상 송신이 가능해져 방송국 경우 형태로 긴급방송이 가능하다.

### (5) 비상재해발생 시에 있어서 방송기관의 활동태세

재해시에는 라디오나 텔레비전 등 방송미디어의 방재활동이 매우 중요하다고 하겠다. 따라서 방송사들은 비상시에는 자체 시설확보에 만전의 태세를 갖추지 않으면 안 된다. 공공방송인 NHK는 물론, 민영 방송사들도 재해시를 대비해서 자체 '보도 매뉴얼'을 작성하는 등 내규로 규정하여 응급조치에 대비하고 있다. 특히 일본의 방송기관들은 중대한 재해가 발생하면 회장(사장)을 본부장으로 하는 재해대책본부회의를 설치하고 전 조직을 동원하여 재난정보 확보에 주력하게 된다. 따라서 비상시 일본의 각 방송기관들의 방재활동이나 응급조치 방법 등에 대해서는 다음과 같다.[19]

## 10) 비슷한 시스템

긴급경보방송의 강제시작을 위해 규격화된 통일경보로 시민들에게 전달하는

---

19 東京都防災會議『東京都地域防災計劃』(震災編:平成10年修正), 1998年, pp. 176~182.

'공중경보시스템'이라는 방식은 일부 국가에서는 대중적이다. XML 형식의 Common Alerting Protocol(CAP)를 이용한 경보시스템은 미국을 비롯해 캐나다, 멕시코 등에서 운용되고 있다.

## 2. NHK의 '긴급지진경보'

### 1) 대규모 지진(동해지진)과 NHK 긴급지진경보

「대규모 지진대책특별조치법」(1978년 12월)에 입각해 동해지진에 대한 "지진방재대책 강화지역"에 관한 대책으로, NHK는 '지진방재강화계획'을 필두로 관련 규정과 실시 세목을 정비하고, 판정회 소집에서부터 경계선언, 나아가서는 발재(發災)의 각 단계에 대응할 수 있는 태세를 정비했다.

〈판정회 소집 후의 NHK의 긴급지진경보〉

동해 지역에 관한 판정회의 개최가 결정되면, 즉시 기상청으로부터 NHK 등 보도기관에 통보된다. 그리고 통보 30분 후에 "보도 해금에 관한 최종판정"이 결정되고, 방송은 그 시점에서 시작된다. 그 30분 사이에 방재관계의 각 기관은 초동대응체제를 정비해야 한다.

NHK에서는, 보도국이 기상청으로부터 "일보(一報)"를 받음과 동시에, 뉴스센터(사회·특보)를 기점으로 해서 '긴급 연락 루트도(연락망)'에 따라 각부·국에 전달된다. 연락을 받은 강화지역, 즉 시즈오까(靜岡), 하마마쯔(橫松)를 시작으로 다른 강화지역에 관련된 각 국에서는, 각 국의 '동원 계획'에 따라서 동원을 소집한다.

"보도 해금"이 되면 NHK 텔레비전(종합TV, 교육TV, BS1, BS2 프리미엄)채널과, 라디오(R1, R2)·FM, 7개 전파가 동시에 정규 프로그램을 중단하고 판정회가 소집된 뉴스를 시작으로 관측데이터의 소개, 사회적 혼란방지를 위한 호소등 지진(재해)에 관한 방송을 속보해야 한다. 또한, 경계 선언이 발령된 때나 지진발생의 경우에도 미리 정해진 요령에 따르고, 사회적 혼란을 방지하기 위해서는 냉정하고 정확한 행동지침이 되는 정보나 대책을 실시 상황에 따라 극히 자세한 정보를 방송해야 한다.

## 2) 비상재해와 긴급지진경보

인명이나 사회생활에 직접적으로 중대한 영향을 미치는 대규모 지진이나 해일 등 비상재해에 대한 예지정보나 경보류는 국민들에게 신속·적확하게 전달하는 것이 바람직하다. 방송은 그 수단의 하나로 중요한 역할을 수행하고 있지만, 심야 등 가정의 수신기 스위치가 켜져 있지 않을 경우에는 너무나도 무력한 난점이 있다. 여기에서 방송전파의 긴급경보신호에 의해서 가정에 설치되어 있는 긴급경보수신기가 자동적으로 경보음을 낸다든지, 아니면 자동적으로 수신기의 수신기가 켜지게 하는 긴급경보방송 장치가 필요하다. 시즈오카현(靜岡県)을 필두로 보급되어 있는 긴급경보방송 장치는 설비비가 든다는게 흠결이다.

긴급경보방송은 1982년 당시 '전파기술심의회'에 의한 기술방식에 대한 답변에 따라 1985년 6월 1일 전파법 시행규칙 등 7개의 성령(省令)이 개정되어 법적 제도적인 뒷받침이 만들어지게 되었다. 따라서 긴급경보방송은 대재해의 두려움이 있을 경우, 방송국으로부터 '삐로 삐로'하는 경보음[20]을 겸한 신호(긴급경보신호)를 보내는 것에 의해서 특정 기능을 가진 수신기(긴급경보수신기)를 자동적으로 작동시켜 심야에도 재해정보를 직접 수신자에게 전달하도록 하는 방송이다. NHK에서는 1985년 9월 1일 '방재의 날'을 기해서 긴급경보방송을 전국적으로 실시하게 되었다.

"긴급경보방송"의 방송 기준은 다음과 같다. 다음 3가지 경우에 한해서 NHK는 반드시 긴급경고방송을 실시해야 한다.

---

20 NHK가 개발한 이 경보음은 소리나 음악, 관계 전문가 수십 명이 협업으로 독자개발한 경보음이다.

① 대규모 지진에 의한 경보 선언이 발령되었을 경우.

② 해일경보가 발령되었을 경우.

③ 재해대책기본법 제57조의 규정에 의해서 도도부현 지사 등으로부터 긴급 경고방송 요청이 있을 경우에 한하는 것으로 되어 있다.

긴급경보방송의 송출 순서는 우선 방송개시 전에 '개시 신호'를 송출해 수신기를 깨워서, 재해방송을 전달한 후에 「종료 신호」를 보낸다.

「개시 신호」에는 수신대기 상태에 있는 모든 수신기를 작동시키는 '제1종 개시 신호'와 수신할까 하지 말까를 수신기에 의해서 선택 수신할 수 있는 '제2종 개시 신호'가 있다. 또, 신호의 적용 범위를 한정시키기 위해서는 지역 부호(지역 공통, 광역 부호, 및 현 단위 지역 부호)를 접촉시켜서 송신하도록 되어 있다. '종료 신호'를 수신하면 수신기는 원래의 수신 상태로 돌아간다. 그리고 「긴급경보신호」는 1kHz 근방의 2개의 신호를 각각 부호 '0'과 '1'로 대응시키는 디지털부호로 되어 있고, 들리는 음감은 '삐로 삐로(삐뽀 삐뽀)' 음으로 들린다.

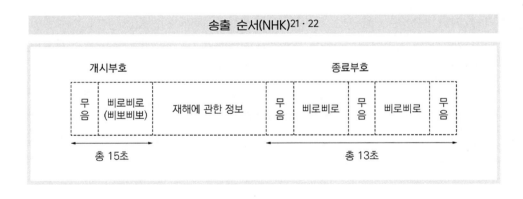

송출 순서(NHK)[21 · 22]

| 개시부호 | | 종료부호 | | | | | | |
|---|---|---|---|---|---|---|---|---|
| 무음 | 삐로삐로 (삐뽀삐뽀) | 재해에 관한 정보 | 무음 | 삐로삐로 | 무음 | 삐로삐로 | 무음 |
| 총 15초 | | | 총 13초 | | | | |

미야자키현(宮崎県) 오키 지진(1987년 3월 18일 오후), 산리쿠 오키 지진(1989년 11월 2일 오전)의 발생에 수반된 해일경보가 발령되었기 때문에, 전7개 전파·

---

21 東京都防災會議『東京都地域防災計劃』(震災編 : 平成10年修正), 1998年, pp. 176~182.

22 이연『재난 홍보시스템 강화방안 연구』, 행정안전부, 2008년, p. 68.

전국 및 현 <이와테현(岩手県), 미에현(宮城県)>에 의한 긴급경보방송을 각각 실시했다.

## 3) 외국인이나 관광객을 위한 긴급 다중언어 제공

대규모 재해가 예지될 것 같은 사태에 직면하게 된 경우, 일본어를 충분히 이해할 수 없는 재일 외국인을 대상으로 중요한 재해정보를 영어로 방송하는 것으로서 1988년 4월부터 운영을 개시하고 있다. 그밖에 TV, 라디오에서는 20개 국어로 재난정보 서비스를 제공하고 있다.

전달하는 정보는, 긴급경계방송 중
- 대규모 지진의 경계 선언 발표 내용과
- 해일경보의 내용으로, 종합텔레비전, 위성 제1, 제2 프리미엄 TV, 그리고 라디오 제2방송을 이용해서 방송한다.

## 4) 긴급경보방송의 실시기준과 지역23

| 구 분 | 개시 신호 | 지역 부호 | 송출 미디어 | 방송 실시 기준 |
|---|---|---|---|---|
| 대규모지진의 경계선언 | 제1종 | 지역 공통 | 전파(7波) | 전국방송 / 전파동시 방송 |
| 해일 경보 | 제2종 | 지역 공통 현역 또는 광역 | 전파(7波) | 전국방송 / 전파동시 방송 |
| 재해법에 의한 방송 요청 | 제1종 | 현역 또는 광역 | 3파(종합텔레비전 라디오제1, FM) | 현역 또는 / 3파 동시 방송 블럭 |

---

23 『NHKポケット事典』, NHK廣報室, 2003年, pp. 2001~2003.

| 지역부호 | 대상지역 | 발신국 |
|---|---|---|
| 지역공통 | 전국일원 | 본부, 오사까(예비) |
| 광역 | • 칸도(關東:동경도 및 카나가와, 사이타마, 치바, 군마, 토치기, 이바라기의 각현) | 본부 |
| | • 쥬쿄(中京:아이치, 기후, 미에의 각현) | 나고야 |
| | • 긴키(近畿:오사까부, 쿄토부, 효고, 나라, 와가야마, 시가의 각현) | 오사까 |
| | • 오까야마, 까가와(오까야마, 까아와의 각현) | 오까야마, 다카마쯔 |
| | • 톳토리, 시마네(톳토리, 시마네의 각현) | 돗토리, 마쯔에 |
| 현역 | 각 도도부현의 구역 | 홋카이도(北海道)내 각국(北海道 부호) 본부 (관동광역권내 각 도현 부호)나고야 (中京광역권내 각 현 부호)오사까 (近畿광역권내 각 부현 부호) 그 외의 현청 소재 지국(각 현 부호) |

긴급지진 속보는 지진발생 후 큰 흔들림이 도달하는 수초에서 수십 초 전에 경보를 발하는 것으로 지진 조기경보시스템을 일본기상청이 중심이 되어 제공하는 예보·경보이다. 영어 명칭의 약칭은 EEW(Earthquake Early Warning)이다. 2004년에 일부 시범운영을 시작해서, 2007년 10월 1일부터 일부 낙도를 제외한 국내 전역에 모든 주민을 대상으로 한 본 운용을 개시했다. 동종 시스템으로는 세계 최초이다.

지진발생 직후에 진원에 가까운 관측지점의 지진계에서 포착된 지진파의 데이터를 분석하고 진원의 위치와 지진의 규모(매그니튜드)를 즉시 추정하여 신속하게 알리는 것이다.

## 5) 긴급지진 속보에서, ① 예보 ② 경보 ③ 특별경보의 법적 지위

긴급지진 속보는 지진의 예보·경보·특별경보로 자리매김한다. 다른 예보(주의보)·경보·특별경보와 마찬가지로 기상청의 의무이다(기상업무법 제13조). 2013년 8월 30일 특별경보 시행에 따라 지진동특별경보를 새롭게 설정했다.

〈지진동의 ① 예보 ② 경보 ③ 특별경보의 구분〉

지진동의 ① 특별경보는 추정치 최대 진도 6 이상일 때 발표한다. 강한 흔들림이 예상되는 지역에서 지진동에 의해 현저하게 중대한 재해가 발생할 우려가 있는 사실을 경고한다. ② 경보는 추정치 최대 진도 5약(4.5-5.0) 이상일 때 발표한다. 강한 흔들림이 예상되는 지역에 대하여 지진동에 의해 중대한 재해가 일어날 우려가 있다는 사실을 경고하고, ③ 지진예보는 추정 치 최대 3 이상, 또는 추정 매그니튜드 3.5 이상에서 발표한다.

그러나 현재는 속보성·정확성의 기술적 한계(진도 6 약 : 5.5-6.0) 이상의 흔들림이 예상되는 지역을 예측하는 기술은 현재는 즉시성·정확성의 개선 여지가 있는 것과, 또 특별경보와 통상의 경보를 일반국민들에게 극히 단시간에 구별해서 전달하는 것이 어렵기 때문에, 긴급 지진속보(예보)를 발령할 때에는 '고도 이용자에게만' 전달한다.

심각성의 차이를 고려해 기상청은 "일반인"에 발표하는 경우는 지진경보·지진동 특별 경보를 "긴급지진 속보(경보)" 또는 단순히 "긴급지진 속보"의 이름으로 발표한다. 지진예보는 "긴급지진 속보(예보)"로 "고급 사용자용"으로 발표된다.

"일반인을 위한" 긴급지진 속보는 경보·특별경보에 해당하며, 또 "고도 이용자용"이지만, "일반인용"의 기준을 충족하는 경우가 발생하면 그 일련의 속보를 포함하여 경보·특별경보로 보도하고 있다.

기상청 이외의 자는 원칙적으로 지진경보(특별 경보 포함)를 발표할 수 없고 (동법 제23조), 또한 예보의 업무를 수행하기 위해서는 기상청장관의 허가가 필요하다(기상업무법 제17조). 또한 동법에 따라 기상청은 허가 사업자의 '예보' 발표 시에는 기상청의 '경보'와의 구별을 이용자에게 주지시켜야 한다고 규정하고 있다.

덧붙여 '경보'에 관해서는 기상경보와 마찬가지로 기상청은 "정령이 정하는 바에 따라 즉시 그 경보 사항을 경찰청, 국토교통성, 해상보안청, 도도부현, 동일본전신전화주식회사, 서일본전신전화주식회사, 또는 일본방송협회의 기관에 통지해야 한다(기상업무법 제15조)라고 규정하고 있다. 또한, '특별 경보'에 해당하는 경우, 발표시에는 '경보'라는 표현에는 차이가 없는 것 외에 지진동 이외의 특별 경보와 달리 알림에 차이는 없다.

지진발생 직후에 진원에 가까운 관측지점의 지진계에서 포착된 지진파의 데이터를 분석하여 진원의 위치와 지진의 규모(매그니튜드)를 즉시 추정하고 이에 따라서 각지의 주요지진동의 도달 시간과 진도를 추정하여 가능한 한 신속하게 알리는 것이다.

주요 지진동이 도달하기 직전에 약간의 시간을 적절하게 활용할 수 있다면 지진재해 경감에 도움이 될 것으로 기대하고 있다. 특히 육지에서 떨어져 있는 곳에서 발생하는 해구형 등의 지진에 대해서는 가까운 연안 도시에서 원리상 수초에서 수십 초의 유예시간이 전망된다. 그러나 기술적인 한계 때문에 속보가 주요동이 도달 사이에서 마주 않는 경우가 있다. 특히 육지를 진원지로 하는 이른바 직하형 지진에 격하게 흔들려 진앙지 부근에는 원리상 몇 초 밖에 유예시간이 없거나 더 늦는다고 생각된다. 이에 대해서는 관측점을 늘리거나 처리·전달 속도 등의 기술 향상이 조금씩 진전되고 있다. 이밖에 오보 위험 등도 있다.

지진 속보 처음 시작 당시 발표내용에 따라 사회의 다양한 곳에서 혼란이 발생할까 봐 우려하였는데, 2004년에 일부 운용개시 때부터 시험적·한정적인 발표로 고정해 두었다. 2007년 10월 1일에는 "일반용" 속보제공 출시가 결정되면서 홍보 및 수단에 대한 일부 조정이 이루어졌다. 속보에 관한 제 문제를 고려하면서, TV를 시작으로 '일반용' 속보가 점차 확대되었고, 이제는 휴대전화에까지 널리 사용되고 있다. 또한, "고급 사용자용"에게 제공하는 단말기와 소프트웨어가 다양한 방식·사업자에 의해 제공되고 있다. 개인이나 법인 등의 도입 여부는 각각의 판단에 맡겨져 있어서 의무화 예정은 없다.

### 6) 자연 재해에서, ① 주의보 ② 경보 ③ 특별경보의 법적 지위

지진과 마찬가지로 자연재해가 일어날 우려가 있어도, 주의 환기나 경고를 위해서 발표되는 것으로는, "주의보" "경보" "특별경보"가 있다.[24]

---

24 https://all-guide.com/cg00539/

주의보는 "재해가 일어날 우려가 있는 경우에 그 취지를 주의해서 실시하는 예보".

주의보의 대상이 되는 것은 ① 기상, ② 지면 현상, ③ 고조, ④ 파랑, ⑤ 침수, ⑥ 홍수의 6종류로, 기상주의보는, ① 풍설, ② 강풍, ③ 큰비, ④ 폭설, ⑤ 번개, ⑥ 건조, ⑦ 농무, ⑧ 서리, ⑨ 눈사태, ⑩ 저온, ⑪ 착설, ⑫ 착빙, ⑬ 해설의 13종류 있다.

경보는 "중대한 재해의 일어날 우려가 있는 취지를 경고하고 실시하는 예보".

경보의 대상이 되는 것은 ① 기상, ② 지면 현상, ③ 고조, ④ 파랑, ⑤ 침수, ⑥ 홍수의 6종류로, 주의보와 같지만, 기상의 내용에 차이가 있어 기상경보는 폭풍·폭풍설·큰 비·폭설의 4종류이다.

특별경보는 "예상되는 현상이 특히 비정상이기 때문에 중대한 재해가 일어날 우려가 현저하게 큰 경우에, 그 취지를 나타내고 실시하는 경보다." 자연재해 경보도 지진경보와 마찬가지로 2013년(2013) 8월 30일부터 운용이 개시된 새로운 경보이다.

특별경보가 되는 것은 ① 기상, ② 지면 현상, ③ 고조, ④ 파랑의 4종류로, 기상 특별 경보는 ① 폭풍, ② 폭풍설, ③ 큰비, ④ 폭설의 4종류이다.

"주의보" "경보" "특별경보"의 순서대로 피해의 우려가 강해져 특별경보에 이르면, 몇십 년에 한 번밖에 없는 것 같은 대재해가 일어날 것으로 예상되는 경우에 발표해, 최대급의 경계를 호소하는 것이므로 피난 지시나 피난 권고에 따라 빨리 행동하는 것이 필요하다.

"주의보" "경보" "특별경보"의 전국적으로 공통되는 기준에 대해서는 이상과 같이 하지만, 구체적인 기준에 대해서는 표시할 수가 없다. 왜냐하면, 주의보나 경보는, 각지의 지형, 지반의 강도, 기후에 의해 지역마다 그 기준이 각각 다르기 때문이다.

예를 들면, 홋카이도나 호쿠리쿠지방 등의 강설량이 많은 지역과, 도쿄 등의 적은 지역에서는 같은 눈의 양으로도 대응할 수 있는 힘에 차이가 있어, 재해가 일어나는 가능성도 각각 달라진다. 도쿄의 예년 강설량을 전국의 기준으로 했다면, 홋카이도나 호쿠리쿠는 항상 "경보"가 나오게 되고, 홋카이도나 호쿠리쿠에 기준을 맞춘다면, "주의보"라도 도쿄는 재해가 일어나는 가능성이 커진다. 덧붙여서, 오키나와에서는 좀처럼 눈이 내리지 않기 때문에 폭설 주의보의 기준조차 설정되지 않았다.

또, "주의보"와 "경보·특별경보"로는 기초를 두는 법률에도 차이가 있다. 따라서 경보와 특별 경보는 「기상업무법」에 의해서 정의된 것이지만, 주의보의 정의는 "기상업무법 시행령"에 따른 것이다.

## 3. 일본인들의 방재의식 변화와 자조·공조력(共助力) 강화

### 1) 자조·공조(共助) 능력의 강화

일본은 재난의 백화점이라고 할 정도로 각종 재해가 많이 발생할 뿐만 아니라, 발생하기 쉬운 특성을 가지고 있다. 특히, 2016년 4월 구마모토 지진이나 1995년 1월 한신·아와지 대지진을 겪으면서 광역적인 대규모 재해가 발생한 경우에는 관에서 도와주는 공조(公助)에만 의존하는 데는 한계에 있다는 점이다. 따라서 가족이나 이웃 등과 함께 자조·공조(共助)하면서 재난에 대응해야 한다는 의식이 고조되고 있다. 실제로 2016년 구마모토 지진 때는 26명의 주민들이 지진으로 매몰되었는데 신속한 주민들의 자조·공조(共助) 덕분에 모두 구조할 수 있었다. 그러나 1995년 한신·아와지(고베) 대지진에서는 70% 정도가 가족을 포함한 "자조"에 의해서 구조되었고, 30% 정도가 이웃 등의 "공조"에 의해 구출되었다는 조사통계가 있다. 또한, 2018년 일본의 총무성소방청 보고서에 따르면, 향후는 인구 감소 등 지역주민들의 감소로 인해, 자주 방재조직과 소방인력 감축 등으로 이제 지역의 재난은 '남의 일'이 아니라 '자신의 재난'으로 인식해야 한다고 보고 있다.[25] 따라서 국민 개개인들도 공적 조직에

---

25 総務省消防庁「消防団員の確保方策等に関する検討会」報告書(消防団の実態に関するアンケー

의존하기보다는 개개인이나 지역주민들이 합심해서 더욱 감재의식을 높여 스스로 자발적으로 구체적인 방재행동으로 실행해야 한다는 생각이 강해지고 있다.

### 2) 2011년 동일본 대지진 쓰나미 피해 제로(Zero) 마을, '후다이 마을(普代村)'

2011년 동일본 대진재 당시 이와테현(岩手県) 후타이 무라(普代村)는 쓰나미에 대비해 방조제를 건설해 대형 쓰나미 피해가 거의 제로에 가까운 마을이다. 후다이 마을은 이와테현 산리쿠해안(三陸海岸)에 접해서 후다이 강을 따라서 마을이 중심부에 형성하고 있다. 1896년 명치 시대에 발생한 산리쿠 대형 쓰나미로 1,000명 이상 사망자나 행방불명자를 낸 대형 재난이 있었다. 이러한 산리쿠 대형 쓰나미를 대비하여 후다이 강의 하구에서 약 300m 상류에 쓰나미를 방제하기 위한 방제 벽을 건설했다. 이것이 후다이의 방제 벽 수문이다. 수문의 높이는 15.5m로 길이는 약 200m에 달한다. 이 마을의 촌장이 뚝심으로 추진한 이와테현의 쓰나미 대책 사업의 일환으로 총사업비 35억 6,000만 엔(약 360억 원)을 들여서 건설했다. 연차적으로 진행한 이 사업은 1984년에 완성된 것이다. 이 방조제의 덕분에 이웃 마을은 거의 초토화 되다시피 한 거대 재난에도 후다이 마을은 침수 피해 제로로 이번 쓰나미에는 수문이 톡톡하게 효과를 발휘한 것이다. 2011년 3월 30일 시점에서 행방불명자는 1명 나왔지만, 사망자는 제로였고 주택침수 피해도 나지 않았다.[26] 따라서, 일본에서 "이와테현 후다이 마을을 쓰나미로부터 구한 제방과 수문(Dike and floodgate that saved the village from the tsunami)은 "기적의 수문"으로 널리 알려져 있다. 나아가 동일본 대지진의 대형 쓰나미로부터 마을을 구한 "후다이 수문"[27]을 다음과 같이 어린이들의 그림책에도 등장할 정도로 쓰나미 방제에 큰 교훈이 되고 있다.

---

卜結果の概要」), 2018年, p. 8.
https://www.soumu.go.jp/menu_news/s-news/01shoubo01_02000005.html(2021.9.5)
26 『日本経済新聞』「岩手県普代村は浸水被害ゼロ´ 水門が効果を発揮」, 2011年4月1日付け.
27 https://www.youtube.com/watch?v=xD7qhZ5UGjc(2021. 9.12)

普代水門
Tsunami sluice gates at Fudai

教訓「大事なのは"いのち"」
絵本で伝える「奇跡の水門」

2011年3月11日
提供：普代村

주택 침수피해·사망자 제로

자료 : https://www.youtube.com/watch?v=7_r_MEa-XZw

### 3) 일본 최초로 NHK가 '사체검안서' 분석

NHK는 2016년 1월 17일 1995년 한신·아와지(고베지진) 대진재 21주기를 맞이해 당시 희생자들에 대한 '사체검안서'를 일본 최초로 분석해 사망원인을 밝혀냈다. 당시 지진에 의해서 희생된 5,036명 희생자들의 '사체검안서'를 면밀하게 분석해 다음의 도표와 같이 사망자 분포도를 지도로 표시했다.[29] 즉, 1995

---

28 https://www.youtube.com/watch?v=xD7qhZ5UGjc(2021. 9.12)

년 한신·아와지 대지진 당시 사망자들의 '사체검안서'를 보고 사망원인이나 사망시간, 사망 장소 등을 분석해 지도로 표시해봤다. 이 결과를 2016년 1월 17일 '진도 7 무엇이 생사를 갈랐는가'라는 특집으로 보도해 신선한 충격을 주었다.[30]

**사망자 분포도**

자료 : 阪神淡路大地震震度 7・何が生死を分けたのか(ＮＨＫスペシャルから)[31]

이 스페셜 프로그램에 의하면, 21년간이나 파묻혀 있던 각종 데이터를 분석해 5,036명이 희생된 한신·아와지 대진재의 진실을 사상최초로 밝힌 것이다. 이 프로그램은 당시 재난 전후를 통해 "생과 사"를 넘나들면서 대량으로 수집된 긴급재난정보 데이터를 과학적으로 분석한 최초의 보고서다. 즉, 죽음의 원인이나 가옥의 붕괴 상황, 화재가 확대되는 과정이나 구조의 움직임 등이

29 ＮＨＫスペシャル取材班 『阪神淡路大地震震度 7・何が生死を分けたのか(ＮＨＫスペシャルから)』, ベストセラーズ, 2020年, 표지 사진.

30 https://www6.nhk.or.jp/special/detail/index.html?aid＝20160117(2021.9.4.)

31 ＮＨＫスペシャル取材班 『阪神淡路大地震震度 7・何が生死を分けたのか(ＮＨＫスペシャルから)』, ベストセラーズ, 2020年, 표지 사진.

주된 내용이다. 이러한 데이터 정보는 지진에 대비하기 위한 내진설계 보강의 중요성이나 구조 방법 등 다양한 교훈을 우리들에게 줄 수 있다. 하지만, 이러한 소재인데도 불구하고 지금까지는 기술적인 분석 한계 등으로 인해 대부분이 방치된 상태였다. 이에 NHK는 이러한 귀중한 데이터를 재발굴하기 위해 21년 만에 최신의 분석기술 방법을 동원해 이 프로젝트를 시작하게 되었다. 시간이 경과된 복수의 데이터들이라도 서로 면밀하게 조합해 보면, 당시 어떻게 생명을 잃게 되었는지 그 전모를 소상하게 밝힐 수 있을 뿐만 아니라, 이때까지 사각지대로 간과되었던 도시형 직하 지진의 "진정한 피해 모습"도 밝힐 수 있는 중요한 프로그램이었다.[32]

즉, ① 지진발생 이후 1시간 이내에 75%의 희생자가 집중하게 된 원인, ② 흔들림으로부터 2시간 이상 경과 후에 화재가 발생해 생명을 잃게 되는 수수께끼 같은 화재, ③ 반나절(3시간) 이상 시간이 경과해도 구조되지 않는 도시형 재난의 약점 등 교훈의 상당수는 지금도 그에 대한 근본적인 대책이 세워지지 않았다.

〈진도 7 무엇이 생사를 갈랐는가?〉

1995년 1월 17일 오전 5시 46분 효고현 남부(아와지 섬 북부)를 진원지로 한 진도 7(M7.3)의 직하형 한신·아와지 대지진은 10만동이 넘는 건물이 파괴되고, 6,434명의 고귀한 생명을 잃은 대형 재난이다. 그때부터 21년째에 사망자 수 6,434명 중, 지진발생 당일에 사망한 5,036명(97%)의 '시체검안서'를 면밀히 분석해 봤다. 이번 시도는 일본에서는 최초로 각 사망자의 ① 사망 원인, ② 사망 장소, ③ 사망 시각 등을 분석한 것이다.[33]

지진발생 1시간 이후에도 생존자는 무려 911명이나 남아 있었지만, 이 사람들을 그 후 원인 불명의 화재가 덮쳐 죽게 되었고, 지진발생 5시간 후에까지도 무려 500여 명 가까이가 도움을 기다리고 있었던 상황이었다. 만약, '당시 구조준비가 잘 되어 있었다면 구출할 수 있었던 생명도 있었다'라고 하는 사실

32 NHKスペシャル取材班 『阪神淡路大地震震度7・何が生死を分けたのか(NHKスペシャルから)』, ベストセラーズ, 2020年, 표지 사진.
33 김범수 역『진도 7, 무엇이 생사를 갈랐나?』, 황소자리, 2018년, pp. 18~20.

을 알게 되었다. 이러한 사실은 향후 발생 가능한 수도형 직하 지진 대책에 중요한 실마리가 될 수 있다. 따라서 NHK는 재난방송 주관방송사로 그날의 슬픔을 반복하지 않기 위해서 사망자들의 사체검안서를 바탕으로 마지막 남겨진 메시지를 밝혀보고자 했다고 한다.

먼저 희생자들의 '사체검안서'를 분석해 보니, 사망 원인은 압박사, 전신 타박, 질식사, 내장 파열, 다발성 외상, 압좌사, 즉사, 다발성 장기 파손, 다 장기손상, 복부 내장 파열, 쇼크사, 내장 파괴 등이었다. 지진발생 당일 사망자는 5,036명이고, 44만 동의 건물이 피해를 보았으며, 또한 당일 발생한 205건의 화재기록이 있었다. 그밖에 도로 데이터와 소방 구조대의 움직임 등의 빅데이터를 활용해보니, 지진발생 직후 1시간 후, 5시간 후의 시계열로 검증해본 결과 필요한 대책을 잘 세웠으면 구출할 수 있는 생명도 있었다는 것을 알 수 있었다. 지진발생 1시간 후에 사망한 사람은 3,842명으로 당일 사망자의 약 75%에 달했다. 이 지진으로 건물의 붕괴 피해가 가장 극심했던 장소가 고베시 히가시 나가다구(東灘区)로 내진성이 가장 낮은 주택이 밀집해 있는 곳이다. 또한, 큰 화재가 발생한 곳도 역시 고베시 히가시 나가타구이며 모두 진도 7을 기록하고 있다.

희생자 중 지진발생 1시간 이내의 사망자 사인 90%가 압박사이며, 나머지 7%는 화재로 사망했다. 압박사 중의 61%는 질식사(2,116명)이며, 압사(즉사)는 불과 8%에 이른다. 여기서 질식사한 희생자 중에서도 지진발생 직후부터 어느 정도의 시간은 살아 있었을 가능성도 배제할 수 없다. 지진에 의한 질식사는 왜 일어나는가? 통상 호흡은 횡격막이나 가슴이 움직이는 것으로 행해지지만 기둥이나 대들보가 가슴이나 배에 닿아도 애를 먹지 않을 정도의 중량감에서도 호흡할 수 없게 되어 외상성 질식이 된다. 실제 내진성이 낮은 목조주택이 많은 코베시 히가시 나가타구(東灘区)에서 도괴한 기둥이나 대들보 등에 깔려 질식한 희생자가 많았다. 붕괴 건물의 기와조각이나 돌 등이 다리에 닿으면 상처나 골절 정도로 끝나지만, 가슴이나 배 위에 닿았을 경우는 질식사 한다. 질식사는 60대, 70대 고령자는 누구라도 고위험 군에 속하지만, 20대의 젊은 사람도 일정한 정도의 중량감에는 질식기도 해 질식사를 막는 방법은 건축물

의 내진설계 강화방법밖에는 없어 보인다.[34]

또한, 지진발생 1시간 뒤에도 생존자는 911명이나 구조 요청을 기다리고 있었지만, 이 사람들을 2차로 덮친 재난은 지진 이후에 발생한 화재였다. 지진 직후 화재발생 건수는 113건이지만, 지진발생 1시간 이후에도 92건이나 화재가 발생해 생명을 잃게 되었다. 지진발생 직후는 아니지만, 지진발생 1시간 이후에서도 화재가 발생해 85명이나 사망했다.

지진이나 홍수 등으로 단전된 후 전기가 복구되어 다시 들어가는 '통전(通電)' 시에는 화재가 자주 일어난다. 이러한 재난복구 시 '통전 화재' 방지에는 '감진(感震) 브레이커(braker)'[35]가 유효하다고 판단하여 그것의 보급을 서두르고 있다.

지진발생으로부터 5시간 이후에도 재해지에서는 새로운 국면을 맞이하고 있었다. 즉, 지진발생으로부터 5시간 이후의 생존자도 무려 477명이나 아직도 도움을 요구하고 있는 상황이었다. 그 당시 이들을 도울 수 있는 유일한 방법은 신속하게 현장에 접근하는 방법인데, 문제는 소방구조대의 현장 접근을 가로막는 파괴된 도로가 문제였다. 당시 효고현에서는 구조의 손길이 압도적으로 부족해 전국의 요청한 소방구조대가 신속하게 달려왔지만, 그 신속한 구조대의 진입을 막은 것은 뜻밖에도 도로의 대 정체였다. 다시 말해서 도로의 파괴로 구조대가 진입하지 못해 구조대의 진입이 큰 폭으로 늦어져 살릴 수 있는 생명도 구조할 수 없었던 상황이 발생한 것이다. 이와 같이 관이 구출하는 외부의 공적인 구조는 구조적으로 어렵다는 것이 1995년 한신·아와지 대지진재를 겪으면서 체득한 것이 일본인들의 변화된 방재 의식이다.

---

34 김범수 역 『진도 7, 무엇이 생사를 갈랐나?』, 황소자리, 2018년, pp. 18~20.
35 「감진 브레이커」는 지진이 발생해 진도 5 이상의 흔들림을 관측한 경우는 자동적으로 브레이커를 내려 전기를 차단하는 방재기구를 말한다.

자료 : NHKスペシャル取材班 『阪神淡路大地震震度7(NHK)』.

## 제4절  일본 정부의 재난방송 지원 정책

　　일본 정부는 재난방송으로 피해를 입은 매체에 대한 지원에는 비교적 관대하여 연간 여러 종류에 걸쳐서 지원사업을 펼치고 있다. 일본 정부는 총무성이 직접적으로 신청을 받아서 심사를 거쳐서 선정하여 지원하지만, 총무성이 직접적으로 지원하기가 어려운 부분이 있으면 일본재단 같은 국토교통성 산하기관을 통해 간접적으로 지원하기도 한다.

　　전국 방송사들의 재난피해에 대한 지원에서 가장 피해가 심한 지진에 관해서는 내진 설계나 지진 강화시설, 또는 송신소나 안테나, 중계국 피해 등 시설 피해의 경우에는 대체로 피해액의 1/2을 국가에서 지원한다. 즉, 지방자치단체나 공공단체가 아닌 법인이나 제3의 단체인 경우는 1/3을 부담하는 것을 기본으로 하고 있다.

　　다음은 일본 정부가 재난방송 강화를 위해 지원한 종합계획 사례조사이다.

## 1. 총무성은 2021년 지상파 방송 등의 방재능력 강화를 위한 지원사업 실시[36]

총무성은 정전 대책과 지상파 방송 등 방송국을 위해 예비시설을 개발하는 지방자치단체, 민간 방송, 라디오 방송 등의 유지비에 대한 부분 보조금을 지급했다. 이 사업의 목적은 대규모 자연재난발생 시 방송국 등의 파손을 피해서 재난방송을 계속하기란 불가능하기 때문에 보조금을 지원해 재난방송을 계속하게 하는 사업이다.

### 지상파 기간방송 등에 관한 방재능력 강화 지원사업 보조대상

| 보조대상 | 구체적 사례 |
|---|---|
| 예비 송신설비<br>(대체 송신기 · 대체 공중선) | • 송수신 안테나<br>• 송수신기<br>• 송수신에 필요한 전원 설비, 감시 억제 · 경보 · 측정 장치<br>• 수용박스 등 |
| 예비 프로그램 송신설비 | • 연주 설비<br>• 자동프로그램 송출 설비<br>• 감시 모니터 설비<br>• 원격 제어장치 등 |
| 예비 중계 회선설비 | • 중계 수신 장치, 주파수변환, 전력증폭장치, 전력합성장치 등<br>• 전송용 전용선<br>• STL설비, TTL설비, 방송파 중계 회선 설비, 유선 전송설비 등 |
| 예비 전원설비 | • 무정전 전원장치<br>• 축전지<br>• 연료전지, 비상용 발전장치, 전원 절제 판<br>• 연료탱크 등 |
| 그 외 사업을 실시하기 위한 필요한 경비 | • 부대 공사비<br>• 사업에 필요한 소프트웨어 구입비<br>• 철거비 등 |

---

36 https://www.soumu.go.jp/menu_seisaku/ictseisaku/housou_suishin/hosonet_kyojinka04.html(令和 3年度当初予算 地上基幹放送等に関する耐災害性強化支援事業, 총무성 홈 페이지, 2022.2.12)

- 대규모 자연재난발생 시 방송국 등이 피해를 입어 방송을 계속할 수 없는 경우, 피해정보나 피난정보 등 중요한 정보제공에 지장을 줌과 동시에 주파수의 활용률도 현저하게 떨어질 위험성이 있다.
- 이를 회피하기 위해서는 대규모 자연재난 시에도 적절한 주파수의 할당으로 계속해서 방송할 수 있도록 주파수를 유효하게 이용하도록 지원한다.
- 이를 위해 지상파 기간 방송국들의 방재 능력을 강화하기 위해 일부 경비를 보조한다.

## 2. 총무성 신에츠 종합통신국(総務省 信越総合通信局)

(1) 「임시 재해방송국 개설 · 운용 안내」(2019년 4월 총무성 신에츠 종합통신국)[37]

① 임시 재해방송국이란, 재해발생 시 시읍면에 의해 개설되는 임시 FM 방송국을 말한다.

② 긴급시 방송국의 면허신청 수속은 구두로 가능(임시조치), 우선 전화나 위성 휴대전화 등을 이용해 신에츠 종합 통신국 방송과에 연락 요망.

③ 임시 재해방송국은 FM 방송 전파를 사용하는 방송국으로 임시 재해 FM국이다.

④ 방송국 스튜디오의 정보전달방법은 피해정보나 안부정보, 급수정보 등과 같이, 재해대책본부 등에서 발표하는 정보를 방송용으로 정리한 원고이다. 이러한 작업에는 FM 회사나 CATV 스태프의 힘을 빌릴 수 있다. 시읍면의 청사와는 다른 장소에 있는 방송사의 스튜디오에서 시시각각 변화하는 시읍면의 재난정보를 전달하려면 "엘 얼럿"을 이용해야 한다. 시읍면은 "엘 얼럿"에 재난 데이터를 입력해 임시 재해방송국 스튜디오에 전달하는 한편, 다양한 미디어나 정보단말기에 정보를 전달한다. 재해시의 정보전달에 가장 중요한 것은 신속 · 정확성이다. 따라서 일본 정부는 이러한 정보전달에 필요한 보조금 지급과 함께 다음과 같이 "엘 얼럿"을

---

37 총무성 홈페이지 「臨時災害放送局 開設 · 運用の手引き」, 2019년 자료.
　　https://www.soumu.go.jp/main_content/000647897.pdf(2022.2.12)

통해 정확한 재난정보 전달을 위해 지원해 주는 역할을 한다.

## (2) 비용 부담

임시 재해방송국의 면허는 시읍면에 주어진다. 방송프로그램도 어떤 내용을 방송할 것인지를 결정하는 것 또한, 시읍면에서 정한다. 따라서 발생하는 비용도 기본적으로는 시읍면이 부담해야 한다. 하지만, 2011년 동일본 대지진, 2016년의 구마모토 대지진, 2018년의 홋카이도 대규모 정전시 등에는, 일본재단(국토교통성 소속 공기업)이 임시 재해방송국의 설치비용이나 운영자금 등을 조성해 준 사례도 있다.

## (3) 임시 재해방송

임시 재해방송국은 재해방송을 하는 것이 원칙이지만, 운영을 위해 예외적으로 커머셜방송도 인정해 준다. 다만, 재해지의 상황이나 주민의 반응 등을 충분히 고려해서 지방공공단체 등이 판단해서 결정할 일이다.

2011년 한신·아와지 대진재 이후 24개 지자체에 29개의 임시 FM 재해방송국의 개국되었다.[38]


# 3. 민영 라디오 방송의 난청해소 지원사업[39]

총무성에서는 라디오의 난청해소를 위한 중계국 정비를 실행하는 라디오 방송 사업자 등에 대해서 그의 정비비용 일부를 보조해 주고 있다. 2021년도 예산 민영 방송 라디오 난청해소 지원사업 개요 및 2021년도 민영라디오방송 난청해소 지원사업에 관련된 신청 민영라디오방송 난청해소 지원사업 등이 있다.

---

38 https://www.soumu.go.jp/main_content/000634425.pdf臨時災害放送局開局等の手引き
   (soumu.go.jp, 2022.2.12)

39 https://www.soumu.go.jp/menu_seisaku/ictseisaku/housou_suishin/hosonet_kyojinka02.html
   (2022.2.13)

## (1) 보조금의 대상

방송은 국민 생활에 밀착한 정보제공 수단이며, 특히 라디오는 재해시의 "퍼스트·정보 제공자"(제1 정보제공자)로서, 그 사회적 책무를 완수해야 한다. 한편, 지형적·지리적 요인, 외국전파 혼신 외, 전자기기의 보급 등에 의한 난청해소가 급선무다.

본 사업은 이러한 상황에 따라 라디오 방송의 난청해소를 위한 중계국 정비를 지원해, 재해발생 시에 지역에서 중요한 정보를 입수할 수 있도록 하는 것이며 보조의 대상이 되는 사업은 다음 사항 모든 것에 해당한다.

① FM 방식에 의한 AM 라디오 방송의 보완 중계국(전파법 제5조 제5항에 규정하는 수신 장애 대책 중계방송을 하는 중계국을 포함)을 정비하는 경우는, 해당 AM 라디오 방송을 실시하는 기설의 지상 기간 방송국의 방송구역에서 발생하고 있는 난청해소를 목적으로 하는 것.

② 신청자는 최근 라디오 방송사업에 관련 수지가 적자인 경우, 수지개선 등의 경영 기반강화에 대처하고, 중계국의 정비가 이러한 대처에 장애가 되지 않을 것.

③ FM 보완 중계국을 정비하는 경우는 보완 대상국, FM 보완 중계국, 이외의 중계국을 정비하는 경우는 정비하려고 하는 해당 중계국의 방송대상 지역에서 난청이 계속적, 또한 일정 정도의 연속적으로 존재하는 것이 객관적으로 확인 가능한 것.

④ 정비하려고 하는 중계국의 안테나 전력이 난청해소를 위해 필요한 최소의 것일 것.

⑤ 정비 중계국에 관련된 무선설비 등의 공동 설치를 실시하는 것일 것.

## 4. NHK의 재난방송 및 방재 교육 콘텐츠 제공(재해 저감 노력)[40]

〈사업의 특징〉

(1) 어린이와 일반인을 위한 방재 교육프로그램 제작 및 홈페이지를 통한 학교 교육콘텐츠 제공.

(2) 또한, 공공뉴스의 보도기관으로서 재난보고시스템을 구축하고 방재 및 완화를 위한 특별 프로그램을 제작했다. 즉, NHK(일본방송공사)는 재난피해와 방재에 대한 지식을 제공하기 위해 아동 및 일반인을 위한 교육 프로그램을 제작하고, 홈페이지를 통해 학교교육 콘텐츠의 보급과 계몽을 촉진. 나아가서 방재 및 방재 완화에 대한 인식을 확산해 나가기 위해 적극적으로 사업에 참여한다.

① 지진발생시스템에 대한 교육(방재 교육을 위한 비디오 자료)
② 지구와 토석류의 흐름을 방지하는 독창적 교재 제작(방재 교육을 위한 영상 교재)
③ 학교 교사를 위한 DVD 대출서비스(자연재해 관련 프로그램은 '환경교육' 분야)

(3) 사업목적
① TV 프로그램을 통한 방재에 대한 인식과 기회 만들기, 방재지식 부여
② 실사 등을 이용한 이해하기 쉬운 학교교육 콘텐츠 제공
③ 피해 완화(지진 발생, 쓰나미 경보, 태풍 및 폭우 정보, 피난 자문 정보 등)
④ 구호활동 및 삶의 재건 및 재건축 지원
⑤ 안전한 사회 구축(재해발생 시뿐만 아니라 일상적인 방재활동 문제 등)

---

40 http://www.bousai.go.jp/kyoiku/keigen/torikumi/kth19004.html(2022.2.12)

## 5. 시청각 장애인에게 방송보급 추진(視聴覚障害者向け放送の普及促進)41

시청각 장애인들도 방송을 통해 정보를 얻고 사회에 참여하기 위해서는 시각 장애인에게도 방송미디어의 접촉 기회를 얻을 수 있도록 확산·촉진하게 하는 일이 매우 중요한 문제다. 총무성은 시각 장애인들도 가능한 한 방송정보에 접할 수 있도록 홍보하기 위해 '시각 장애인을 위한 재난방송의 의무방송 노력', '자막 보급 및 해설방송 보급 목표 수립 및 진행 상황 공개', '자막 및 해설 프로그램 제작비 일부 보조금' 지급 등을 실시하고 있으며, 각 방송사들의 독자적인 노력도 장려하고 있다.

시각 장애인을 위한 방송프로그램에 대한 필수적인 방송 노력으로는 1997년 개정된 방송법을 들 수 있다. 개정된 방송규정에는 가능한 한 많은 자막과 해설 프로그램을 설치하도록 요구하는 내용의 의무규정이 있다.

그동안 총무성은 1993년부터 시각 장애인을 위한 자막이나 해설 프로그램 등 생산 비용에 대한 부분도 보조금을 지불하고 있다. 이 보조금제도는 시각장애인들이 TV 방송에서 정보를 얻는데 필수적인 내용인, 자막이나 해설 프로그램, 수화 프로그램 등을 생산하는 사람들을 위해 국립 정보통신 연구기구(NICT)를 통해 제작비용을 지원하고 있다. 이는 '장애인의 이익 증진에 기여하는 통신 방송(1993년 제54조)의 활용촉진에 관한 법률'에 근거를 두고 있다. 그 이후, 일반 계정의 보조금은 1997 회계연도부터 추가되었으며, 1999년부터는 수화 프로그램 보조금이 추가되었다. 2000 회계연도의 보조금에는 수화번역 비디오가 추가되었으며, 2010 회계연도부터는 일반 계정의 보조금으로만 운영되고 있다.

---

41 https://www.soumu.go.jp/main_sosiki/joho_tsusin/b_free/b_free02b.html(2022.2.12)

# 한국에서의 '긴급재난방송'

# 05 한국에서의 '긴급재난방송'

## 제1절 '재난의 의미'와 재난방송의 개념 및 목적

### 1. 재난의 의미

'재난(災難 : disaster)'이란 '자연현상이나 인위적 원인'에 의해서 '인명이나 사회생활에 피해를 주는 사태'를 말한다. 즉, 재난은 인간에게 어떤 영향을 미치는 사태에 한하는 것이다. 따라서 태풍이나 홍수가 발생해도 그 주변에 사는 사람들이 도와주지 않아도 될 정도의 경미한 피해라면 재난이라고 부르지 않는다.[1] 원래, 재난은 자연재난에서 온 말이지만 최근에는 사회적 파장이 큰 사건·사고의 경우도 재난이라고 부르고 있다. 특히, 최근에는 '코로나19'와 미세먼지, 댐 붕괴 등을 포함한 인재도 '사회재난'에 포함되고 있다.

재난의 요인에는 크게 2가지가 있다. 첫 번째는 재난을 일으키는 계기가 되는 현상, 즉 지진이나 태풍, 홍수와 같은 외부의 힘(hazard : 재난발생 위험 요소)으로 피해를 주는 요인이다. 두 번째 요인은 우리 사회가 가지고 있는 사회자본(social capital)[2]의 취약성, 즉 재난에 대한 방재력의 취약성(vulnerability)이다. 예를 들면 도시 인구의 밀집현상, 혹은 내부 사정에 의한 방재력 저하, 또는 건물의 내진성이나 대피시설, 재난대책 등 내부구조 능력 저하 등을 의미한다. 재난은 외부 힘(유인 : 誘因)이 방재력(소인 : 素因)을 뛰어넘을 때 발생한다. 따라서 외부의 힘(유인)을 잘 이해함과 동시에 방재력(소인)이 가지고 있는 취약성을

---

1 이연『국가 위기관리와 재난정보』, 박영사, 2016, p. 14.
2 사회정치학자인 로버트 퍼트넘(Robert David Putnam)에 의하면, '사회자본(Social Capital)'은 사회구성원들이 힘을 합쳐 공동 목표를 효율적으로 추구할 수 있게 하는 자본(의식)이라고 정의하고 있다.

저감(방재력 향상)시키는 것이 재난피해를 최소화하게 하는 방법이다.[3]

## 2. 재난방송의 개념

'방송(broadcasting)'의 개념은 '원래 방송프로그램을 기획·편성 또는 제작하여 이를 전파를 통해 공중(公衆)에게 직접, 또는 중계기로 음성정보나 이미지를 수신기에 전달하는 무선통신의 송신'을 말한다.[4] 다시 말해서 이렇게 제작된 프로그램을 공중(계약자, 또는 이를 수신하는 시청자)에게 전기통신설비로 전달하는 것을 말한다.[5] 하지만, 디지털방송기술의 진전에 따라 방송과 통신이 융합되고, 케이블TV도(케이블을 이용하지 않고) 직접수신이 가능해졌으며, 인터넷이나 유튜브 등의 발달로 방송과 통신의 경계영역이 점점 허물어지고 있다.

최근, 우리 사회에서는 '재난방송(disaster broadcasting)'과 '재난보도(disaster reporting)'의 개념을 서로 혼동하여 사용하고 있는 경우가 있어서 간단하게 정리해 보고자 한다. 미국은 재난방송을 'disaster broadcasting(system)'로 표기하고, 일본도 마찬가지로 'disaster broadcasting(system)'로 표기하고 있다. 일본은 재난방송을 일반적으로 '재해보도(災害報道 : disaster reporting)'로 표기하기도 한다.

'재난방송'이란 재난발생 시에 재난피해를 최소화하기 위해서 긴급하게 재난정보를 피해지·피해주민들에게 전달하는 '긴급방송(emergency broadcasting)'을 의미한다. 즉, '재난방송'은 현재 재난이 일어나고 있는 상황을 피해주민들에게 전달(보도)하는 중계방송(Radio, TV, DMB, 문자 등)을 의미한다.

재난정보를 미리 사전에 전달하는 예보, 경보, 주의보, 특보뿐만 아니라, 사후 재난상황의 복구·구조·부흥 등의 수습 방송도 여기에 포함된다(광의). 그러나 일반적으로 '재난방송'이라고 말한다면 '재난경보'를 의미한다(협의). 재난경보는 실제로 재난이 발생하거나 발생할 우려가 있을 경우에 긴급하게 대피나 피난명령을 내리는 것을 말한다. 방송통신위원회(과기정통부)는 특별한 사유

---

3 林春夫,「災害をうまくのりきるために」『防災学講座 第4巻 防災計画論』, 京都大学防災研究所 編, 2015, pp. 134~136.
4 이연 『일본의 방송과 방송문화사』, 학문사, 2016, p. 23.
5 방송법 제2조 참조.

없이 재난방송을 하지 않은 의무방송사업자에 대해서는 과징금[6]을 부과하고 있다.

'재난보도(災難報道)'에서 보도(reporting)라는 의미는 원래 '케임브리지 영어사전(Cambridge Dictionary)'에서는 회사에서 내부 서류나 내부 문건을 상사에게 보고하는 데서 유래되었다고 한다. 현재 영미권에서는 '보고하다', '전하다', '전달' 등의 의미로 쓰이고 있다. 또한, '리포터(reporter)'의 경우는 기자나 재판기록관 등을 의미한다. 한편, 한자 문화권인 중국이나 일본, 한국 등에서는 '보도(報道)'의 의미가 '전하다', '알리다', '보도하다' 등으로 쓰이며 영어로는 'news'의 의미가 강하다. 우리나라의 경우도 관행적으로 언론사, 즉 신문사나 방송사가 정규적으로 프로그램을 제작하거나 취재해 보도하는 뉴스 기사를 의미한다. 물론 요즘은 뉴스 개념도 많이 바뀌어 정규 프로그램이나 오락프로그램 도중에도 긴급 뉴스를 전달해 정규뉴스라는 시간의 개념이 점점 사라져가고 있다. 따라서 '재난보도'라고 말한다면 '재난보도준칙'이나 자체 취재매뉴얼에 따라 취재해서, 활자 뉴스와 문자방송, 재난방송 등으로 보도하는 저널리즘의 의미를 지니고 있고, '재난방송(재해방송)'의 경우는 음성이나 영상으로 재난정보를 신속하게 전달하는 방송을 의미한다. 또한 재난보도는 신속정보와 정확성에 중점을 두고 자율적인데 비해, 재난방송은 신속하게 피해자에게 전달해야 하는 공적 의무와 함께 법적 규제가 따른다. 따라서 본고에서 논하고자 하는 대상은 더욱 넓은 의미의 재난방송으로 사전에 전달하는 예보, 경보, 주의보, 특보뿐만 아니라, 사후 수습인 복구·구조·부흥 등의 방송도 '재난방송'에 포함하고자 한다.

## 3. 재난방송의 이념과 목적 및 기능

### 1) 재난방송의 이념

재난방송의 이념, 혹은 추구하는 가치는 재난정보의 '공공성', '공익성', 또

---

6 '행정안전부'나 방송통신위원회 또는 과기정통부의 재난방송실시 요청이 있었음에도 불구하고 재난방송을 실시하지 않은 방송사업자에 대해서는 과징금을 부과하고 있다.

는 '공적 책임'에서 출발해야 한다.[7] 즉, 재난방송의 이념은 재난정보를 공유하고자 하는 공공성(public : 公共性)에서 출발해야 한다. 이하에서는 재난정보의 공공성을 추구하는 과정에서 유의하여야 할 구체적인 실천이념을 논한다.

재난방송은 재난정보를 공유함에 있어서 '신속'·'정확'해야 한다. 또한, '다양한' 매체가 재난방송을 실시해야 재난의 사각지대를 없앨 수 있다. 나아가서 매체의 특성상 다양한 매체가 재난방송을 하게 되면 방송의 속성상 신속·정확성을 제고할 수 있을 뿐만 아니라, 방송내용도 다양성이 확보되어 보다 효율적이고 효과적일 수 있다.[8]

**재난방송의 공공성 및 공익성**

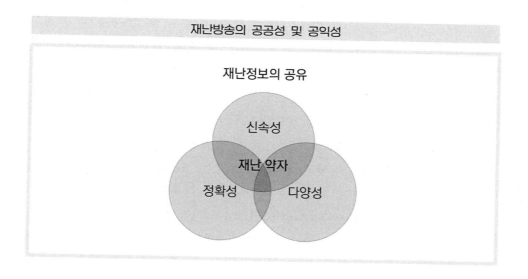

재난정보의 공유

신속성

재난 약자

정확성          다양성

재난방송에서 가장 보편적 가치는 재난정보의 공유에 있다. 특히, 재난정보에 취약한 계층인 재난 약자와도 재난정보를 공유하는 것이 가장 중요하다. 재난방송의 목적은 그 피해를 최소화하는 데 주된 목적이 있기 때문에, 재난으로부터 가장 큰 피해를 입게 되는 재난 약자들에게 재난정보를 신속하게 전달

---

7  방송법 제5조(방송의 공적 책임) 및 방송법 제6조(방송의 공정성과 공익성), 방송통신발전 기본법 제3조(방송 통신의 공익성·공공성) 등 참조.
8  방송통신발전 기본법 제40조(재난방송 등) 참조.

하는 것을 매우 중요하다. 오늘날의 '코로나19'와 같은 감염병 사례 등에서도 보았듯이 재난 약자들에게는 재난정보를 신속하게 전달해 그 피해를 최소화해야 한다. 만약, 현재와 같이 팬데믹 상황에서 재난 약자가 제대로 구제되지 않을 경우, 그 피해는 눈덩이처럼 불어나 결국 우리 사회는 국가적인 위기에 봉착하게 될 것이다. 따라서 팬데믹 조기 종식을 위해서는 재난 약자들에 대한 재난정보 전달이 그 무엇보다도 우선시되어야 한다.

## 2) 재난방송의 목적

재난방송의 목적은 재난이 발생하거나 발생할 우려가 있을 때, '국민의 생명과 재산을 지키기 위하여' 재난 예방과 대비·대응·구조·복구를 위해 실시하는 방송이다. 즉, 재난피해자나 피해지역의 주민들에게 재난정보를 신속·정확하게 전달하여 그 피해를 최소화하는 데 목적이 있다. 나아가서 재난피해를 본 국민들에게도 안심하고 생업에 복귀할 수 있도록 '이재민의 입장'에서, '피해자 중심'의 재난보도가 되도록 노력해야 한다. 그럼에도 불구하고 때로는 재난보도가 피해자 중심의 재난보도가 아니라, 피해자에게 상처를 주거나 수습에 지장을 주며, 시청자나 독자의 입장에서 보도하는 경우가 많다. 이러한 보도태도는 재난피해에 분노하는 시청자나 독자들에게 카타르시스가 될지는 몰라도 불안해하고 흥분된 피해자들의 심정을 위로하고 진정시키는 데는 한계가 있다. 따라서 이러한 보도 태도는 자칫 잘못하면 피해자나 구조자측의 갈등만 부추길 수 있어 주의하여야 한다. 따라서 바람직한 재난보도 태도는 신속·정확하게 재난정보를 전달해 그 피해를 최소화할 뿐만 아니라, 근본적인 문제해결에도 도움을 주는 보도가 되어야 한다. 재난정보 전달 매체 중에서 가장 속보성이 뛰어나고 일시에 전파력이 강한 재난 매체가 방송이기 때문에 재난 발생 시는 방송의 역할이 가장 중요하다. 특히, 재난발생 전후를 통해서 '긴급대피 명령'이나 '긴급경보방송(Emergency Warning Broadcasting)'은 그 피해를 훨씬 더 경감시킬 수 있다. '긴급경보방송'의 경우는 평소 뉴스 보도나 다큐멘터리 등 일반적인 프로그램 제작 시 적용되는 기존의 저널리즘 제작기준과는 달리, 신속성, 정확성, 전문성 등 고도의 재난대응 전문성이 요구되는 방송이다. 따라서 재난방송은 재난발생 직후 긴급대응뿐만 아니라, 구명·구원·방재·감재 정보 전달에도 힘쓰도록 노력해야 한다.[9]

### 3) 재난방송의 기능과 역할

재난방송의 기능에는 크게 세 가지 기능으로 ① 보도의 기능, ② 방재의 기능, ③ 부흥의 기능이 있는데, 이를 단계적으로 균형 있게 보도하는 것이 바람직하다.

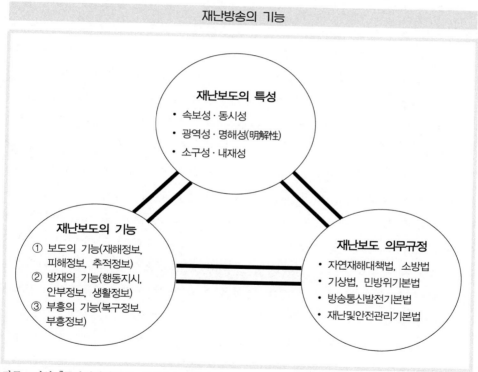

**재난방송의 기능**

**재난보도의 특성**
• 속보성·동시성
• 광역성·명해성(明解性)
• 소구성·내재성

**재난보도의 기능**
① 보도의 기능(재해정보, 피해정보, 추적정보)
② 방재의 기능(행동지시, 안부정보, 생활정보)
③ 부흥의 기능(복구정보, 부흥정보)

**재난보도 의무규정**
• 자연재해대책법, 소방법
• 기상법, 민방위기본법
• 방송통신발전기본법
• 재난및안전관리기본법

자료 : 이연 『국가위기관리와 재난정보』, 박영사, 2016년, p. 234.

---

9 近藤誠司「被災者に"寄り添った"災害報道に関する一考察」『自然災害科学』(J.JSNDS28-2137-149), 2009년, p. 138.

## (1) 재난방송의 기능

재난방송의 본질은 재난의 규모나 크기, 피해 상황 등을 전달하는 단순한 ① <보도의 기능>에만 그치는 것이 아니라, 불안이나 혼란 속에 빠진 국민들을 신속하게 대피시키고, 침착하게 대응하도록 안심시키는 안부정보, 생활정보 등도 전달하는 ② <방재의 기능>도 필요하다. 나아가 재난발생의 문제점 등을 추적 보도하는 한편, 신속한 복구나 새로운 도시건설 등을 꾀하는 ③ <부흥의 기능>도 충실하게 보도해야 한다.

특히, 재난방송은 이러한 3가지 영역 즉, ① 보도의 기능, ② 방재의 기능, ③ 부흥의 기능이라고 하는 3가지 방송영역을 균형 있게 보도하는 것이 가장 중요하다. 이때 3가지 영역을 균형 있고 조화롭게 보도를 하지 않으면 수습이나 문제해결에 큰 어려움을 겪게 된다. 재난방송의 보도 초점을 시청자나 독자가 중심이 아닌 재난피해지역, 재난피해자의 입장에서 보도해야 한다.

재난방송에서 가장 뛰어난 기능이 속보성과 광역성이다. 이렇게 뛰어난 속보성과 광역성을 이용해 그 피해를 최소화하기 위해서는, 피해지나 피해자에게 신속하게 재난정보를 전달해야 한다. 재난방송 주관사인 KBS는 물론, 민영 방송사나 종편, 보도채널 등의 경우도 주파수 이용의 공적 책무에 따라 재난방송을 하도록 의무화하고 있다.[10] 물론, 신문사의 경우도 방송사와 같이 사회의 공기(公器)로 당연히 재난보도를 실시해야 한다. 요즘, 방송과 통신이 융합되면서 신문과 방송의 경계선도 점점 무너지고 있다. 특히, 일본과 같이 우리도 신문사와 종편이 겸업하면서 시청률을 위한 재난보도 경쟁도 점점 더 치열해지고 있다. 앞으로 재난보도에서 매체의 특성을 어떻게 잘 살려 나가느냐에 따라서 시청률 경쟁도 치열해질 것이다. 일본의 경우는 이번에는 이례적으로 '코로나19' 보도에서 절대 강자인 NHK를 제치고, 'TBS 「NEWS 23」'이 발군의 실력을 발휘해 강자로 부각된 사례에 주목할 필요가 있다.[11]

## (2) 재난방송의 실시

① 방송통신발전 기본법 제40조 2항에 의해서 공영방송인 KBS를 재난방

---

10 방송통신위원회 『2020년 방송재난관리 기본계획』, 2020년 1월, pp. 2~4.
11 水島宏明(上智大学教授) 『TBS 「NEWS 23」』, 2020년 2월 25일 해설.

송 주관방송사로 지정하고 재난발생 시에는 반드시 재난방송을 실시하도록 의무화 하고 있다. 또한, ② 동 방송통신발전 기본법 3조(방송의 공익성·공공성 등) 4항, 5항에 의해서는 사회적 소수자나 재난 약자 계층의 소외방지 및 미디어 이용자의 다원성과 다양성의 공적 책임을 완수하기 위해 노력하여야 한다. 특히, 오늘날과 같이 방송과 통신이 융합되는 첨단 뉴미디어 시대에 있어서는 기존의 지상파인 TV나 라디오뿐만 아니라, 위성, 종편, DMB, 보도채널 등의 다양한 매체에도 재난방송을 의무화하고 있다. 일본의 경우는 NHK나 니혼TV, 후지TV, TBS, TV아사히, TV도쿄 등 지상파 TV뿐만 아니라, 위성이나 케이블 TV, 인터넷, 포털, IPTV, 스카이 퍼펙트(SKY Perfect), 모바일방송, CATV, 문자방송(One seg. 포함), 페이스북, 유튜브, 트위터 등 다양한 SNS 매체 등을 이용해서 재난정보를 공유하고 있다. 우리나라도 일본과 거의 마찬가지로 재난방송을 실시하고 있다. 따라서 재난방송도 방송통신의 융합시대에서는 기존의 지상파 방송을 주된 기축으로 재난방송을 하더라도, 각종 첨단 매체나 SNS 등 새로운 뉴미디어도 정보공유 수단으로 사용함으로써 신속한 재난정보 전달과 함께 비 정보전달 사각지대를 방지하기 위해 더욱 전달 매체를 다양화할 필요가 있다.[12]

　　무엇보다도 재난방송은 특수상황으로 그 피해를 최소화하기 위해서는 재난방송의 3원칙인 ① 신속·정확(quickness and accuracy)의 원칙, ② 피해자 중심(victim-centered)의 보도원칙, ③ 인권 보호(human rights protection)의 원칙을 준수해야 한다.[13] 재난방송의 기본적인 철학은 인본주의 사상으로 인명구조를 최우선으로 하면서 그 피해를 최소화하도록 해야 한다. 나아가서, 재난방송은 새로운 2차 재난피해가 발생하지 않도록 철저하게 예방하여야 하며, 또한 취재의 경우도 구조작업이나 수습에 지장을 주지 않는 범위 내에서 신속하게 이루어져야 한다.

---

12 방송통신발전 기본법 제3조 및 방송통신발전 기본법 제40조 참조.
13 이연(2016), 『국가위기관리와 재난정보』, 박영사, p. 230, 방송통신발전 기본법 제40조 참조.

## 제2절 재난방송에 관련된 법규와 내용 및 대상

### 1. 재난방송의 법적 근거

우리나라 재난방송의 법적 근거는, 재난발생 시 대통령의 긴급명령권(전시나 준전시에 있어서 대통령의 긴급명령)이나 총리 및 장관령 등에 의해서 실시될 수 있다. 또한, ① 자연재해대책법, ② 소방법, ③ 도시가스사업법, ④ 해양안전관리법, ⑤ 방송통신발전기본법, ⑥ 긴급지진대책법, ⑦ 재난 및 재난안전관리기본법, ⑧ 기상업무법, ⑨ 미세먼지 저감 및 관리에 관한 특별법, 그리고 최근 일부 개정 통과된 ⑩ 감염법의 예방 및 관리에 관한 법률, ⑪ 검역법, ⑫ 의료법, ⑬ 지방자치단체장의 요청 등에 의해서 긴급재난방송을 실시할 수 있도록 의무화하고 있다.

#### 1) 적용되는 법적 근거와 내용

① 방송통신발전 기본법 제40조(재난방송) 1항에는 "지상파방송사업자, 종합유선방송사업자, 위성방송사업자, 방송채널사용사업자(종합편성 또는 보도 전문편성을 행하는 방송사업자), 공동체 라디오방송사업자, 인터넷 멀티미디어 방송제공사업자"는 ② 자연재해대책법 제2조의 규정에 의한 재해, 또는 ③ 재난 및 재난안전관리기본법 제3조, ④ 민방위기본법 제2조에 의해 재난이 발생하거나 발생할 우려가 있는 경우에는 그 발생을 예방하거나 대비·구조·복구 등에 필요한 정보를 제공하여 그 피해를 줄일 수 있도록 재난방송을 하여야 한다고 규정하고 있다.

또한, ⑤ 재난안전관리 기본법 제36조에 따른 '재난사태의 선포', ⑥ 재난안전관리 기본법 제38조에 따른 '재난 예보·경보의 발령', ⑦ 민방위 기본법 제33조에 따른 '민방위 경보의 발령(민방위 훈련 시 제외) 시는 특별한 사유가 없는 한 재난방송을 실시하여야 한다.

⑧ 방송통신발전 기본법 제40조(재난방송) ④항, '방송통신위원회의 설치

및 운영에 관한 법률' 제18조에 따라 방송통신심의위원회는 방송사업자가 실시하는 재난방송 등을 모니터링하고 그 결과를 과기정통부장관 및 방송통신위원회에 통보하도록 규정하여 재난방송 실시 여부를 제3자 기관인 방송통신심의위원회를 통해서 감시·감독하고 있다.

## 2) 방송사업자가 재난방송 시 준수해야 할 내용(방송통신발전 기본법 제40조)

① 재난상황에 대한 정보를 정확하고 신속하게 제공할 것.
② 재난지역 거주자와 이재민 등에게 대피·구조·복구 등에 필요한 정보를 제공할 것.
③ 피해자와 그 가족의 명예를 훼손하거나 사생활을 침해하지 아니할 것.
④ 피해자 또는 그 가족에 대하여 질문과 답변, 회견 등(인터뷰)을 강요하지 아니할 것.
⑤ 피해자 또는 그 가족 중 미성년자에게 인터뷰하는 경우에는 법정대리인의 동의를 받을 것.
⑥ 재난방송 등의 내용이 사실과 다를 경우 지체 없이 정정 방송을 할 것을 포함해야 한다.

## 3) 재난방송과 법적 책임

### (1) 재난방송 미실시에 따른 행정규제와 과징금 부여

### (2) 재난방송 준수사항 및 매뉴얼 작성 비치

방송통신발전 기본법 제40조 ⑤ 제1항 각호에 따른 방송사업자는 재난방송 등의 송출 특성 등을 고려하여 제3항의 준수사항을 포함하는 재난방송 등 매뉴얼을 작성하여 비치하여야 한다.

### (3) 재난방송 관련 연수와 교육

⑥제1항 각호에 따른 방송사업자는 프로그램 제작자, 기술인력, 기자 및 아나운서 등 재난방송 등의 관계자를 대상으로 제5항에 따른 재난방송 등 매

뉴얼에 관한 교육을 실시하여야 한다. 등의 규정되어 있다.


## 2. 재난방송 대상

### 1) 재난 및 재난안전관리 기본법 제3조

1. "재난"이란 국민의 생명·신체·재산과 국가에 피해를 주거나 줄 수 있는 것으로서 다음 각 목의 것을 말한다.

   가. 자연재난 : 태풍, 홍수, 호우(豪雨), 강풍, 풍랑, 해일(海溢), 대설, 한파, 낙뢰, 가뭄, 폭염, 지진, 황사(黃砂), 조류(藻類) 대발생, 조수(潮水), 화산활동, 소행성·유성체 등 자연우주 물체의 추락·충돌, 그 밖에 이에 준하는 자연현상으로 인하여 발생하는 재해

   나. 사회재난 : 화재·붕괴·폭발·교통사고(항공사고 및 해상사고를 포함한다)·화생방사고·환경오염사고 등으로 인하여 발생하는 대통령령으로 정하는 규모 이상의 피해와 에너지·통신·교통·금융·의료·수도 등 국가기반체계(이하"국가기반체계")의 마비, 「감염병의 예방 및 관리에 관한 법률」에 따른 감염병 또는 「가축전염병 예방법」에 따른 가축전염병의 확산, 「미세먼지 저감 및 관리에 관한 특별법」에 따른 미세먼지 등으로 인한 피해

2. 신문사의 경우는 재난 보도에 대한 직접적인 법적 근거는 없지만, 신문사도 방송사와 같이 방재기관으로 이에 준하는 재난보도를 실시해야 한다. 다만, ① 신문윤리강령이나 실천요강, ② 기자협회 윤리강령(코로나 19 보도준칙), ③ 재난보도준칙, 그리고 개별 각 신문사별 사시(社是)나 자체의 ④ 윤리강령, ⑤ 재난보도준칙 등에 따라서 충실하게 재난보도를 해야 한다.

### 2) 신문윤리강령과 재난보도

1996년 개정된 신문윤리강령에는 다음과 같은 규정이 있다.[14]

제2조(취재준칙) 제②(재난 등 취재)항에는 "기자는 재난이나 사고를 취재할 때 인간의 존엄성을 침해하거나 피해자의 치료를 방해해서는 안 되며 재난 및 사고의 피해자, 희생자 및 그 가족에 적절한 예의를 갖추어야 한다." 또, "③(병원 등 취재) 기자는 병원, 요양원, 보건소 등을 취재할 때 신분을 밝혀야 하며 입원실을 포함한 비공개 지역을 허가 없이 들어가서는 안 된다. 또한 기자는 허가 없이 환자를 상대로 취재하거나 촬영을 해서는 안 되며 환자의 치료에 지장을 주어서는 안 된다."는 등의 규정이 있다.

### 3) '재난보도준칙' 제정과 재난방송

2014년 한국신문협회, 한국기자협회, 한국방송협회, 한국신문방송편집인협회, 한국신문윤리위원회 등 참여 5단체가 합동으로 제정한 <재난보도준칙>에 관련된 주요 조항을 발췌해보면 다음과 같다.

〈재난보도준칙〉[15]

---

**제2장 취재와 보도 편**

제3조(정확한 보도) 언론은 재난발생 사실과 피해 및 구조상황 등 재난관련 정보를 국민에게 최대한 정확하고 신속하게 보도해야 한다.
제4조(인명구조와 수습 우선) 긴급한 인명구조와 보호 및 피해수습이 우선이다.
제5조(피해의 최소화) 언론의 기능에는 방재와 복구의 기능이 있어서 피해의 최소화에 노력해야 한다.
제7조(비윤리적 취재 금지) 신분 사칭이나 비밀 촬영 및 녹음 등 비윤리적인 수단과 방법을 통한 취재는 하지 않는다.
제9조(현장 데스크 운영) 언론사는 충실한 재난보도를 위해 현장 데스크를 두고 본사데스크는 현장 상황이 왜곡되지 않도록 공정하게 재난보도를 해야 한다.

---

14 이연 「한국 언론의 재난보도 문제점과 재난보도준칙제정에 관한 시론」, 한국기자협회, 2014. 3.23.
15 『언론단체 제정 재난보도준칙 선포식』, 2014. 9. 16

제10조(무리한 보도 경쟁 자제) 속보 및 과열 경쟁의 자제(경마 보도식 속보 경쟁은 자제한다.)

제11조(공적 정보의 취급) 피해규모나 피해자 명단, 사고 원인과 수사 상황 등 중요한 공적 정보에 관한 보도는 책임 있는 재난관리 당국이나 관련 기관의 공식 발표에 따르되 공식 발표의 진위와 정확성에 대해서도 최대한 검증해야 한다.

제12조(취재원에 대한 검증) 재난과 관련해 인터뷰나 코멘트를 하는 인물에 대해서는 사전에 신뢰성과 전문성을 충분히 검증해야 한다.

제13조(유언비어 방지) 확인되지 않거나 불확실한 정보는 보도를 자제함으로써 유언비어의 발생이나 확산을 막아야 한다.

제15조(선정적 보도 지양) 과도한 감정 표현, 흥미 위주의 보도, 자극적인 장면의 단순 반복 보도는 지양한다.

제16조(감정적 표현 자제) 즉흥적인 보도나 논평은 하지 않으며 냉정하고 침착한 보도 태도로 감정적인 보도는 자제한다.

제17조(정정과 반론 보도) 사실과 다를 때는 납득할 수 있게 바로잡아야 하고, 반론 보도가 타당하다고 판단될 때는 전향적으로 수용해야 한다.


## 2. 피해자 인권 보호

제18조(피해자 보호) 취재보도 과정에서 사망자와 부상자 등 피해자와 그 가족, 주변 사람들의 의견이나 희망 사항 등을 존중하고, 그들의 명예나 사생활, 심리적인 안정 등을 침해해서는 안 된다.

제19조(신상공개 주의) 피해자와 그 가족, 주변 사람들의 상세한 신상 공개는 인격권이나 초상권, 사생활 침해 등의 우려가 있음으로 최대한 신중해야 한다.


## 3. 취재진의 안전 확보

제24조(안전 조치 강구) 언론사와 취재진은 취재 현장이 취재진의 생명과 안전을 위협할 경우 조치를 강구해야 한다.

제25조(안전 장비 준비) 언론사는 재난 취재에 대비해 언제든지 취재진에게 지급할 수 있도록 기본적인 안전 보호 장비를 준비해두어야 한다. 취재진은 반드시 안전 장비를 갖추고 취재에 임해야 한다.

제26조(재난 법규의 숙지) 재난 현장에 투입되는 취재진은 사내외에서 사전 교육을 받거나 회사가 제정한 준칙 등을 통해 재난 관련 법규를 숙지해야 하며 반드시 안전지침을 준수해야 한다.

제27조(충분한 취재지원) 언론사는 재난 현장 취재진의 안전 교통 숙박 식사 휴식 교대 보상 등을 충분히 지원해야 하며, 사후 심리치료나 건강검진 등의 기회를 제공해야 한다.

## 제3장 언론사의 의무

제34조(지원 준비와 교육) 언론사는 재난보도에 관한 교재를 만들어 비치하고 사전교육을 함으로써 취재진의 빠른 현장 적용을 돕는다.

제37조(재난 취약계층에 대한 배려) 언론사는 노약자, 지체장애인, 다문화가정, 외국인 등 재난 취약 계층에게도 재난정보를 신속하고 정확하게 전달할 수 있는 방안을 마련하는 데 힘쓴다.

# 팬데믹 시대의
# 긴급재난보도

# 06 팬데믹 시대의 긴급재난보도

## 제1절 | 팬데믹 시대의 '코로나19'

### 1. 팬데믹(pandemic) 시대의 신종 감염 바이러스 연구

조나 마제트(Jonna A Mazet) 교수는 미국 캘리포니아대학 데이비스 캠퍼스 수의학과 역학 및 감염병학 전공 교수로, 특히, 새로운 전염병 및 야생동물, 가축과 사람 간의 질병감염 등 신종 바이러스 연구의 세계적인 권위자다.[1] 현재 마제트 교수는 중앙아시아, 동아프리카 및 동남아시아의 전문가들과 함께 신종 바이러스 출현 조기 경보 프로젝트인 예방(Predict) 프로젝트의 수석 조사자로 10년 동안 글로벌 디렉터로 재직해 왔다. 예방 프로젝트의 역할은 신종 바이러스가 인간에게 전염되기 전에 미리 발견하여 조기 경고할 수 있는 시스템 강화에 노력하고 있다. 2009년부터 예방(Predict) 프로젝트에서 조기 바이러스 발견을 위해 세계에서 가장 위험한 지역에 있는 60개의 실험실을 지원하는 것을 포함하여 30개 이상의 국가에서 동물병 예방, 탐지 및 대응을 위한 'One Health'[2] 접근방식을 배포할 수 있는 권한을 부여했다. 마제트 박사팀은 164,000개가 넘는 동물과 사람의 샘플을 수집하여 테스트해 잠재적으로 동물에 감염될 수 있는 바이러스 1,200개를 발견했으며, 그 중 여러 SARS 및 MERS 유사 코로나바이러스를 포함하여 160개의 새로운 코로나바이러스를 발견한바 있다.

---

1 https://www.vetmed.ucdavis.edu/faculty/jonna-mazet
2 하나의 건강은(One Health) "사람이나 동물 및 환경에 대해서 살아가는데 최적의 조건으로 건강을 유지하기 위해 지역, 국가 및 전 세계적으로 노력하는 여러 분야의 단체나 협회 주요 조직의 협동적인 노력"을 의미한다.

마제트 교수는 새로운 환경 및 글로벌 건강 위협에 대한 성공적이고 혁신적인 접근방식을 인정받아 2013년 미국 국립의학 아카데미에 선출되었으며, 미생물 위협에 관한 국립과학, 공학 및 의학 학술 포럼에서 활동하고 있으며 Academies One의 의장도 맡고 있다. 그녀는 신종 전염병 및 21세기 건강위협에 관한 국립의학아카데미 상임위원회에 임명되었으며, 이 위원회는 COVID-19 위기 및 기타 신종 건강위협과 관련된 중요한 과학 및 정책 문제로 연방정부를 지원하기 위해 만들어졌다.[3]

**마제트 교수**

(University of California-Davis, Jonna A Mazet)

전 세계가 코로나의 악몽에서 벗어나려 몸부림치고 있는 와중에 코로나 이후 인류에게 또 닥칠지 모르는 '미래의 감염병(일명 Disease X)'에도 대비해야 한다는 목소리가 학계에서 제기되고 있다. 감염병 팬데믹 연구의 세계적인 권위자 조나 마제트(53) 미 UC 데이비스 감염병학 교수도 그 중 한 명이다. 그는 3월 4일(현지 시각) 조선일보와의 인터뷰에서 "코로나 사태로 얻은 교훈을 잊는다면, 더 치명적인 유행이 언제든지 또 올 수 있다"라고 지적했다.[4]

---

3 『조선일보』, 2021년 3월 6일자.
4 『조선일보』, 2021년 3월 6일자.

또한, 마제트 교수는 2009년부터 미 국립보건원(NIH)과 국제개발처(USAID) 지원 사업으로 세계 35국 연구자·관료 6,000여 명과 함께 협업해 감염병을 연구한 '예방(Predict)' 프로젝트의 총책임자다. 마제트 교수는 사람과 동물이 모두 걸릴 수 있는 인수 공통 감염 바이러스의 경우는 학자에 따라 다르게 추산하긴 하지만 나는 50만 종으로 본다고 말하며, 이 중 우리 연구팀이 밝혀낸 것은 겨우 0.2%에 불과하다고 말했다. 그러면서 또 다른 바이러스 감염병이 언제 어디서 터질지도 모른다고 주장한다. 그는 코로나 예방 백신과 치료제 개발에만 만족해선 안 되고 근본적인 대응책이 빨리 마련되어야 한다고 주장했다. 백신과 치료제 개발은 매우 의미 있는 성과이긴 하지만, 빈발하는 바이러스성 감염병 속에서 이는 상처에 밴드를 붙이는 대증요법에 불과하다고 했다. 이런 정도의 대응으로 최선책을 다 했다고 생각한다면, 미래 세대는 계속해서 바이러스에 끌려 다닐 수밖에 없다고 했다. 감염병 학자들은 '바이러스는 퍼지는 게 아니라, 인간이 바이러스를 퍼뜨린다고 말한다며, 바이러스 연구의 최종 목표는 인간과 바이러스가 각자 공존할 수 있도록, 인간행동의 교정을 촉구하는 데 있다고 주장했다.[5]

세계보건기구(WHO)와 미 국립보건원은 지난해 코로나 대응이라는 비상 상황에서도 '다음에 또다시 닥쳐올 팬데믹 상황'을 정책 목표 1순위로 상정해 대응하고 있다. WHO는 최우선 감시 감염병 리스트에 ① 코로나, ② 에볼라, ③ 사스(SARS), ④ 메르스(MERS), ⑤ 지카 바이러스 등과 함께 아직 정체조차 모르는 '감염병X' 등을 추가하고 있다. 미 질병통제예방센터(CDC)도 최근 향후 5년간 '감염병X' 연구와 예방, 국제 감시 네트워크 구축 등 새로운 프로젝트를 발족한 바 있다. 이는 이번 '코로나19'와 같이 손쓸 새 없이 급속하게 번져 전 세계로 퍼진 코로나의 악몽을 잊지 않기 위해 서두른 조치다. 초기의 방역 대책은 거의 첩보전 수준으로 국가 자원을 전력으로 투입해야 한다는 것이다. 의사 출신인 스콧 고틀리브(Scott Gottlieb) 전 미 식품의약국(FDA) 국장은 미국의 월스트리트저널 기고에서 "이제 다음 팬데믹은 각국에 핵무기나 생화학무기

---

5 『조선일보』, 2021년 3월 6일자.

수준의 안보 위협으로 떠오르고 있다"며 "다음 팬데믹 예방은 학계에만 맡겨둘 일이 아니라, 중앙정보국(CIA)이나 학계 등이 서로 협력해서 새로운 팬데믹 상황에 대비해 추적·감시해야 한다"라고 주장하기도 했다.[6·7]

## 2. '코로나19'를 통해서 본 재난보도

2019년 12월 중국 후베이(湖北)성 중심도시인 우한(武漢)시에서 발생한 '코로나19'[8]는 아시아를 넘어서 전 세계적인 팬데믹 현상으로 확산되었다. 세계보건기구(WHO)는 2020년 1월 9일 '우한 폐렴'의 원인으로 새로운 유형의 코로나바이러스(SARS-CoV-2)라고 병원체를 밝힌바 있다. 이에 따라 우리 정부도 '코로나19'로 명명하게 된다. 하지만, 아직까지 정확하게 병원체가 언제 어디서 발생했는지는 명확하게 밝혀지지 않았다. 중국의 일부 학자들에 의하면, 이번 폐렴의 원인은 수산물시장에서 박쥐나 뱀 같은 동물들에 의해서 사람들에게 전파되었을 것으로 추정하고 있다. '코로나19'에 대한 중국 정부의 대응은 2003년의 사스(SARS) 때와 마찬가지로, 폐렴 확진자와 사망자가 급증하면서 마침내는 최고 권력자인 시진핑 주석의 책임론으로까지 증폭되기도 했다. 이처럼 '코로나19'는 2019년 12월 중국에서 발생한 이래, 한국, 미국, 일본, 베트남, 싱가포르에 이어 이탈리아 등 유럽지역까지도 전파되면서 전 지구촌이 전염병 확산으로 팬데믹 상태가 되었다.

그런데, 2020년 2월 19일, 우리나라의 31번 환자가 신천지 대구교회의 교인이라는 사실이 밝혀지면서 감염경로를 추적하던 중 교인들에 의해 처음 집단 감염된 사실이 밝혀졌다. 이후 신천지교회 신도들의 집단감염 감염자 수가 급증하여 2020년 3월 2일 현재 우리나라의 감염자 수는 4,000명 선을 넘어섰

---

6 『조선일보』, 2021년 3월 6일자.
7 https://www.fda.gov/news-events/press-announcements/coronavirus-covid-19-update-fda-issues-authorization-first-molecular-non-prescription-home-test(2021.3.5)
8 WHO(세계보건기구)는 2020년 1월 9일 해당 폐렴의 원인이 새로운 유형의 코로나바이러스(SARS-CoV-2, 국제 바이러스분류위원회 2월 11일 명명)라고 밝혔는데, 정식 명칭은 corona virus disease 19(COVID-19)로 표기하였다.

다. 급기야는 세계 언론인들이 한국의 상황을 주목하면서, 어느새 한국인들은 세계 각국으로부터 혐오 내지 기피인물로 지목되게 되었다. '코로나19'는 우한시에서 발생해 발생지는 중국이고, 중국은 전역이 패닉상태에 빠진 감염질환지였다. 하지만, '코로나19'는 중국뿐만 아니라, 한국, 일본, 미국, 유럽 등 전 세계적으로 확산되면서 중국인이나 아시아인들에 대한 혐오와 차별, 기피의 대상이 되었다. 특히, 일본의 크루즈 선(Diamond Princess)이나 한국의 신천지교회 집단감염 사태 이후에는 중국, 한국, 일본 등 아시아인에 대한 혐오적인 이미지가 급속도로 증가해 인종차별적인 제노포비아(xenophobia) 현상이 나타났다.

또한, '코로나19' 발생 초기에는 중국 관계당국이 전염병 감염정보를 정확하게 공개하지 않고 숨긴 측면이 있는 데다, WHO도 정확한 감염정보를 밝히지 않고 중국을 감싸면서 우왕좌왕하는 사이 코로나바이러스는 점점 인접국으로 확산하였다. 따라서 감염정보를 정확하게 인지하지 못한 한국이나 미국, 일본 등은 자연히 '코로나19'에 대한 경계심이 느슨할 수밖에 없었다. 마침내 우한 지역의 감염상황이 심각하게 돌아가자 미국과 일본에 이어 우리 정부도 1월 30일과 31일 두 차례에 걸쳐서 우한지역에 전세기를 파견해 우리 교민 701명을 급히 귀국시킨 바 있다. 그 당시 우리 정부가 교민들을 귀국시켜 격리하는 과정 등에서 다음과 같이 부적절한 재난보도가 일어나기도 했다.[9]

"대림동 차이나타운 가보니 … 가래침 뱉고, 마스크 미착용 '위생불량 심각'", "중국인은 위생 관념이 약하기 때문에 코로나가 확산됐다", "진천·아산 주민들의 '격리 수용' 분노 … 누가 촉발 했나", "신천지 아니라서 제때 검사나 치료 못 받았다", "~신천지 혐오~", "대구 신천지", "확진자, 1,000명 돌파", "~청정 지역이 뚫렸다" 등의 보도로 중국인들의 식생활을 비하하거나 위생불량 등의 나쁜 이미지를 부각시켰다. 또한, 불시에 감염되어 고통을 겪는 우한 교민들의 격리 수용을 위로하지는 못할망정 지역 간·진영 간 대립으로 몰고가 분노를 촉발하기도 했다. 또한, 특정 지역이나 특정 종파를 비하하는 듯한 보도를 하는가 하면, 일반인들의 사진 영상들도 공개하는 등 개인정보나 인권,

---

9 이연 "신종 '코로나19'를 통해 본 재난보도의 문제점과 개선방안", 방송통신위원회 세미나 방송회관 , 2020. 3. 5자.

사생활 등의 침해가 심각한 수준이었다. 아울러 방역 당국이나 의료진들은 방역을 위해 거의 매일 사투를 벌이고 있는데도 불구하고, 비아냥거리거나 확진환자 몇천 명 돌파 등 경마식 재난보도로 이재민들에게는 더 큰 상처를 주었다.[10]

따라서 본고는 이번 '코로나19'를 통해서 본 재난보도의 문제점들을 짚어보고 개선책을 논해 보고자 한다.

## 3. '코로나19'와 재난보도의 문제점

### 1) 재난보도에 있어서 명명성(命名性)의 오류와 낙인찍기

재난보도에서는 명명성의 오류와 낙인찍기의 오해 등으로 재난피해가 급증하고 있다. 따라서 재난보도의 명명성의 오류와 피해자나 피해지의 낙인찍기성 보도는 금지되어야 한다.

### (1) 해상재난발생 시

예를 들면, 1995년 '씨 프린스호 기름유출사건'(ㅇ), 2007년 '태안 기름유출사건'(×) ⇒ '허베이 스피리트호 기름유출사건(ㅇ)', 또는 '삼성·허베이 스피리트호 원유 유출사건(ㅇ)' 등으로 명명해야 바람직할 것이다. 즉, 지명이 아닌 직접 피해를 준 책임이 있는 선박의 이름을 따서 명명해야 한다. 2007년 12월 7일 당시 대부분의 언론은 초기보도를 잘못 표기해 '태안 기름유출사건' 등으로 표제를 명명해 태안 지역이나 이 지역에 대한 이미지에 엄청난 타격을 주었다. 즉, 기름유출 이전에 이 지역에서 생산된 태안산 건어물이나 수산물 등에는 태안이라는 이미지가 낙인찍히면서 거의 판매가 불가능할 정도로 피해를 준바 있다.

---

10 이연 "신종 '코로나19'를 통해 본 재난보도의 문제점과 개선방안", 방송통신위원회 세미나 방송회관, 2020. 3. 5자.

### (2) 지상재난발생 시

지상재난발생 시 책임 소재지와 관련지어 특정 지명, 이름 낙인찍기에도 주의해야 한다. '코로나19' 발생 초기에 우리나라 언론들은 '우한 폐렴'으로 보도해 중국 '우한 지역'을 낙인찍어 지역을 비하했다는 비난을 받은 바 있다.[11] 마찬가지로, '대구·신천지', '대구 코로나' 등으로 보도해 '대구 지역 폄훼 보도'라는 지적도 많았다. 이를테면, '신천지 대구교회', '신천지 다 대오 지파 대구교회' 등으로 명명해야 했을 것이다. 이점은 당시 한국기자협회도 긴급하게 '코로나19 보도준칙'을 발표하거나 '감염병 보도준칙' 제정 등으로 수습에 나선 바 있다.[12]

WHO도 2015년 질병관련 표기시에는 ① 지리적 위치, ② 사람 이름, ③ 동물·식품 종류, ④ 문화, ⑤ 주민·국민, ⑥ 산업, ⑦ 직업군이 포함된 병명을 사용하지 말라고 권고한바 있다. 이번에는 '신종 코로나바이러스 감염증'에서 '코로나19'로 정정 보도하기도 했다.[13]

### 2) 중국인의 식문화에 대한 비하성 재난보도

"대림동 차이나타운 가보니… 가래침 뱉고, 마스크 미착용 '위생불량 심각'", "중국인의 위생 관념이 약하기 때문에 코로나가 확산했다", "박쥐와 뱀 등 식용" 등[14] 특정 국가, 특정 지역 등 인종차별적인 중국인들의 식문화 비하나 위생불량 등 낙인찍기의 보도가 있었다.

### 3) 국내 언론의 재난보도의 문제점

"진천·아산 주민들, 우한 격리시설 운영 소식에 '발끈'", "~ㅇㅇㅇ당 지역구"[15] 의원 등의 지역구에서 '격리 수용 반대' 등으로 지역 주민들의 감정을 자

---

11 『세계일보』, 2020년 1월 28자 기사.
12 한국기자협회 「코로나19 보도 준칙」, 2020. 2. 21 및 「감염병 보도준칙」 참조.
13 이연 "신종 '코로나19'를 통해 본 재난보도의 문제점과 개선방안", 방송통신위원회 세미나 방송회관, 2020. 3. 5자.
14 『헤럴드경제』, 2020년 1월 29자 르포기사.
15 『국민일보』, 2020년 1월 29자.

극해 격화시키는 재난보도이다.

재난발생 시 유엔가맹국들은 인도적인 입장에서 타 국민에게도 자국민들과 동일하게 휴머니즘 정신으로 돌아가 대피나 구조 등으로 도와주는 것이 재난보도의 기본적인 원칙이다.

EU에서도 2002년에는 극렬 인종주의, 인종차별주의, 외국인 혐오주의, 반유대인 주의 등 불관용에 대응하여 인권보호를 목적으로 설치된 '인종주의 및 불관용에 관한 유럽평의회 법령'에 따라, 인종주의 및 불관용 인권위원회 (European Commission against Racism and Intolerance; ECRI)가 설치되어 있다.

'신천지 혐오', '대구 신천지',[16] '신천지 아니라서 제때 검사나 치료 못 받았다'[17] 등의 지역혐오나 특정 집단의 낙인찍기 등의 재난보도는 지역적인 반발과 함께 특정 지역, 특정 종교집단 등의 혐오와 배척 등으로 발전하게 되었다.

앞에서 재난보도 기능에서 이미 지적했듯이 재난보도는 휴머니즘 정신에 따라 재난피해를 입은 '피재지' '피재자 중심'으로 그들을 케어하는 보도태도를 취해야 한다. 그렇게 해야 재난수습이 끝나고 복구가 이루어진 이후라도 주민들끼리는 서로 앙금 없이 화합할 수 있다. 이는 또한 다음번에는 피재자들이 지역사회 발전에 공헌할 수 있는 기회도 제공할 수 있는 계기가 될 것이다.

또한, 오늘 '확진자 1,000명 돌파', '~청정 지역이 뚫렸다' 등의 경마식 릴레이 보도는 제3자의 입장에서는 불 구경꾼이 될 수도 있다. 앞에서도 이미 지적했지만, 언론사도 방재기관의 일원으로 재난피해를 최소화 하는데 노력할 의무가 있는 보도기관이다. 그럼에도 불구하고 코로나바이러스 확진자를 객관적인 제3자의 입장에서 부추김 하는듯한 재난보도는 구경꾼에 지나지 않는다. 따라서 언론의 사회적 책임(social responsibility)이 절실히 요구되는 사항이다.[18]

---

16 『천지일보』, 2020년 7월 15자.
17 『연합뉴스』, 2020년 2월 29자.
18 이연 "신종 '코로나19'를 통해 본 재난보도의 문제점과 개선방안", 방송통신위원회 세미나 방송회관, 2020. 3. 5자.

## 4. 팬데믹 시대의 신종 감염병 발생에 대한 재난보도

### 1) 팬데믹과 재난경보

팬데믹 시대의 '재난경보'는 평소 뉴스보도나 다큐멘터리 등과 같이 일반적인 프로그램제작 시 적용되는 기존의 저널리즘 제작기준과는 달리, 신속성, 정확성 등 고도의 재난대응에 전문성이 요구되는 재난방송이다. 이번 '코로나19'와 같이 '신종 감염병 시대'의 긴급재난경보는 훨씬 더 의과학적으로 전문성이 요구되는 재난방송이다. 또한, 팬데믹 시대의 전염병 취재는 발생 초기부터 추적 감시 내지는 탐사취재가 필수적인 전문 분야다. 즉, 감염병의 성질이나 특성 등에 대한 사전지식은 물론, 전파나 감염병 전파력 등에 대해서도 소상하게 이해하고 있어야 신속하게 취재할 수가 있다.

## 5. '코로나19'와 같은 팬데믹 시대의 재난보도 개선 방안[19]

### 1) 방송통신위원회의 재난방송 전문인 양성

① 방송통신위원회는 재난방송 전문인 양성을 위한 제도개선 및 해외 연수제도 실시
② 재난방송의 질적 향상을 위한 정기적인 전문 워크숍이나 세미나 등 개최
③ 재난방송 콘텐츠제작 프로그램 지원 및 장려 정책 실시(우수 제작사 포상 및 지원)
④ 방송국 면허 갱신 시 재난방송 실시 부분의 배점 비율 대폭 향상
⑤ 선진국형 재난방송시스템 개발 및 전문성 강화
⑥ 미국의 FCC나 일본의 총무성과 같이 재난방송시스템 지원 사업 실시 등

---

19 이연 "코로나19를 통해 본 K-방역의 시발점과 재난보도의 문제점", 『사람과 문화』(2021 제15호), ACADEMIA HUMANA(아카데미아 후마나), 2021, pp. 295~319.

2) 언론 각사는 사내에 '재난보도위원회'와 같은 재난보도 전문위원회 구성이 필요

① 언론 개별 각사는 평소부터 자체적으로 재난보도에 대한 워크숍이나 토론회 등을 통해 기자들의 전문성 강화에 노력해야 한다.
② 재난발생시 국민들의 생명과 재산을 보호하기 위해 언론사는 스스로 페이크 뉴스나 유언비어, 악성 루머, 선전 선동 등의 철저한 여과 장치를 마련해야 한다.
③ 기자나 아나운서, 리포터 대부분이 '감염병'에 대한 의료지식과 전문성 부족. 따라서 '특수한 감염병 취재에 대한 전문인 양성과 사전 매뉴얼 제작이 필요하다'
④ '코로나19'의 경우, 예방이나 확진, 치료방법 등은 정치영역이 아니라, 전문적인 의과학적인 분야로 출연자도 정치평론가가 아니라, 관련 전문가 출연이 바람직하다.
⑤ '코로나19' 같은 사회적 재난의 경우, 언론사는 무차별적인 폭로가 아니라, 방재기관으로서 시급히 해결해야 할 대안이나 대피방안 등을 제시해야 한다.

## 6. '코로나19'와 같은 감염병 발생과 취재보도시스템

1) '코로나19' 발생과 취재 준비

① '코로나19'의 특성과 보건의료 지식(예방과 대응, 감염, 격리, 치료 등) 등 조사
② '코로나19' 발생지와 전파경로 추적, 바이러스의 전파 차단 방법과 피해 상황 등
③ '코로나19' 재난보도는 전문 의료인의 과학적 검증과 근거를 바탕으로 취재

## 2) 신종 감염병 발생과 창궐 급속 확산 등에 따른 감염확산 상황 추적보도

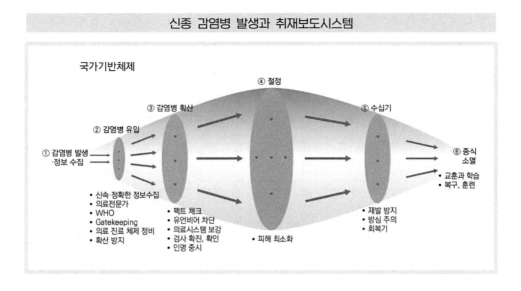

신종 감염병 발생과 취재보도시스템

**(1) 국외 신종 감염병 발생시 신속한 발생정보수집과 확산정보 추적기**

○ 국내외 감염병 발생시 신속한 발생지의 정보수집 및 전파경로 추적,
신속한 확산방지 억제 등 추적 취재

**(2) 감염병 유입기(국내로 유입 통로인 12개의 공항과 항만의 감염병 유입정보)**

○ 국내 인적, 물적 유입 통로인 공항과 항만(12곳) 등의 유입경로 면밀
추적 및 의료 전문가 조언 및 WHO 동향 등 정밀 취재

○ 공항과 항만을 통한 감염병 창궐 및 유입 장소 추적, 전문 의료진 취
재, 감염자 입원상황이나 격리 및 확산방지 등에 대한 구체적인 정
밀취재

○ 의료진의 대응상황(유사자, 확진자, 중증환자) 및 치료병원, 전문의, 수
용 병상 등

## (3) 감염병 확산기

- ○ 취재진의 감염안전 확보와 보호 장구 착용 및 환자나 의료진 부담 최소화 노력
- ○ 감염병 확산에 따른 유언비어 차단, 의료시스템 보강 및 확산방지 대책 등 취재
- ○ 질병본부나 중 수본, 환자나 의료진의 검사 확진 확인
- ○ 인명중시 및 취재행동이 재난수습에 지장이 있거나 장애가 되지 않도록 각별히 유의

## (4) 감염 확산 절정기

- ○ 감염확산 절정기는 감염자들에게 냉정하고 차분하게 감염병에 대응하도록 유도
- ○ 인명피해 최소화, 급속한 감염확대 방지 및 관계당국의 긴급통제 및 질서유지 등

## (5) 수습기

- ○ 감염 재발방지 차단, 2차 피해방지 및 방심금지, 수습과 회복에 집중 취재 등
- ○ 돌파감염 발생 및 추가 접종 등

## (6) 종식 소멸기

- ○ 감염병 종식에 대한 교훈과 학습, 복구 및 회복 훈련 등


## 3) 신종 감염병에 대한 취재와 보도시의 유의점

① 재난보도에서 취재는 자유 ➡ 보도는 객관성 유지 ➡ 내용은 과학적 근거(팩트 체크) ➡ 유언비어 차단
② 신속·정확한 감염정보 수집 ➡ 의과학적인 감염보도 ➡ 진실 추구.
③ 신분사칭이나 비밀촬영 등 비윤리적 위장 취재, 불법 취재 금지(어린이, 노약자 배려, 법적 분쟁 차단)

④ 무리한 취재경쟁 자제 ➡ 오보나 허보는 수습에 큰 지장(세월호 당시 전원구조 등), 페이크 뉴스 원인 제공 계기
⑤ 공적 정보의 취급
　○ 감염자 숫자나 감염자 명단, 중국이나 신천지교회 방문 등 중요한 재난정보에 관한 보도는 질본이나 중수본의 공식 기관의 발표에 따르되 공식발표의 진위와 정확성에 대해서는 각 언론사가 다시 한 번 검증 체크가 필요(보도 내용의 책임은 각각 언론사가 져야 함)
⑥ 취재원에 대한 검증 ➡ 언론보도를 전제로 한 인터뷰나 코멘트는 반드시 사전에 취재원에 대한 전문성을 충분히 검증한 후에 취재해야 한다.
⑦ 유언비어나 허보방지(관동대지진 당시 조선인 학살, 광우병 파동당시 언론보도 등)
　○ 미확인정보나 불확실한 정보는 보도자제(유언비어나 허위보도 확산 방지)
　○ 미확인전보나 확인 불가능한 경우 미확인 사유 밝힘(예, 북한정보 등 확인 불가)
⑧ 선정적 보도 지양
　○ 과도한 감성표현이나 자극적인 장면, 단순 반복 내지는 흥미 위주나 가십 등은 자제
⑨ 감정적 표현 자제
　○ 즉흥적인 보도나 논평은 삼가고 냉정하고 침착하며 질서유지를 촉구하는 보도(마스크 매점매석, 동이 났다. 텅 빈 진열대 등 충격적인 영상 반복)
⑩ 정정과 반론 보도
　○ 오보와 허보의 수정과 정정은 즉시 이루어지고, 당사자의 반론권도 충분히 보장
⑪ 피해자의 인권 보호와 신상 공개 주의
　○ 피해자 보호
　　감염병 취재 과정에서 명예나 인권, 사생활 침해 금지와 심리적 안정 등 특히, 프라이버시나 인격권은 한번 침해되면 정정 등으로는 사실상 회복불가

○ 신상공개 주의

감염자나 그 가족, 자원봉사자 등의 사생활 공개나 인격권, 초상권
등은 최대한 존중 보장되어야 하며, 불가피한 경우에도 이를 최대
한 신중하게 취급

○ 신천지교회 관계자나 신도들의 과도한 신상노출, 사생활비공개주의
(종교의 자유)

○ 세월호 참사 이후 구원파 유병헌 관계자 문제 제기, 후일 언론중재
위의 대량 정정보도 사태를 초래

## 4) 감염병과 같은 사회적인 재난발생 시 언론사의 역할과 사회적 책무

① 언론사는 감염병 취재 시에 먼저 기자들의 취재안전에 대해 충분히 배
려하고 감염병 노출에 따른 안전장비를 지원해야 한다.

② 언론사는 감염병 취약 계층인 노약자나 지체장애인, 다문화가정, 외국
인 등 재난 취약계층에 대한 배려와 사회적인 책임(social responsibility)
을 충실히 이행해야 한다.

③ 언론사 홈 페이지에도 감염병 상담과 고충 신고센터, 재해자 돕기 운동
등의 연락처 등을 안내해야 한다.

○ 국민안심병원 ▶ 국민안심병원 현황 및 연락처, 생활 진료센터 위치
와 연락처 등

○ 공공병원설립 시급 ▶ 우리나라 공공병원 설립 비율은 5.8%로 OECD
가맹국 중 최하위권이고, 일본의 경우도 18.2%가 공공병원이다.

## 7. '코로나19'와 같은 감염병 보도 매뉴얼 작성 시 유의점[20]

### (1) 감염병 보도의 목적

○ 인명과 재산 및 건강피해 최소화
○ 감염예방 및 확산방지
○ 신속한 진단과 확진 및 격리 치료
○ 감염병의 추가 확산 방지와 감염피해 최소화

### (2) 감염병 보도와 사회적 재난의 특수성

사회적 재난은 자연재난과는 달리 우리사회 안전에 미치는 영향이 매우 크다.

① 자연재난 ➡ 기상이변＋인간의 실수나 과오, 부주의 등으로 발생
② 사회적 재난 ➡ 기상이변＋인간의 실수나 과오, 부주의＋고의나 인간의 의도적 목적 등에 따라 발생
   예) 급성 감염병, 테러나 인질, 폭력, 무력사용, 광우병사태, 미세먼지 등

### (3) 인명 구제 최우선 주의

○ 감염병과 같은 사회적 재난은 국민의 생명과 안전 및 건강에 직접적으로 연결되는 문제이기 때문에 우리사회에 미치는 영향이 매우 크다. 따라서 보도 매뉴얼은 인명 구제 최우선으로 취급
○ 감염병에 대한 언론보도는 대외적인 국가이미지 손상과 함께 국민보건 건강에 미치는 영향이 크다. 따라서 신속·정확한 재난보도가 필요
○ 의료진이나 감염병 전문가의 검진 취재 및 재난전문가의 팩트 체크 필수
   예) 확산방지 및 제3자 피해 축소 등을 위한 검증

---

20 이연 "코로나19를 통해 본 K-방역의 시발점과 재난보도의 문제점", 『사람과 문화』(2021 제15호), ACADEMIA HUMANA(아카데미아 후마나), 2021, pp. 295~319.

## 8. 마무리[21]

　　이상 팬데믹(pandemic) 시대의 감염병 보도에 대한 문제점을 지적하고 개선책을 제시해 봤다. 우리나라는 그동안, 노무현 대통령 당시 '사스', 이명박 대통령 때 '신종 플루', 박근혜 대통령 당시 '메르스'와 '세월호', 문재인 대통령은 '코로나19'와 같이 역대 대통령 때마다 전대미문의 대형 재난으로 큰 어려움을 겪었다. 본고는 '코로나19' 감염보도를 통해서 본 문제점들을 정리해 보고자 한다.

　　(1) 앞으로 탄소 감축 문제 등으로 닥쳐올 이상기후 현상 등에 의한 대형 태풍이나 홍수, 전염병 창궐 등 점점 더 많은 재난이 몰려올 것으로 예상된다. 이제 긴급재난방송은 국민들의 생사가 걸린 중요한 하나의 방송 장르로 등장하면서 시청률 경쟁도 한층 치열해질 것으로 보인다. 다시 말해서 재난보도도 곧 돈이 되는 시대가 되었다는 점이다.

　　(2) 이번 '코로나19'의 경우에도 바람직한 재난보도의 몇 가지 좋은 사례를 소개하고자 한다. "배척만 하기엔… 시민들 '우한 교민 포용' 빛났다", "우한 교민 환영 운동", "아산·진천 주민들은 우한교민 환영합니다", "안녕히 가십시오", "함께 이겨냅시다", "코로나 19 함께 이겨냅시다" 등 재난으로 고초를 겪고 있는 우리 교민들에 대한 따뜻한 동포애를 느낄 수 있는 보도도 있었다. 특히. KBS 특집 재난방송, "코로나19 함께 이겨냅시다"(3/5, 7 : 40)[22]와 YTN 등은 돋보였다.

　　(3) 이번 '코로나19'를 통해서 보면, 재난보도 선진국인 일본의 NHK도 무너졌다. 일본의 NHK는 이번 '코로나19'를 보도하면서 도쿄올림픽 등으로 아베 정부의 눈치를 보면서 다소 소극적인 보도 태도를 보였다. 반면, 민영방송인 TBS-TV는 재난방송을 적극적으로 보도하면서 일본의 재난방송계에 큰 이변이 생겼다. 그동안 일본에서는 재난방송의 절대강자인 NHK가 이번 코로나 보도에서 정치권의 눈치를 보는 사이에 도쿄의 민간방송 키 스테이션(Key Station)인

---

21 이연 "코로나19를 통해 본 K-방역의 시발점과 재난보도의 문제점", 『사람과 문화』(2021 제15호), ACADEMIA HUMANA(아카데미아 후마나), 2021, pp. 295~319.
22 1129번 코로나 확진자 일지. 80대 노모와 23명 접촉자 모두 음성 판정, 철저한 예방수칙.

TBS가 신속하게 전문성을 살려 나가면서 마침내 절대 강자인 NHK를 제쳤다는 평가가 있다. 조치대학(上智大學) 미즈시마(水島宏明) 교수의 분석에 따르면 현재까지는 TBS 「NEWS 23」이 일본에서 가장 좋은 재난보도로 발군의 실력을 발휘했다고 칭찬하기도 했다.[23]

(4) 우리나라도 이제는 재난보도를 한층 더 전문화해야 한다는 교훈을 얻게 되었다. 이를 테면, '코로나19'의 경우, 언론사들이 자체적으로 '숨어있는 환자 찾기', '남아 있는 치료병상을 전문적으로 추적해 찾아 주기', '긴장되고 숨 가쁜 중증환자의 이송과정과 긴장된 치료현장 추적', '과로와 구슬땀 등으로 뒤범벅되는 의료현장 집중 조명', '응급환자를 구출하기 위해 사투를 벌이는 의료현장' 등 국민들의 생명이 촌각에 달린 구호기관 들을 추적해 우리 국민들에게 용기와 희망, 감동을 심어 주는 방송도 있었다. 또한, 언론사도 방재기관으로서의 역할을 충실히 이행하는 방송, 다시 말해서 급성 신종전염병에 걸려 사경을 헤매는 환자들을 살려낼 수 있다는 자부심 등을 영상으로 보여준다면 온 국민들로부터 감동을 받을 것이다. 거기에는 허보나 오보, 페이크 뉴스도 없고, 오직 진실만 숨쉴 수 있을 따름이다.

(5) 팬데믹 시대에 재난보도는 감염이라는 특수성에 입각한 재난보도가 가장 중요하다. 왜냐하면 보도의 신속성에 따라 감염병이 일시에 확산되거나, 정보교란, 인포데믹(infodemic) 등으로 인해 일상을 마비시킬 수 있기 때문이다. ① 감염병 피해자가 부지불식간에 타인에게 전염시키지 않도록 충분한 정보를 제공하여 숨기지 않게끔 유도하고 ② 일반 시청자들도 전염되지 않고 스스로 관리할 수 있도록 정확한 정보를 제공한다. ③ 또한, 감염병 확진자의 집단시설 및 의료기관의 무단출입 등으로 인해 사회시스템이 마비되거나 폐쇄되지 않도록 보호하며 ④ 부정확한 정보의 난무로 인해 지나친 공포심을 조장하여 일상을 파괴하지 않도록 노력한다. ⑤ 언론사 출연진도 반드시 전문성이 있는 사람들을 초대할 수 있도록 사전검증의 필요성 등을 들 수 있다.

(6) 마지막으로 각 언론사는 감염자나 고충 상담자 및 자원봉사자 모집 등 홈페이지 운영 등을 통해 언론사의 사회적 책임을 다해야 할 것이다.

---

23 水島宏明(上智大學教授) 『TBS 「NEWS 23」』, 2020년 2월 25일 해설.

## 제2절 한국과 영국의 'COVID-19' 감염병 관련 법 제정의 시사점

### 1. 사회적 재난과 'COVID-19'

2019년 12월 30일 중국 후베이성 우한시(武漢市) 건강위원회는 우한시에서 폐렴(肺炎; covid-19) 환자가 발생해 27명이 격리치료를 받고 있다고 발표했다. 그로부터 20일이 지난 2020년 1월 20일에는 우리나라에서도 우한에서 온 중국 여인이 최초로 확진 판정을 받았다. 한국인 1명도 나흘 뒤인 1월 24일에 코로나 확진 판정을 받게 된다. 이후, 우리나라는 신천지 대구교회에서 집단적인 감염 현상으로 큰 어려움을 겪게 되었다. 다행히도 우리나라에는 이미 '감염병의 예방 및 관리에 관한 법률'(감염병예방법)이 있었고, 부분적인 신속한 개정으로 인해 이번 '코로나19'와 같은 감염병에는 잘 대응할 수 있었다. 2019년 12월 3일과 2020년 3월 4일에 다시 부족한 부분은 일부 개정하여 '코로나19' 사태에 대응하게 되었다.

이번 '코로나19'는 사회적인 재난으로 자연재난과는 달리 복구와 치유가 어려운 재난이다. 자연재난은 가시적이고 그 치유방법도 예측 가능하지만, 사회적인 재난은 근본적인 치료가 불가능하거나 예측하기 어려운 경우가 많다. 또한, 사회적 재난은 치유가 가능하다 하더라도 인력과 비용이 많이 들고, 시간이 오래 걸린다. 자연재난은 기존의 대응 방식으로도 가능하지만, 사회재난은 고도의 과학적인 전문지식을 동원함과 동시에, 법률과 규정, 지침 등을 통해 재난의 대형화를 사전에 차단하는 방식이 중요하다. 이번 '코로나19'에서 보았듯이 EU나 미국 등 초기대응을 잘못한 국가는 재난 치유에 상당히 어려움을 겪었다. 이와 같이 사회재난은 초동대응방식에 따라 성공 여부가 크게 달라지기 때문에 초기대응이 국가재난관리에 중요한 관건이 된다.

영국의 경우는 이번 'COVID-19'에 보다 효과적으로 대응하기 위해 2020년 3월 3일에 코로나바이러스 행동계획(Coronavirus Action Plan)을 작성하고, 25일에 법령 수준과는 별도로 규칙도 제정했다. 영국이 제정한 2020년 건강 보호

(코로나바이러스) 규칙은 총 16개 조로 구성되어 있다. 제정 후 즉시 시행되며, 2년간 시한 규정으로, 이 규칙의 적용 범위는 잉글랜드에서만 해당한다. 하지만, 영국도 이탈리아나 프랑스처럼 의료체계가 순식간에 붕괴하였다. 따라서 영국은 'COVID-19'의 급속한 확산을 방지하기 위해, 바이러스에 감염된 것으로 의심되는 선별 진료 및 검역에 대한 규정 도입, 행동계획, 다양한 공공지침과 정보게시, 백신 개발을 포함한 지원책을 강구하기에 이른다. 우리 정부도 관계부처를 중심으로 'COVID-19'와 같은 새로운 재난발생에 신속하게 대응할 수 있는 새로운 시스템을 구축해야 할 것이다.

## 2. 사회적 재난에 관련된 법규

### 1) 사회적 재난이란?

재난 및 안전관리 기본법 제3조에 의하면 2018년 8월까지는 재난의 분류를 자연재난, 사회적 재난, 인적 재난 세 가지로 분류했으나, 2019년 12월부터는 사회적인 재난과 인적재난을 통합하여 사회재난이라고 하고 있다(법 개정 2019. 12. 3.).

동법 제3조에 의하면(제4장 참조)
가. **자연재난** : 태풍, 홍수, 호우(豪雨), 강풍, 풍랑, 해일(海溢), 대설, 한파, 낙뢰, 가뭄, 폭염, 지진, 황사(黃砂), 조류(藻類) 대발생, 조수(潮水), 화산활동, 소행성·유성체 등 자연 우주물체의 추락·충돌, 그 밖에 이에 준하는 자연현상으로 인하여 발생하는 재해
나. **사회재난** : 화재·붕괴·폭발·교통사고(항공사고 및 해상사고를 포함)·화생방사고·환경오염사고 등으로 인하여 발생하는 대통령령으로 정하는 규모 이상의 피해와 국가 핵심기반의 마비, 「감염병의 예방 및 관리에 관한 법률」에 따른 감염병 또는 「가축전염병 예방법」에 따른 가축전염병의 확산, 「미세먼지 저감 및 관리에 관한 특별법」에 따른 미세먼지 등으로 인한 피해로 규정하고 있다.

## 2) 국가의 책무

재난 및 안전관리기본법 제4조(국가 등의 책무)에 의하면, ① 국가와 지방자치단체는 재난이나 그밖의 각종 사고로부터 국민의 생명·신체 및 재산을 보호할 책무를 지고, 재난이나 그밖의 각종 사고를 예방하고 피해를 줄이기 위하여 노력하여야 하며, 발생한 피해를 신속히 대응·복구하기 위한 계획을 수립·시행하여야 한다.(개정 2013. 8. 6)

② 국가와 지방자치단체는 안전에 관한 정보를 적극적으로 공개하여야 하며, 누구든지 이를 편리하게 이용할 수 있도록 하여야 한다.(신설 2019. 12. 3)

③ 제3조 제5호 나목에 따른 재난관리책임기관의 장은 소관 업무와 관련된 안전관리에 관한 계획을 수립하고 수행하여야 하며, 그 소재지를 관할하는 특별시·광역시·특별자치시·도·특별자치도와 시(「제주특별자치도 설치 및 국제자유도시 조성을 위한 특별법」 제10조 제2항에 따른 행정시를 포함한다.)·군·구(자치구를 말한다)는 재난 및 안전관리업무에 협조하여야 한다.

## 3) 사회적 재난대응은 기존의 재난대응으로부터 근본적인 패러다임의 전환

사회적 재난은 자연재난과는 패러다임이 근본적으로 다르다. 앞에서 이미 언급했지만, 자연재난은 피해나 무너진 다리를 복구하면 치유가 가능하지만, 사회적 재난은 그렇지 못하다. 자연재난은 단순하고 단기간에 치유가 가능하기도 하지만, 사회적 재난은 근본적인 치유가 불가능하거나 어려운 경우가 많다. 자연재난은 기존의 대응방식인 아날로그식의 대응방법도 가능하지만, 사회재난은 AI나 디지털기술 등을 이용한 고도의 과학적인 대응방식이 필요하다. 이번 '코로나19'에서 보았듯이 EU나 미국 등 초기 재난대응에 잘못한 국가는 국가 전체가 뿌리부터 흔들려서 치유하기가 매우 어려웠다. 이와 같이 사회재난은 재난대응 성패 여부에 따라 국가 전체의 운명이 달린 중차대한 문제다. 따라서 우리 정부는 지금이라도 관계부처를 중심으로 새로운 사회재난 발생에 대비하여 신속하게 대응할 수 있는 시스템구축에 서둘러야 할 것이다.

## 3. 한국과 영국의 'COVID-19' 감염병 관련 법 제정

한국은 '감염병의 예방 및 관리에 관한 법률'(감염병예방법)이 있었지만, 이 법으로는 이번 '코로나19'와 같은 감염병에는 대응할 수가 없었다. 그래서 'covid-19'에 대응하기 위해 동 법을 2019년 12월 3일과 2020년 3월 4일에 일부 개정하였다.

이번에 개정된 '감염병의 예방 및 관리에 관한 법률'의 특징을 보면 다음과 같다.

제1조(목적) 이 법은 국민 건강에 위해(危害)가 되는 감염병의 발생과 유행을 방지하고, 그 예방 및 관리를 위하여 필요한 사항을 규정함으로써 국민 건강의 증진 및 유지에 이바지하기 위함이다.

제2조(정의)에서 "감염병"이란 제1급 감염병, 제2급, 제3급, 제4급 감염병, 기생충 감염병, 세계보건기구 감시대상 감염병, 생물 테러 감염병, 성 매개 감염병, 인수(人獸)공통 감염병 및 의료 관련 감염병이라고 밝히고 있다. 2. "제1급 감염병"이란 생물테러 감염병 또는 치명률이 높거나 집단 발생의 우려가 커서 발생 또는 유행 즉시 신고하여야 하고, 음압격리와 같은 높은 수준의 격리가 필요한 감염병으로서 다음 각 목의 감염병을 말한다. 다만, 갑작스러운 국내 유입 또는 유행이 예견되어 긴급한 예방·관리가 필요하여 보건복지부 장관이 지정하는 감염병을 포함한다. 예를 들면, 우리에게 익숙한, 에볼라 바이러스병, 신종감염병 증후군, 중증급성호흡기증후군(SARS), 중동호흡기증후군(MERS) 등 전파력이 강한 병이 있다.

제4조(국가 및 지방자치단체의 책무) ① 국가 및 지방자치단체는 감염병 환자 등의 인간으로서의 존엄과 가치를 존중하고 그 기본적 권리를 보호하며, 법률에 따르지 아니하고는 취업 제한 등의 불이익을 주어서는 아니 된다. ② 국가 및 지방자치단체는 감염병의 예방 및 관리를 위하여 다음 각호의 사업을 수행하여야 한다.

1. 감염병의 예방 및 방역 대책

2. 감염병 환자 등의 진료 및 보호

3. 감염병 예방을 위한 예방접종 계획의 수립 및 시행

4. 감염병에 관한 교육 및 홍보

5. 감염병에 관한 정보의 수집·분석 제공

6. 감염병에 관한 조사·연구

7. 감염병 병원체(감염병 병원체 확인을 위한 혈액, 체액 및 조직 등 검체를 포함) 수집·검사·보존·관리 및 약제내성 감시

8. 감염병 예방을 위한 전문 인력 양성

9. 감염병 관리정보교류 등을 위한 국제협력

10. 감염병의 치료 및 예방을 위한 약품 등의 비축

11. 감염병 관리사업의 평가

12. 기후변화, 저출산·고령화 등 인구변동 요인에 따른 감염병 발생조사·연구 및 예방대책 수립 등

제5조(의료인 등의 책무와 권리) ① 「의료법」에 따른 의료인 및 의료기관의 장 등은 감염병 환자의 진료에 관한 정보를 제공받을 권리가 있고, 감염병 환자의 진단 및 치료 등으로 인하여 발생한 피해에 대하여 보상받을 수 있다.

제6조(국민의 권리와 의무) ① 국민은 감염병으로 격리 및 치료 등을 받은 경우 이로 인한 피해를 보상받을 수 있다.

제11조(의사 등의 신고) ① 의사, 치과의사 또는 한의사는 다음 각호의 어느 하나에 해당하는 사실(제16조 제6항에 따라 표본감시 대상이 되는 제4급 감염병으로 인한 경우는 제외)이 있으면 소속 의료기관의 장에게 보고하여야 하고, 해당 환자와 그 동거인에게 보건복지부 장관이 정하는 감염방지 방법 등을 지도하여야 한다. 다만, 의료기관에 소속되지 아니한 의사, 치과의사 또는 한의사는 그 사실을 관할 보건소장에게 신고하여야 한다.

제18조(역학조사) ① 질병관리본부장, 시·도지사 또는 시장·군수·구청장은 감염병이 발생하여 유행할 우려가 있거나, 감염병 여부가 불분명하나 발병원인을 조사할 필요가 있다고 인정하면 지체 없이 역학조사를 하여야 하고, 그 결과에 관한 정보를 필요한 범위에서 해당 의료기관에 제공하여야 한다. 다만,

지역 확산 방지 등을 위하여 필요한 경우 다른 의료기관에 제공하여야 한다.

## 4. 영국의 '2020 코로나바이러스 규칙(Coronavirus Act 2020)' 제정

영국은 'COVID-19'에 효과적으로 대응하기 위하여 2020년 3월25일에 「2020 코로나바이러스 법(Coronavirus Act 2020)」[24]을 제정하였다.

### 1) 법 제정의 경위

2019년 12월 31일 중국 우한에서 발생한 폐렴이 WHO(World Health Organization)에 보고된 이후, 'COVID-19'는 급속하게 전 세계로 확산하였다. WHO는 마침내 3월 11일에 다시 'COVID-19'를 세계적 대유행(Pandemic)으로 선언하게 된다. 영국은 5월 25일, 코로나바이러스 법(Coronavirus Act 2020)을 제정하기에 이른다. 제정 후 즉시 시행되며, 시행기간이 2년간 시한 규정으로, 이 규칙의 적용 범위는 잉글랜드에만 적용했다.[25] 유럽도 이탈리아 대 확산에 이어 프랑스, 독일로 확산했다. 이렇듯 영국도 이탈리아나 프랑스처럼 의료체계가 순식간에 붕괴되었다. 따라서 영국은 'COVID-19'의 급속한 확산을 방지하기 위해 바이러스에 감염된 것으로 의심되는 선별 및 검역에 대한 규정 도입, 행동계획, 다양한 공공지침과 정보게시, 백신개발 등을 포함한 다양한 지원책을 취하고 있다.[26]

이 법에는 ① "코로나바이러스"의 의미 및 관련 용어, ② 간호사 및 기타 건강관리 전문가의 긴급 등록, ③ 의사와 관련된 응급조치(웨일즈), ④ 의사와 관련된 응급조치(스코틀랜드), ⑤ 긴급 등록 및 처방 권한의 연장, ⑥ 사회복지사 긴급 등록(영국과 웨일즈), ⑦ 사회복지사 임시 등록(스코틀랜드), ⑧ 긴급 자원봉사 휴가, ⑨ 긴급 지원자에 대한 보상 (i) 수입 손실 (ii) 여행 및 생계 등

---

24 https://www.legislation.gov.uk/ukpga/2020/7/content. 5. 31.

25 http://www.legislation.gov.uk

26 김은진 "영국의 코로나바이러스감염증관련 법령 및 시사점", 외국입법 동향과 분석(제40호), 국회 입법 조사처, 2020년 5월 13일 자.

을 규정하고 있다.

그밖에 ① 영국정부는 2020년 2월 10일 '2020 건강보호(코로나바이러스)규정(Health Protection(Coronavirus) Regulations 2020)'을 발표했다.

② 감염병 확산을 방지하기 위해 의료 및 공중보건 전문의에게 COVID-19 확산 위험이 있는 사람을 선별해 격리 및 구금할 수 있는 권한을 즉시 제공했다.

③ 경찰은 감염병이 의심되거나 다른 사람들에게 전염될 위험에 처하게 될 경우 즉시로 구금 등을 할 수 있게 했다.

④ 영국 정부는 COVID-19에 보다 효과적으로 대응하기 위해 3월 3일에 코로나바이러스 행동계획(Coronavirus Action Plan)[27]을 작성하고 법령수준과는 별도로 규칙을 제정했다.

## 2) 제정 목적

'2020 코로나바이러스 법(Coronavirus Act 2020)'은 코로나바이러스 감염증에 효과적으로 대처하기 위해 필요한 권한과 의무를 규정한 법률로 2020년 3월 25일 제정되었다. 영국 정부 주무장관, 또는 잉글랜드 위생청에 근무하는 등록된 공중보건 전문의(registered public health consultant)는 ① 신종 코로나바이러스에 감염된 것으로 의심될만한 합리적인 근거가 있는 자, 또는 다른 사람에게 감염시킬 우려가 있다고 생각되는 사람, 또는, ② 영국 국외에서 잉글랜드에 도착한 사람(북아일랜드, 스코틀랜드 및 웨일스를 통한 경우를 포함한다.), 또는 도착 전 14일 이내에 감염 지역을 출발했다고 의심하기에 충분한 합리적인 근거가 있는 자(대상자)에 대해 검사를 실시하여 그 결과에 따라 적절한 제한을 부과할 수 있도록 했다. 법 제정의 목적은 우선 감염확산을 억제하고, 자원 및 인력 부족에 따른 공공 서비스 제공 등 주요 서비스에 대한 부담을 공평하게 해 국민건강을 보호하는 데 있었다. 나아가 감염병에 대한 영연방 차원에서 대응할 수 있도록 했다. 즉, 영국(잉글랜드), 스코틀랜드, 웨일스(Wales) 및 북아일랜드를 포함하는 4개 연합 모두에서 효과적으로 적용할 수 있게 되었다.

---

27 "Coronavirus: action plan-A guide to what you can expect across the UK," 3 March 2020. GOV. UK

## 5. 시사점

　한국도 늦었지만, 신속한 감염병 예방관련법을 개정하였고, 영국도 그동안 의료보험체계의 미비점과 의료인력 체계 등의 문제점을 신속하게 보완하는 법을 제정하였다. 하지만, 대영제국이라고 할 정도의 영국도 그동안 방심한 나머지 '코로나19'에 의해 방역체계의 붕괴와 함께 영국의 상징인 찰스 황태자와 존슨 총리마저도 코로나에 감염되어 사경을 헤매기도 했다. 한시적이지만 영국은 이번에 의료체계나 법 규정을 정비하는 계기가 되었다. 이를테면 공중보건 담당자(public health officer), 출입국담당자(immigration officer)가 잠재적 감염자를 선별 검사 장소로 안내할 수도 있고, 필요한 경우 격리 유지, 여행, 활동 및 다른 사람들과의 접촉 제한 등을 요구할 수도 있다. 또한, 공중보건 담당자는 잠재적 감염자를 지정된 장소에서 최대 48시간까지 격리할 수 있는 권한도 주어졌다.

## 제3절　실제 사례를 통해서 본 재난연구

## 1. '인체에 치명적인 미세먼지' 사례연구

### 1) 미세먼지 발생과 피해의 심각성

### (1) 미세먼지의 발생과 피해 상황

　우리가 매일 숨쉬고 있는 공기의 질을 평가할 때는 일반적으로 공기 오염 정도를 그 척도로 삼고 있다. 특히, 공기 속의 오염물질 중에서도 우리들의 인체에 가장 심각하게 영향을 미치고 있는 유해물질이 이 미세먼지이다. 미세먼지(particulate matter)는 일반적으로 그 입자의 크기에 따라 PM10(10㎛, 미세먼지),

PM2.5(2.5㎛, 초미세먼지) 두 종류로 나눈다. WHO(World Health Organization : 세계보건기구)에서도 이 두 가지에 대한 측정치를 통해 공기오염 정도를 평가하고 있다. 우리나라는 OECD 회원국 중에서도 초미세먼지 농도가 2번째로 높은 위험한 국가로 지목되고 있는 나라. 실제로 2018년 한국 환경정책 평가연구원에서 실시한 국민 환경 의식조사 결과에서 우리 국민의 76.5%가 미세먼지 정보를 여러 매체를 통해 확인하고 있는 등 미세먼지의 심각성을 우려하고 있는 것으로 나타났다. 게다가 우리나라 미세먼지 발생은 국내 발생보다도 중국발 미세먼지가 80% 이상 차지하는 것으로 나타나 더욱 더 큰 충격을 주고 있다.

2020년은 '코로나19' 등으로 중국발 미세먼지가 좀 주춤한 탓에도 불구하고 2021년 3월 중순부터는 중국발 미세먼지는 일주일 이상 지속하기도 했다. 엎친 데 덮친 격으로 3월 말에는 중국발 황사까지 겹치면서 우리나라는 전국이 미세먼지로 덮혔다. 평소에도 미세먼지(초미세먼지)는 우리 인체에 치명적인 피해를 주기 때문에 전문가들은 특히, 어린이나 노약자, 심혈관 관계 질환자들에게는 외출 자제를 당부할 정도다. 서울대병원 소아청소년과 이승복 교수가 2019년에 발표한 논문자료에 의하면, 미세먼지 피해로 인해 우리나라에서 연간 조기 사망하는 사람의 숫자는 약 2만여 명에 이른다. 또한, 미세먼지로 인

### 2017.5.6. KBS 9시 뉴스

해 연간 피해를 보는 우리나라의 경제적 손실액도 무려 약 4조 230억 원에 달한다고 한다. 만약, 미세먼지 주의보가 발령된다고 하면 하루의 손실액도 무려 1,586억 원에 이른다. 나아가서 미세먼지(PM10) 농도가 월평균 1%씩 1년 동안 높아질 경우 미세먼지 관련 질환자 수는 약 260만 명가량으로 급증하여 600억 원 이상의 추가 의료비가 발생한다고 주장했다.[28]

2021년 12월 10일 질병 관리청이 발표한 '제1차 기후 보건 영향평가' 결과에 의하면, 최근 5년간 초미세먼지(PM2.5)의 영향으로 사망한 사람이 11만9873명인 것으로 추산하고 있다. 초미세먼지는 세계보건기구(WHO)가 지정한 1군 발암물질이다. 연평균 초미세먼지 농도가 $26\mu$ g(마이크로그램)이었던 2015년과 2016년에는 초미세먼지 노출로 인한 사망자 수가 각각 2만4,276명과 2만4,900명이었다. 이는 초미세먼지에 노출돼 폐암과 뇌졸중, 허혈성심질환 등 질병에 걸려 사망한 사람을 추산한 것이다. 최근 '코로나19' 등으로 중국으로부터 초미세먼지 유입 농도가 급격하게 낮아지면서도 사망자의 숫자는 여전히 2019년(연평균 농도 $23\mu g$)에는 2만 3,053명대로 추산하고 있다. 즉, 초미세먼지에 노출돼 폐암과 뇌졸중, 허혈성심질환 등 질병에 걸려 사망한 사람을 추산한 것이다.

---

28 이승복 "미세먼지가 인체에 미치는 영향에 관한 연구 동향"(BRIC VIEW 2019-T26), https://www.ibric.org/myboard/read.php?Board=report&id=3330(2021.10.14.일자) 참조.

이 숫자는 서울대 이승복 교수의 통계치보다도 상회하는 숫자여서 더욱 더 충격적이다.[29] 2019년 말 '코로나19' 발생 이후 중국의 미세먼지 유입이 급격하게 줄어들었다는 점을 고려한다면, 정부는 향후 이 부분을 더욱 더 구체적으로 분석해 봐야 할 대목이다. 이번 질병관리청이 발표한 '미세먼지 및 기후변화 관련' 조사는 정부 차원에서는 처음인 것으로 알려졌다.[30]

2021년 3월 29일, 30일에는 미세먼지에 중국황사까지 겹치면서 한때 서울 서초구의 미세먼지(PM10) 농도의 최대치는 $592\mu g/m^3$를 넘어서기도 했다. 인천, 수원 등 수도권 대부분도 $500\mu g/m^3$를 넘어 가시거리가 극도로 나빠져서 앞이 잘 안 보일 정도였다. 30일에는 충남 보령시도 $1,003\mu g/m^3$, 장항읍이 $1,118\mu g/m^3$ 등으로 미세먼지는 중부내륙을 강타했고, 마침내 호남지역의 경우도 전라남도 신안이 $1146\mu g/m^3$, 목포시 부흥동 $1,311\mu g/m^3$, 목포시 용당동이 $1,579\mu g/m^3$로 전국 사상 최고치를 기록했다. 호남지역도 대부분이 한때는 $1,000\mu g/m^3$를 상회할 정도로 미세먼지가 극심할 정도였다. 그런데 지금까지는 비교적 미세먼지 청정지역으로 알려져 있던 제주도의 경우도 제주시 한경면 고산리가 $1,183\mu g/m^3$, 제주시 연동이 $1,088\mu g/m^3$까지 미세먼지 수치가 치솟기도 했다. 따라서 동남아시아에서는 미세먼지 발원지인 중국을 제외하고는 한국이 그 피해가 가장 극심한 지역이다. 중국 칭화대 연구팀도 초미세먼지가 국경을 넘어 이동하여 타국 사람들에게 조기 사망을 유도한다고 하는 보고서도 있다.

## (2) 우리나라의 미세먼지 대응책

문재인 대통령은 2017년 5월 정권 출범 초기에 미세먼지 재난의 심각성을 인식하고 초등학교마다 '간이 미세먼지 측정기'를 설치하도록 해야 한다고 주장했다. 나아가서 2019년 4월에는 미세먼지 척결을 위해 '국가기후환경 회의'를 신설하는 한편, 9월에는 미세먼지를 국가재난에 포함하는 '미세먼지 저감 및 관리에 관한 특별법'을 제정하여 미세먼지를 척결할 수 있는 법적인 기반도 마련하게 되었다. 또한, 2020년 4월부터는 국가적인 차원에서 제주도를 제외한 전국 대부분의 도시에 '대기오염물질 총량제'를 도입해 실시하고 있다.

---

29 "초미세먼지 노출로 최근 5년간 12만 명 숨져" 『동아일보』, 2021년 12월 10일자.
30 "초미세먼지 노출로 최근 5년간 12만 명 숨져" 『동아일보』, 2021년 12월 10일자.

하지만, '미세먼지 피해'가 지난 3월 말과 같이 아주 심각한 상황인데도 불구하고, 주무 부처인 환경부나 출범 후 2년이 지난 '국가기후환경 회의' 조차도 아직은 뚜렷한 해법이나 특별한 성과를 제시하지 못하고 있다. 앞으로도 이러한 상태가 계속해서 이어진다면 획기적인 미세먼지 척결을 기대하기는 어려울 것으로 본다. 따라서 팬데믹 시대가 끝나는 시점이면 더욱더 미세먼지 문제가 심각해질 것이기 때문에 이를 척결하기 위해서는 범국가적으로 국가가 앞장서서 획기적인 대응책을 강구해야 할 것이다. WHO(세계보건기구)도 2021년 9월 22일(현지 시각) 16년 만에 미세먼지 기준을 크게 강화하여 ① 미세먼지(PM 10/㎥), ② 초미세먼지(PM 2.5/㎥), ③ 오존, ④ 이산화질소, ⑤ 이산화황, ⑥ 일산화탄소 등 6종의 대기오염 물질에 대한 '대기질 가이드라인'(AQG)을 새로 상향 발표했다. 2005년 제3차 가이드라인을 발표한 뒤 16년 만의 일인데, 이번에 개정된 AQG의 핵심 내용은 미세먼지·초미세먼지의 기준을 한층 강화한 것이다. 미세먼지는 연평균 $20\mu g/㎥$ 이하에서 $15\mu g/㎥$ 이하로, 초미세먼지는 연평균 $10\mu g/㎥$ 이하에서 $5\mu g/㎥$ 이하로 각각 $5\mu g/㎥$씩 수치를 낮추는 강화 정책을 발표했다. 우리나라 환경부도 다음 도표와 같이 1983년 이후 미세먼지 권장 기준을 꾸준히 강화해 왔다. 하지만, 2018년 강화된 우리나라의 미세먼지 준수 기준은 연평균 $50\mu g/㎥$, 초미세먼지는 $15\mu g/㎥$로 WHO나 선진국에 비하면 아직까지도 상당히 낮은 느슨한 수준이다. 여기에 다시 이번에 새로 강화된 WHO의 새 가이드라인에 적용하게 되면, WHO와 한국, 두 기준의 격차는 점점 더 크게 벌어졌다.[31] 물론, 앞으로 구체적인 미세먼지 강화 방향과 온실가스

### WHO와 우리나라의 대기질 가이드라인

| 구 분 | 연평균 미세먼지(PM10/㎥) | 하루 평균 초미세먼지(PM2.5/㎥) |
|---|---|---|
| 2005년 제3차 가이드라인 | $20\mu g/㎥$ 이하 | $10\mu g/㎥$ 이하 |
| 2018년 제4차 가이드라인 | $15\mu g/㎥$ 이하로 강화 | $5\mu g/㎥$ 이하로 강화 |
| 2021년 9월 22일 WHO 기준 | $15\mu g/㎥$ 이하로 강화 | $5\mu g/㎥$ 이하로 강화 |

---

31 정종훈 "WHO미세먼지 기준 강화에 … 정부 '온실가스 감축 등 연계해 강화 방향 고민' "『중앙일보』, 2021년 9월 23일자.

감축 등과 같이 탄소 중립화 정책과도 맞물려 서로 연계해서 고려해야 할 부분이 있다. 하지만, 이제 분명한 것은 국가가 책임을 지고 앞장서서, 영국의 런던보다도 훨씬 더 과감하고 획기적인 미세먼지 감축 정책을 쓰지 않으면, 미세먼지 해결책은 요원해 보인다.

미세먼지와 초미세먼지의 경우는 WHO 산하 국제암연구소(IARC)가 2013년에 지정한 제1군 발암물질에 속한다. WHO에 의하면, 세계 인구 중에서 매년 대기오염으로 인해 약 700만여 명이 조기에 사망하는 것으로 추정하고 있다. 특히 초미세먼지의 경우는 이번 WHO가 발표한 2021년 대기오염 가이드라인 수준으로 줄인다면 초미세 먼지로 관련된 사망률은 80% 정도는 막을 수 있을 것으로 추정하고 있다.[32]

이미 앞에서도 언급했지만, 우리나라 대기질은 WHO가 발표한 2021년의 기준에 크게 못 미치고 있다. 2020년의 경우는 '코로나19' 때문에 미세먼지 발생량이 예외적으로 줄었기 때문에, 2019년 한국의 연평균 미세먼지 농도를 보면, WHO의 새 기준의 2.7배($41\mu g/m^3$)이고, 초미세 먼지의 경우는 4.6배($23\mu g/m^3$)나 높다. 환경부의 대기환경 기준은 WHO 새 가이드라인 기준보다도 3배 정도나 느슨하다. 미세먼지 기준은 연평균 $50\mu g/m^3$, 하루 24시간 평균 $100\mu g/m^3$이고, 초미세먼지는 연평균 $15\mu g/m^3$, 하루 24시간 평균 $35\mu g/m^3$이다.[33] 현재 환경부 기준으로 볼 때 2021년 1월~8월 사이 서울의 초미세먼지 농도가 '나쁨' 이상을 기록한 날은 25일이지만, WHO의 새 기준이 적용되면 140일로 5.6배나 늘어난다. 환경부는 WHO 지침과 정부의 온실가스 감축 정책 등에 따라 대기개선 효과 등을 포괄적으로 고려해 향후 적절한 조정안을 검토할 것으로 보인다.[34]

### (3) 영국 · 미국의 미세먼지 척결 사례

영국은 1952년 12월 런던에서는 '그레이트 스모그(Great Smog)'라는 현상으

---

32 『조선일보』, 2021년 9월 24일자.
33 『경향신문』, 2021년 9월 24일자.
34 『조선일보』, 2021년 9월 24일자.

로 12,000여 명이 사망하는 대참사가 일어났다. 화석연료인 석탄 난방 급증으로 인해 대기오염이 극심해 일어난 환경재난 참사였다. 영국은 이 참사 이후 1956년에는 '청정대기 법' 제정을 시작으로 50여 년간 꾸준히 화석연료 감축 정책을 시행해 왔다. 이러한 스모그 척결 정책에 힘입어 런던시는 종래 대기오염의 주범이었던 이산화질소의 농도가 1998년에는 1㎥당 40㎍(마이크로그램 · 1㎍은 100만 분의 1g)에서 22년 만인 2020년에는 15㎍까지 감소했다. 같은 기간 미세먼지 농도도 26㎍에서 13㎍(PM10/㎥), 초미세먼지 평균 수치는 약 11㎍(PM2.5㎍) 정도로 현저하게 줄어든 청정도시가 되었다.[35] 그동안 런던시는 2019년 '초 저 배출구역' 도입 이전에도 2003년 '혼잡통행세', 2008년 '노후경유차 운행 제한 구역' 규제 등을 시행해 왔다. 하지만, 택배 운송의 급증과 함께 우버(Uber) 같은 민간 서비스 배달업체 등도 늘어나 운송 차량을 통행 규제하기에는 역부족이었다. 런던시의 환경 관련 자료에 따르면,[36] 관내 초등학교 가운데 최소한 360개 정도의 학교는 법적으로도 대기질 수준이 안전하지 못한 나쁜 장소에 자리 잡고 있다. 그중 대기오염의 절반 정도가 자가용이나 버스, 대형트럭 등의 배기가스가 그 원인이었다.

마침내 2019년 4월 8일 사디크 칸(Sadiq Aman Khan) 런던 시장은 대기오염과의 전쟁을 선포하면서, 런던시에 '초 저 배출구역(ultra-low emission zone : ULEZ)'을 설정하게 된다. 칸 시장은 비장한 각오로 이제 런던의 대기오염은 비상 수준으로 뒷짐지고 있을 수가 없다고 말하면서, 이 지역에 진입하는 차량에 대해서는 일종의 "공해세" 부과를 선언했다.[37] 즉, 배출가스 기준 이상의 차량이 도심에 진입할 경우 공해 부과금을 부과하도록 하는 제도다. 당시 소상공인들은 강하게 반발하면서 배달 차량 등을 친환경 차로 교체할 때까지 만이라도 제도 시행을 좀 늦춰달라고 요청하기도 했다. 하지만, 칸 시장은 디젤 자동차가 도심에 진입하면 12.5파운드(약 2만 3,000원)라는 '공해 세'를 내게 하는 초 저공해 존 도입을 강행한 것이다. 이를 위반할 시는 과태료 약 최대 1,000파운

---

35 김종윤 파리 특파원 "런던시가 대기 오염과 전쟁에서 얻은 교훈" 『동아일보』, 2021년 10월 15일자.
36 『한국일보』, 2019년 5월 11일자.
37 『한국일보』, 2019년 5월 11일자.

드(약 152만 원) 정도를 부과하게 된다. 이 지역에는 하이드파크나 세인트폴 성
당 등 대부분의 유명 관광지가 이 구역 안에 포함되어 있다. 서울의 사대문 안
보다 조금 더 넓은 면적이다.[38]

　이와 같이 세계에서 가장 급진적이라 불릴 정도로 초 저 배출구역을 설정
해 과태료 부과를 강행한 것은 칸 시장의 긴급조치인 특단의 조치에 해당한
다. 여기에서 가장 인상적인 것은 칸 시장이 전면에 내세우고 있는 '평등과 공
정'의 가치에 있다. 즉, 사디크 칸 시장은 대기오염을 사회정의의 문제로 보고
불평등과 깊은 상관관계가 있다고 강조한 점이다. 실제로 런던에서 가장 빈곤
층이 사는 지역은 가장 잘 사는 지역보다 이산화질소의 오염치가 25%나 더
높게 측정되고 있다. 자가용을 소유할 가능성이 낮은 빈곤층의 가정은 대기오
염에 대한 책임도 상대적으로 작은데도 불구하고, 오히려 피해 정도는 더욱
크다는 것이다. 마치 서울에서 미세먼지 농도가 심각할 때 공기청정기나 특수
마스크를 살 수 없는 저소득층의 가정이 더욱더 미세먼지에 대한 피해가 크다
는 이치이다.

　차량의 공해 가스 배출감소로 공기가 깨끗해지면 시민 모두가 수혜자가
된다. 소규모 중소기업 사업자들의 불만과 또한 유럽 인접 국가들에서 날아오
는 유해물질의 영향도 무시할 수 없다는 지적에도 불구하고, 칸 시장은 바로
이러한 이유 등으로 뚝심 있게 정책을 밀고 나갔다. 이것은 영국 내에 심화하
고 있는 불평등을 줄이기 위한 거의 유일한 평등과 공정의 가치인 것으로 보인
다. 이 규칙의 시행 초기에는 전체 차량 통행도 줄어들고 자전거 이용률도 좀
더 높아졌다는 분석이 있다.

　이러한 런던시의 초 저 배출구역 지정은 2021년에는 런던 전역으로 확대
되었고, 2050년까지는 도로 교통수단에서 나오는 배기가스를 제로로 만들겠다
는 목표를 취하고 있다. 산업혁명의 발상지인 영국이 2025년까지 석탄발전을
제로로 만들겠다고 공언했을 때 세계 여러 나라는 쉽게 믿으려 하지 않았다.
하지만, 칸 시장은 대기오염으로 최대 4만 명 이상이 조기 사망하는 영국에서

---

38 『한국일보』, 2019년 5월 11일자.

'미래 세대의 건강을 지키려는 노력은 너무나도 중요한 문제'라고 주장했다. 따라서 칸 시장은 일부 시민들의 반대 세력에도 불구하고 자기는 "단기간에 정치적 지지를 받기 위한 시도"에는 동의하기 어렵다고 생각하면서 그들의 주장을 받아들일 수 없다고 일축하고 있다.

미국의 경우도, 레이건(Ronald W. Reagan) 전 대통령이 캘리포니아 주지사 시절 1967년에 '대기 자원위원회'를 설치해 강력하게 미세먼지 척결에 나선 바 있다. 그 결과, 현재 미국의 연평균 대기오염 수준은 10$\mu g$(PM2.5$\mu g$) 정도로 낮아진 청정 도시로 탈바꿈되었다.[39] 하지만 아직도 런던 도로의 26%에서는 허용치 이상의 이산화질소가 주기적으로 발생하고 있어서 완벽하지는 않을 정도다. 런던의 대기오염 정책에서 얻은 교훈은 한번 망가진 오염된 환경은 개선하기가 그렇게 어렵고 시간과 투자가 필요하다는 사실이다. 우리나라의 경우는 영국과는 달리 국내 발생보다는 중국 발생 환경오염이 최대과제로 떠오르고 있어서 향후 이 문제도 가장 뜨거운 감자이다.

## 2) 미세먼지 척결방안과 대응책

이렇듯 인체에 심각한 영향을 미치는 미세먼지 피해에 대한 근본적인 해결방법은 없는 것인가? 특히, 국내 발생보다도 중국발 미세먼지 피해가 심각한 상황이기 때문에 국가적인 차원에서의 대응이 불가피해 보인다. 따라서 각계각층의 최고 전문가들을 모신 가칭 "미세먼지 대책위원회" 같은 협의체를 구성해 장기간에 걸친 근본적인 대책을 세워야 할 것으로 본다. 중국 정부의 부정에도 불구하고, 최근에는 천리안 위성 등을 통해서 우리나라 미세먼지의 발생 원인은 약 80% 이상이 중국의 영향이라는 것이 과학적으로 충분히 증명되고 있다(국립환경과학연구원). 그렇지만, 거대한 G2자본 국가인 중국 앞에서는 문제 제기조차도 제대로 하지 못하고 있는 것이 현 실정이다. 그렇지 않아도 사드 문제나 한한령(限韓令) 문제 등으로 한중 양국 간의 경제협력이 어려운 점

---

39 김종윤 파리 특파원 "런던시가 대기오염과 전쟁에서 얻은 교훈"『동아일보』, 2021년 10월 15일자.

등을 고려한다면 중국에 미세먼지 귀책사유를 추궁하기는 쉽지 않은 상태이다. 정부도 이런 어려움을 고려해 한중 양국 환경부 장관 회의나 '국가기후환경 회의' 등을 통해서 중국측과 접촉하여 우회적으로 해결책을 찾고자 하는 것 같다.

2021년 3월 말 황사발생 상황에서도 보았듯이 이제 '미세먼지 피해 문제'는 한중 간의 문제만이 아니라, 동남아시아 여러 국가로 점점 확대되어 가고 있다. 즉, 미세먼지 피해 당사국인 일본이나 대만, 북한, 라오스, 베트남, 인도, 태국, 필리핀 등과 연대해서 해결하는 방안을 모색해야 한다. 미세먼지 척결은 영국의 사례에서도 보았듯이 하루아침에 이루어지는 것이 아니라, 장기간에 걸친 꾸준한 감축 정책이 필요하다. 정부는 정부대로 중국과의 공동연구나 공동 기후 회의 등으로 서로 연대하면서 압박해 해결책을 모색해야 할 것이다. 이와 아울러, 국내는 국내대로 자체적으로 발생하는 20% 정도의 미세먼지에 대해서도 단계적으로 과감한 감축 정책이 필요하다.

초미세먼지의 경우는 WTO 기준으로 $26\mu g(PM2.5/\text{㎥})$ 이상에 해당할 경우 대기 질은 '미세먼지 나쁨 단계'에 속한다. 나쁨 단계의 대기질은 노약자나 영유아, 초등학생 등 어린 세대들의 경우 뇌 질환이나 호흡기 및 신경 질환 등을 초래할 수 있을 만큼 치명적인 단계다. 초미세먼지의 경우, 서울의 경우는 연평균이 $25\mu g(PM2.5/\text{㎥})$으로, 뉴욕 $13.4\mu g(PM2.5/\text{㎥})$, 도쿄 $10.5\mu g(PM2.5/\text{㎥})$, 프랑스 파리 $13\mu g(PM2.5/\text{㎥})$, 런던 $11\mu g(PM2.5/\text{㎥})$에 비해 두 배 이상 높은 수치다. 이러한 높은 수치에 부지불식간 장기적으로 노출되는 것은 매우 위험한 게 현실이다.

따라서 런던의 사디크 칸(Sadiq Aman Khan) 시장처럼 장·단기적인 대응책으로 다음과 같이 과감하게 해법을 찾아야 할 것이다.

첫째, 미세먼지 다발 시기인 12월부터 이듬해 4월까지는 노약자나 영유아 및 초·중고등 학생 등 재난 약자를 위한 대국민 미세먼지 예·경보 시스템을 구축해 신속하게 미세먼지 재난정보를 전달해 피해를 줄일 수 있는 대응책을 강구해야 한다.

둘째, 현재 '에어 코리아' 등이 발표하고 있는 미세먼지 발표는 우선 발표 단위인 1시간은 너무 길고 수치측정도 부정확해 보인다. 미세먼지 수치는 바람이나 공기 등의 흐름이 매우 빠르기 때문에 분 단위로 그 수치가 달라진다. 따라서 정확한 수치를 발표하기 위해서는 발표시간 구간을 최소한 30분 단위 정도라도 좀 더 짧게 좁혀야 한다. 또한, 신속·정확한 예·경보라야 신속한 대피·대응으로 그 피해를 획기적으로 줄일 수 있다. 특히, 주말이나 공휴일, 새벽시간 등에는 2~3시간이 지나도 먼저 발표된 수치를 그대로 방치해 두고 있어서 그 피해는 훨씬 더 커질 수도 있다.

셋째, 국민들에게 미세먼지 정보를 전달하는 예·경보전달시스템도 다양한 매체로 신속하게 전달되어야 효과적이다. KBS, MBC, SBS 등 기존의 지상파에 이어 국지적으로 발생한 미세먼지 정보는 스마트폰이나 DMB 같은 개별 재난정보시스템으로 전달하면 그 피해를 훨씬 더 줄일 수 있다.

넷째, 현재, 환경부가 실시하고 있는 '미세먼지 계절 관리제'나 '미세먼지 총량제' 등의 실시에 대한 지침도 너무 느슨한 상태다. 따라서 지자체들이 좀 더 적극적으로 실행할 수 있도록 더욱 더 강력한 규제법도 시행해야 할 것으로 본다.

다섯째, 미세먼지의 관할 부서를 환경부에서 기상청으로 바꿔야 신속하게 재난정보를 전달할 수 있고 더욱더 효율적이다. 물론, 기상청은 환경부 관할 외청이긴 하지만, 신속성이나 전문성 등의 측면에서는 기상관측을 담당하는 기상청이 관리하는 것이 훨씬 더 신속하고 전문성도 강화될 것으로 본다.

여섯째, 우리나라는 지리적으로 중국과의 사이에 서해바다를 끼고 있어서 바닷물을 이용해서 미세먼지를 사전에 제거하는 방법도 연구해 볼 필요가 있다. 즉, 광활한 서해에서 바닷물을 이용해 해상분사 등을 통해서 미세먼지를 사전에 씻어내 차단하는 방법은 없을까? 지난번에 우리가 한번 시도했던 비행기 인공강우보다는 바닷물을 이용한 공중제거 방법도 기술적으로 고려해 볼 수 있으리라고 본다.

일곱째, 미세먼지에 대한 피해는 금방 눈으로나 과학적으로 확인할 수 없기 때문에 긴박성이 떨어진다. 하지만, 미세먼지에 장시간 노출될 경우에는 다이옥신이나 방사능과 같이 코로나보다도 더 심각한 신체적인 장애를 일으키는 매우 치명적인 재난이다. 따라서 재난 관련 전문가나 미세먼지 전문가, 의료계, 교육계, 산업안전계, 미디어 전문가, 관계 당국이 참여하는 소위 "범국민적인 미세먼지 대책 위원회" 같은 협의체를 구성해 관계 당국과 함께 실행적인 지혜를 모으는 일이 시급하다. 이에 대한 충분한 토론도 필요해 보인다.

## 2. 2019년 고성·속초 산불사례

### 1) 산불 피해

2019년 4월 4일 19시 17분경 강원도 고성군 토성면 원암리 국가지원지방도 56호선 미시령터널 부근 전신주 개폐기 폭발로 화재가 발생했다. 중앙재난안전대책본부에 의하면 이번 산불로 인한 피해로는 사망자 2명과 부상자 11명, 가옥 401여 채, 삼림 1,757ha가 불에 탔다. 이번 산불에 동원된 인력도 군·관·민 9,300여 명으로 그나마도 불행 중 다행으로 민관이 민첩하게 대응해 피해를 크게 줄인 것으로 보인다. 당시 산불 희생자 중의 한 사람인 박석전 씨 사연에 주목해 보면 안타깝기 그지없다. 박 씨는 지난 1996년 산불 때 축사가 불에 타소 10마리가 죽었고, 2000년 산불 때는 살던 집이 전소되기도 했다. 이후 박씨는 산불 공포로 화재보험까지 들었는데, 이번 산불에는 자신이 목숨을 잃고 말았다. 박 씨는 당일 마을 방송을 듣고 대피하러 밖으로 나갔다가 강풍에 날아온 이정표에 머리를 맞아 숨진 것으로 밝혀졌다. 박 씨의 희생에서 보았듯이 이번 산불에서도 여러 번 사전 시그널이 있어서 하인리히의 법칙을 교훈으로 산불에 대한 근본적인 대응책이 강구되어야 할 것이다.

고성 산불 강풍 타고 피해 속출, 속초 시내 위협

자료 : 스포츠 서울, 2019년 4월 5일 자.

강원도 고성 산불 2019년 4월 4일 21시 30분 상황(MBC)

## 2) 당시 산불 발생 수습 상황

대체로 산불은 강풍으로 인해 삽시간에 온 산천이 한꺼번에 불타 버리기 때문에 순식간에 인명이나 재산피해가 매우 클 수 있다. 지난 2019년 4월 4일은 목요일로 서울 프레스센터에서 신문협회가 주관하는 '신문의 날' 기념행사가 오후 6시에 열렸다. 그 자리에는 문재인 대통령도 6시 반쯤 이 행사에 참석해 축하 케이크 커팅식도 했던 날이다. 당시 언론에서는 대통령의 7시간 등의 의혹을 제기했으나 이는 사실이 아닌 것으로 밝혀졌다. 산불 발생은 이날 오후 7시 17분경 고성군 토성면 원암리 야산에서 변압기가 불에 타면서 일어나 마침내 속초로 확산하게 되었다. 당시 KBS의 산불 보도는 강릉방송국에서 보도하면서 마치 고성 현장에 있는 것처럼 보도했다가 나중에 시청자들로부터 비난을 받기도 했다. 당시 고성은 강풍으로 인해 시속 26.1㎞ 정도로 거의 태풍급 풍속이었다. 산불 발생 시에는 국민의 생명과 재산을 지키기 위한 긴급 속보가 가장 중요하다. 그런데 재난주관방송사인 KBS는 김재동 프로그램 진행 등으로 늑장 대응해 시청자들로부터 비난을 받은 바 있다. 당시 방송통신위원회 위원장(이효성)도 4월 5일 아침 KBS를 방문하여 재난방송의 중요성을 다시 한번 강조하는 한편, 문재인 대통령도 재난방송의 중요성을 지적한 바 있다.

산불은 대체로 봄철 건조기에 자주 찾아오는 예고된 재난과도 같다. 더욱이 무성한 삼림들로 인해 산속에는 매년 낙엽들이 깊게 쌓여서 갈수기에는 산불에 점점 더 취약해지는 환경이 조성되고 있다. 또한, 다른 한편으로는 등산객이 점점 많아지면서 담배꽁초 등으로 인한 인재가 점점 늘어나고 있는 상태다. 세계적으로 산불의 원인을 분석해 보면, 대체로 인재로 인해 일어나는 경우가 많은 추세다. 2019년도 강원도 산불은 우리에게는 다음과 같이 크게 두 가지의 교훈을 주었다.

첫째, 산불 발생 시는 신속하게 산불정보를 전달할 수 있는 재난정보전달 시스템을 구축해야 하는 일이다. 문재인 대통령도 이를 직시하고 재난방송시스템을 획기적으로 개선하라고 지시한 바 있다.

둘째, 산불에 강한 사회자본(Social Capital)을 구축하여야 한다는 것이다. 산불정보전달의 성패는 신속한 재난정보전달 시스템에 달려 있다. 미국은 이미 차세대 재난정보 전달체계인 IPAWS(Integrated Public Alert and Warning System)를 개발하여 지상파뿐만 아니라 SNS 등 다양한 미디어를 통해 재난경보를 전달하고 있다. 일본도 이와 유사한 재난경보시스템인 J-Alert를 개발해 2020년부터 '재난 약자 제로(Zero)시대'를 지향하고 있다.

일본의 경우는 과거 우리나라와 같이 대형 산불이 잦았으나 요즘은 소형 산불만 발생하는 추세다. 이는 NHK가 보유한 700여 대의 로봇 카메라와 전 국토를 샅샅이 산불을 감시하는 CCTV, 그리고 산불감시 전용 헬기의 덕택이다. 그뿐만 아니라, NHK 보도국의 '기상·재해센터'의 24시간 재난 대응 시스템도 한 몫을 차지하고 있다. 또한, NHK는 전국 12개 거점지역에 15대의 헬리콥터를 배치하고 있고, 46개의 지역방송국에 7개의 거점방송국으로 분할하여 감시하고 있다. KBS는 김포에 노후 헬기 1대가 있을 뿐이고, 재난방송센터 내의 전문 인력이나 예산 등도 NHK에 비하면 턱없이 부족한 형편이다. 따라서 우리 정부도 미국의 FCC나 일본의 총무성과 같이 각 방송사의 재난담당자들을 질책만 할 것이 아니라, 국민의 생명과 재산을 보호하기 위해서는 보다 신속한 재난정보를 전달할 수 있도록 범 정부차원에서 적극적으로 지원해야 한다. 나아가, KBS도 선진화된 재난방송을 할 수 있도록 자체적으로 전문가들을 양성하여 확충하는 한편, 재난방송센터의 전담인력과 예산도 대폭 확대해야 할 것이다.

### 3) 산불 보도의 대응책

우리나라의 산불 보도는 산불 발생 직후 일주일 정도를 기점으로 언론보도량이 급속하게 줄어든다. 이를 일종의 '냄비근성'에 빗대어 볼 수도 있겠는데, 언론학자들은 이를 '냄비 저널리즘' 이라고도 말한다. 즉, 사건이 터지면 그때는 대서특필하다가 어느 시점이 지나면 금방 양철 냄비처럼 잠잠해지는 언론의 특성을 말한다. 흔히들 스페인이나 이탈리아, 한국 같은 나라를 반도의 국가로 부르는데, 반도의 국가는 대체로 다혈질적인 민족들이라고 말을 한다. 금방 냄비 같이 들끓다가도 찬 바람 부는 가을이 오면 식고 예산도 줄이는 형태를 말한다. 우선 재난방송을 잘하려면 재난방송에 대한 철학과 전문성을 갖추어야 한다. 외국 같으면 언론사마다 전문적으로 재난 전문기자를 양성한다. 특히 일본의 경우는 각 신문사나 방송국마다 반드시 재난 관련 전문기자가 있다.

앞에서 언급했지만, 재난방송의 경우는 재난보도의 3가지 기능이라고 하는 재난보도 패턴이 있다. ① 보도의 기능, ② 방재의 기능, ③ 부흥의 기능이다. 재난발생 시 이 3가지 기능은 대체로 균형 있게 골고루 보도해야 한다. 그런데 고성 산불의 경우는 보도의 기능이나 방재의 기능만 너무 강조해 보도했다. 즉 산불이 난 사실이나 방재의 기능인 산불이 진화되었다는 사실만 뉴스로 알리면 모든 것이 끝난 것으로 안다. 부흥의 기능인, 우리나라에 가장 우수한 삼림의 청정지역인 이 지역을 어떻게 복원하고 피해자들을 어떻게 보상할까 하는 데 대한 보도는 거의 방송하지 않고 산불이 진화되어 끝났다는 방송은 여러 번 했다. 그러다 보니 피해자에 대한 정보는 소홀하게 다루어 아직도 보상·배상은 커녕 한국전력과 피해자 간의 해결책도 요원해 보인다.

고성 산불은 특별재난지역으로 선포되면서 국민의 세금(재난지원금 등의 국비 지원)이 투입됐고 국내외의 성금도 560억 원 넘게 답지하였다. 이런 사정 때문에 언론사들도 다 해결된 것처럼 그저 '강 건너 불구경하듯' 지나쳐버렸는지도 모른다. 앞에서 이미 밝혔지만, 재난보도의 세 가지 기능을 균형 있게 보도했어야 했다. 이를테면 강원도의 산불은 거의 매년 일어나는 연중행사처럼 되어 있다. 전기에 의한 산불이라면 전기 송전선을 지하화하는 방안을 논의하던가, 아니면 전깃줄이 타지 않는 소재로 바꾸는 기술적인 측면도 심층취재 해서 대안을 제안해 볼 수도 있을 것이다. 언론은 문제 제기뿐만이 아니라 대안이나 해결책도 제시해야 한다.

2019년 4월 강원 산불 이후 방송통신위원회로부터 의뢰를 받은 과제를 조사하기 위해 그해 12월에 일본의 산림청을 방문했다. 담당자의 설명에 의하면 일본은 산림관리를 우선, 국유림과 사유림으로 나누고 다시 수목을 유년기, 청년기, 장년기로 나누어 수종을 관리한다고 한다. 또한, 수목보다는 초목이 더 위험하고, 키가 큰 청년이나 장년기의 나무보다는 땅 밑에 가지가 많은 유년기의 수종이 더 위험하므로 관리하기가 어렵다고 했다. 따라서 전국적으로 소방 헬기나 물을 긷는 헬기 등을 배치하고 방화용 약품도 비축해 창고마다 비축 수량을 공개하고 있어서 산불 발생지에서 가장 가까운 비축창고에서 신속하게 방제약품을 공급할 수 있도록 유도하고 있었다. 일본의 산불은 대체로 대형 산불이 아니라, 거의 소형 산불로 헬기로 대응하고 있었다. 또한, 일본의 교토지방에는 사찰과 문화재가 많은데 교토시는 교토의 화재 예방시스템과 같이 주요 시설물 주위에 대형 물탱크와 소화전을 준비하는 등 화재에 대비한 사회자본도 동시에 축적해 나가고 있었다. 사회자본의 축적은 곧 방재 인프라이며 국가경쟁력이다. 만시지탄은 있지만, 세계 최고의 ICT 강국인 우리나라도 국가 명성에 걸맞은 산불정보 공유시스템을 신속하게 구축하는 한편, 성공적인 재난대응 시스템을 구축하기 위해 사회자본 축척도 함께 실행해 나가야 할 것이다.

## 3. 경기도 이천 물류창고 화재 참사

### 1) 이천 물류창고 이전 대형 화재 참사의 다발

2017년 말부터 대형 화재 참사가 4번이나 연이어 일어나 당시 우리 국민들은 상당한 화재 공포에 떨기도 했다. 2017년 12월 21일에는 '충북 제천 스포츠센터 화재사건'으로 무려 29명이나 사망하고 37명이나 부상하는 대형 참사가 일어났다. 그러나 한 달 뒤에 2018년 1월 20일에도 '서울 종로5가 여관방 방화사건'으로 4명이 사망하고 6명이 부상한 사건이 일어났다. 그 후 6일 뒤인 1월 26일에는 '경남 밀양 세종병원'에서 전기 누전 사건으로 다시 대형 화재 참사가 일어나 47명이 사망하고 112명이 부상당하는 대형 사고가 일어났다. 그 후 또다시 이틀 뒤인 1월 28일에는 '서울 은평구 불광동 미성아파트 화재 사건'으로 다시 1명 사망 2명 중경상을 입는 등 불과 35일 사이에 무려 4건의 화재 참사가 발생해 무려 81명이나 목숨을 잃었다. 여기에 부상자까지 합하면 수백 명이 화마에 희생되는 화재 참사로, 대부분이 대형 건물의 부실 관리나 법규 위반이 그 원인이었다.

〈사건일지〉
2017. 12. 21. 충북 제천 스포츠센터 화재 참사 29명 사망
2018. 1. 20. 서울 종로 5가 여관방 방화사건 4명 사망
2018. 1. 26. 밀양 세종병원 화재 참사 47명 사망
2018. 1. 28. 서울 은평구 불광동 미성아파트 화재 사고 1명 사망 등 81명
　　　　　　 사망

## 2) 이천 물류창고 대형 참사 발생과 피해 상황

2020년 4월 29일 경기도 이천 물류창고에서 대형 화재가 발생해, 38명이 유독가스에 중독되어 사망하는 대형 참사가 일어났다. 이번 이천 물류창고의 대형 화재의 원인은 우레탄 작업과 엘리베이터 설치 작업 도중 용접하는 과정에서 발화가 된 것으로 추정되었다.[40] 불이 난 것은 이날 오후 1시 32분쯤 이천시 모가면 물류창고 신축 공사현장 지하 2층에서 용접하는 과정에서 발생했다. 당시 이 건물 안에서는 9개 업체 78명이 건물 내부 마무리 공사를 진행하고 있었던 것으로 알려졌다. 소방당국은 화재발생 20분 만인 오후 1시 53분 대응 2단계를 발령하게 된다. 인근의 5~9개 소방서와 함께 헬기와 펌프차 등 장비 90대와 소방관 410여 명이 진화작업을 실시해, 화재 발생 3시간여 만인 이날 오후 4시 30분쯤에 큰 불길은 잡았다.

이번 참사가 발생한 신축 물류창고는 지하 2층, 지상 4층, 총면적 1만 932㎡ 규모의 냉장·냉동 창고용 건물이다. 이 물류센터는 2019년 4월 23일 착공해 6월 30일에 완공할 예정으로 공사 완공 2개월을 앞두고 있었다.[41]

이번 참사는 12년 전인 2008년 1월 7일 40명의 사망자가 발생한 이천 냉동창고 화재 사건과는 완전 판박이로 부주의에서 일어난 참사다. 샌드위치 패널로 지어진 냉동창고 내부에서 우레탄폼으로 마감 작업을 하던 도중 용접하던 불티가 유증기에 옮겨 붙은 것으로 보인다. 이 참사는 유독가스와 함께 연쇄 폭발하면서 순식간에 40명의 근로자가 미처 대피하지 못해 일어난 참사다. 이천시 재난안전대책본부 등에 따르면 산업안전공단은 물류창고 공사업체 측에 유해위험방지계획서의 문제점을 지적했던 것으로 알려졌다. 공사업체 측이 제출한 유해위험방지계획서를 심사·확인한 결과 화재 위험성이 크다고 판단해 서류심사 2회, 현장 확인 4회 등 총 6회에 걸쳐서 개선을 요구했던 것으로 나타났다.[42]

---

40 『중앙일보』, 2020년 4월 29일 자.
41 『경향신문』, 2020년 4월 30일 자.
42 『한국경제』, 2020년 4월 30일 자.

29일 소방당국이 포크레인을 동원해 화재가 발생한 경기 이천 물류창고에서 밤샘 수색작업을 벌이고 있다. | 경기소방재난본부 제공

자료 : 『경향일보』, 2020년 4월 30일 자.

## 3) 사고현장 대응 상황과 수습책

당시 경기도 이천 사고 현장에는 "아들을 찾아 달라"며 재투성이가 된 연기 속에서 아빠는 주저앉았다. … 통곡의 이천!

〈현장 스케치〉

29일 이천 물류창고 공사현장에서 발생한 화재로 구급차는 대기하고 있다. 민 모(59) 씨는 이천 물류창고 화재현장에서 동생과 함께 일했다. 불이 나자 황급히 피했지만, 유독가스를 들이마셔 인근 파티마병원에 입원했다. 정신을 차리자마자 먼저 찾은 건 동생이었다. 경찰은 "동생이 사망한 것 같다"고 말했다. 민 씨는 곧바로 화재현장으로 다시 달려갔다.[43] 29일 화재현장에선 38명이 사망하는 등 48명의 사상자가 발생했다. 그만큼 현장에는 안타까운 사연도 많았

---

43 『중앙일보』, 2020년 4월 29일 자.

다. 형제뿐 아니라 부자가 함께 일하다 운명이 엇갈린 경우도 있었다. 이천 병원 장례식장에서 조모(54) 씨는 "28살 조카가 아버지와 함께 화재 현장에서 일했다"며 "불이 난 옆 동에서 일하던 아빠는 빠져나왔고 아들은 미처 못 빠져나온 것 같다"고 말했다. 대기실 앞에는 손에 까만 재를 잔뜩 묻힌 아버지가 작업복을 입은 채 쭈그리고 앉아 있었다. 아버지는 현장 인근 체육관에 마련된 피해가족 대기실에서 "아들 생사를 파악해 달라"고 소리치기도 했다. 화재 소식을 들은 희생자 가족들이 체육관으로 속속 도착했지만 당장 신원을 확인할 수는 없었다. 한 유가족은 "시신 신원 확인은 물론이고 어느 병원에 있는지조차 확인이 안 된다"며 울먹였다. 현장에 마련한 유가족 센터에서는 "사망자 상당수가 화상으로 숨진 터라 당장 사망자 신원을 확인할 수 없다"는 대답만 들을 수 있었다.[44]

이날 화재로 숨진 12명의 시신을 안치한 이천병원도 마찬가지였다. 장례식장 입구에 "사망자 신원이 확인 안 돼 당장 사망 여부를 알려줄 수 없어 죄송합니다"는 안내문이 걸려 있었다. 이천병원 관계자는 "시신 상태가 너무 안 좋아 (훼손돼) 남녀 구분조차도 안 될 정도여서 우리도 너무 안타깝다"고 말했다.[45]

〈현장 스케치 2〉

장례식장을 찾은 한 희생자 가족은 "동생이 꼭대기에서 방수작업을 했는데 어떻게 지하에서 난 불로 이런 변을 당했는지 모르겠다"라며 눈물을 흘리기도 했다. 숨진 작업자의 동료도 갑작스러운 사고에 말을 잇지 못했다. 한 작업자는 "동료가 지하 2층에서 우레탄 작업을 하고 있었는데 시신이 얼굴까지 녹아내린 상태라 전혀 확인이 안 된다고 한다"라며 "나도 오늘 처음으로 현장에 투입됐는데 안전교육이 전혀 없었다"라고 하소연하기도 했다. 일부 유족은 장례식장 관계자에게 "얼굴을 보면 알 수 있으니 시신을 보여 달라"라며 울부짖기도 했다. 또, 40대 한 여성은 "오빠가 오늘 처음 출근했는데 작업자 명단에 없더라"라며 "오후 근무조의 경우 지각하면 쓰지 않고 그냥 일한다고 했다"라며 발을 동동 굴렀다. 이 여성은 잠시 후 소방본부에서 희생자로 확인됐다는

---

44 『중앙일보』, 2020년 4월 29일 자.
45 『중앙일보』, 2020년 4월 29일 자.

소식을 듣자마자 흥분된 나머지 바닥에 주저앉고 말았다. 이처럼 사고현장은 피해자 가족들의 울부짖는 소리 등으로 아수라장이 되었다.[46]

소방 관계자들도 "준공 전인 건물이라 내부에는 스프링클러 등 소방 장비도 설치되지 않았던 상태"라며 "기름증기로 폭발이 일어난 상태에서 건물이 샌드위치 패널구조 건물이라 불길이 쉽게 번졌다고 했다. 여기에 소방 장비도 없어서 인명 피해가 더욱 커진 것 같다"라고 안타까워하기도 했다. 또한, 우레탄 연기는 한 모금만 들이마셔도 유독가스에 질식되어 의식을 잃을 수 있는 것으로 알려졌다. 물류창고 안에는 각 층마다 사망자들이 여러 명 발견되었다. 지하 2층과 1층에서 각각 4명의 사망자가 나왔으며, 화상으로 사망한 것으로 추정된다고 소방 당국은 밝혔다. 지상 1층에선 4명의 사망자가 나왔는데, 야외에서 발견됐다고 했다. 지상 2층에선 18명, 3층과 4층에서 각각 4명의 사망자가 나왔다. 불길과 매연이 위로 솟아오르면서 유독가스로 사망한 것으로 소방 당국은 추정했다.

경기남부경찰청은 반기수 제2 부장을 본부장으로 125명 규모의 수사본부를 설치했다. 수사본부는 우선 공사 현장 관계자들을 상대로 국립과학수사연구원 등 관계 기관과 함께 현장 감식을 통해 화재 원인을 규명하기로 했다. 물류창고 관계자들의 안전조치 이행 여부와 소방·건축·전기관리 등의 위반사항 여부 확인 등 이번 화재 참사와 관련된 전반적인 사항들을 조사하기도 했다. 현행 산업안전보건법은 통풍이나 환기가 충분하지 않고 가연물이 있는 건축물 내부에서 불꽃 작업을 할 때 소화 기구를 비치하고 불티 흩날림 방지 덮개나 용접용 방화포 등 불티가 튀는 것을 막는 조치를 하도록 규정하고 있다. 시공사인 (주)건우 관계자는 이날 오후 사고 현장 인근에 있는 모가 체육관을 방문하고 시공사로서 유가족에게 위로의 말씀을 드린다고 하면서 사고를 잘 수습하도록 하겠다고 약속했다. 그러면서도 현장에는 안전 관리자가 상주하고 있었다고 해명했다.[47]

---

46 『중앙일보』, 2020년 4월 29일 자.
47 『중앙일보』, 2020년 4월 29일 자.

이날 사고현장에는 정세균 국무총리와 진영 행정안전부 장관, 이재명 경기 지사 등이 참사 현장을 찾아와 상황을 파악하기도 했다. 소방·안전전문가들은 최근 잇따른 화재 참사는 "예견된 인재(人災)"라고 말하면서, 이들 대형 참사는 반듯이 사전 시그널(Signal : 신호)이 있다고 주장하기도 했다. 특히, 장성현 경제 정의실천시민연합 간사는 최근 대형 참사에는 사고 위험을 미리 알리는 사전 시그널이 존재한다고 하면서 아래와 같이 5가지를 제시하고 있다.[48] ① 불법 증축, ② 가연성 마감재(드라이비트 공법), ③ 셀프 안전점검, ④ 비상용 소화 시설 관리 소홀, ⑤ 안전의식 부재 등을 지적했다.[49] 하인리히의 법칙처럼 사전 신호를 스스로 자세히 검토해 보는 것이 사고 예방의 첫걸음이 될 수도 있다.

① 불법 건축·증축에 따른 복잡한 내부구조[50]

먼저, 대형 화재 참사가 벌어진 밀양 세종병원과 제천 스포츠센터는 복잡한 내부구조가 닮았다. 제천 스포츠센터 역시 불법 증축이 문제였다. 2010년 사용승인이 떨어졌을 당시 이 건물은 7층이었다. 그러나 무단으로 불법 증축을 반복해, 불이 난 2017년에는 9층짜리 건물로 바뀌어 있었다. 초기 설계대로 건설하지 않고 몇 년에 걸쳐 불법 증축을 거듭했기 때문이다. 전문가들은 "건물 내부가 복잡해질수록 합선·누전이 발생할 소지가 큰 데다 불이 났을 때 연기가 밖으로 빠져나갈 수도 없다"라며 "미로처럼 복잡한 내부구조는 비상시 대피도 어려워지게 한다."라고 지적했다. 실제로 39명의 사망자가 발생한 밀양 세종병원 화재 참사의 경우는 불법으로 설치한 '비가림막'이 유독가스를 내부에 가두는 역할을 한 것으로 경찰 조사 결과 드러났다. 이에 따라 유독가스가 1층에서 외부로 빠져나가지 못하고 2층으로 역류해 2층에서 사망자가 가장 많이 발생해 18명이나 됐다.

② '불쏘시개' 역할하는 드라이비트 공법[51]

밀양 세종병원·제천 스포츠센터 화재는 유독가스가 치명적이었다. 인명피

---

48 『조선일보』, 2018년 2월 1일자.
49 『조선일보』, 2018년 2월 1일자.
50 『조선일보』, 2018년 2월 1일 자
51 『조선일보』, 2018년 2월 1일 자

해를 키운 이유로 '드라이비트 공법'도 지적된다. 콘크리트 벽에 스티로폼 단열재를 붙이는 '드라이비트 소재'가 화재 발생의 불쏘시개 역할을 했다는 것이다. 고재모 국립과학수사연구원 법 안전과장은 "드라이비트 공법은 단열효과와 짧은 시공 기간, 저렴한 비용이 장점이지만, 화재가 벌어졌을 때는 치명적"이라고 했다.

### ③ '셀프 소방 점검'[52]

특히, 대형 화재 참사 현장은 대부분 자체 안전을 진단하는 '셀프 점검' 등 허술한 안전관리 상태가 많았다. 실제 29명이 사망한 제천 스포츠센터의 경우 건물주의 아들이 '셀프 소방 점검'을 한 것으로 드러났고, 밀양 세종병원도 총무과장이 소방안전관리자로, 사고발생 전 3년간 '셀프 점검'을 통해 "문제가 없다"는 결과표를 소방서에 제출했던 것으로 알려졌다. 일가족 3명이 화재로 사망한 '불광동 미성아파트'도 예외가 아니었다. 여기는 아파트 관리소 직원이 셀프 점검을 했다는 것이다. 소방 점검에는 셀프 점검은 아주 위험한 점검으로 반드시 객관적인 제3의 크로스 체크가 안전성을 높인다고 하겠다.

### ④ 비상용 소화시설(스프링클러·소화전)이 없다.[53]

실내 화재는 대체로 스프링클러가 초기 화재 진압에 결정적인 역할을 한다. 제천 스포츠센터 화재의 최초 발화지점인 지하 1층 주차장엔 스프링클러가 없었고, 건물 내부에 달린 스프링클러는 고장이나 작동되지 않았다. 밀양 세종병원에는 스프링클러와 옥내소화전 모두 존재하지 않았다. 당시 현행법상 일반병원은 '11층 이상' 또는 '4층 이상, 한 층의 바닥 면적이 1,000㎡ 이상'이어야만 스프링클러 설치를 의무로 규정하고 있었기 때문에 불법은 아니었다고 하겠다. 의료시설 중 규모와 관계없이 스프링클러 설치가 의무화된 곳은 요양병원뿐이었다. 이처럼 대형 건물에 대한 소방 안전관리 규정을 대폭으로 제도화로 강화해서 다시는 이런 억울한 희생자가 나오지 않도록 관계 당국에 철저한 대응을 촉구하고자 한다.

---

52 『조선일보』, 2018년 2월 1일 자.
53 『조선일보』, 2018년 2월 1일 자.

⑤ 안전 불감증

대형 참사에는 대체로 안전 불감증이 따른다, 도쿄대학 히로이(広井) 교수가 재난에 대한 편견, 즉 설마 우리는 괜찮겠지 하는 안전 불감증은 금물이라고 지적한 바 있다. 제천 스포츠센터 화재는 시민들의 불법주차, 밀양 세종병원은 환자 결박이 구조의 걸림돌이었다. 돌발적인 화재 상황을 염두에 두지 않은 점이다. 밀양 세종병원 화재와 관련해서 인명피해가 컸던 원인으로는 '자가발전시설 미가동'을 꼽기도 한다. 연기로 인해 앞이 잘 보이지 않는 상황에서 정전으로 불이 꺼지면서 사실상 암흑으로 변했기 때문에 화재라는 위급한 상황에서 탈출구를 찾기란 쉽지 않았다는 점이다.

최근 대형 건물에는 비상구 폐쇄도 문제로 꼽힌다. 충북 제천 스포츠센터 화재로 희생된 사망자 29명 중 20명은 2층 여자 사우나에서 발견됐다. 여성 사우나의 비상구로 통하는 공간이 창고로 쓰였기 때문이다. 경남 밀양 세종병원 화재 때도 2층 보조계단 출입문이 닫혀 있었다. 병원측이 병실을 확장하면서 나무 합판으로 2층 보조 계단 출입문을 막아버린 것이다. 이 문은 화재 당시 2층에서 1층으로 이동할 수 있는 가장 빠른 대피로가 된다. 하지만, 엘리베이터에 몰린 환자들은 전기가 끊기고 비상 발전기마저 작동하지 않으면서 타고 있던 6명은 질식사했다.

# 4. 이천 쿠팡 물류창고 대형 화재 참사

## 1) 화재발생과 피해 상황

2021년 6월 17일 경기도 이천시 마장면 쿠팡 덕평 물류센터에서 대형 화재가 발생했다. 이번 화재는 17일 오전 5시 20분께 지하 2층에서 시작됐다. 물품 창고 내 진열대 선반 위쪽에 설치된 콘센트에서 처음 불꽃이 튀는 장면이 CCTV에 찍힌 것으로 봐서 전기적 요인에 의해 불이 난 것으로 추정된다. 화재 발생 6일째도 완전히 진화되지 않을 정도로 총면적 3만 8,000평(12만 7,000㎡) 규모의 물류센터 건물과 내부 적재물 1,620만 개가 거의 전소될 정도로 대형 화재였다. 소방 당국은 건물의 70% 이상이 소실됐거나 그 미만이라도 재사용이 불가능한 경우에는 대체로 전소된 것으로 본다. 단일 화재 사고로는 전례가 없을 정도로 대형 규모여서 재산피해 규모가 물류센터 기준으로는 역대 최대의 규모다.[54] 다행히도 화재발생 직후 근무 중이던 직원 248명은 모두 무사히 대피했지만 화재진압을 하던 김동식 구조대장은 안타깝게도 실종되었다가 결국 시신으로 발견됐다.

소방당국은 22일 진화작업이 끝나자 발화원인과 지점 등 화재 경위와 재산피해 규모를 정밀하게 추정했다. 이번 화재로 피해를 본 물품은 창고 안의 적재물이다. 쿠팡 덕평 물류센터에는 1,620만 개의 내부 적재물이 있었는데 부피로 따지면 5만 3,000㎡에 달한다. 이번 쿠팡 덕평 물류센터는 화재발생 130여 시간 만인 지난 22일 오후 4시 12분경 완전히 진화됐다. 소방 당국은 17일 오전 5시 36분에 쿠팡 덕평 물류센터에서 불이 났다는 신고를 접수하고, 7분 만에 선착 대가 현장에 도착해 화재진압에 나섰다고 한다. 하지만 연기가 점차

**뼈대 드러내고 전소한 쿠팡 덕평 물류센터**

자료 : 연합뉴스, 6월 20일 자, 경기도 이천시 마장면 쿠팡 덕평 물류센터 사진.

---

54 『조선일보』, 2021년 6월 21일 자.

거세게 일자 오전 5시 56분 대응 2단계를 발령했다. 지하 2층에서 발화점을 발견한 소방은 초기 진화에 성공했다고 판단한 후 대응 1단계를 해제하기도 했다. 그러나 내부에 쌓여있던 물품들이 무너지면서 불은 다시 번지기 시작했다. 소방 당국은 낮 12시 5분에 다시 대응 1단계를, 10분 뒤 12시 15분에는 대응 2단계를 다시 발령했다. 이 참사로 엿새간 총 667명의 소방대원과 255대의 장비를 현장에 투입했지만, 규모가 워낙 큰 대형 물류창고라는 점과 지형적 특성 때문에 진화에 어려움을 겪었다.

이천소방서 박수종 재난 예방과장은 17일 언론브리핑에서 "쿠팡 물류센터는 진·출입 도로가 한 방향으로 나 있어 다수의 소방차 접근이 힘든 구조"라며 "건물 내부에 있는 수많은 가연성 제품까지 불쏘시개 역할을 해 화재를 키웠다"라고 설명했다. 또한, 박 과장은 언론브리핑에서 스프링클러가 화재 초기에 작동하지 않았다는 의혹도 제기했다. 이에 대해 박 과장은 "선착 대가 도착했을 당시 스프링클러가 작동하긴 했다"라면서도 "수신기 오작동으로 인해 작동을 지연시켰다는 얘기가 있다"[55]라고도 말했다.[56] 게다가 쿠팡 물류센터에서 화재가 발생한 지 26분이 지나서야 소방서에 신고가 이뤄졌다는 결론까지도 이어진다. 부실한 화재 대처와 늑장 신고가 결국 화재 피해를 키웠을 수 있다는 얘기다.

### 2) 피해 확산과 대응

이천 시청에 따르면 최초 발화 장소인 지하 2층의 바닥면적은 2만 4,459㎡로 이 중 1만 9,529㎡ 공간이 창고시설로 쓰였다. 지하 1층과 2층은 각각 5m 높이로 하나의 층으로 돼 있고 일부 구역만 층간 구획된 구조다. 지상 1층은 3만 6,470㎡, 2층은 3만 6,470㎡, 3층은 2만 6,733㎡다. 현행 건축법에 따르면, 연면적이 1천㎡가 넘는 건축물은 바닥과 벽 등을 반드시 방화구획을 설치해야 한다. '방화구획'이란 규모가 큰 건축물에서 화재가 발생했을 때 화재가 건물 전체로 번지지 않도록 내화구조의 바닥과 벽, 방화문, 방화 셔터 등으로 만들

---

55 『소방방재신문』, 2021년 6월 25일자.
56 『소방방재신문』, 2021년 6월 25일자.

어 구획을 구분하는 것을 말한다. 쉽게 말해 건물 규모가 클 때 일정 공간에서 발생한 화재가 더 확산하지 못하게 막아주게 하는 구조다. 즉, 쿠팡 물류센터처럼 10층 이하 건축물인 경우 현행법상 1천㎡ 이내마다 구획해야 한다. 만약 스프링클러 설비를 갖추면 3천㎡마다 구획할 수 있도록 하는 완화 규정이 적용되기도 한다.[57]

　　소방청 통계 연보에 따르면 최근 20년 간 주요 물류센터 화재 사고 가운데 재산 피해액이 가장 컸던 것이 2013년 경기도 안성시 냉동창고 화재 사건으로 988억 원이었다. 경기도 소방재난본부에 따르면 2016년부터 작년까지 5년간 경기도 창고시설에서 발생한 화재로 누적된 재산 피해액은 1,424억 원이다. 쿠팡 덕평 물류센터 화재 사고에서 발생한 피해액이 경기도의 5년 누적 창고 화재 피해액과 맞먹는 수준이다.[58] 수도권 물류의 약 30% 공급을 책임지는 주요 센터여서 신선 식품을 제외한 다양한 품목이 적재돼 있었다. 팬데믹 상황이라 화물 적재량이 더욱더 컸던 것으로 보인다.

　　쿠팡은 2020년 물류센터에서 신종 '코로나19' 집단 감염 발생 당시 보건당국으로부터 마스크 착용과 환기, 소독 같은 방역지침이 제대로 지켜지지 않았다고 지적받기도 했다. 하지만, 당시 쿠팡측은 외부 요인에 의한 원인을 지적하며 반발한 바 있다. 이전부터 물류센터에서 근무하던 노동자들이 여러 차례 화재 위험 등을 제기했는데도 불구하고 회사측이 안일하게 대처해 결국 인명피해가 발생하는 참사로 이어졌다는 비판도 있다. 또한, 여기에 김범석 창업자가 당시 한국 쿠팡의 모든 직위에서 물러난 사실이 알려지면서 '중대재해 처벌 등에 관한 법률'[59]에 따른 책임을 피하기 위한 것이라는 비판도 있었다. 무엇보다도 안타까운 것은 17일 불이 났을 때 건물 내부에 인명검색 차 진입했다가 천정붕괴 등으로 미처 빠져나오지 못한 김동식 구조대장의 희생이 안타깝다. 결국 그는 책임의식으로 화재현장을 검색하다가 화재발생 사흘째인 19일 끝내 숨진 채로 발견된 사실이다. 소방당국은 이날 오전 10시 32분 화재 당일 건물

---

57 『소방방재신문』, 2021년 6월 25일자.
58 『조선일보』, 2021년 6월 21일자.
59 이 법은 사업 또는 사업장, 공중이용시설 및 공중교통수단을 운영하거나 인체에 해로운 원료나 제조물을 취급하면서 안전·보건 조치의무를 위반하여 인명피해를 발생하게 한 사업주, 경영책임자, 공무원 및 법인의 처벌 등을 규정한 법을 말한다.

내부에서 실종된 경기 광주소방서 119구조대 김동식 구조대장(52)을 찾는 수색팀을 구성해서 15명을 투입 10시 49분경에 그의 유해를 찾았다.[60] 유해가 발견된 지점은 지하 2층 입구에서 직선으로 50m가량 떨어진 곳이다. 김 대장은 불이 난 지 6시간 만인 17일 오전 11시 20분께 화염의 기세가 다소 수그러들자 동료 4명과 함께 인명 검색하려고 지하 2층에 진입했다가 홀로 고립돼 실종됐다. 당시 김 대장 등이 지하 2층에 들어선 지 얼마 안 지나서 창고에 쌓인 가연성 물질을 비롯한 각종 적재물이 갑자기 무너져 내리면서 불길이 다시 거세졌고, 11시 40분께 즉시 탈출을 시도했으나 동료 대원들과 달리 김 대장은 건물 밖으로 나오지 못했다.

즉시, 김 대장의 구조작업은 이뤄졌지만, 건물 곳곳에 쌓인 가연물질 탓에 점차 불길이 거세지면서 건물 전체로 불이 확대되어 구조작업은 얼마 안 가서 같은 날 오후 1시 5분께 중단됐고, 붕괴우려로 건물 내부 진입도 불가능한 안타까운 상황이었다.[61]

이후 이틀이 지난 19일 오전 10시부터 20분간 진행된 건물에 대한 전반적인 안전진단에서 구조대를 투입해도 이상 없다는 결론이 나와 구조작업은 재개됐다. 하지만, 가족들과 동료, 그리고 시민 등 많은 국민의 염려 속에서도 불구하고 안타깝게도 김 대장은 시신으로 발견돼 시민들의 눈시울을 뜨겁게 했다.

### 3) 사고 수습 대책과 문제점

쿠팡 물류센터는 4개월 전 진행된 소방시설 점검에서도 무려 200여 건에 달하는 문제가 지적됐던 것으로 밝혀졌다. 현행 소방 관련 법(화재 예방, 소방시설 설치·유지 및 안전관리에 관한 법률)에 따르면, 소방시설의 기능과 성능에 지장을 줄 수 있는 폐쇄 또는 차단 등의 행위를 하면 5년 이하 징역 또는 5천만 원 이하 벌금에 처하게 된다. 또, 쿠팡측의 과실로 밝혀지게 된다면 약 4천억 원대 규모로 가입된 보험금도 못 받게 된다. 피보험자의 과실이나 고의로 발생한 보험사고는 보험금 지급대상에서 제외된다고 한다. 화재로 인한 쿠팡 물류센터

---

60 『연합뉴스』, 2021년 6월 19일자.
61 『조선일보』, 2021년 6월 21일자.

건물과 재고 자산이 모두 소실될 때 쿠팡이 받을 수 있는 최대 보험금은 자기 부담금 10%를 제외한 약 3천 600억 원으로 알려졌다.[62]

소방방재청이 국회 행정안전위원회 김용판 의원실에 제출한 자료에 따르면 쿠팡 물류센터는 2021년 2월 1일부터 10일까지 8일(주말 제외) 동안 1년에 2회 실시하는 소방시설 자체 점검 중 '종합정밀 점검'을 전문 업체에 맡겨 진행했다고 한다. 4명의 인력이 투입된 이 점검에선 277건의 소방시설이 문제로 확인돼 이천소방서에 보고하게 되었다. 소화 기구부터 경보설비, 소화설비, 피난설비, 건축 방화시설 등 대부분 시설에서 크고 작은 문제들이 발견되었다. 최초 화재가 발생한 것으로 추정되는 지하 2층만 해도 소화기가 없거나 스프링클러 밸브와 연동된 감지기가 동작하지 않는가 하면 스프링클러 펌프 누수, 스프링클러 헤드 등의 문제가 확인됐다고 한다. 경보설비 중 화재 사실을 알려주는 화재감지기 검출부 등의 문제점도 발견됐다. 건축법에 따른 방화구조에도 문제점이 많았다는 것이다. 화재 시 불길 확산을 막기 위해 방화구획으로 설치된 방화셔터는 갑판 등의 구조물에 걸려 제 역할을 못 하거나 파손된 곳이 있었고 적치물로 인해 작동에 지장을 주는 장소도 많았다고 한다. 방화셔터 상부에 있는 케이블 트레이(접시)와 배관 등의 관통부 마감이 불량해 방화구획의 의미 자체를 상실한 곳들까지 발견됐다고 한다. 이렇게 불이 난 지하 2층의 지적사항만 64건에 달했다.[63] 이 중에는 스프링클러 헤드 누수와 화재감지기 검출부 파손, 감지기 챔버가 탈락한 곳도 있었으며 지상 1층과 3층은 일부 비상방송이 작동하지 않았다고 한다. 물론, 쿠팡측도 팬데믹 상황에서 밀려드는 고객들의 수요공급에는 분명 한계점도 있었을 것이다. 이러한 비상상황에도 불구하고 생필품을 공급해야 하는 쿠팡측의 어려움도 충분히 이해가 되기는 한다.

이밖에도 일부 구역에 설치된 화재감지기가 이탈되는 등 제구실을 할 수 없는 문제들도 확인되었다고 한다. 이와 같이 방대한 지적사항이 미리 상시적

---

62 『소방방재신문』, 2021년 6월 25일자.
63 건물 전체적으로는 소화기구 11, 옥내소화전 5, 스프링클러설비 60, 자동 화재탐지설비 17, 비상방송설비 7, 화재수신기 20, 방화 갑판 및 컨베이어에 따른 방화셔터 36, 보안 문(옥상 개방) 1, 적치물 25, 유도등 40, 비상조명등 5, 완강기 2, 방화셔터 26, 방화문 2, 방화구획 20건 등의 시설 불량 사항이 지적됐다.

인 관리체제로 이루어졌다면 하는 아쉬움이 남는다. 소방 관련법에 따라 이뤄지는 소방시설 자체 점검은 '종합 정밀점검'과 '작동기능점검'으로 나뉜다. 소방시설이 설치되는 일정 규모 이상의 특정 소방대상물은 매년 이런 자체점검을 각각 1회씩 진행해야 하고 이 결과는 소방서에 보고된다. 쿠팡 물류센터의 경우 길면 지난해 9월부터 12월 사이 작동기능점검이 진행됐을 가능성이 있다. 뒤늦게나마 남화영 소방청 소방정책국장은 "일제 조사를 통해 안전관리 실태 전반을 조사하고 위법사항에 대해선 단호하게 대처할 예정"이라며 "안전관리 개선 과제를 발굴로 창고시설에 대한 화재안전기준 강화 등 필요한 모든 조치를 다하겠다"[64]라고 말했다.

송석준 국민의힘 의원(경기도 이천)도 "이번 화재로 인한 근로자 실직, 영업손실은 물론 인근 주민들이 매연과 가스, 화산재 등 유해 물질에 노출되고 농작물 경작에도 어려움을 겪는 상황까지 직간접 경제적 손실을 고려하면 화재 피해액이 조 단위에 이를 수도 있다"라며 "단일 화재 사고 중에 전례가 없는 수준이다. 쿠팡은 직접적 피해뿐 아니라 주민들이 입은 간접적 피해에 대해서

**불이 난 쿠팡 물류센터**

자료 : 『연합 뉴스』, 2021년 6월 21일자.

---

64 『소방방재신문』, 2021년 6월 25일자.

도 보상해야 한다"라고 말했다.[65]

김동식 구조대장 빈소를 방문한 이준석 국민의 힘 대표에게 경기도 소방본부장은 "원칙적으로 (스프링클러를) 폐쇄하면 안 되는 것"이라며, "화재경보와 관련한 기술이 발달했다고는 하지만, 오작동이 많아서 화재경보가 한 번 울렸을 때는 다들 피난하지만, 두 번째부터는 '이건 가짜'라고 생각한다. 그런 상황에서 이번에도 8분 정도 꺼놓은 것으로 보인다"[66]라고 말했다.

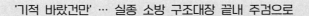

'기적 바랐건만' … 실종 소방 구조대장 끝내 주검으로

자료 : 『YTN』, 2021년 6월 21일자.

화재의 특성상 물류창고는 기본적으로 화물보관이 목적임으로 최대한의 공간 확보를 위하여 높은 층과 넓은 바닥면적을 확보하도록 설계하는 것이 일반적이다. 최근 '코로나19' 등으로 새벽 배송 택배 물량이 폭발적으로 증가했다. 또한, 물류창고 기능도 확대되고 창고 특성의 변화 등으로 화재발생의 위험성이 높아졌을 뿐만 아니라, 인명 및 재산 피해의 위험성도 매우 커졌다. 이천 쿠팡 물류센터 화재 사례에서도 볼 수 있듯이 이러한 물류창고는 화재발생시 초기 화재진압에 실패하면 내부 적재물에 의한 높은 화재하중(Fire Load)[67]으

65 『조선일보』, 2021년 6월 21일자.
66 『조선일보』, 2021년 6월 22일자.
67 국토교통부·소방청·한국건설기술연구원·한국소방안전원, 『물류창고 화재 안전 관리 매뉴

로 인해 인명 및 재산피해와 함께 건축물 자체의 붕괴 위험성까지 높아진다. 지하층·무창층 설치, 방화구획 완화 등 구조적 문제로 인하여 실내의 피난 안전성 담보도 어렵고, 화재진압 등 소방활동도 매우 어렵게 되었다. 이러한 물류창고의 화재의 특성은 크게 다음과 같이 5가지로 정리할 수 있다.[68]

첫째, 높은 화재하중이다. 물류창고는 대공간이 많아 화재 확대가 용이하다. 특히 랙크식 창고는 저장 형태상 연소에 필요한 충분한 공기량이 공급되도록 물품이 적재되어 있기 때문에 연소가 더 빠르게 진행되므로, 연소 확대를 방지하지 못하여 대형화재로 발전하는 경우가 있다. 따라서 철저한 방화 구획 설치가 필요하다.

둘째, 화재의 조기 발견이 어렵다. 물류창고는 넓은 공간에 많은 물건을 보관해두는 곳이기 때문에 사무실이나 상가 건물 등과 비교해 볼 때 상주 인원이 비교적 적은 편으로, 화재발생 시 화재 사실을 직접 발견할 수 있는 확률이 낮다는 점이다. 이런 점에서 조기 화재 감지를 위한 첨단 AI 부착 CCTV 설치나 화재 감지 요원 배치 등도 고려해야 한다.

셋째, 초기소화의 어려움이다. 화재를 조기에 발견하지 못하면 그만큼 초기 진화에 실패할 확률은 높아진다. 또한, 수용물품의 종류 및 저장 상태에 따라 화염의 크기가 크고 연소속도가 빨라서 소화기나 옥내소화전 등으로 초기 진화가 불가능한 경우가 많다. 따라서 철저한 스프링클러 설치확인과 오작동 예방 점검도 매우 중요하다.

넷째, 방화구획 설정의 어려움이다. 물품의 단순 저장을 벗어나 패킹 등의 작업이 이루어지는 물류창고가 많고, 택배물품 분류작업 등으로 인하여 제조공정과 유사하게 컨베이어 등에 의한 물품의 이송이 빈번하게 이루어짐에 따라 방화구획 설정이 쉽지 않은 측면이 있다. 아울러 평소에도 만약에 사태에 대비해 물류대피나 인적 이동을 위한 이동통로의 확보도 중요한 과제다.

다섯째, 건축물의 화재 안전성을 확보하기 위해서는 건축물 구조체의 내화성능 확보뿐만 아니라 불연, 난연 등의 건축재료를 사용하는 한편, 적절한 방

---

얼』, 2021.6, pp. 67~68.
68 배배현·김예성 "물류창고 화재사고와 소방안전 강화방안"『NARS 현안 분석』(제219호), 국회 입법조사처, 2021. 11. pp. 8, 9.

화구조 및 구획, 재연, 소방, 피난 등 다양한 화재 안전 요소가 총체적으로 고려되어야 한다.[69]

여섯째, 스프링클러 설비에 대한 기술적 개선이 필요하다. 창고화재의 경우, 화재 확산이 빨라 열 방출률이 높다. 창고시설은 일반적인 구획 건축물보다는 많은 가연물로 인하여 화재 성장속도가 빨라 짧은 시간에 쉽게 방 전체가 순식간에 화염에 휩싸이는 현상인 플레쉬 오버(flash over)에 도달할 수 있다. 따라서 이러한 물류창고 특성상 방화구획을 정하기 힘든 현실을 고려할 때 화재 제어보다는 화재진압을 기본 목적으로 소방설비를 갖추는 것이 필요하다. 따라서 화재 초기 자체 진화할 수 있는 자동소화설비를 제대로 갖추지 못한다면 대형 화재로 번지는 일이 계속 발생할 수 있다는 점이다.[70]

마지막으로 기존 물류창고에 대한 화재안전성능 강화방안 마련이다. 연이은 건축물 안전사고로 건축물의 안전과 관련된 규정은 계속 강화되고는 있지만, 강화된 규정은 신규 건축물에만 적용되기 때문에 기존 건축물에 대한 화재안전성 확보방안은 별도로 마련해 두는 것이 필요하다고 본다.[71]

아울러 2022년 1월 27일부터 '중대재해처벌법'이 시행되게 되어 이제는 이런 대형 인사사고 발생시 사업장 대표나 기관 운영대표의 중대처벌이 불가피해서 특별한 대응책이 필요해 보인다.


## 5. 태풍 사례 연구

### 1) 태풍(颱風, Typhoon)이란 무엇인가?

### (1) 태풍이란?

태풍은 열대 해상에서 발생하는 열대성저기압(tropical cyclone)의 한 종류이

---

69 서울시립대학교 산학협력단 『위험특성을 고려한 소방시설 설치기준 개발 연구』, 소방방재청, 2011., pp. 2~6.
70 배배현·김예성 "물류창고 화재사고와 소방안전 강화방안" 『NARS 현안분석』(제219호), 국회입법조사처, 2021. 11. pp. 8, 12.
71 배배현·김예성 "물류창고 화재사고와 소방안전 강화방안" 『NARS 현안분석』(제219호), 국회입법조사처, 2021. 11. 8, pp. 4, 11.

다. 태양으로부터 오는 빛과 열에너지는 지구의 날씨를 변화시키는 주된 원인이 된다. 지구의 모양은 타원형으로 만들어져 있어서 저위도와 고위도 사이에는 열에너지의 불균형이 생기게 된다. 태양 고도의 각이 높아서 많은 에너지를 축적하는 적도 부근 바다에서는 대류구름들이 형성되기도 한다. 이러한 대류구름들이 모여 때로는 거대한 저기압 시스템으로 발달하게 되는데, 이를 태풍이라고 부른다. 태풍은 바다로부터 증발한 수증기(에너지)를 공급받아 고위도로 이동하게 된다. 이러한 과정을 통해서 태풍은 지구의 양 축인 남북 간의 에너지 불균형을 해소하기 위해 이동하는 역할을 한다.[72]

## (2) 열대저기압과 태풍

세계기상기구(World Meteorological Organization : WMO)는 다음 도표와 같이 열대저기압 중에서 중심 부근의 최대풍속이 33㎧ 이상인 것을 태풍(TY)이라 부르고, 25~32㎧인 것을 강한 열대 폭풍(STS), 17~24㎧인 것을 열대 폭풍(TS)이라 부르며, 17㎧ 미만인 것을 열대저압부(TD)라고 구분한다. 우리나라와 일본에서는 최대풍속 17㎧ 이상인 열대저기압을 모두 태풍이라고 부른다.

| 중심부근 최대풍속 | 세계기상기구(WMO) | | 한국/일본 | |
|---|---|---|---|---|
| 17㎧ 미만(34kt 미만) | 열대저압부(TD : Tropical Depression) | TD | 열대저압부 |
| 17㎧-24㎧ 미만(34-47kt) | 열대폭풍(TS : Tropical Storm) | TS | 태풍 |
| 25㎧-32㎧ 미만(48-63kt) | 강한 열대폭풍(STS : Severe Tropical Storm) | STS | |
| 33㎧ 이상(64kt 이상) | 태풍(TY : Typhoon) | TY | |

주 : 1㎧ ≒ 1.94kt
자료 : 2020.10.15. 한국기상청 홈페이지 인용.

한일 양국은 최대 풍속이 17㎧ 이상(64kt 이상)을 태풍(Typhoon)이라고 부르는데 이는 지역에 따라 각기 다른 이름으로 부르고 있다. 즉, 북서 태평양에서는 태풍(Typhoon), 북중미에서는 허리케인(Hurricane), 인도양과 남반구에서는

---

72 2019.10.15. 일본 기상청 홈페이지 참조.

사이클론(Cyclone)이라고 명명한다. 또한, 태풍은 전향력(deflecting force) 효과가 미미한 남북 위 5°이내에서는 거의 발생하지 않으며, 일반적으로 우리나라에 영향을 미치는 태풍은 7~10월 사이에 발생한다.

태풍이 주로 발생하는 지역은 다음과 같다.

**태풍이 주로 발생하는 지역**

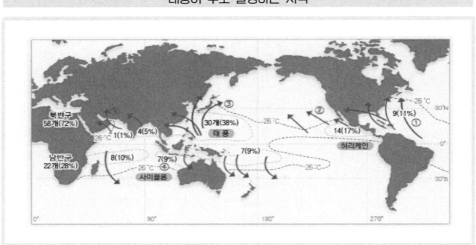

자료 : 2020.10.15. 한국기상청홈페이지 인용.

① 북대서양 서부, 서인도제도 부근

② 북태평양 동부, 멕시코 앞바다

③ 북태평양의 동경(東經) 180°의 서쪽에서 남중국해

④ 인도양 남부(마다가스카르에서 동경 90°까지 및 오스트레일리아 북서부)

⑤ 벵골만과 아라비아해

①, ②, ③지역은 7~10월에 많이 발생, ④, ⑤지역은 4~6월과 9~12월에 많이 발생.

### (3) 우리나라 태풍의 기원

우리나라 문헌에서 바람에 관한 최초의 기록은 삼국시대로, 고구려 모본왕 (慕本王) 2년 3월(서기 49년 음력 3월)에 폭풍으로 인해 나무가 뽑혔다는 기록이

있다. 또한, 신라 시대에서는 경주에 큰바람이 불고 금성 동문이 저절로 무너졌다는 기록이 있다. 고려 시대에는 정종(定宗) 6년(서기 950년) 음력 9월 1일 폭우가 내리고 질풍(疾風)이 불어 길거리에 죽은 사람이 있었고, 광화문이 무너져 내렸다고 기록하고 있다. 조선 시대 명종(明宗) 17년(서기 1526년) 경상 감사의 서장(書狀)에 의하면, 경상도에서 음력 7월 15~16일 폭풍우로 인해 기와가 날아가고 나무가 뽑혔으며, 강물이 범람하여 가옥이 무너지고 인명과 가축피해도 많았고, 농작물도 침수되어 아예 추수할 가망조차도 없다고 기록하고 있다.[73] 우리나라에서 '태풍'이라는 단어는 1904년부터 1954년까지 기상관측 자료가 정리된 「기상연보(氣像年報) 50년」에 처음으로 등장했다.[74]

## 2) 태풍 제18호 '미탁'의 사례

### (1) 태풍의 발생과 피해

2019년 9월 6일에서 8일까지 한반도 전역에 영향을 미친 태풍 제13호 링링에 이어 다시 9월 19일부터 23일까지 태풍 제17호 타파도 엄청난 강풍을 몰고 와 전국적으로 피해를 입혔다. 또한, 연이어서 10월 달로는 의례적으로 10월 2일과 3일 사이에 다시 태풍 제18호 '미탁(MITAK)'이 한반도를 덮치면서 전국적으로 엄청난 피해를 입히게 되었다. 2019년에 발생한 태풍은 총 17개로 이 가운데 7개가 한반도에 직간접적으로 영향을 주었다. 이는 1959년 이래 한 해 7개의 태풍이 우리나라에 영향을 미친 것은 처음이다.[75]

또한, 태풍 '미탁'은 역대 10월 태풍 중에서 서해안을 통과하는 유일한 태풍으로 2일 제주 해상을 거쳐 3일 오전 전남 목포에 상륙했다. 이번 태풍은 10월 중 서해안에 상륙한 유일한 태풍으로 지구온난화로 인한 기후변화에 따른 상징적인 태풍으로 기록되었다. 지난 태풍 '타파'와 유사한 위력으로 제주 산간지대엔 최대 600㎜의 물 폭탄과 초속 45m(시속 162㎞)의 강풍 등 전국에 많은 비와 강한 바람을 몰고 왔다.[76] 10월 3일 0시 전라남도 보성군 부근에는 육상

---

73 2020.10.15. 기상청 홈페이지 인용.
74 2019.10.15. 기상청 홈페이지 참조.
75 『서울경제』 2019년 9월 27일자.

중심기압이 무려 990hPa, 최대풍속 23m/s, 강풍 반경 440km(동쪽 반경)의 세력으로 '중형' 열대 폭풍 세력(일본 기상청 태풍정보 속보치 기준)으로 통과하였고, 3일 오전 3시에는 경북 고령군 부근 육상에서 중심기압 994hPa, 최대풍속 21m/s, 강풍 반경 440km(동쪽 반경)로 세력은 열대 폭풍으로 약화하였다. 그후 북동진해서 3일 오전 6시에는 울진군을 통과했다.

**태풍 제18호 '미탁'의 진로**

제18호 태풍 '미탁'의 예상 진로(30일 오전 3시 기준). [자료 기상청]

자료 : 기상청.

태풍 '미탁'은 강풍과 폭우를 동반해 곳곳에서 산사태와 주택이 침수되었다. 사망·실종이 무려 14명으로 올 태풍 피해 중 가장 큰 피해를 보았다. 게다가 예상 진로가 급변하는 등에 의해 더 큰 피해가 발생하게 되었다. 특히, 동해 해안가는 온대 저기압으로 인해 기압이 변질하는 등 '미탁'은 폭풍 해일주의보

---

76 『파이낸셜 타임스』 2019년 10월 20일자.

를 발령하게 했다. 그 결과 영덕군 강구시장에서는 2018년 태풍 '콩 레이'에 이어 10월에 2년 연속 침수 피해가 발생했다.

태풍 제18호 '미탁'으로 인해 전국 11곳이 특별재난지역으로 선포되면서 국가지원을 받게 되었지만, 부산 사하구 구평동은 최종 제외돼 피해 복구에 어려움을 겪게 되었다. 먼저 전남을 덮친 해남군은 특별재난지역이 선포되면서 복구가 본격적으로 시작되었지만, 피해지역이 너무 광범위해서 채묘시설이 2만 9,180책이 파손, 벼 가을배추 등 6,465ha 농경지가 침수·도복 등으로 피해 규모는 약 65억 원이 되었다.[77] 경북의 피해규모는 보다 더 훨씬 늘어나 약 1,113억 원으로 최종 집계되었다. 그 중에서도 주택이 67채나 부서지고 1,739채가 물에 잠겼으며, 도로와 교량, 하천 등 2,000여 곳에서 피해를 보게 되었다. 이재민도 892명이 발생했고 울진, 영덕, 경주, 성주는 특별재난지역으로 선포되었지만, 복구비만 약 6,144억 원이나 될 것으로 추산되었다.

자료 : 2019년 10월 2일 KBS 9시 뉴스.[78]

---

77 『이 뉴스 투데이』, 2019년 10월 21일자.
78 https://www.youtube.com/watch?v=WAFQJgOK_Ug

강원도의 재산피해(4일자 1면 보도)도 400억 원이 넘는 것으로 집계되었다. 도 관계자에 따르면 지난 1일부터 3일까지 발생한 태풍 '미탁'으로 인한 재산 피해 총액은 402억 8,400만 원으로 삼척 262억 6,500만 원, 강릉 99억 1,700만 원, 동해 35억 3,000만 원, 횡성 등 기타지역이 5억 7,200만 원으로 집계되었다. 도로와 공공시설 피해가 전체의 92%로 370억여 원 규모이고, 주택 등의 피해도 32억여 원이다. 주택 피해는 총 1,098동으로 38동이 전파됐고, 34동이 반파, 1,026동이 침수된 피해였다.[79]

### (2) '미탁'의 복구 및 수습 대책

2019년 울산시에 영향을 준 태풍은 제13호 링링, 제17호 타파, 제18호 '미탁'이었다. 시는 피해 농가의 벼 수매 희망 물량을 신청받아서 벼의 수분량 13~15% 이내의 상태인 건조 벼를 포대 벼(30kg)와 같은 포장으로 품종과 관계없이 매입하기로 했다. 가격도 매입 규격 등급에 따라 공공비축미 1등급 기준으로 이번 태풍 피해 벼 전량 매입을 통해 피해를 본 벼 생산 농가의 손실을 최소화하고자 했다.[80]

포항시는 피해의 조기 복구 시행을 위해 합동 설계단을 편성해서 운영하기로 했다. 포항시는 제18호 태풍 '미탁'으로 입은 피해를 신속하게 복구하기 위해서는 본청, 구청, 읍·면·동 시설물 관리부서로 구성된 합동 설계단을 구성해 23일 발대식을 했다. 이강덕 포항시장은 각종 재난에도 불구하고 시민들의 생명과 재산 피해 최소화를 위해 각종 시설물 관리에 최선을 다하도록 정책을 폈다고 했다.[81]

울진군도 '미탁'으로 피해를 본 공공시설 및 사유 시설에 대해서는 신속하고 완벽한 복구를 위해 재해복구 추진단을 구성했다. 추진단은 부군수를 단장으로 9개 반 101명으로 구성했으며, 2차 피해가 발생하지 않도록 재해복구 사업을 조기 착공토록 했다. 또한, 3억 원 이상 사업과 대규모 개선복구사업은 우기에 피해가 예상되는 취약구간을 우선으로 시공하여 우기 전 완료하도록

---

79 『강원일보』, 2019년 10원 12일자.
80 『천지일보』, 2021년 11월 5일자.(http://www.newscj.com)
81 『CJ mail』, 2019년 10월 24자.

했다. 그 외 주요 공정은 내년 10월까지 완료를 목표로 재해복구 추진단을 운영하고, 사유 시설 주택복구는 설계에서 허가까지 One-Stop 시스템 허가제를 도입하여 겨울철 이전까지 완료될 수 있도록 적극적으로 추진하여 이재민 임시주거시설 20동을 제공하도록 했다.

하지만 2019년은 연이은 3개의 태풍으로 심각한 수준의 농작물 피해가 계속되었다. 특히 제주 지역은 9차례의 집중호우와 태풍으로 막심한 피해를 보았다. 또한, 2019년은 제주 지역뿐만 아니라 어느 지역, 어느 작물 할 것 없이 전국적으로 태풍 피해를 비껴가지 못했다. 해남의 가을배추, 겨울배추의 피해 또한 심각했다. 파종 직후부터 계속돼 온 비와 태풍으로 배추는 더 이상 건강하게 자랄 수가 없었다. 이제 농민들이 할 일이 뿌리 덮게 비닐을 거두는 일뿐이라고 할 정도로 해남의 이번 배추 농사는 태풍들에 직격탄을 맞았다. 벼가 입은 피해 또한 심각한 수준이었다. 가장 마지막에 강력하게 직격탄으로 작용한 태풍 제18호 '미탁'이 지나간 자리에는 콤바인조차도 들어갈 수 없을 정도로 쌀농사의 주류인 전남지역의 들녘은 물에 잠겨버렸다. 쓰러진 벼를 세우려고 해도 이미 살릴 수 있는 수준을 넘어선 큰 피해였다. 상품의 가치가 전혀 없는 수확 불가능한 벼들은 갈아엎을 수밖에 없었다. 가을에 농촌에서 흔히 볼 수 있는 황금빛 들녘이 사라져 버린 최악의 한해였다.[82]

따라서 2019년의 쌀 생산량은 1980년 이후 가장 낮을 것으로 예상됐다. 10월 15일 통계청에서 발표한 자료에 따르면, 2019년 쌀 예상 생산량 조사결과는 377만 9,000t으로 이는 2018년산에 비해 2.3% 감소하는 물량이다. 연이은 세 차례 가을 태풍과 일조시간 감소 등의 기상 조건 악화로 벼 낟알은 제대로 익히지도 못한 채 병들어 버렸다. 쌀 생산량은 줄었지만, 쌀값 하락의 추세로 벼 수매가마저도 낮아질 전망이었다. 농사가 풍년일 때에도 가격하락으로 고통받았던 농민들은 태풍피해로 또 이중으로 아픔을 겪어야 하는 상황에까지 이르렀다.[83]

이번 '미탁'이 휩쓸고 간 태풍 앞에 우리 인간들은 한없이 나약한 존재에

---

82 『CJ mail』, 2019년 10월 24자.
83 『한국농정신문』, 2019년 10월 20자.

불과했다. 자연재해로부터 가장 취약한 우리 농민들은 언제나 이런 대형 재난 앞에는 속수무책이었다. 올해처럼 태풍의 발생 빈도가 잦아 그 피해가 광범위하게 미칠 때는 더욱더 근본적인 대비책이 필요하다고 하겠다. 농작물 재해보험조차도 막대한 피해를 보는 농민들에게는 실질적인 보상체계로 작용하지 못하는 현실 속에서 정부의 근본적인 대책이 그 어느 때보다도 절실한 때다. 자연 재해로 입은 피해를 오로지 농민 개인의 몫으로 맡겨서는 안 된다. 이제 앞으로는 제주와 해남지역 농민의 절박함과 같은 상황에 부닥친 농민들에게는 정부가 특별재난지역 선포 이상으로 실질적인 보상으로 완전한 복구가 이루어지도록 과감한 지원 대책이 필요하다.[84]

**태풍 제18호 '미탁'으로 강릉 경포호수 옆 진안상사**

지난 3일 제18호 태풍 '미탁'이 몰고온 집중호우로 강릉 경포호수가 넘치면서 물에 잠긴 진안상가. 강릉ㅣ전인수기
자 visionis7@sportsseoul.com

자료 : 스포츠서울 2019년 10월 3일자.


### 3) 2019 일본 최대 피해를 준 태풍 제19호 '하기비스(HAGIBIS)' 사례 연구

### (1) 태풍, 제19호 '하기비스' 발생과 피해 상황

2019년 10월 13일 09시 진행 방향 동북동(ENE) 진행속도 60.0km/h 중심

---

84 『한국농정신문』, 2019년 10월 20자.

기압 980hPa 중심부근 최대풍속! 일본 삿포로 남동쪽 약 440km 부근 해상 등 긴급 상황이었다.

열대저기압
태풍 (바람 3급)
태풍 (바람 2급)
태풍 (바람 1급)
태풍 (바람 1급)
29.0 m/s
범람·제방 붕괴로 피해 확산…신칸센 고속철 120량 침수
'하기비스'에 물바다 된 일본 후쿠시마[85]

### 태풍 제19호 '하기비스'의 타임라인

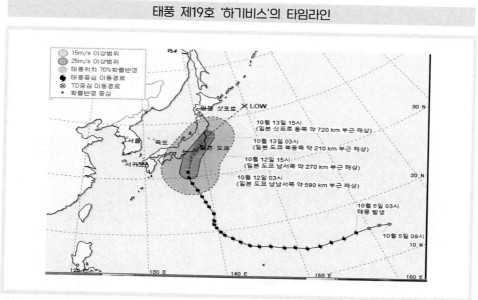

자료 : 고리야마(郡山) EPA/지지통신＝연합뉴스.[86]

---

85 『연합뉴스』 2019년 10월 14일자.
86 『연합뉴스』 2019년 10월 14일자.

태풍 제19호 '하기비스'가 몰아닥친 폭우로 인해 13일 일본 후쿠시마(福島) 현 고리야마(郡山) 하천 주변 지역이 온통 물바다로 변했다. 태풍 제19호 '하기비스'는 일본열도를 강타해 이미 사망·실종자가 50명을 넘고 있었다. 14일자 교도통신(共同通信)과 니혼게이자이(日本經濟)신문에 따르면 '하기비스'가 동일본 지역에 폭우를 뿌리고 소멸한 가운데 이 태풍의 영향으로 13일에 35명이 숨지고 17명이 실종된 것으로 집계됐다. 요미우리(讀賣)신문은 사망 34명·실종 17명으로 집계했고, 마이니치(每日)신문도 사망 35명·실종 18명으로 집계해 매체별로 각각 피해 집계 결과를 발표했다. NHK는 사망 31명, 실종 14명으로 보도했다.

이번 태풍 '하기비스'가 강타한 일본은 제방이 무너지고 강물이 넘쳐 … 17개 현이 물바다가 되어 마을·주민들이 고립되기도 했다. 인명 피해도 시간이 지남에 따라 점점 더 늘어나고 있다. 이번 태풍은 연 강수량의 3분의 1 정도를 이틀만에 뿌리는 등 이례적으로 강한 폭풍우를 동반한 가운데 제방 붕괴 및 강물 범람이 이어지면서 인명 피해가 훨씬 늘어났다. 일본 국토교통성은 21개 하

**태풍에 물에 잠긴 신칸센 차량기지의 고속철**

태풍에 물에 잠긴 신칸센 차량기지의 고속철
(나가노 EPA/지지＝연합뉴스) 강력한 태풍 '하기비스'의 영향으로 13일 일본 나가노(長野)현 나가노시에서 고속철도 신칸센(新幹線) 차량기지의 열차들이 범람한 물에 잠긴 모습. bulls@yna.co.kr

자료 : 연합뉴스 2019년 10월 14일자.[87]

---

87 『연합뉴스』, 2019년 10월 14일자.

천에서 24군데 제방이 무너졌고 142개 하천이 범람했다고 집계했다.

14일자 교도통신에 따르면 '하기비스'가 몰고 온 폭우는 13일 일본 나가노현(長野縣) 나가노시(長野市)의 지쿠마강(千曲川)의 강둑이 무너지면서 가옥들이 침수되었다. 또한, JR 동일본 나가노 고속철도 신칸센(新幹線) 차량센터가 물에 잠겨 최대 4.3m 깊이로 차량기지가 침수돼 고속철도 신칸센(新幹線) 차량기지 열차들이 범람한 물에 잠기기도 했다.

이번 폭우로 신칸센 고속철도 차량 약 120량이 침수되는 등 호쿠리쿠(北陸) 신칸센용 열차의 약 3분의 1이 피해를 본 전례 드문 상황이 벌어졌다. 이처럼 '하기비스'는 광범위한 지역에까지 피해를 줬고, 특히 동일본 지역에서 피해가 컸다. 아사히(朝日)신문 14일 자에 의하면 동일본을 중심으로 36개 도도부현(都道府縣·광역자치단체)에 피해가 확산했으며 동일본 지역 10개 현에서 사망자가 발생했다고 14일 보도했다.[88]

### (2) '하기비스'의 진로와 피해 대책

'하기비스'의 진로[89]

---

88 『朝日新聞』, 2019년 10월 14일자.
89 『연합뉴스』, 2019년 10월 14일자.

우리나라도 긴장하면서 YTN-TV의 경우는 만약의 경우를 대비해 일본 태풍 '하기비스 강타 피해 속출 … 방사성 폐기물도 유출' 등 다음과 같이 속보로 보도하고 있었다.[90]

태풍 '하기비스' 日 강타 … 사망·실종 50명 넘을 듯
국토교통성 "제방 24개 붕괴 … 142개 하천 범람"
일일 강수량으로 최대 1,300mm … 연 강수량 1/3
日 비상 재해대책본부 설치 … 아베 "재해대책 전력"
후쿠시마 원전 방사성 폐기물 자루 유실

| '하기비스'의 진로와 풍속 및 중심기압 | | | | | | | | | | | |
|---|---|---|---|---|---|---|---|---|---|---|---|
| 일시 | 중심위치 | | 중심기압 (hPa) | 최대풍속 | | 강풍반경 (km) [예외반경] | 강도 | 크기 | 진행방향 | 이동속도 (km/h) | 70% 확률반경 (km) |
| | 위도 (N) | 경도 (E) | | 초속 (㎧) | 시속 (km/h) | | | | | | |
| 11일 09시 예상현재 | 27.5 | 138.1 | 930 | 50 | 180 | 500 [남서 약 410] | 매우 강 | 대형 | 북북서 | 23 | – |
| 12일 21시 예상 | 29.5 | 136.7 | 935 | 49 | 176 | 490 [남서 약 400] | 매우 강 | 중형 | 북서 | 22 | 48 |
| 12일 09시 예상 | 31.8 | 136.8 | 940 | 47 | 169 | 470 [남서 약 380] | 매우 강 | 중형 | 북 | 21 | 110 |
| 12일 21시 예상 | 34.9 | 136.9 | 955 | 40 | 144 | 440 [서북서 약 350] | 강 | 중형 | 북동 | 33 | 140 |
| 12일 09시 예상 | 38.1 | 142.8 | 970 | 35 | 126 | 420 [북서 약 320] | 강 | 중형 | 북동 | 42 | 170 |
| 14일 09시 예상 | 48.0 | 161.1 | 990 | 24 | 86 | – | – | – | 동북동 | 77 | – |

자료 : 『YTN-TV』, 2019년 10월 14일자.

---

90 『YTN-TV』, 2019년 10월 14일자.

자료 : 『YTN-TV』, 2019년 10월 14일자.

『아사히신문』 14일 자에 의하면, '한편으로는 진흙', '말문이 막히는 주민' '어떻게 정리할까?' 붕괴하는 지쿠마가와 어떻게 복구할까? 태풍 19호 …

2019년 10월 14일 11시 45분 태풍 19호에 의해서 치쿠마(千曲川) 강의 제방이 약 70m에 걸쳐서 붕괴했다. 나가노시 호야스 지구에서는 14일 아침, 제방 임시 복구 작업이 진행되고 있었다.

〈당시 현장 상황〉

주택 쪽으로 흘러드는 강의 수량은 줄어들고 있었지만, 부근은 진흙더미가 수북한 상태였다. 소형 운반 트럭이나 헛간 등 오두막집들은 탁류에서 밀려나 있고, 과수원의 사과나무들에도 강 쪽에 달라붙어 있었다. 부근에는 흙투성이의 사과가 널려 있고, 상공에는 경찰이나 수 대의 헬리콥터가 난무하면서 구조활동 상황이 계속되고 있었다.

붕괴 장소 바로 뒤에 있는 어머니(89)의 집 모습을 보러 온 쓰카다 씨(63)는, 집안을 바라보면서 망연자실한 표정이었다. 뜰에는 무릎높이 정도까지 진흙이 남아있고, 집 벽에는 약 150센티의 높이까지 물이 차 올라온 자취가 감춰지지

> 않고 남아있었다. "아아 ……. 도대체 이걸 어떻게 치워야 하나? 이런 일, 남의
> 일이라고 생각했는데" 진흙을 헤쳐나가면서 자택에 다다랐다는 남성(32)은 "집안
> 이 ……. 집안이 …… 말문이 막혔다. 현관은 어디에선가 흘러서 온 사과나무로
> 막혀 있었다.[91]

또한, 2019년 10월 15일 자 『아사히신문』에 의하면, 지쿠마강 하천 사무소
에 따르면, 펌프차로 오수를 배수하는 작업이 밤새도록 계속됐다. 하지만, 물이
깊게 쌓여 있는 부분도 여전히 남아 있었다.[92] 기록적인 호우를 몰고 온 태풍
19호의 피해로 15일 낮까지 67명의 사망이 확인되었고 19명이 행방불명이 된
상태다. 하천 제방 붕괴도 나가노현이나 미야기현 등 7개현 47개 하천, 66개
소 등에 이르고 있어, 각지에서 수색이나 복구 작업도 계속되고 있었다.

15일 낮까지의 아사히신문의 집계에 따르면, 가옥의 침수나 토사 붕괴 등
에 의해 후쿠시마 현에서 구조 중 사망자 1명을 포함하여 25명, 미야기현에서
12명이 사망했다. 가와사키시 앞바다에서 12일 밤 파나마 선적의 화물선이 침
몰해 7명이 사망한 것도 포함하여 가나가와현 내의 사망자 수도 총 2명이 되
었다. 그밖에 가나가와현, 쿠시마현, 나가노현 등 6개 현에서 모두 19명이 행방
불명되었다. 지쿠마(치쿠마) 강의 제방이 붕괴한 나가노현에서는 적어도 3,710
여 동은 마루 위까지 물이 침수된 것이 확인되었다. 이것을 포함하여 동일본
각지에서 마루 위까지 침수된 가옥의 총합계는 1만 400여 동이다. 나가노현이
나 후쿠시마현 등 13개 도도부현의 총합계는 4,628여 명에 달하는 사람들이 피
난 생활을 하고 있다.

하천 제방에 대해서도 아부쿠마강(후쿠시마현)이나 야시로 강(니가타현) 등
에서 새롭게 붕괴가 확인되었다. 국토교통성에 따르면 간토(關東)나 도호쿠(東
北) 지역 등 넓은 범위에서 피해가 밝혀지면서 국가가 관리하는 22개 하천, 도
도부현 관리의 194 하천 제방이 침수됐다는 것이 알려졌다. 토석류나 절벽 붕
괴 등의 토사 재해는 사이타마현, 시즈오카현 등 19 도도부현으로 합계 146개
소에 이르고 있다. 재해지에서는 정전도 계속되었다. 경제산업성에 따르면 15

---

91 『朝日新聞』, 2019년 10월 15일자.
92 『朝日新聞』, 2019년 10월 15일자.

일 오전 4시 현재, 간토 카츠노부와 도호쿠의 10개 도·현에서 합계 약 3만 7,470호가 정전됐다. 지바현에서 약 1만 7,000호, 나가노현에서 약 1만 4,000호가 정전되었다. 또, 후생노동성에 따르면 15일 오전 4시 현재 13도·현에서 적어도 합계 13만 3,633호가 단수되었다. 정수장·펌프장이 수몰된 후쿠시마현 이와키시에서 약 4만 5,000호, 이바라키현 히타치오미야시에서 약 1만 3,000호가 단수되어서, 단수 호수는 한층 더 늘어날 가능성이 커졌다.

태풍 19호에 의한 후쿠시마현 내에서의 사망자는 13일 오전의 단계에서는 2명이었으나 14일 오후에는 16명(동), 15일은 이와키시가 7명의 사망자를 내는 등 같은 날 낮까지는 25명이었다. 현 경찰 등은 강이나 토사에 떠내려간 사람들이 그 이외에도 있을 것으로 우려된다고 생각해 현 내 각지에서 수색을 계속하고 있다.

『시사 뉴스』 2019년 10월 12일 자 17시 보도로는, 초대형 태풍 '하기비스'는 일본을 강타 … 국내 반응은 "일본 청소 목소리 왜?"에서 이경록 기자는 대형 태풍 '하기비스'가 일본을 강타하고 있다. 일본 기상청은 이날 오후 3시 30분 5단계 경보 중 가장 높은 '폭우 특별경보'를 수도 도쿄(東京)도와 가나가와(神奈川)현, 사이타마(埼玉)현, 군마(群馬)현, 시즈오카(靜岡)현, 야마나시(山梨)현, 나가노(長野)현 등 7개 광역 지자체에 발령했다. 태풍으로 인해 일본 동해와 관동 지방에는 기록적인 폭우가 쏟아지고 있다. 수도권에서는 약 1만 2,000가구에 정전이 발생하고, 강풍으로 인해 전선이 끊어지거나 전봇대가 넘어져 정전 피해는 더욱더 늘어날 것으로 전망했다. 이에 일본 정부는 도쿄도, 지바현 등을 포함 11개 도·현에 200만 가구 이상 약 460만 명에게 긴급대피 명령과 대피 권고를 내렸다. 일본 태풍에 대한 국내 반응은 걱정과 부정적 시선으로 엇갈리고 있다. 최근 갈등을 이어온 한국과 일본의 관계와 일본 상품 불매 운동 등의 상황이 반영된 것으로 보인다.[93]

네이버 실시간 반응에는 "이런 태풍 매년 10개 정도만 일본을 관통해서 일본 청소 좀 해라" "왜 우리가 일본 태풍 때문에 간접 피해를 보아야 하는가? 일본은 공식으로 사과하길 바란다." "아베는 태풍을 통해서 깨닫는 바가 있어

---

93 『시사 뉴스』, 2019년 10월 12일자.

야 한다." 등의 감정 섞인 반응도 보이는데 재난 상황에서 이런 보도 태도는 바람직하지 않다. 아무리 국가 간 감정의 골이 깊다고 하더라도 재난시는 유엔 가맹국들 사이에는 자국민처럼 서로 도와서 구조해야 하는 조약 때문에도 이런 태도는 지양되어야 한다.

아무튼 당시 일본은 '태풍＋지진'에 하늘, 땅이 마비된 일본, 재난 현장의 실시간 상황은 지옥 같았다. 엎친 데 겹친 격으로 사상 최대급 태풍 '하기비스'가 12일 일본을 강타한 가운데 지바(千葉)현 남동부 바다에서 규모 5.7로 추정되는 지진마저도 발생해 이중재난이 겹친 것이다. 이 지진으로 인한 최고 진동은 가모가와(鴨川)시의 진도 4로, 인근 도쿄(東京) 도심에서도 진도 3의 진동이 감지됐다. 다행히 지진으로 인한 피해는 발생하지 않았지만, 진동 발생 지역이 '하기비스'의 영향을 받는 지역이어서 자칫하면 대형 쓰나미도 발생할 수 있는 상황이었다.

이런 상황에서 일본 주민들은 불안을 느낀 나머지 상점 등에는 매점매석으로 물건이 동이 나는 상황도 발생하기도 했다.

## 6. 일본의 재난방송 보도 체제와 시청률

스즈키 유지(鈴木祐司) NHK방송문화연구소 주임연구원(차세대 미디어연구소 대표)에 의하면 '하기비스' 당시의 재난방송 시청률은 다음과 같다.[94]

태풍 19호 '하기비스'는 동일본을 종단해 각지에 기록적인 폭우를 몰고 온 기록적인 태풍이다. 일본 기상청은 도쿄도와 12현의 지방자치단체에 호우 특별 경보 최대급으로 경계를 유지하면서 안전 확보를 호소했다. 그런데도 피해가 속출해 13일 밤까지 각지에서는 21개 하천에서 24개 소의 제방이 붕괴하는 대규모 재난피해가 발생했다. 사망자·행방불명자의 합계가 40명을 넘어서고 있었다. 당시 대형 재난경보를 전달한 방송국은 TV 방송국으로 12일 9시부터 특별프로그램 형태로 특보를 한 NHK 재난방송이 시청률을 압도했다. 스위치·미

---

94 https://news.yahoo.co.jp/byline/suzukiyuji/20191014-00146788/(2021.11.10)

〈도표 1〉

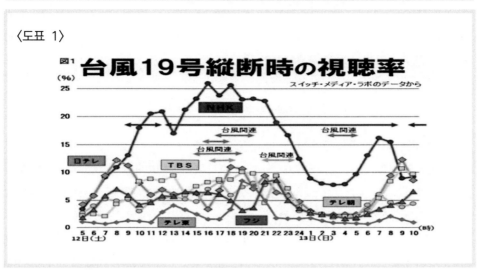

보기 : NHK, 니혼TV(日テレ), TV아사히(テレ朝), TBS, TV도쿄(テレ東), 후지TV(フジテレ)

디어·랩에 따르면, 24시간 평균 시청률은 17.2%였고, 2위는 TBS로 NHK보다 3배 가까이나 낮은 격차를 보였다.

### 1) 각 방송국의 재난보도 체제

NHK는 12일 아침부터 거의 종일에 걸쳐 태풍 19호의 관련 정보를 방송했다. 오전 8시 아침 드라마와 "티코 씨에게 혼난다!" 재방송, 점심의 아침 드라마 재방송을 제외하면 이튿날 아침까지 거의 전 방송프로그램을 중단하고 태풍 관련 뉴스였다. 한편, 니혼TV(日本テレ)는 저녁 5시의 "news every" 이후의 애니메이션 "천재! 시무라 동물원" 등이 결방되었다. 결과적으로 태풍 관련 뉴스는 밤 8시까지의 3시간에 한정되었다. TV아사히(テレ朝)도 애니메이션 등은 결방되고 저녁 1시간 반, 거기에 밤 9시부터의 "톤네루즈(듀오 개그맨)의 스포츠왕은 나다!!"의 방송의 방송은 방송 날짜를 변경하고, 2시간 반 합계 4시간 정도가 태풍 관련 뉴스였다. TBS는 오후 3시부터 재난보도 특별프로그램을 시작했다. 민영 방송으로는 가장 먼저 빠른 첫 방송이었다. 저녁 6시 50분까지 4시간 가까이 태풍 관련 뉴스를 보도했다. 또한, 밤 10시부터 "신정보 7 days 뉴스 캐스터"에서 태풍 정보를 자세히 전달하기도 했다. 후지TV(フジテレ)는 오후 3시 반부터 특별프로그램형식으로 진행했고, 직후의 "FNN Live News it!" 30분을 합해서 2시간 반이 태풍 정보였다.

## 2) 압도적인 NHK의 시청률

천재지변이나 대형사건이 일어나면 신속한 보도 체제를 갖춘 NHK가 단연 앞서가고 있었다. NHK는 12일(토) 오전 9시부터 특별재난프로그램(특보) 형식으로 시작했지만, 시청률이 수직으로 상승해 곧바로 15%를 돌파했다. 게다가 2시간 후에는 20%에 달했다. 오후 1시대에는 평균 17.0%가 되었지만, 2시 이후부터 밤 9시 시간대까지 8시간은 거의 20%의 대를 계속 넘을 정도였다. 순간 최고 시청률은 태풍 19호가 이즈반도에 상륙 직전 저녁 6시 58분경으로 28.8%에 이르렀다. 2위 방송국과의 차이는 2~3배 이상으로 이튿날 아침까지 23시간이나 재난방송이 계속되었다.

덧붙여서 12일 12시부터 12시간, 각 방송국의 평균을 비교하면 아래와 같다.[95]

| 방송국 | 시청률 |
|---|---|
| NHK | 21.9% |
| 니혼TV(日本テレ) | 7.2% |
| TV아사히(テレ朝) | 6.7% |
| TBS | 8.2% |
| TV도쿄(テレ東) | 3.2% |
| 후지TV(フジテレ) | 5.9% |

NHK가 재난방송에서 시청률이 압도적으로 높은 이유는 평소와는 차원이 다른 대형 태풍에 대해 일본인들이 얼마만큼이나 관심이 컸는가를 증명해준다.

---

95 https://news.yahoo.co.jp/byline/suzukiyuji/20191014-00146788/(2021.11.10)

## 3) 민간방송 재난특보도 시청률 상승

민간방송 특보는 NHK에 비해서 6시간 정도가 늦게 시작됐고 짧았다.
우선 TBS가 오후 3시부터 4시간 정도 방송을 했다. 아래 도표와 같이[96] 그 사이 태반은 TBS가 민방 시청률 1위였다.

태풍 19호 종단시의 일본 텔레비전의 시청률

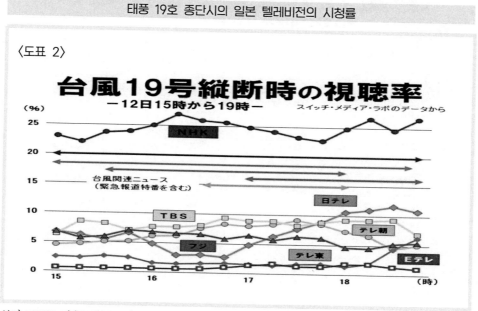

〈도표 2〉

보기 : NHK, 니혼TV(日テレ), TV아사히(テレ朝), TBS, TV도쿄(テレ東), 후지TV(フジテレ)

4시 반부터 특보로 편성한 TV아사히(テレ朝)도 역시 시청률이 올라갔다.
저녁 5시부터의 "news every" 이후를 특별프로그램으로 편성한 니혼TV(日本テレ)도 거의 비슷하다. 재난방송 이전에는 2%대였던 것이 9%대로 급상승하고 있다. 밤이 되어도 상승 경향은 비슷했다. 8시까지 계속된 니혼TV(日本テレ)의 특별프로그램도 오락프로그램과 함께 민영방송 1위 자리를 겨루게 되었다. 9시 부터 특별프로그램으로 편성한 TV아사히(テレ朝)도 최초의 1시간은 3%대로 올 랐다. 밤 10시부터는 TBS도 2.5%로 증가하였다.

---

96 https://news.yahoo.co.jp/byline/suzukiyuji/20191014-00146788/(2021.11.10)

## 4) 불발된 오락 방송

〈도표 3〉

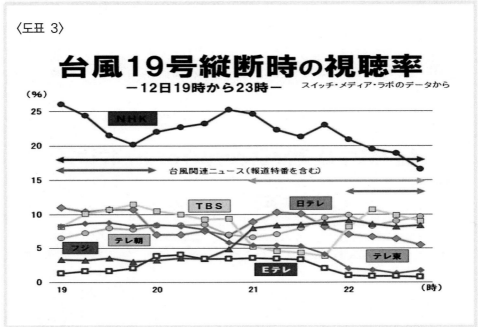

보기 : NHK, 니혼TV(日テレ), TV아사히(テレ朝), TBS, TV도쿄(テレ東), 후지TV(フジテレ)

　　　반대로 평소에는 골든 프라임타임 대(밤 7~11시)를 석권하던 오락 방송도 신통치 않았다. 평소에는 2자리 수의 단골손님이었던 "세계 제일 받고 싶은 수업"도 한 자릿수로 낮아졌다. 호조였던 "폭풍우로 해라"던 프로그램도 정말 폭풍우 앞에서는 힘을 발휘하지 못했다. 더 심각한 것은 특별프로그램인 오락방송이었다. 종합 격투기의 "RIZIN.19"를 후지TV(フジテレビ)는 밤 7시부터 2시간을 편성했다. 태풍 속에서 강행된 이벤트였지만, 시청률은 3%대로 최하위로 가라앉았다. 9시부터 토요일 프리미엄 "정말로 있던 무서운 이야기 20년 스페셜"도 본래라면 높은 시청률을 보였을 수 있었지만, 이날은 별로 높지 않았다.

---

97 https://news.yahoo.co.jp/byline/suzukiyuji/20191014-00146788/(2021.11.10)

자연의 위협 속에서 TV를 시청한다는 것은 불안한 기분 때문에 내키지 않았던 것 같다. NHK의 E-TV(교육 방송)는 8시부터 일본의 상쾌한 진격으로 일본 전체가 솟아올라 끓는 럭비 월드컵의 아일랜드 대 사모아전을 중계했다. 그런데 이쪽도 평균 시청률은 3%대로 해외 팀끼리의 시합 정도에 그쳤다. 이번 태풍 19호는 "슈퍼 태풍" 수준인 대형으로 맹렬한 태풍이었다. 실제로 광범위하게 심각한 재난피해가 일어났고, 국민들도 지금까지와 다른 형태로 무대에 들어가기 시작했다는 것을 느끼게 되었다.

그럼 민영방송의 재난방송 대응책은 최선이었던가? 하는 의문도 남는다.

<도표 2>와 <도표 3>에서 보았듯이 오후 3시 이후는 대체로 민영방송들도 태풍을 보도하고는 있었다. 일본의 민방 키 스테이션들은 5개 방송국으로, 방송의 채널 선택 기회는 단순 계산으로도 1/5로 감소하고 있었다. 새로운 긴급 특별프로그램의 경우는 민영방송의 "재난 보도도 NHK처럼 방송하고 있다"라고 반론한다. 그러나 태풍 보도에 한정하면, 어차피 각 방송국은 취재 체제를 취하고 있기 때문에, 방송시간이 몇 배로 늘어나더라도 비용은 그다지 늘어나지 않는다. CM의 문제에 대해서도 재난 등 긴급보도 시에 한정하고 있어서 이러한 종래의 관행을 바꾸는 것이 필요해 보인다. 지금의 시대는 광고주도 종래의 방식에 고집할 수 있는 시대가 아니다. 장시간의 보도를 실현하는 경우, NHK와의 관계를 어떻게 차별화할지도 논의가 필요하다. 예를 들면 2019년 9월 6일에 일어난 홋카이도(北海道) 이부리 지방(胆振地方) 동부 지진 때 니혼TV(日本テレ)는 NHK에 지지 않을 정도로 재난방송을 아주 완벽히 잘했다. 일본의 민영 방송사들도 이제는 NHK에 대항하는 기법을 이미 가지고 있다. 따라서 앞으로는 자연재난도 점점 더 심각해질 가능성이 매우 크다. 따라서 조금이라도 피해 경감을 줄이기 위해서는 민영방송의 역할도 크게 기대되는 시점이다.

## 1. '10·29 참사'와 인파관리

### 1) '10·29 참사' 발생과 피해 상황

2022년 10월 29일(토) 오후 10시 15분경 핼러윈(Halloween)을 앞두고 이태원(梨泰院 : Itaewon)역 주변 해밀턴 호텔 앞 좁은 골목길에 수많은 인파가 몰려들면서 158명이 전복압사 당하는 '10·29 대참사(大慘事)'가 일어났다. 이 참사로 인한 인명피해는 2022년 11월 20일 오후 11시 현재, 사망자 수는 외국인 26명 포함 158명(남 56명, 여 102명)이며, 부상자는 196명으로 집계됐다. 참사 발생 장소는 서울특별시 용산구 이태원동 세계음식거리와 인접한 해밀턴 호텔 옆 이태원로 173 인근 골목길로, 길이 45미터, 폭 3.2~4m의 좁은 내리막길이었다. 이 길은 좁은 골목으로 중앙선도 없었고, 길의 너비에 비해 인파가 일시적으로 과도하게 많이 몰린 것이 직접적인 원인으로 보인다. 더구나 내리막길인 데다가 사람들은 위에서 내려오고, 아래에서도 위로 올라가 극도로 인파가 혼잡해 서로 맞부딪치면서 일부가 넘어지면서 일어난 참사다. 양쪽의 인파는 이러한 사실을 전혀 모르는 채 계속해서 전진하다가 여러 사람들이 겹쳐 넘어지면서 그들의 체중에 의해 압사당한 '군중 전복압사' 참사라고 말할 수 있다. 이 골목길에는 작은 클럽도 많을 뿐만 아니라, 서울 지하철 6호선 이태원역 1번 출구가 바로 앞에 있어서 접근하기도 용이해 평소에 사람들이 많이 몰려서 이동하는 곳이다.

### 2) '10·29 참사'의 대응과 수습

이날은 이미 압사참사 이전부터 경찰 및 질서유지 등의 인력부족으로 일시적이나마 폭증하는 군중들의 인파 관리에 어려움을 겪고 있던 징조들이 미리부터 나타나기 시작했다. 예를 들면, 사건 당일인 10월 29일 오후 6시 17분과 26분에 각각 '압사 우려' 신고전화가 두 건 있었고, 8분이 지난 34분에도 압사 가능성을 제기한 신고가 있었다. 이 밖에도 오후 6시에서부터 10시 사고 직전까지 약 4시간 동안에 관계 당국으로의 전화신고가 무려 79건이나 접수된 상태였다.[98] 그중에서도 특히 6시 34분에 걸려온 신고 전화는 결정적인 신고로 '이태원 해밀턴 호텔 앞 골목에는 이태원역에서 나온 인파가 서로 뒤섞이면서 압사 사고가 날 것 같다'고 하는 신고 내용이었다.[99] 당국은 사고발생 이후에야 사고를 수습하기 위해 소방대원 507명, 경찰 1,100명, 구청 인력 800명 등 총 2,421명이 동원됐다고 했다.[100] 경찰도 이미 사전에 10만여 명 가량 모일 것이라는 것을 예상하고 경찰 총 137명을 현장에 배치하기도 했다.[101] 이하 본고는 당시 현장 규명을 좀 더 객관화하기 위해 국내 언론이 아닌, 『The Washington Post』지의 영상자료를 통해서 좀 더 과학적으로 분석해 보고자 한다.

당시 영상자료를 과학적으로 정밀 분석한 『The Washington Post』(11월 18일자)[102]에 의하면, 29일 저녁 이태원 참사 발생 4시간 전인 6시 17분부터, 세계 음식거리를 가득 메운 인파는 폭 5m의 좁은 골목길로 쏟아져 나오고 있다는 신고전화가 경찰에 빗발쳤다고 한다. 이날 참사발생은 저녁 10시 15분경부터 시작되었지만, 참사발생 26분이 지나서야 실질적인 구조 활동이 시작되었으며, 실제 응급 구조대원의 손길이 닿기까지는 한 시간 넘게 걸렸다는 피해자도 있었던 것 같다. 이와 같이 현장 구조에 대한 늑장대응은 인명피해를 훨씬 더 가중시켜 안타까운 결과를 초래하게 되었다고 말할 수 있다.

또한, 워싱턴포스트가 단독 입수한 350여 개의 영상과 사진자료들을 전문가들에게 의뢰해 참사요인을 분석한 결과를 10월 29자 신문에 보도한 바 있다. 아래 사진에서도 볼 수 있듯이, 워싱턴포스트는 참사 당일 신고 전화 녹취록과 수십 명의 목격자 인터뷰 등을 통해 참사 현장을 분석한 결과 이미 오후 6시

98 손기준, "공개된 신고 11건, 실제로 79건…기동대 갈 수 있었다", 『SBS』, 2022년 11월 2일자.

99 김철오, "이태원 참사 4분 전…신고 전화서 들린 비명", 『국민일보』, 2022년 11월 2일자.

100 전재훈, "사망·부상 76명…과학수사팀 동원해 신원 파악(종합)", 『뉴시스』, 2022년 10월 30일자.

101 김원철, "경찰 200명 아니었다.…실제 이태원 현장엔 137명", 『한겨레신문』, 2022년 10월 30일자.

102 「이태원 참사 :반복된 실수와 지연된 구조」 『The Washington Post』, 2022년 11월 18일자. https://www.washingtonpost.com/investigations/2022/11/16/ seoul−crowd−crush−itae−won−victims−2/(2022.12.15)

28분경에 위험수준인 과밀 상태에 이르렀던 사실을 확인한 바 있다. 이로부터 몇 분 지나지 않아 첫 신고가 접수됐으며, 15건의 신고 전화가 잇따라 접수됐다. 신고자들은 대체로 과밀 인파로 인한 부상을 토로했고, 또한, 큰 사고로 이어질 수도 있다는 우려를 표시하기도 했다.

**2022년 10월 29일 6시 28분 참사현장 사진**

〈도표 4〉

자료 : Video filmed at 6:28 p.m. on Oct. 29 shows the narrow alley in Itaewon was already dangerously crowded, according to expert review.(Video: @hyerinpark5 via TikTok)[103]

그 후 저녁 10시 8분경에 첫 번째 '군중 전복압사' 참사가 일어났다. 이에 몇몇 경찰관들과 시민들이 골목 끝에서 인파를 반대 방향으로 돌리려고 노력하는 모습도 영상에 담겨 있다. 저녁 10시 8분부터 22분 사이에 최소한 16건의 긴급 신고 전화가 걸려 왔고, 5명의 경찰관은 밀려드는 인파로 의식을 잃은 사람들을 끌어내기 위해 고군분투하며 안간힘을 쓰고 있을 때였다. 워싱턴 포스

---

103 「이태원 압사사건에서 수많은 사망자가 발생한 주요인 분석」『The Washington Post』, https://www.washingtonpost.com/investigations/2022/11/16/ seoul—crowd—crush—itae—won—victims—2/(2022. 12. 16)

트는 안전 대책 전문업체인 세이프 이벤트(Safe Event)의 디렉터 마크 브린(Mark Breen)[104]에게 입수영상 분석을 의뢰했다. 그는 10시 8분경에 이미 극도로 위험한 상황에 치달았고, 10여 분에 걸쳐서 군중 압착 조짐이 보였다고 분석했다.[105]

　　당시는 밤 10시 39분경이 되어서야 응급요원이 골목 양쪽 끝을 폐쇄하게 됐다. 사고발생 30여 분이 지난 이후에야 골목길의 양쪽 끝 출입구가 통제되는데, 그사이 보행자는 계속해서 유입되어 구조 활동에 큰 지장을 주었다. 당시 사고 자료를 면밀히 분석한 전문가들은 이런 제약들이 피해수습 상황을 전반적으로 악화시켰다고 말했다. 경찰 자료에 따르면, 경찰이 광범위하게 구조 활동을 펴기까지는 약 11분이 추가로 더 걸렸다고 분석했다. 그렇다면 실제 구조 활동은 10시 50분경에 시작된 것으로 추적된다. CNN 보도 자료에 따르면, 2022년 11월 5일 미국 휴스턴의 야외 콘서트 공연장에서 약 5만여 명이 운집한 가운데 군중의 혼란으로 8명이 압사당하는 참사가 일어났고, 10월 2일에는 인도네시아 축구경기장에서도 125명이나 압사당하는 대참사가 있었다. 2001년 7월 21일 일본 효고현(兵庫県) 아카시 하나비 불꽃축제(明石花火大会) 당시도 11명이나 전복압사 당한 참사가 일어났는데, 이번 이태원 참사의 경우는, 이들 참사에 비해 훨씬 더 사망자 숫자가 많이 발생한 것으로 분석하고 있다.

　　일본의 방재 전문가들은 이번 '10·29 대참사'는 '군중 전복압사' 발생 이전에 경찰 등이 사전에 미리 개입해 사람들이 좁은 골목에 비집고 들어가지 못하도록 일방통행으로 유도했어야 한다고 말했다. 이번 참사를 막지 못한 책임이 경찰에 있다고 우회적으로 지적하고 있다. 2001년 7월 효고현(兵庫県) '군중 전복압사사고' 조사위원으로 참여한 효고현립대학(兵庫県立大学) 무로사키 마스테루(室崎益輝) 명예교수(방재계획)는 11월 1일 『TV아사히』와의 인터뷰에서 "많은 사람이 고밀도로 모이면 눈사태 같이 사고가 일어나는 것은 과거부터 널리 알려져 있는데, 이번에도 비슷한 사고가 일어났다"고 분석했다. "1㎡당 15명 정도가 밀집한 상황에서는, 스스로 서 있지 못하고 서로 기대고 있는 상태다. 이

---

104 「세이프 이벤트」 https://www.safeevents.ie(2022.12.15)
105 「이태원 참사 : 반복된 실수와 지연된 구조」 『The Washington Post』, 2022년 11월 18일자. https://www.washingtonpost.com/investigations/2022/11/16/ seoul－crowd－crush－itaewon－victims－2/(2022.12.15)

런 상황에서 우연히 에어 포켓이랄까 틈새가 생기는 순간, 틈새를 향해 눈사태 같이 사람들이 몰려 겹쳐 넘어지는 현상이 일어났다"는 설명이다.

무로자키 교수는 효고현 압사 사고 때도, 육교 위에서 축제를 보러 가려는 사람과 집에 돌아가려는 사람이 뒤엉켜 '군중 전복압사 사고'가 발생했다고 설명했다. 이로 인해 11명이 사망하고 183명이 부상당하는 참사가 일어났고, 사망자 중에 대다수는 어린이로 9세 이하 어린이가 무려 9명이나 되는 충격적인 참사가 발생한 것이다. 당시 육교 위 1㎡당 최대 13~15명 정도가 밀집해 서로 밀려서 쓰러진 '군중 전복압사사고'인 것이다.[106] 따라서 무라사키 교수는 사람이 밀집한 장소에서 이러한 참사를 피하기 위해서는 적절한 보행 통제가 이루어져야 한다고 했다. 즉, '군중 전복압사사고' 발생을 막으려면 사람들이 많이 모이는 장소는 일방통행으로 한 뒤 통행 중에는 그 자리에서 멈추지 못하도록 유도하는 것이 중요하다고 말했다. 이미 이태원 핼러윈 이벤트 당시 10만 명 이상이 모일 것으로 예상됐던 만큼 군중을 유도할 수 있는 경찰의 경비 태세가 갖춰져야 했다는 지적이다. 또, 다수의 사람들이 모이는 행사에서는 입장 제한 같은 것을 검토하고, 그래도 사람들이 모여들 경우에는 차분하게 행동하도록 주최 측이나 경비원들을 호출할 수 있는 시스템을 갖춰 두어야 한다고 강조했다.[107]

도쿄대학(東京大学) 히로이 유(廣井悠) 교수(도시 방재)도 11월 1일자 『요미우리 신문(読売新聞)』 인터뷰에서 "군중 전복압사 사태는 사람들이 1㎡당 10명 이상 밀집된 공간에서는 누군가가 쓰러지거나 쪼그리고 앉을 경우에, 그 틈새를 향해 사람들이 차례차례로 전복되어 쓰러져 내리는 사고"라고 설명했다. 히로이 교수는, 도로가 중간부터 폭이 좁아지는 골목길 등에서 많은 인파가 한꺼번에 몰려들 때는 군중을 유도하는 경비 태세가 불충분하거나, 사람들이 그 상황에서 서로가 도망치려고 흥분한 상태가 되면 '군중 전복압사사고'가 일어날 가능성이 매우 높다고 설명했다.[108] 즉, 히로이 교수는 이번 '이태원 참사'의 경우는, 해밀턴 호텔 옆의 좁은 골목길에 많은 인파가 몰려들었으며, 경찰도 이를 적절하게 안전 통제하지 못한 상태에서 모두가 집단 패닉에 빠지게 되었고

---

106 『TV朝日』, 2022년 11월 1일자.
107 『TV朝日』, 2022년 11월 1일자.
108 『読売新聞』, 2022년 11월 1일자.

이번 참사는 이런 3가지 악재 현상이 한꺼번에 겹치면서 '군중 전복압사사고'가 일어났다고 지적했다.

일본의 시사주간지 『주간 다이아몬드(DIAMOND)』 11월 14일자 다나카 미란(田中美蘭)[109] 서울 리포터에 의하면, 이번에 158명이나 희생된 이태원참사에 대해 다음과 같이 크게 2가지 점을 지적하고 있다. 다나카씨는 이번 이태원참사가 일어난 지 벌써 2주가 지났지만, 아직도 국민들은 깊은 슬픔에 잠겨있으며 거듭 반복되는 안전 경시의 인재에 대한 분노와 실망감으로 가득 차 있다. 그런데 이러한 대형사고가 다발하는 배경에는 안전대책에 대한 정책 수정이나 반성만으로는 개선되지 않는 사정도 있어 보인다. 이번 이태원 참사의 경우는 현장 노면의 경사와 양측에 늘어선 점포들, 그리고 당일 순간적인 군중의 밀집, 경찰의 경비불충분 등 여러 가지 불운적인 요인이 겹쳐 일어난 참사라고 지적하고 있다. 그러면서 이러한 사고는 이태원뿐만 아니라, 한국 내 또 다른 도시의 번화가 뒤에도 좁은 '골목길'이 많아서 언제 어디에서나 일어날 개연성은 충분하다고 지적하고 있다. 지방의 제2의 도시인 부산도 '서면'의 골목길 같은 경우는 매우 위험하다고 지적하고 있다. 둘째, 한국에는 압사사고뿐만 아니라, 교통법규 경시 등으로 소방도로가 주차장이 돼 화재발생시 소방차나 구급차의 현장 접근이 어려워 피해 구조에 어려움을 주는 경우가 많다고 했다. 지난 8월에도 100년에 한번 올까 말까한 폭우로 인해 서울 한복판인 강남에서 3명이 익사했고, 9월에도 태풍 11호가 동남부를 강타해 포항시내에는 강물이 범람해 가까운 맨션 지하주차장을 덮쳐 인명피해가 발생했다고 주장했다. 게다가 한국에는 2014년 세월호 참사, 2016년 경주의 지진발생 등으로 정부나 지방자치단체들도 앞다퉈 지진속보나 재난경보를 신속하게 발신하고 있다고 했다.

그러나 무엇보다도 중요한 것은 국민 한 사람 한 사람의 안전에 대한 근본적인 의식 변화인데 그렇지 못한 것 같다고 지적하고 있다. 즉, 대형 참사나 재난이 일어나면 그에 대한 원인규명이나 검증작업 이전에, 국가전체가 추모무드에 휩쓸려 슬픔에 잠긴다. 나아가서 비난 대상을 찾아서 규탄하고, 데모를

---

109 『週刊ダイヤモンド(DIAMOND)』, 2022년 11월 14일자.

하며 '정치문제'로 여론을 선동하는 사태를 한국사회는 매번 반복하는 특징이 있다고 지적하고 있다. 이번 이태원참사도 똑같은 패턴을 밟을 가능성이 커 보인다는 것이다. 감정만으로는 아무것도 해결되지 않기 때문에 이런 한국 특유의 본질이 변하지 않는 한, 금후 이런 유사한 사고발생은 계속되지 않을까하는 염려도 있다는 뼈아픈 지적이다.[110]

11월 11일자 『일본경제신문(日本經濟新聞)』도 158명이 희생된 이태원참사는 경찰조직의 안전 불감증이 빚어낸 사고로 참사발생 2주가 지났는데도 불구하고 사회적인 충격은 아직도 가시지 않고 있다고 보도했다.[111] 일본의 공공방송 『NHK』의 경우도 11월 5일자 보도에서 이번 이태원 참사는 경찰 대응이 부실했다는 내용이 계속해서 드러나고 있다고 보도하면서 사고원인을 규명하기 위해서는 경찰 대응에 대한 정밀 검증이 필요하다는 등의 문제점을 보도하고 있다.[112]

### 3) 재난보도의 문제점 및 해결책

본서의 서문에서도 밝혔듯이 재난발생시 피해를 줄이는 데 가장 중요한 것은 피해자나 피해지 주민들에게 신속하게 재난정보를 전달해 재난을 사전에 예방하거나 대피하게 하는 방법이다. 그럼에도 불구하고 이번 '10·29 대참사' 재난현장에는 재난문자나 재난경보시스템이 전혀 작동되지 않고 먹통이 된 상태였다. 심지어는 정부가 막대하게 투자해 개발한 재난정보통신망은 물론, 재난현장에는 각종 소음 때문에 바로 옆 사람에게도 의사전달이 잘 안 될 정도로 커뮤니케이션이 불가능한 상황이었다. 따라서 미국이나 일본에서는 대형 참사를 겪으면서 이러한 상황을 일거에 해소할 수 있는 방안으로 미국에서는 'IPAWS', 일본에는 'J-Alert' 같은 재난대응 통합경보시스템을 운용하고 있다. 한국도 이미 여러 가지 시스템을 개발하기는 했지만, 미국이나 일본 같이 이를 통합적이고 유기적으로 운용할 수 있는 시스템을 구축하지 못한 상태다. 따라

---

110 『週刊ダイヤモンド(DIAMOND)』, 2022년 11월 14일자.
111 『日本經濟新聞』, 2022년 11월 11일자.
112 『NHK』, 2022년 11월 5일자.

서 한국형인 'K-Alert' 시스템을 하루 속히 새로 구축해서 통합적으로 운영하는 방식이 시급한 일이다.

또한, 재난발생시 언론의 역할과 기능도 매우 중요한 부분이다. 이미 219쪽에서 언급했지만 재난발생시 언론의 역할은 ① 보도의 기능 ② 방재의 기능 ③ 부흥의 기능이라고 하는 3가지의 중요한 기능이 있다. 재난발생시 재난정보를 신속·정확하게 전달해 주는 매체가 언론인데, 이러한 언론의 기능과 역할 수행은 뒤로한 채 이번 참사의 경우는 오히려 재난전문가가 아닌 정치평론가가 앞장서서 문제해결이 아닌 정쟁만 부추기는 발언을 일삼고 있어서 재난수습이라는 측면에서 보면 안타깝기 그지없다.

특히, 언론사도 중요한 방재기관으로서 재난발생 단계에 따라 3단계로 나누어서 그 역할과 기능을 수행해야 한다. 즉, ① 재난발생 이전에는 사전에 재난발생 예방기능을 성실히 수행해야 할 것이고 ② 재난발생 이후에는 방재의 기능을 더욱 더 성실히 수행해 대피나 피난 등으로 피해최소화에 노력해야 할 것이며, ③ 재난이 끝난 이후에는 하루속히 구호와 복구활동 등으로 피해에 대한 재건과 부흥활동 등에 사명을 다해야 할 것이다. 이번 '10·29 참사'의 경우에도 언론의 책임 또한, 비켜갈 수 없을 것이다.

2022년 11월 4일자 '한국탐사저널리즘센터-뉴스타파'가 분석한 보도자료에 의하면, 이태원 참사 이전과 참사 당일 언론의 재난보도태도를 분석하기 위해 이태원과 핼러윈 등을 키워드로 네이버에 나타난 주요 언론사 20개 언론기사를 전수조사하여 분석했다고 한다. 조사 대상은 경향신문, 국민일보, 내일신문, 동아일보, 문화일보, 서울신문, 세계일보, 조선일보, 중앙일보, 한겨레신문, 한국일보, 매일경제, 한국경제, 채널A, JTBC, KBS, MBC, MBN, SBS, TV조선 등 20개 언론사로, 10월 17일부터 10월 29일 자정까지 13일간 보도 자료를 분석해 아래 도표와 같이 그 분석 내용을 밝히고 있다.[113]

---

113 『한국탐사저널리즘센터-뉴스타파』, 2022년 11월 4일자.

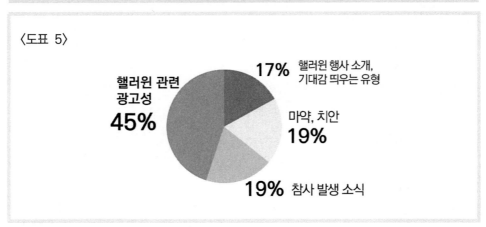

이태원참사 관련기사 분류표

〈도표 5〉

17% 핼러윈 행사 소개, 기대감 띄우는 유형

핼러윈 관련 광고성 45%

마약, 치안 19%

19% 참사 발생 소식

자료출처 : 한국탐사저널리즘센터 – 뉴스타파

핼러윈, 헬로윈, 할로윈, 이태원 등 4개 키워드 중 하나라도 언급된 기사를 수집한 뒤, 맥락상 이번 이태원 핼러윈 상황과 직접 관련이 없는 기사는 모두 빼도록 했다. 그 결과 최종 분석 대상 중에서 관련된 기사는 총 133건으로 이를 유형별로 아래와 같이 분석해 보았다고 한다.[114]

이태원 핼러윈 축제를 앞두고 마약 관련 범죄가 아주 우려된다는 기사는 12건이고, 성범죄와 절도, 마약 등을 포함해 포괄적으로 치안 문제를 다룬 기사가 14건으로 마약과 치안문제가 우려된다는 기사가 전체 기사 중에 19%를 차지했다. 이 기사의 내용을 구체적으로 분석해 보면, 대부분 참사 발생 이틀 전인 10월 27일 용산경찰서가 배포한 보도 자료 내용을 인용한 것들이었다.

반면 핼러윈 행사를 소개하거나 '10만 명 이상 운집,'[115] '팬데믹 이후 첫 핼러윈에 열광, 이태원에 10만 명 몰린다.'[116]는 등등 기대감을 띄우는 유형의 기사가 22건으로 17%를 차지했고, 또, 핼러윈 관련 상품 홍보나 광고성 기사는 무려 60건으로 45%에 달했다고 한다. 구체적으로 언론사별로는 『매일경제』가 35건으로 가장 많았고, 『세계일보』가 7건, 『국민일보』가 4건, 『서울신문』이 4

---

114 『한국탐사저널리즘센터 – 뉴스타파』, 2022년 11월 4일자.
115 『MBN』, 2022년 10월 28일자.
116 『문화일보』, 2022년 10월 29일자.

건, 『한국경제』가 3건순으로 나타났다. 이에 비해 '이태원 핼러윈 축제'에 많은 사람이 몰리게 되면 안전사고가 발생할 우려가 있다거나 관계 당국의 안전대비태세가 미흡하다는 기사, 또는 축제 참가자들에게 안전문제에 대해 주의나 경고 등으로 당부하는 기사는 참사 발생 직전까지 단 한 건도 볼 수 없었다고 한다.[117] 그러나 막상 참사가 일어나자 '예고된 참사' '안전 불감증'[118] 등등의 기사가 쏟아졌으며, 29일 10시 15분경 참사발생 직후부터 자정까지 사고 발생 소식을 전달한 기사는 무려 25건이나 되었다. 언론사 자신도 소방서 등과 같이 방재기관이라는 막중한 사명감은 망각한 채 마치 강 건너 불구경하듯 관계 당국의 대응미숙이나 준비부족 등을 질타하는 '비판 저널리즘'에만 열을 올렸다. 2014년 '세월호 참사' 당시 재난보도 때보다 별로 더 진척된 것이 없이 똑같은 보도 패턴의 반복이었다. 그동안 언론계가 노력해서 제정한 '재난보도준칙'이나 정부가 막대한 예산을 투자해 개발한 '재난경보시스템'도 아무런 역할을 못하는 무용지물이었다. 재난방송주관방송사인 KBS나 MBC, SBS 지상파방송사는 물론, 종합편성채널, 언론사 인터넷 닷컴들도 참사발생 이전에 충분한 주의나 안전관련 경보를 내렸어야 했다. 아니면 참사발생 직후라도 '이태원 전복압사사고 발생 살려주세요!!!'라는 등등의 '구명·구호' 경보라도 신속하게 전달했더라면 상당수의 인명피해라도 사전에 막았을 수도 있었을 것이다.

이번 언론진흥재단이 12월 7일 '10·29 대참사'와 관련해 조사 발표한 자료에서도 우리들에게는 많은 것을 시사해 주고 있다. 이번 이태원참사에서 우리 국민들의 뉴스 정보 이용실태를 보면, ① 인터넷 포털 뉴스 서비스를 통해 참사정보를 습득한 비율이 88%이고, ② 지상파TV채널을 통해서 정보를 습득한 비율이 86.3%, ③ 종편 또는 보도전문TV채널의 정보 습득 비율이 76.6%로 나타났다. 즉, 인터넷 포털 뉴스나 지상파TV, 또는 종편과 보도전문 TV채널을 통해서 재난정보를 가장 많이 이용한 것으로 나타났다.[119] 또한, 그중에서도 '10·29 참사' 정보에 대해서 가장 신속하고(37.9%), 가장 정확하며(44%), 가장 믿을 만

117 『한국탐사저널리즘센터–뉴스타파』, 2022년 11월 4일자.
118 『경향신문』, 2022년 10월 30일자.
119 오세욱, 「'이태원참사' 관련 보도에 대한 국민들의 인식」『Media Issue』(8권 6호), 한국언론진흥재단, 2022.12.7. p. 2.

(43%)하고, 가장 과학적인(41.2%) 미디어는 지상파채널로 꼽고 있었다는 점이다.[120] 따라서 이렇게 우리 국민들이 방송매체를 믿고 이용하고 있는 미디어라는 점을 감안한다면 지상파 내지는 종편이나 보도채널 등이 재난발생 이전에 사전주의나 긴급경보발령이라도 발령했더라면 훨씬 더 피해를 줄일 수 있었을 것이다. 또 한 가지 참사에 관한 우리 언론보도에서 가장 아쉬웠던 점은 '참사 원인과 책임에 대한 과학적인 보도'[121]라는 점도 지적해 두고 싶다. 이번 언론진흥재단 조사에서도 76%가 과학적인 분석보도가 필요하다는 통계치는 이를 증명해 주고 있다.

마지막으로, 이번 참사를 통해 아쉬웠던 점은 폭이 3.2m로 좁은 골목길이면서 통행량이 많은 경우에는 ① 일방통행으로 유도하고 ② 보행자가 멈추지 않도록 통행을 유도하여야 하며 ③ 군중도 흥분하지 않도록 유도해야 할 것이다. ④ 나아가 보행자는 군중의 힘에 저항하지 말고 물 흐르듯 자연스럽게 보행하도록 유도해야 한다. ⑤ 이번 이태원 참사와 같은 경우는 인파관리를 위해 전철역도 무정차 통과할 수 있도록 유도하고 ⑥ 스마트폰이 몰리는 폭주상황 등을 사전에 신속하게 체크하여 군중 인파를 분산시키도록 유도하여야 했으며 ⑦ 드론이나 AI, CCTV 등을 활용한다든지 ⑧ 일본과 같이 시내 상가들도 중간 중간에 스피커를 설치해 긴급재난경보가 신속하게 전달될 수 있도록 하는 시스템 구축이 필요하다고 하겠다.


## 2. 일본 효고현 아카시시 불꽃축제 참사를 통해서 본 '인파관리'

### 1) 사건의 개요

일본에도 이미 우리와 꼭 비슷한 참사가 21년 전에 일어나서 경비법을 대대적으로 개정하는 등 일대 혼란을 겪었다. 2001년 7월 21일 효고현 아카시시 불꽃축제 당시 육교에서 11명이 압사하고 183명이 부상당하는 참사가 일어났

---

120 오세욱, 「'이태원참사' 관련 보도에 대한 국민들의 인식」『Media Issue』(8권 6호), 한국언론
    진흥재단, 2022.12.7. p. 5.
121 「'이태원참사' 원인·책임에 관한 과학적 보도 부족」『KBS』, 2022.12.7.자 보도.

다. 당시 아카시시의 군중의 안전관리 부실과 효고현 경찰의 경비체제 미흡, 그리고 경비회사를 포함한 사고 이후의 대응미비 등의 문제로 발생한 참사였다. 이 참사로 일본은 경비업무법과 국가공안위원회규칙을 개정해 군중관리를 이전보다 훨씬 더 강화했다. 즉 군중관리는 행사 주최자나 시설관리자, 또는 위탁된 경비회사, 경찰관이 담당하게 했다. 이번 참사 이후 일본은 경비업무법에 따라 2012년부터 48만 8천여 명의 경찰이 경비업무에 동원되게 되었다. 이 법에 따라 일본은 2022년 10월 30일 도쿄 시부야(渋谷) 거리의 핼러윈 축제에 경찰이 동원되었다. 일본 경찰은 경찰차를 도로의 교차로에 세워 일명, 'DJ폴리스'를 설치하고 핸드마이크 등으로 질서를 지키도록 군중을 유도해 불상사를 미연에 방지했다. 지방자치단체들도 사전에 안전캠페인 등으로 인파관리를 홍보하는 한편, 이번 2022년은 핼러윈 1개월 전부터 주류 판매도 금지하도록 단속했다고 한다. 미국의 핼러윈 축제의 경우는 통계상 우리보다도 약 43배나 더 위험하다고 한다. 그렇지만 철저한 사전계획과 함께 과학적인 인파관리(crowd management) 등을 경찰이 주도해 혼잡한 군중 이동의 흐름을 안전하게 관리하고 있다. 최근 일본 경찰도 자체 홍보를 위해 젊은 경찰관들을 신규로 채용해 조직홍보뿐만 아니라, 이런 군중행사에서 익살과 유머 등을 구사해 통행을 유도할 수 있는 'DJ폴리스'를 양성해 군중유도에 활용하고 있다.

## 2) 참사의 발생

2001년 7월 20일부터 아카시시 오쿠라 해안(大蔵海岸)에서 "제32회 아카시 시민 여름축제 불꽃축제"가 개최되었다. 개최 2일째인 21일 오후 8시 30분경, 서 일본 여객철도(JR西日本) 산요 본선(山陽本線:JR 고베선) 아사기리역(朝霧駅) 남쪽 육교에서는 역에서 나오는 손님들과 축제장에서 나온 손님들이 합류하는 남단에서, 1㎡당 13명에서 15명이라는 비정상적인 대혼잡한 인파로 인해, 이태원참사와 아주 비슷한 "군중 전복 압사사고"가 발생했다. 그때 당시에도 우리 이태원 상황과 거의 비슷하게 당시 상황을 주위에 알리기 위해서 육교의 지붕 위로까지 올라가는 사람들도 있었다.

| 201년 아카시시 불꽃축제 참사 현장 |
|---|

〈도표 6〉

출처 : <SUN-TV(サンテレビニュース)>[122]

당시 희생된 사람들 중에는 9명이 모두 초등학생 이하의 아동이고 70대의 여성 2명이 참변을 당했다. 일본은 이 사고를 교훈으로 2005년 11월 ① 경비법과 ② 국가 공안 위원회[123] 규칙을 대폭적으로 개정했다. 또한, 종래 경비업무검정[124]에서 ① 상주경비 ② 교통유도경비 등에 더해, ③ 혼잡경비 내용이 신설되었다.

## 3) 참사의 원인

축제장과 오쿠라 해안과 아사기리 역 사이에는 국도 2호가 관통하고 있어

---

122 http://www.youtube.com/channel/UCtf−a...

123 국가공안위원회 내각부설치법 제49조 제1항 및 경찰법 제6조에 의해 총리대신의 관할하는 외국(外局)으로 경찰의 민주적 운영과 정치적 중립성을 확보하기 위하여 경찰을 관리하는 최고의 행정위원회이다. 위원장은 장관급으로 5명의 위원과 6명으로 구성된 합의제 기구이다. 도도부현(都道府県) 경찰에도 지방자치법 제180조 9, 또는 경찰법 제38조에 따라 도도부현 지사관할의 공안위원회가 설치되어 있다.

124 경비업무검정이란 경비업무검정자격취득 제도로 도도부현(都道府県) 공안위원회가 실시하는 학과시험과 실기시험에 합격하고 연수를 통해서 자격증을 취득해 관련 업무에 종사하게 하는 제도다.

서, 육교 이외에는 연락통로가 없었던 것이 큰 원인 중의 하나였다. 이 육교 이외에 접근하는 경로로는 아사기리 역 동쪽의 건널목이나 서쪽의 과선교가 있었지만, 이 경로는 우회하는 먼 길로 축제장에서 멀다는 단점이 있었다. 여기에다 오토바이 폭주족들과 충돌이 발생하게 되면 경비하기가 쉽지 않고, 육교로부터 시가지까지 이어지는 임시 야시장들도 180여 개나 늘어서 있었다. 그결과 좁은 통로에 인파가 몰리면서 육교 아래와 위에서 심한 병목현상이 일어났다. 즉, 역에서 육교 위를 향해 축제장으로 향하는 사람들과 축제장에서 역으로 내려오는 사람들의 흐름이 충돌하는 정체현상 속에서 넘어지면서 전복압사 참사가 발생했다. 마치 이번 이태원의 병목현상과도 똑같은 현상이 일어났던 것이다. 일본의 주최자 측도 우회 수단에 대한 안내를 실시하지 않았으며 당일은 몹시도 찌는 듯한 무더운 날씨였고, 육교도 투명한 플라스틱으로 측벽이 덮인 구조였기 때문에 통로는 거의 한증막 상태로 관람객들은 심리적으로도 매우 초조하고 불안한 상태였다.

## 4) 참사 대응이나 경비상의 문제

사고발생 직후 효고현의 경찰 대응방법이나 경비계획에 대한 문제점이 차례차례로 드러났다. 이번 불꽃축제에서 아카시시와 효고현 경찰 본부(아카시 경찰서), 경비회사 니시칸(현 JSS)[125]과의 사이에서 사전 경비계획에 대한 협의가 불충분했던 것으로 나타났다. 사고발생 7개월 전인 2000년 12월 31일에 "세기를 넘어 카운트다운 불꽃축제"라는 행사가 있었는데, 이번 행사에서 이미 7개월 전에 사용한 행사경비계획서를 대부분 그대로 베껴서 사용한 것으로 나타났다. 또, 효고현 경찰은 이번 행사에서 폭주족에 대한 대책을 중요시하여 야시장에 경찰을 집중적으로 배치하게 되었다. 따라서 폭주족에 대한 안전관리 대응책에는 292명의 경비요원을 배치했지만, 인파관리를 담당하는 혼잡경비대책에는 36명밖에 배치하지 않아서 상대적으로 혼잡경비대책은 크게 경시된 측면이 없지 않았다.

또한, 경비회사 니시칸(JSS)은 사고발생 직후 신문에 "갈색 머리 청년이 무

---

125 JSS : Japan Security Support.

리하게 눌렀기 때문에 군중 전복압사사고가 발생했다." "갈색 머리 청년들이 육교 천장에 기어오르고 떠들어 불안을 부추겼다."라고 증언하면서 책임 회피를 도모하려고 했다는 언론 보도도 있었다.[126] 그런데 후일 밝힌 정밀 조사 보고서에 의하면, 실제로 그 갈색 머리 청년들은 육교 중앙에서 긴박한 참사정보를 알리기 위해 119로 구급차를 요청했던 것으로 판명되었다. 사고 당시, 전화 회선의 폭주로 휴대전화를 사용한 110번 통보는 연결되지 않은 상태였다.

이번 사고 발생 당시 아카시시 시장 오카다 노부히로(岡田進裕)는 이 사고의 5개월 전인 2월 30일에 오쿠라 해안에서 일어난 여자아이 모래사장 함몰 사망 사고 등의 책임으로, 임기 도중인 2003년 통일 지방선거 이전에 시장직을 사임했다.

### 5) 재판

#### (1) 민사소송

유족이 아카시시·효고현 경찰·경비회사 니시칸을 상대로 민사 소송을 제기했다. 그 결과 2005년 6월 28일 고베 지방재판소는 이들 3자들에게 합계 금액 약 5억 6800만 엔(약 56억 8000만원)의 손해배상금을 지불하라고 명령했다. 원고·피고 모두 함께 항소하지 않아 판결이 확정됐다.

#### (2) 형사소송

① 검찰관에 의한 소추

형사재판에서는 효고현 경찰이 사전계획과 당일경비 양쪽을 업무상 과실치사상 혐의로 아카시 경찰서·아카시시·니시칸의 당시 담당자 등 합계 12명을 서류상 검찰에 송치하고, 그중에서 고베 지방검찰청은 당일경비 5명에 대해서만 자택에만 머무르면서 재판받는 재택기소처분을 내렸다.

2004년 12월 17일 고베 지방재판소에서 효고현의 경찰관 1명, 니시칸 1명에 금고 2년 6개월이라는 실형을 내렸고, 시 직원 3명에게는 금고 2년 6개월·집행유예 5년의 유죄판결을 선고했다. 이들은 전원 항소했지만, 아카시시 차장

---

126 「明石·步道橋事故 誤解された屋根の上の真実」『神戸新聞』, 2001年 8月 5日付.

은 다음해 2005년 2월에 항소를 철회했다. 2007년 4월 6일 오사카 고등재판소는 1심 판결을 지지하고, 4명의 피고인 항소는 각각 기각했다. 2010년 5월 31일 최고재판소(대법원)에 상고했던 피고인 2명에 대한 판결도 기각해 고베 지방법원 판단이 확정되었다.

② 검찰심사회에 의한 소추

한편, 소추 서류가 검찰로 송치되면서 불기소 처분된 효고현 아카시 경찰서의 서장·부서장에 대해서는 고베검찰심사회에 제기돼 3번이나 기소 상당의 의결을 제시했으나, 고베지방검찰청은 3회 모두 불기소 처분을 내렸다. 기소 상당 의견을 3회 통보 받고 3회 모두 불기소로 한 케이스는 오카야마시 전문 대학생 교통 사망 사고(이 사건은 불기소 부당 의결 3회) 등이 있지만, 지극히 이례적인 것이었다.

이번 참사에서 업무상 과실치사죄가 성립하는 공소시효는 2006년 7월 21일까지이지만, 형사소송법 제254조에 따르면 "공범자의 공판 중에는 공소 시효가 정지된다."는 규정이 있어서, 공판 중인 아카시 경찰서의 담당자와의 공범 관계가 있다고 해석되면 기소할 수 있다고 유족 측은 판단되어, 개정된 검찰심사회법 시행 당일인 2009년 5월 21일에 심사제기를 실시했다. 단, 2007년 7월에 전 아카시시 경찰서장이 사망했기 때문에 부서장에 대해서만 소를 제기했다. 단지, 고의범의 공범과 비교해 과실범의 공범이 성립하는 범위는 좁아서, 이 사고에서 기소된 사람과 부서장 사이에 공범 관계를 인정할 수 있는지는 의견이 나뉘어졌다.

제3회째 고베 검찰심사회에 의해 기소상당 의결을 통보 받고, 재수사를 한 고베지방 검찰청은 4회째도 불기소 처분했다. 이유로는 유족 설명회에서 당시 경찰관 20명의 사정청취나 사고 당일 무선기록 등을 재수사한 결과, 경찰서 부서장은 계획 단계에서는 육교주변에 경찰관을 고정 배치하고 필요가 있으면 기동대 등을 투입하는 권한(즉 지휘권)을 현장 지휘관이었던 동 경찰서 지역경찰관에게 주었다는 점을 들었다. 또한, 사고 방지에 대한 일단의 필요조치는 강구하고 있었을 뿐만 아니라, 혼잡경비의 계획수립 단계시도 주의의무 위반이나 경비 당일 사고를 예견할 수 있는 증거도 나오지 않았다. 따라서 공판을 유지하고 유죄를 인정할 수 있는 자료가 없어서 법과 증거에 의해 적절하게 내린 판단의 결과라고 했다.

사고발생 1년 후인 2002년 7월 12일에는 사고 현장에 위령비가 설치되었고, 2002년 "아카시 시민 여름축제"는 일단 중지되었고, 2004년부터 아카시 공원으로 장소를 옮겨 재개되었지만, 불꽃축제는 개최되지 않았다. 또, 거기서 가까운 고베시 다루미구의 가이진자에서도 매년 7월에 봉납하는 불꽃축제가 개최되었는데, 2007년부터는 이 불꽃축제도 중지되었다.

효고현 내외에서도 이와 같이 많은 불꽃축제가 중지되거나 경비상의 문제 등으로 이벤트성 축제는 중지 내지는 축소되었다. 2002년에 개최된 한일 월드컵 축구경기 때는 경기장 부근 임시역 가고시마 축구장 역까지 도쿄 방면에서 임시 열차를 운행할 예정이었지만, 이 사고를 교훈으로 코마 역에서의 혼란을 미리 방지할 목적으로 동역 노선 연장을 그만두고, 앞의 상설역인 가고시마 신궁 역까지 논스톱 운행하기로 변경했다. 유모차에 태워 유아의 생명을 지킨 희생자 여성(당시 71)에 대해서는 사회공헌지원재단에 의해 사회 공헌자 표창 일본재단 상이 수여되었다. 당시 현장에서 구조나 유도를 실시한 남자 대학생은 후년 현지에 돌아와 소방대원이 되고 구조된 여아는 간호사가 되었다.

## 3. 일본의 경비법 개정이 우리에게 준 교훈

일본은 2001년 효고현 아카시시 참사를 계기로 2005년 11월 ① 경비업법(이하 경비법)과 ② 국가 공안 위원회 규칙을 개정하여 혼잡한 인파관리 문제를 근본적으로 해결하였다. 뿐만 아니라, 종래 경비업무검정에 관한 사항도 아래와 같이 ① 상주경비 ② 교통유도경비 등에 더해 ③ 혼잡경비 규정까지 신설하는 등 적극적으로 문제해결에 노력했다.

## 1) 경비법[127]

경비법(1972년 7월 5일 법률 제117호)이란, 경비업(경비를 사업으로서 영위하는 것, 또는 그것을 하려고 하는 사람)에 대해서 규정하고 있는 일본의 법률이다. (최종 개정은 2018년 5월 30일 법률 제33호로 개정)

제2조(정의) 이 법에 「경비업무」란 다음 각 호의 어느 하나에 해당하는 업무로 타인의 수요에 따라 실시하는 것을 말한다.
  (1) 사무소, 주택, 흥행장, 주차장, 유원지 등(이하 「경비업무대상시설」이라고 한다.)에서 도난 등의 사고의 발생을 경계하고 방지하는 업무
  (2) 두 사람 또는 차량이 복잡한 장소 또는 이러한 통행에 위험이 있는 장소에서 부상 등의 사고의 발생을 경계하고 방지하는 업무
  (3) 운반중인 현금, 귀금속, 미술품 등에 관한 도난 등의 사고 발생을 경계하고 방지하는 업무
  (4) 사람의 신체에 대한 위해의 발생, 그 신변을 경계하고 방지하는 업무
  ① 이 법에서 「경비업」이라는 것은 경비업무를 행하는 영업을 말한다.
  ② 이 법에서 「경비업자」란 제4조의 인정을 받아 경비업을 영위하는 자를 말한다.
  ③ 이 법에서 「경비원」이란 경비업자의 사용인, 그 외의 종업자로 경비업무에 종사하는 것을 말한다.
  ④ 이 법에서 「기계경비업무」란, 경비업무용 기계장치(경비업무대상 시설에 설치하는 기기에 의해 감지한 도난 등의 사고발생에 관한 정보를 당해 경비업무대상 시설 이외의 시설에 설치하는 기기로 송신 및 수신하기 위한 장치로 내각부령으로 정한 것을 말한다)를 사용해서 행하는 제1항 제1호의 경비업무를 말한다.
  ⑤ 이 법에서 「기계경비업」이란, 기계경비업무를 실시하는 경비업을 말한다.

일본의 경비원 복장은 경찰의 복장과 아주 비슷한 것으로 유명하다. 경비법 제정 이전은 경비원의 복장에 관한 규정이 없었고, 경비회사가 경찰의 생산

---

127 警備業法 | e−Gov法令検索(2011.12.11.), https://elaws.e−gov.go.jp/document?lawid=347AC0000000117

품에 단추만 바꿔 붙이고 지급하는 일도 있었다.[128] 그 때문에 외형을 혼동하기 쉽고, 일반인이 경찰관과 오인하여 신고한 지갑을 실제로 경비원이 착복한 사건이 일어나 문제가 되기도 했다. 경비법 제16조에는 공무원의 제복과 명확히 구분할 수 있는 복장을 이용해야 한다고 명기하고 있다.[129]

제3조(경비업의 요건)에 의하면 경비업을 영위할 수 없는 사람은 아래와 같다. 또, 1~7항에 해당하는 사람과 18세 미만의 사람은 경비원이나 경비업무에 종사할 수 없다(경비법 제14조). 또한, 경비법 제4조에 의해 경비업을 행하고자 하는 자는 이하의 결격 요건에 해당되지 않으며 도도부현(都道府県) 공안 위원회에서 인정받아야 한다(경비법 4조).

1. 파산 수속 개시결정을 받고 복권되지 않은 사람
2. 금고 이상의 형에 처하거나 또는 이 법률 규정을 위반하여 벌금형에 처해진 자, 형 집행 완료, 또는 집행이 끝난 날로부터 기산해 5년이 경과하지 않은 사람
3. 최근 5년간 이 법률 규정, 이 법률에 입각한 명령 규정, 혹은 처분 위반, 또는 경비업무에 관해 타의 법령규정에 위반하는 중대한 부정행위로 국가 공안 위원회 규칙을 위반한 사람
4. 집단적으로, 또는 상습적으로 폭력적 불법 행위 및 그 외의 죄에 해당하는 위법한 행위로 국가 공안위원회 규칙을 위반할 우려가 있다고 인정하기에 충분한 상당한 이유가 있는 사람
5. 폭력단원에 의한 부당한 행위 방지 등에 관한 법률 제12조 혹은 제12조 6의 규정에 의한 명령 또는 동법 제12조 4 제1항의 규정에 의해 지시를 받은 사람으로, 해당 명령 또는 지시를 받은 날로부터 기산해 3년이 경과되지 않은 자
6. 알코올, 마약, 대마, 아편 또는 각성제 중독자

---

128 猪瀬直樹 『民警』 扶桑社, 2016年, P. 170.
129 猪瀬直樹 『民警』 扶桑社, 2016年, P. 205.

7. 심신 장애로 인해 경비업무를 적정하게 행할 수 없는 사람으로서 국가 공안위원회 규칙에 정해져 있는 것

8. 영업에 관해 성년과 동일한 행위 능력을 가지지 못한 미성년자. 단, 그 사람이 경비업자의 상속인으로, 그 법정대리인이 전 각호 및 제10호의 어느 쪽에도 해당되지 않는 경우를 제외하는 것으로 한다.

9. 영업소 및 해당 영업소에서 취급하는 경비업무의 구분[130](전 조 제1항 각호의 경비업무의 구분을 말한다. 이하 같음.)마다 제22조 제1항의 경비원지도교육 책임자[131] 선임을 인정받지 못할 상당한 이유가 있는 사람

10. 법인에서 그 임원(업무를 집행하는 사원, 이사, 집행이사 또는 이에 준하는 사람을 말하며, 상담역, 고문 및 그 외 어떤 명칭을 가지는 사람인지 불문하고, 법인에 대한 업무를 집행하는 사원, 이사, 집행이사 또는 이에 준하는 사람과 동등 이상의 지배력을 가진 것으로 인정되는 사람을 포함) 중에서 제1호에서부터 제7호까지 중 해당되는 사람이 있는 자

11. 제4호에 해당하는 사람이 출자, 융자, 거래 및 그 외의 관계를 통해 그 사업 활동에 지배적인 영향력을 가지는 사람


## 4. 일본 국가공안위원회(National Public Safety Commission : NPSC)

일본의 국가공안위원회(国家公安委員会)는, 일본의 행정 기관의 하나로 경시청을 관리하는 내각부의 외국이다(행정위원회는 내각부의 외국인 국가공안위원회에 대해서 설명). 비슷한 명칭으로는 법무성 외국인 공안심사위원회(파괴활동방지법이나 무차별대량살인행위단체 규제에 관한 법)가 있고, 경찰에도 공안경찰이 있다. 도도부현(都道府県)에도 현지사의 관할 '공안위원회'가 있다.

---

130 2005년 11월 21일부터 개정된 경비분야 구분, 1호 경비(시설경비업무, 보안경비업무, 기계경비업무 등), 2호 경비(교통유도경비업무, 혼잡경비업무 등), 3호 경비(수송경비업무 등), 4호 경비업무(신변경비업무, 긴급통보서비스 등)

131 경비원지도교육책임자는 1982년 경비업법 개정에 따라 기계경비업무관리자와 함께 국가자격증이다.

## 1) 국가공안위원회의 조직

국가 공안에 관련된 경찰 운영사항의 통합과 경찰 행정의 조정을 실시해 경찰청을 관리하는 최고 기관으로서, 내각부 설치법 제49조 제1항 및 경찰법에 의거해 내각총리대신 소관하에 둔다. 내각부의 외국으로 여겨지는 합의제의 행정 위원회이다. 위원회는 국무대신에 해당되는 국가공안위원회 위원장과, 5명의 위원 6명으로 구성되어 있다(경찰법 제4조·제6조). 위원장에게는 국무대신에 해당되는 이른바 대신위원회로, 경찰의 정치적 중립성 확보와 치안에 대한 내각 행정상의 책임을 명확히 하는 것을 목적으로 하는 조직이다. 위원회에는, 그 특별한 기관으로서 경찰청의 설치(내각부 설치법 제56조, 경찰법 제15조)와 관리(경찰법 제5조 4항), 위원회의 서무는 경찰청에서 처리하는(경찰법 제13조), 국가공안위원회의 회무 전반은, 경찰청 장관관방(長官官房)[132]에 의해 행해지고 있다.

## 2) 임무

국가 공안에 관련된 경찰 운영을 주관해, 경찰 교양, 경찰 통신, 정보기술의 해석, 범죄 감식, 범죄 통계 및 경찰 장비에 관한 사항을 통괄 및 경찰 행정에 관한 조정을 실시하는 것 외에, 개인의 권리와 자유를 보호하고, 공공의 안전과 질서를 유지하는 것을 임무로 한다(경찰법 제5조 1항).

## 3) 위원회의 관리권

경찰청에 대한 '관리'의 개념이지만, 국가공안위원회는 경찰 행정의 민주주의적, 중립적 운영을 위해서 존재하며 각각의 안건에 대해 경찰청을 지휘 감독하는 게 아니라, 전체적인 방침을 정해서 그 운영이 적절히 행해지고 있는지 여부를 감독한다. 따라서 구체적 사건 수사에 대한 지시나 명령을 실시할 수는 없다. 그러나 경찰 행정의 집행이 법령을 위반하거나 혹은 국가공안위원회가 정한 전체의 방침에 준거하지 않은 의혹이 발생한 경우에는, 그 시정 또는 재

---

132 경찰청 장관관방은 경찰청 사무제반을 총괄하고 관리감독하는 부서다.

발 방지를 위하여 구체적 사태에 대응해 개별적 또는 구체적으로 취해야 하는 조치를 지시할 수 있다. '감찰'에 대해서는 국가공안위원회가 그 직권으로서 필요하다고 인정될 경우에는 개별 안건에 대해서도 수시로 조치를 지시할 수 있으며, 경찰청에 대해 조사도 지시할 수 있다. 경찰청은 시의적절하게 국가공안위원회에 대해 경찰 행정 집행에 대해 필요한 보고를 실시해야 할 의무가 있다. 또, 국가공안위원회에서 보고 요구가 있을 때에는 신속하게 그것을 실시해야 한다. 이러한 국가공안위원회의 권한행사에 대해서는 경찰법 및 국가공안위원회 운영규칙에 규정되어 있다.

## 4) 위원회의 운영

운영위원회는 위원장이 소집한다. 위원장 및 3명 이상의 위원 출석으로 회의를 열고, 의결은 출석위원의 과반수로 의결하며, 가부 동수일 때는 위원장이 결정하는 바에 따른다. 기획 운영은 경찰청이 실시하고 경찰청을 관리하는 것 외에 국가공안위원회의 직권 행사에 대해서는 경찰청의 보좌를 받는다. 경찰청 장관관방에 과장급으로서 국가공안위원회 회무관이 설치돼 있다(경찰청조직 령 제7조·13조).

## 5) 검찰총장과의 관계

검찰총장과는 항상 긴밀한 연락을 유지하는 것으로 여겨지지만, 형사소송법상 검찰관의 경찰관에 대한 일정한 지휘권과 같은 것은 존재하지 않고, 항상 협력 관계에 있다. 경찰청은 국가공안위원회 이외의 기관에서 관리 감독되지 않지만, 사법경찰 활동에 임해 개별 경찰관은 일정한 지휘를 검찰관으로부터 받을 수 있다. 당연히 경찰관은 정당한 이유가 있는 경우에는 이 검찰관의 지시에 따를 필요는 없다. 단, 검찰총장, 검사장 또는 검사정(檢事正: 지역검사장)은 국가공안위원회가 징계 권한을 가지는 자, 즉 국가 공무원인 경찰관에 대한 징계 청구권은 국가 공안위원회에서 행할 수 있다. 또, 검찰관은 사법경찰관 또는 사법 순경으로 지정된 경찰관에 대해서는 "수사를 적정하게 하고, 그 외 공소의 수행을 완수하기 위해서 필요한 사항에 대해서는 일반적인 준칙으로 정한다." 일반적 지시를 행하는 것은 형사소송법 193조에 정해져 있다. 동조에 의해 검찰관이 스스로 범죄를 수사하는 경우 필요가 있을 시는 사법경찰관을 지휘하고 수사 보조를 시킬 수 있다.

그러나 검사총장, 검사장 또는 검사정은 자신에게는 징계 권한이 없기 때문에, 이에 대한 정당성의 판단은 국가공안위원회가 경찰의 민주적 운영 및 정치적 중립성을 감안하여 독자적으로 판단하게 되어 있다. 국가공안위원회의 관리권과 검찰관의 수사 지휘권이 상반되는 경우에는 어느 쪽을 우선하는지 문제가 되지만, 어디까지나 정당성의 판단 주체는 국가공안위원회이고, 국무대신인 국가공안위원장을 장으로 하는 국가공안위원회의 관리권은 민주주의적 기반을 가지고 있기 때문에 행정기관인 검찰관의 지휘권보다 우위에 있다. 따라서 국가공안위원회의 관리권이 우선된다. 또한, 사법경찰관의 활동과는 달리 범죄의 예방·진압 활동 등을 주로 하는 행정 경찰 활동에 대해서는 경찰이 독자적으로 실시하게 되어 있어 검찰관의 지휘를 받지 않는다.

## 6) 위원장 및 위원

위원장 및 위원의 경우 (구)경찰법에 의하면, 경찰 직원 및 다른 관공청의 직업적 공무원의 어느 경험도 가지지 않은 사람 중에서, 중의원·참의원의 동의(중의원의 우월 있음)를 얻어 임명된다. 위원의 임기는 동법 제7조 제1항에는 일률적으로 5년이지만, 동법 부칙 제2조 제1항으로 첫 회만 "한 명은 1년, 한 명은 2년, 한 명은 3년, 한 명은 4년, 한 명은 5년"으로 되어 있다. 위원장은 위원의 호선에 의해 선출되며 위원장의 임기는 1년이다. 구 경찰법 시대의 법조문상은 "위원"의 문자를 중첩하는 "국가공안위원회위원"의 표기가 있었지만, 사령상은 중첩되지 않는 "국가공안위위원으로 임명한다."라는 표기가 이용되었다.

(신)경찰법에 기초한 위원은 중·참의원의 동의를 얻어 내각총리대신이 임명한다. 위원의 임기는 5년으로 1회에 한해서 재임이 가능하다. 또한, 동법 부칙 제4항의 규정에 의해 첫 회의 임기만 "한 명은 1년, 한 명은 2년, 한 명은 3년, 한 명은 4년, 한 명은 5년"으로 되어 있다.

위원장 부재 시(외유, 단기간 질병 등)의 경우에는, 위원 중 1명이 미리 위원장 대리로서 호선되어 있어서, 회의의 소집, 의장 역을 대행한다. 단, 이 위원장 대리에게는 "국무대신인 위원장"의 대리 권한까지는 없기 때문에 국가공안위원회 규칙의 공포문 서명 등의 행위는 내각총리대신이 일시적으로 지명하는 국무대신이 "국가공안위원회위원장 사무 대리"의 이름으로 대행한다.

## 5. 2005년 11월에 개정된 일본의 경비법

### 1) 경비업무 검정

경비업무 검정이란, 경비법에 정해진 일본 경비원의 국가 자격이다. 과거에는 경비원검정이라는 명칭이었다. ① 시설경비업무 ② 교통유도 경비업무 ③ 혼잡경비업무 ④ 귀중품운반 경비업무 ⑤ 핵연료물질 등 위험물운반 경비업무 ⑥ 공항보안 경비업무로 6종류의 자격이 정해져 있으며 각각 1급과 2급이 있다. 일반적으로 유자격자를 "1급 시설 경비사", "2급 교통유도경비사"처럼 ○급 ○○경비사로 호칭한다. 관련된 경비원의 국가자격에는 "경비원 지도교육 책임자"와 "기계 경비업무 관리자"가 있다.[133]

### 2) 경비업무 검정제도

경비업무 검정이란 개정 전의 경비법 제11조의 2 및 1986년 7월 1일·국가 공안위원회규칙 제5호 "경비원 등의 검정에 관한 규칙"(이하, 구 규칙이라고 부른다)에 의해 설치된 것이며, "경비업무에 관해 일정 이상의 지식 및 기능을 가지는 것을 공적으로 인정한다."라고 하는 주지의 자격이다. 2005년 11월 21일에 시행된 개정 경비법 및 2005년 11월 18일 국가공안위원회 규칙 제20호 "경비원 등의 검정에 관한 규칙"(이하, 신 규칙이라고 부른다)에 의해 이하와 같이 정비되었다.[134]

---

133 警備業務検定【国家資格】| 資格総合情報局 (shikakusogo.com: 2022.12.16.).
134 警備員等の検定等に関する規則(平成十七年国家公安委員会規則第二十号),

경비업무 검정에는 ① 교통 유도경비 ② 귀중품 운반경비 ③ 공항 보안경비 ④ 시설 경비(개정 경비법 및 신 규칙 시행에 의해 구 규칙의 상주 경비에서 개칭) ⑤ 핵연료 물질 등 위험물 운반 경비(같은 이유에 의해 핵연료 물질 등 운반 경비에서 개칭) ⑥ 혼잡경비(같은 이유에 의해 신 규칙으로 신설)로 6종류가 있다.

검정에는 1급과 2급이 있어, 2급 수험에는 성별·학력 등 특히 제한은 없지만, 1급 수험에는 2급 합격 후 1년 이상 해당 경비업무의 실무 경험이 필요하다.

### 3) 상주경비(常駐警備)

시설경비에는 민간 경비회사에 의한 경비업무, 정식으로는 시설경비업무라고 해서 경비법 제2조 제1호에 규정되어 있는 업무로, 1호 경비 또는 1호 업무라고도 한다. 시설경비업무는 민간 경비회사가 타인의 수요에 응해 경비원을 파견해 상주시켜 사건 사고의 발생을 경계하는 업무이다. 구체적으로는 인텔리전트 빌딩, 쇼핑센터, 백화점, 금융기관, 유기장(사격, 바둑, 장기 등 오락업소), 기업, 관공청, 학교, 중요 방호 시설, 고급 공동주택, 게이트 커뮤니티, 주차장 등에 상주한다. 타인의 수요에 응해서 경비 계약을 주고받는 것이며 이에 따라 경비 계약 대상시설에 항상 경비원을 배치하는 것이다.

### (1) 업무 내용

시설경비의 중요 업무는 범죄 발생을 경계해 미리 막는 '방범', 화재 등을 사전에 막아 피해를 최소화 하는 '방재'이지만, 부대하는 업무가 많다.

주된 업무 내용은 다음과 같다.

- 방재 감시 업무
- 방화 설비 일상 순시 업무
- 방범 감시/순시 업무
- 순회 순시 업무
- 입·퇴출 관리 업무(접수 업무)

---

https://elaws.e−gov.go.jp/document?lawid=417M60400000020(2022.12.11)

- 우편·소포 수령 검사 업무
- 열쇠(보안 카드) 관리 업무
- 비상사태 대처
- 요 구호자의 신병을 구급대에 건네기까지의 일시적 보호
- 현금, 유가증권 등 회수, 관리 입회 업무 등을 들 수 있다.

  (※ 업무 명칭에 대해서는 각 회사 등에 따라 다소의 차이가 있음)

### (2) 수위와의 차이

- 시설경비원과 수위와의 차이는 시설 경비원은 타인의 수요에 응해 계약해 경비원이 배치되는 점이다. 수위와는 그 토지 건물의 관리자에게 직접 고용되어, 보안·경비 업무를 실시하는 사람이다(예 : 동 사무소의 수위 – 시읍면 예규에 수위 집무규정이 있음).
- 경비원은 타인의 수요에 응해 계약된 범위 내에서 권한의 위탁을 받는다 (시설 관리권 등의 위양). 경비원은 경비법의 속박을 받아 법으로 규정되어 있는 제복·장비를 몸에 착용하지만, 수위는 그 관리자에게 직접 고용되어 보안·경비 업무를 실시하기 위해 법에 의한 각종의 속박이 없고, 제복은 예규에 정해진 것을 착용하면 된다.
- 수위는 경비원이 아니므로 장비 사용은 제한되지 않는다. 또, 수위는 법의 규제를 받지 않기 때문에, 경비원이 받는(정기 교육 등) 법정 연수도 받지 않는다. 그 때문에 업무에 관한 지식, 기능의 향상을 요구하는 것이 어려워 근래는 경비업자에게 의뢰하는 업계가 증가하는 경향이다. 경비원은, 각 법령을 준수하는 사무 컴플라이언스가 반은 의무규정이 있지만, 수위에 관한 의무 규정은 없다. 종래 소지할 수 없었던 장봉(쇠 달린 장봉)은 2009년 7월 1일의 법 개정에 의해 소지할 수 있게 되었다.
- 제복·제모
- 호신 용구(경봉, 특수 경봉, 방패, 쇠 달린 긴 막대 등)
- 경적
- 열쇠
- 열쇠 끈(열쇠 뭉치를 분실하지 않기 위해서 견장으로부터 매달거나, 벨트에 연결하

거나 하는 끈)

- 열쇠 휴대용 상자(열쇠 케이스, 벨트 지갑)
- 무전기
- 회중전등

### (3) 근무 상황

- 교통 유도 경비 종사자나 혼잡경비 종사자의 대부분이 경비회사에 소속된 아르바이트나 계약 사원이며 현장 근무의 유무에 의해 수입이 안정되지 않은 2호 업무 경비원과 달리 1호 업무 경비원은 사회보험을 완비한 사원인 경우가 많다. 그런데도 소수의 내근 사원과는 크게 대우가 다른 경우가 많다. 예를 들면 상여금이 없는 경우, 또는 상여가 소액의 외근 사원 신분이 된다.
- 경비회사는, 통상 현장마다 대장 및 부대장(규모의 큰 현장) 아래에 대원이라는 파견대를 조직한다. 파견대의 대장이나 부대장은 경비원 검정 1급이나 2급 보관 유지자 이상이 바람직하지만 계약 조건에 없으면 무자격의 대장이라도 상관없다.
- 경비법에서의 국가자격 보유자에게는 자격수당이나 대장 등이라면 직무수당이 지급된다. 그 외의 방재 센터 요원이나 상급 구명 등의 자격 보유자에게도 소액이지만 자격 수당을 지급하는 경비회사가 대부분이다. 방재센터 요원, 상급 구명, 자위 소방 기술 등의 자격은 시설 경비원 대부분이 소지하고 있다.

### (4) 시설경비원 관계 자격의 종류

- 시설경비업은 업무 범위가 다방면에 걸쳐 있기 때문에 각 현장 업무마다 관계하는 다양한 자격이 있지만 자세한 사항에 대해서는 아래 항목을 참조.

### (5) 경비법의 국가 자격

- 경비원 지도 교육 책임자
- 기계경비업무 관리자
- 경비업무 검정(＝경비원 검정)

(6) 경비업에 직접 간접으로 관계있는 국가 자격·민간 자격·기술 인정 등

① 방재 센터(경비)에 관계되어 있는 자격
- 테러 대책 경비 기능원(민간 자격)
- 방재 센터 요원(국가 자격)
- 자위 소방 업무(국가 자격)
- 자위 소방 기술 시험(공적 자격)
- 개인정보 보호사(민간 자격)
- 방재사(민간 자격)
- 서비스 대접 검정(민간 자격)
- 서비스 시중사(민간 자격)

② 방재 센터(설비)에 관계되어 있는 자격
- 소방 설비사(국가 자격)
- 위험물 취급자(국가 자격)
- 소방 설비 점검 자격자(국가 자격)
- 방화 대상물 점검 자격자(국가 자격)
- 방재 관리 점검 자격자(국가 자격)

③ 방범 설비나 방범 장비에 관계되는 자격
- 보안 플래너(민간 자격)
- 보안 컨설턴트(민간 자격)
- 방범 설비사(민간 자격)
- 종합 방범 설비사(민간 자격)
- 방범 장비사(민간 자격)
- 방범 장비사 교육 지도원(민간 자격)
- 방범 진단사(민간 자격)

④ 구명 구급에 관계되어 있는 자격
- 보통 구명 강습(공적 자격)
- 상급 구명 강습(공적 자격)
- 응급 처치 보급원(공적 자격)
- 응급 처치 지도원(공적 자격)
- 적십자 구급법 구급원(민간 자격)

⑤ 폭력단 대책 등에 관계되어 있는 자격
- 부당 요구 방지 책임자(공적 자격)

⑥ 방화·방재의 관리 업무에 관계되어 있는 자격
- 방화 방재 관리자(국가 자격)
- 방화 관리 기능자(국가 자격)
- 방화 안전 기술자(국가 자격)
- 방화 방재 관리 교육 담당자(국가 자격)

⑦ 사복 보안원에 관한 자격
- 사복 보안원 검정(민간 자격)

⑧ 수영장 감시원에 관련된 자격
- 수영능력 검정(민간 자격)
- 수영능력 인정(민간 자격)
- 수영 지도 관리사(민간 자격)
- 수영장 안전 관리 기초 강좌(민간 자격)
- 수영장 안전 관리자 자격(민간 자격)
- 수영장 안전 관리 주임자 자격(민간 자격)
- 수영장 안전 통괄 관리자 자격(민간 자격)
- 수영장 안전 관리자 기초 강좌(민간 자격)

- 수영장 관리 책임자 강습회(민간 자격)
- 수영장 설치 관리자 연수회(민간 자격)

⑨ 시설경비와 관계없이 전적으로 모든 경비에 관계되어 있는 자격
- 보통 자동차 면허(기계 경비의 순회요원이나 현금 수송차의 승무원에게는 필수의 자격)
- 보통 자동이륜차 면허
- 육상 특수 무선 기술사
- 각종의 무도·무술·격투기의 단수 또는 이것에 비슷한 것('4호 업무'를 실시하는 경비원에게는 필요한 일이 있다. '1호 업무'나 '3호 업무'였던 쪽이 만일의 경우 도움이 된다고 여겨지고 있어, 여가에는 개인적으로 격투기의 트레이닝을 받는 경비원이 많이 있다.)
- 각종의 어학 검정, 어학 능력(공항 경비나 외국인을 대상으로 한 신변 경호 등, 외국인과 접하거나 또는 외국인을 대상으로 한 경비업무를 실시하는 경비원에게는 필요한 기능)

### 4) 교통경비

교통경비 및 교통유도란, 민간 경비회사에 의한 경비업무이다. 정식으로는 교통유도경비라고 하는데 경비법 제2조 제2호에 규정되어 있는 업무 때문에 혼잡경비와 함께 '2호 경비' 또는 '2호 업무'라고도 한다.

교통경비에 종사하는 경비원을 교통유도원이라고도 부르고, 교통에 지장이 있는 부분 특히 차도나 보도를 막는 공사 현장이나 이벤트 개최 시 등 자동차나 보행자의 유도를 실시한다.

교통유도원이 실시하는 '교통유도'는 어디까지나 상대의 임의적 협력에 기초한 것이며, 경찰관이나 교통 순시원이 실시하는 '교통정리'와는 달리 법적 강제력은 없다.

### 5) 교통유도경비

교통경비는 공공 도로상, 또는 공도(공공도로)에 접속되고 있는 사유지나

그 접속 부분에서 차량의 원활한 진행과 그 폐해의 경감을 촉진하기 위해 경비원이 협력을 계획하고, 이를 실제적 교통사고 방지·교통의 원활한 흐름을 촉진하는 것을 목적으로 다른 사람에게 임의의 협력을 요구하는 업무이다.

도로 공사 등에 배치되는 경비원이 있는데 고속도로 공사 등으로 황색의 옷을 입고 거대한 형광색의 수기를 흔들고 차선 감소를 가르쳐 주며 교통경비 업무를 실시하고 있다.

하지만, 공사가 있을 때의 통상적인 경비원뿐만이 아니라 보다 전문화된 '교통유도경비 업무'나 '혼잡경비 업무'가 필요하다. 긴급시에는 경찰기관 및 관계기관과 신속한 연락을 취할 수 있어야 하며, 전문적으로 인파나 차량을 유도할 수 있는 능력을 갖춰야 한다. 도로나 교통의 흐름, 주위의 교통규제 상황이나 환경에 대해서도 신속하게 대응할 수 있어야 하며, 사전조사 등으로 지역 환경에 적확하게 대응할 수 있는 고도의 전문가여야 한다.

또, 사고발생시 부상자의 구호 및 도로의 위험방지 등의 조치를 취할 수 있는 전문적인 지식이 있는 사람, 그 밖에 호신용구 사용이나 호신방법에도 전문적인 능력을 갖춘 사람이어야 한다. 또, 그 밖에도 사고발생시 호신용구의 사용 및 응급처치를 할 수 있는 전문적 능력을 갖추어야 한다.[135] 교통유도 경비원은 경찰관 등이 실시하는 교통정리와는 달리 법률적으로 특별한 권한은 없다.

## 6) 경비업무의 원칙

교통경비는 다른 진행 차량에 대해 임의의 협력을 요청하는 것이 주된 임무다. 진행 차량에 대해서는 위험을 알려 협력을 요청하지만, 협력을 얻을 수 없었던 경우에 입을 사고에 대해서도 충분히 유의하지 않으면 안 된다. 경비원은 전술의 경비법에 규정되어 있는 대로 특별한 권한은 가지고 있지는 않지만, 이런 원칙을 이해하고 있지 않은 경비원에 의해서 '교통정리 유사행위'에 의해서 교통이 어지러워지는 경우도 있어서, 경비원은 자신의 재량권을 충분히 인정하지 않으면 안 된다.

---

135 警備員等の検定等に関する規則 (平成十七年国家公安委員会規則第二十号),
　　 https://elaws.e−gov.go.jp/document?lawid=417M60400000020(2022. 12.11.)

## (1) 주된 경비 양태

### ① 한쪽 편 차선규제

대면 2차선(한쪽 편 1차선)의 도로에서 한쪽의 차선이 도로 공사 등에 의해 사용 불가능한 경우, 공사 구간에서 1차선 규제를 실시해, 진행 차량을 교대로 진행시킨다(한쪽 편 교호 통행).

### ② 차선 감소 규제

대면 3차선(우회전 차선이 있는 교차점 부근을 포함) 및 한쪽 편 2차선 이상의 도로에서, 하나 이상의 차선이 도로 공사 등에 의해 사용 불능이지만 통행 차량의 대면 통행이 가능한 경우, 양 방향의 차선을 확보한 다음 공사 구간 차선 규제를 실시한다. 규제 내용에 따라 중앙선을 대향(對向) 차선에 붙여서 유도하는 경우도 있다(중앙선 변이).

### ③ 통행금지 우회 안내

도로 공사 등으로 차도가 사용 불가능한 경우, 통행금지 제시와 우회로의 안내나 유도 한다.

### ④ 보행자 유도

도로공사 등으로 보도가 사용 불가능한 경우, 보행자를 임시 보도 등의 적절한 통로로 유도한다.

## (2) 유도 방법

통상 낮에는 적색과 백색(지역에 따라서는 녹색·청색 등의 경우도 있다)의 수기(철도역에서 역무원이 사용하는 수기와 같은 것)에 따라 유도하지만, 비오는 날이나 야간은 시인성(視認性) 등의 문제로 유도 막대나 유도등(플리커)이라고 불리는 LED등이 내장돼 있는 자광식의 적색(통상은 적색이지만, 고속도로나 간선도로에서는 청색이나 황색의 것을 사용하는 경우가 있다)의 둥근 막대를 사용한다. 경비원은 협력을 요청한 차량에 대해서는, 왼손(적기)을 수직에 내걸어, 왼쪽 귀 옆에서 왼팔(적기)을 좌우 15cm 폭으로 2~3초 정도 흔들어, 차량에 정지 예고를 실시한다. 감속 등의 협력 행위가 보인 경우에는 정지의 신호를 보낸다. 차량이 정지해 준 경우는 그 협력에 대해서 고마움을 표명하기 위해 인사 등을 하는 것이 바람직하다.

### (3) 교통유도 시스템

국토교통성의 전략정책에 의해 새로운 교통유도 시스템이 개발되고 있다. 예를 들면 이하가 있다.

- ALSOK 교통유도 시스템(종합 경비 보장)
- KB-eye for 교통유도경비(KB-eye 주식회사) 등

### (4) 교통유도경비를 실시할 때의 장비

- 제모(공사 현장 등에서는 보호 모자(헬멧)를 사용)
- 반사조끼(안전 조끼·폴리스 조끼·야광 조끼·하이웨이 조끼라고 불리는 일도 있다. 반사 소재를 그물바탕의 천에 조끼를 꿰맨 것이 주류이지만, 코트나 재킷에 직접 반사 소재가 꿰매어지고 있는 것도 있다. 또 LED를 내장하는 것도 있음)
- 수기 또는 유도 막대
- 트랜스시버(무선기)
- 경적
- 안전화(충격 회피 때문에)
- 교통 완장
- 비옷

### (5) 대상이 되는 공사 등의 종류

로드 콘의 위치도 업무를 원활히 수행하는 데 있어서 중요한 요소다. 교통유도원이 배치되는 현장의 공사 작업은 여러 종류이지만, 주로 도로교통법 제77조 제1호에 해당되는 공사와 작업이 중심이 된다.

이를 대략적으로 나누면, 포장·배수로 등 도로 자체의 공사, 배관·공동배수로 등 도로에 매설되는 라이프라인의 공사, 신호기·가드 레일 등 교통안전시설의 공사, 그 외 도로의 일부를 점유하고 실시하는 공사·작업(절개지와 복토면 공사, 안내판 설치 공사, 제초 작업 등)을 들 수 있다.

교통유도원은 각각의 현장에 맞은 업무를 실시하는 것은 물론, 현장의 안전시설도 배려해야 한다. 만약 화살표 판이 없는 방향을 향하고 있거나, 회전등이 사라지고 있거나 하면, 유도 업무에 방해가 되기 때문이다.

## 7) 혼잡경비

혼잡경비란 많은 사람들의 집중에 의한 군집 사고나 혼잡 사고를 막기 위한 경비이다. 이벤트의 주최자나 경찰, 경비회사 등이 실시하는 경비다.

### (1) 개요

혼잡경비의 목적은 혼잡에 의해 발생하는 사건이나 사고 혼란의 방지이다. 군집 사고는 한 번에 다수의 사망자를 낸 사례도 있어, 그것을 방지하기 위해서는 사전에 경비 계획을 책정해야 한다.

특정 또는 불특정 다수의 인원이 모이는 전람회나 축제, 옥외 이벤트, 스포츠 이벤트 등이 개최되고 있는 장소나 그 인근에서 인원 정리나 유도, 안내를 실시해 보행자의 보행로의 확보나 과밀 상태의 회피나 완화, 수상한 물건의 발견, 긴급시의 대응 등을 실시한다. 사고나 인원의 체류를 막기 위해 사전의 홍보 활동을 포함하여 주의 부분으로서의 조명이나 안내판 설치, 피난로의 확보도 행해진다.

혼잡경비는, 이벤트의 ① 주최자나 ② 시설 관리자, 그것들로부터 ③ 위탁된 경비회사뿐만 아니라, 필요에 따라서 ④ 경찰법 제2조에 따라 경찰에 의해서도 행해진다. 2012년에는 연간 48만8000명의 경찰관이 이러한 경비에 동원되었다. 행사경비라고도 칭해져, 경비법 제2조 제2호에 규정되어 있는 경비업무이기 때문에, '2호 경비' 또는 '2호 업무'라고도 칭한다.

특히, 혼잡경비 담당자는 사고발생시 경찰관계자와의 신속한 연락 등 고도의 전문적인 능력이 있고, 부상자도 전문적으로 구호할 수 있는 능력을 갖춘 사람이어야 한다. 또한, 도로나 교통상황 및 그 외 주위 환경에 대해서도 고도의 전문성과 대처능력을 갖추고, 사전조사 등으로 지역 환경에 적확하게 대응해 안전을 확보할 수 있는 사람이어야 한다. 그 밖에도 사고발생시 호신용구의

사용 및 응급처치 기술도 보유해야 한다.[136]

경비회사의 경우에는 이벤트회사로부터 일을 받아 당일에 개별로 현지에 파견되게 된다(경비업무는 인재파견업과는 다르다. 노동자 파견 사업자가 본 업무를 행하는 것은 허용되지 않는다). 경비회사가 혼잡경비를 실시하는 경우에는 어디까지나 상대의 임의적 협력에 기초한 것이며, 경찰관이나 교통 순시원이 실시하는 것과는 달리 법적 강제력은 없다.[137]

### (2) 방법

#### ① 입장 규제

방문객의 수가 많아서 행사장의 수용능력(capacity)을 넘을 우려가 있는 경우에는, 입구를 폐쇄하는 등으로 밀집인파를 막는다. 단, 입장할 수 없었던 인원은 입구 부근에 그대로 체류해 버리기 때문에 입장하지 못한 사람들을 어떻게 유도할 것인지는 미리 결정해야 한다(우회시키는 방법, 정렬시키는 방법, 되돌아가게 하는 방법 등). 또, 혼잡 상황에 따라 입구를 개폐하는 등의 대응이 필요한 경우도 있다.

#### ② 출입 규제

군집 사고의 위험성이 있는 장소(예를 들면, 막다른 골목인 장소)는, 미리 봉쇄해야 한다.

#### ③ 멈춰 서기 규제

사람이 한 자리에 체류하는 것을 막기 위해서는 멈춰 서지 않고 나아가도록 촉구해야 한다. 발을 멈추고 싶은 사람을 강제적으로 나아가게 하는 것은 어렵기 때문에, 멈춰 서고 싶어지는 장소(자동판매기, 남의 눈을 끌어당기는 간판 등)는 사전에 폐쇄하는 등의 대책이 필요하다. 또, 계속 진행해 가도록 유도(진행표시나 목소리로 말 걸기)하는 것도 중요하다.

---

136 警備員等の検定等に関する規則 (平成十七年国家公安委員会規則第二十号), https://elaws.e−gov.go.jp/document?lawid=417M60400000020(2022. 12.11.)

137 경비법 제15조 경비업자 및 경비원은 경비업무를 행함에 있어서, 그 법률에 의해서 특별하게 권한이 주어지지 않는다는 점에 유의함과 동시에, 타인의 권리 및 자유를 침해하거나 혹은 간섭 또는 단체의 정당한 활동을 간섭해서는 안 된다.

④ 진행 방향의 제한

출입구나 통로를 일방통행으로 하는 것으로, 사람의 흐름이 서로 충돌하거나 사람이 체류해 전복하는 것을 방지한다.

⑤ 우회로로의 유도

행사장으로의 지름길을 봉쇄해 방문객에게 우회하도록 해 회장의 집결 속도를 지연시켜서 인파 밀집을 막는다. 진행방향의 제한과 규제로 입장은 우회시키고, 퇴장은 지름길을 사용하게 하는 등의 방법이 있다. 또, 가장 가까운 역이나 버스 정류장 등의 대중교통기관을 사용하지 않게 하고, 먼 곳의 역이나 버스 정류장으로 유도해서 혼잡을 완화하는 방법도 있다.

⑥ 동물을 사용한 혼잡경비

말이나 낙타에 승마한 경찰관이 혼잡경비 특히 데모 진압에 투입되는 일이 있다. 자세한 사항은 "기마경관" 부분을 참조.

### (3) 혼잡경비업무의 사례

2001년 7월 21일에 발생한, 아카시시 불꽃축제 육교 사고는 경찰 등에 의한 혼잡경비의 실패로부터 참사를 일으킨 사례다. 이 사고를 계기로 2005년 11월, 경비법과 국가공안위원회 규칙이 개정되어, 종래의 상주경비, 교통유도경비 등의 경비업무 검정에 혼잡경비가 신설되었다.

또 2013년 6월 4일, 2014 FIFA 월드컵 아시아 예선에 관련해 시부야 스크램블 교차점에 군중이 집합했을 때에는 유도 경찰관이 교묘한 화술을 이용하여 트러블의 억제 역을 맡았다. 이 경찰관에게는 "DJ 폴리스"라는 닉네임이 붙여져, 그 공로로 다른 경찰관과 함께 경시총감상이 수여되었다.

## 8) 일본의 경비법이 우리에게 주는 시사점

일본은 2001년 효고현 아카시시 불꽃축제 참사를 계기로 경비법을 대폭적으로 개편하여 종래의 ① 상주경비 ② 교통 유도경비에 이어 ③ 혼잡경비규정까지 새로 신설하였다. 특히, 대형 이벤트나 축제행사시에는 '교통유도경비' 뿐만 아니라, '혼잡경비'를 위한 인파관리시스템을 도입하여 질서유지와 시민안전 확보에 만전을 기하고 있다. 그리하여, 대형 행사시 경비업무도 단순히 경찰관들에 의한 통행지도 성격의 경비업무가 아니라, '교통유도경비'와 '혼잡경비'로 분리해서 보다 더 세분화·전문화해서 관리하고 있다.

즉, 행사시 경비업무는 경찰이나 지자체 등이 담당하던 일들을 경비업무법의 개정으로 '전문경비업체'도 담당하게 해서 경비업무를 전문화하고 있다. 기존의 경찰업무를 아웃소싱해 분산하는 효과도 있고 일자리 창출과 함께 책임소재도 다양화할 수 있다. 따라서 우리도 이를 참고하여 현행 경비법을 개정하여 특별 행사나 대형 행사경비를 체계화·전문화하여 이태원참사와 같은 대형 재난은 다시는 일어나지 않도록 해야 할 것이다.

# 기후변화와 탄소 중립 (carbon neutral)의 위기

# 07 기후변화와 탄소 중립(carbon neutral)의 위기

## 제1절 | 기후온난화의 위기와 재난

### 1. 지구온난화의 위기

　　2021년도 노벨물리학상은 지구온난화(global warming)[1]를 예측한 이탈리아의 조르조 파리시(Giorgio Parisi) 로마 사피엔차 대학(Sapienza Universitài Roma)교수와 마나베 슈쿠로(真鍋淑郎) 프린스턴대 교수인 기상학자에게 돌아갔다.[2] 이번 노벨 물리학상은 노벨상 최초로 기상학 부문이 수상한 것으로, 그만큼 지구온난화가 중요한 자리를 차지하게 되었고 이미 과학계에서도 심각한 문제로 대두되고 있다. 또한, 코넬 대학의 마크 리나스(Mark Lynas, Cornell University) 교수 팀[3]은 2012년에서 2020년 사이 발표된 기후 관련 논문 88,125개 중 무작위로 3,000개를 추출해 표본조사를 해 본 결과, 99.9%가 지구 온난화는 인위적이라는 결과에 동의하고 있을 정도다.[4]

　　하버드대 진화생물학자 에밀리 메이네키(Emily Meineke) 교수팀이 2018년 9월 발표한 국제학술지인 '생태학 저널(Journal of Ecology)'[5]에 의하면, 지구온난

---

1　지구온난화는 우리가 사용하는 석탄, 석유 등의 화석연료 연소 과정에서 발생하는 이산화탄소는 지구의 대기권 밖으로 반사되게 내보내야 할 태양의 복사열을 오히려 대기권에 오래 머무르게 하면서 지표면 기온을 상승시켜서 기후변화를 일으키게 한다는 것이다.

2　「ノーベル物理学賞に真鍋淑郎氏　二酸化炭素の温暖化影響を予測」『NHKニュース 』. 2021年10月5日20時21分ニュース. 마나베(真鍋)교수는 일본 아이치현 시고쿠 중앙시(愛媛県四国中央市) 출신으로, 도쿄대학(東京大学)에서 박사과정을 수료 후 미국 해양대기 국에서 연구를 시작했다.

3　미국 코넬대 연구팀이 세계 주요 학술지에 발표된 기후 관련 논문 9만여 편을 분석해 국제학술지(Environmental Research Letters)에 발표한 연구 결과다. 분석된 연구의 99.9%가 인간이 기후변화를 초래한다는 사실을 지지하는 것으로 나타났다.

4　More than 99.9% of studies agree: Humans caused climate change(phys.org)

화가 가속화되면 곤충이나 동식물에 엄청난 피해를 줄 것이라고 경고했다. 즉, 아마존 밀림 훼손과 같은 생태계 파괴는 결국 삼림 파괴, 식량 문제 등 인류 생존에도 심각한 영향을 미칠 것이라고 주장했다.[6]

오늘날 과학자들은 지구온난화로 인한 기후변화의 위기 상황을 심각하게 받아들이고 있다. 최근 언론들도 지구 온난화는 '글로벌 재앙'으로 인식하고, '빙하가 침식돼 지구 종말이 온다는' 등 심각한 위기의식을 가감 없이 그대로 보도하고 있다.

지구온난화 현상은 이산화탄소가 너무 많아 오존층이 파괴되어 햇빛이 오존층 사이로 들어와서 햇빛의 세기가 점점 강해진다는 것이다. 이 햇빛은 우리의 피부를 손상하게 할 뿐만 아니라, 비를 내리지 못하게 방해해 많은 동식물이 가뭄에 시달려 죽고, 폭우나 산불 등으로 사람도 죽게 되어 결국 인류가 멸망에 이른다는 것이다. 지구 온난화 현상이 심각해진다는 가설 중 나무나 산호가 줄어듦으로써 공기 중에 있는 이산화탄소를 자연계가 흡수하지 못해서 이산화탄소의 양이 계속 증가한다는 주장이 있다. 이러한 가설 이외에도 태양 방사선이 온도 상승에 영향을 준다거나, 오존층이 감소하는 것이 영향을 준다거나 하는 가설이 있지만, 온실효과 이외에는 뚜렷한 과학적인 합의점은 존재하지 않고 있다.[7]

결론적으로 기후변화의 주된 원인은 산업혁명 이후 경제 성장의 원동력이 된 석탄, 석유 등 화석연료 연소 등으로 인한 이산화탄소(온실가스) 배출의 급격한 증가에 있다. 또한, 화석연료 사용 과정에서 배출된 이산화탄소는 지구의 대기권 밖으로 반사되어야 할 태양의 복사열을 대기권에 오래 머무르게 하면서 지표면 기온을 상승시켜 기후변화를 야기하여 온실효과를 높여준다는 것이다. 이러한 기후변화로 인해 해수면의 상승, 혹한, 폭염, 태풍, 허리케인 등의

---

5 논문 제목은 'Herbarium specimens reveal increasing herbivory over the past century'이다 그는 곤충에 의한 식물 생태계 파괴가 심각한 지경에 도달했다. 이러한 식물 생태계 파괴는 아마존 밀림 파괴와 같은 것들이 엄청난 영향력을 지니고 있어 세계가 주목해야 한다고 주장하고 있다.

6 『Science The Times』, 2018년 9월 5일자.

7 「국제사회의 탄소중립 정책 방향과 시사점」『KIEP 오늘의 세계경제』, 대외경제정책연구원, 2021년 2월 4일자 p. 11.

극한 기후를 야기하고, 이로 인한 신종 전염병 등 팬데믹 현상을 유발하게 한다는 점이다. 나아가 인류의 경제활동에도 피해를 일으켜 잠재적으로 인류의 문명 존속에도 위협이 될 수 있다.

과학계에서는 기후 시스템이 일정 시점인 임계점에 도달하게 되면 기후의 안정성이 급속도로 무너지면서 돌이킬 수 없는 재난을 맞게 되는 지점인 '극적 전환점(tipping point)'에 있다고도 경고하고 있다. 따라서 인류가 멸종할 수 있는 티핑 포인트에 다다르기 이전에 예방적 조처(precautionary action)를 취해야 한다는 주장이 설득력을 얻고 있다.[8]

2021년 영국 글래스고에서 열린 26번째 유엔 기후변화협약 당사국총회(COP26)에서 100여 개국 정상들이 2030년까지 산림파괴를 중단하겠다고 공약했다. 주요 탄소 흡수원인 삼림을 보호하기 위한 이 약속은 이번 회의에서 가장 중요한 성과다.[9]

전 세계 삼림의 85%를 관리하는 105개국 지도자들이 2030년까지 황폐해진 삼림을 복원하고, 늦어도 2030년엔 삼림 벌채(deforestation)를 전면 중단하기로 뜻을 모았다. 삼림 벌채는 탄소 포집 기능이 있는 나무를 대량으로 없애는 탓에 지구 온난화의 주범 중 하나로 꼽혔다. 영국 BBC에 따르면 한국을 포함해 브라질, 러시아·캐나다·중국·인도네시아·콩고민주공화국 등 105개국 관계자들이 이 합의문에 서명했다.[10]

## 2. 지구온난화 현상이 가져온 위기

지구온난화 현상은 지구의 연평균기온을 상승시켜 땅이나 바다에 있는 각종 기체는 대기 중으로 더욱 상승할 것으로 예상된다. 이러한 대기의 순환 효과는 지구온난화를 더욱더 빠르게 촉진할 것이다. 온난화에 의해 대기 중의 수

---

8 「국제사회의 탄소중립 정책 방향과 시사점」 『KIEP 오늘의 세계경제』, 대외경제정책연구원, 2021년 2월 4일자 p. 11.
9 「101개국 정상 "2030 삼림 파괴 중단"…중·러·브라질도 동참」 『한겨레』, 2021년 10월 3일자. 「원자력 레임덕?」 『조선일보』, 2021년 11월 12일자.
10 「105개국 "2030년 벌채 중단" 러시아·브라질도 동참했다」 『중앙일보』, 2021년 11월 3일자.

증기량도 증가하면서 평균 강수량이 증가해 홍수나 가뭄으로 이어질 수 있다. 가장 심각한 문제는 지구온난화로 인해 해수면이 상승하면서, 빙하가 급속하게 녹아내려 다시 해수면이 높아지는 현상이다. NASA는 2000년 7월 지구 온난화로 인해 그린란드의 빙하가 녹아내려 지난 100년 동안 해수면이 약 23cm 상승했다고 발표했다. 그린란드의 빙하는 매년 두께가 2m씩 얇아져서 1년에 500억 톤 이상 물이 바다로 흘러들어 해수면이 0.13mm씩 높아진다는 주장이다. 이러한 해수면 상승은 일본과 같이 섬나라나 해안 국가에 사는 사람들에게는 매우 충격적일 수 있다.

지구온난화의 영향으로 빙하가 녹고 있는 가운데, 서유럽 알프스의 최고봉 몽블랑이 지난 4년 만에 높이가 1m가량 내려앉았다는 경고가 나왔다. 이는 한 해 평균 13cm씩 높이가 줄어들고 있다는 증거다.[11] 프랑스 전문가들이 최근 측정한 몽블랑의 높이는 해발 4천 807.8m인데, 4년 전인 2017년 측정한 4천 808.7m보다 1m 가까이 줄어들었다. 30여 명의 전문가는 9월 중순 몽블랑 정상에 올라 위성 안테나를 활용해 해발 고도를 계측했는데 4천 792m에서 끝나는 몽블랑 정상의 바위층과 이를 덮고 있는 얼음층을 합친 높이에 해당한다.[12]

2021년 7월은 세계 2, 3위 수출국인 중국과 독일이 기상이변 현상으로 인해 폭우와 홍수로 엄청난 피해를 보았다. 이에 따라 공장 가동 중단은 물론이고 출항해야 할 수출품이 발이 묶이는 등 물류대란을 겪기도 했다. 미국의 스타벅스도 원자재 공급이 충분하지 않아 일부 제품이 품절로 중단되는 등 대 소동을 겪기도 했다.[13]

2020년 환경부 보고서에는, 월 평균 기온이 1도씩 오르면 식중독은 47%가 늘어난다고 하는 연구결과가 나왔다. 즉, 기온이 1도씩 상승함에 따라 살모넬라, 장염 비브리오로 등으로 인한 식중독 발생 건수는 각각 47.8%, 19.2%로 급증한다는 것이다. 진드기와 모기 관련 감염병인 쓰쓰가무시증과 말라리아도 기온 상승과 밀접한 관계가 있다. 모기는 하루 평균 기온이 1도만 높아져도 성체 개체 수는 약 30% 가까이 증가한다는 연구결과도 있다. 이처럼 기후변화에 따

11 「원자력 레임덕?」『조선일보』, 2021년 11월 12일자.
12 『YTN-TV』, 2021년 10월 1일자, https://www.ytn.co.kr/_ln/0104_202109.
13 『조선일보』, 2021년 8월 13일자.

른 한반도에 덮치는 '폭염질환'에 대한 근본적인 대책도 필요해 보인다.[14]

환경부와 기상청이 발간한 '한국 기후변화 전망보고서 2020'에 따르면, 한반도 기온 상승폭은 지구 전체 평균의 2배 수준으로 높다. 1880년~2012년에는 지구 평균 기온이 0.85도 상승했지만, 최근 1912년~2017년의 한반도의 기온은 약 1.8도 올랐다. 지금과 같은 추세로 온실가스 배출이 계속된다면 21세기 말 한반도의 평균 기온은 지금보다 4.7도 올라가 아열대 기후로 변하게 될 것이라고 무서운 전망을 예측하고 있다.[15]

## 3. 지구온난화 현상의 사례 연구

### 1) 일본의 폭우, "백 빌딩(Back Building) 현상" 다발

일본 방재과학기술 연구소(이바라키현 쓰쿠바시)는 2018년 7월 9일 일본 각지에 "백 빌딩(Back Building) 현상 다발"이라는 연구 결과를 발표했다. 2018년 7월 6~7일 서일본 지역인 주고쿠(中國), 시코쿠(四國) 지방을 중심으로 막대한 피해를 가져온 호우의 비구름을 삼차원적인 동영상으로 분석해 봤다. 호우를 품은 구름 덩이가 줄줄이 몰려드는 "백 빌딩 현상"과도 같이 이와 비슷한 현상이 각지 여러 곳에서 다발해 격렬한 비를 내리게 하는 현상이라고 설명했다. 기상청이나 국토교통성의 기상레이더 기록을 상세히 분석해 보면, 남서쪽에서 따뜻한 습기 찬 공기가 몰려와, 최대 고도 약 7㎞ 상공에서 적란운(積乱雲)[16]이 띠 모양으로 "선상 강수 띠(線狀降水帶)[17]"를 형성한다는 것이다. 이러한 띠 모양의 적란운이 다발해 "백 빌딩 현상"을 보이면서 집중호우가 내린다는 것이다. 동 연구소에 따르면, 적란운의 수명은 30~60분 정도 형성되지만, 이 현상이 일어나면 지상에 머물면서 격렬하게 비를 계속 내리게 해 피해가 속출한다

---

14 『매일경제』, 2021년 11월 1일자.
15 『매일경제』, 2021년 10월 23일자.
16 여름철 급격(急激)한 상승(上昇) 기류(氣流)로 생겨 높게 떠 비를 오게 하는 구름을 말한다.
17 선상 강수 대는 적란운이 띠의 형태처럼 연속으로 생성되는 현상을 일컫는데, 폭우의 원인이 될 수 있다.

는 설명이다. 최근 이런 현상은 2014년 8월의 히로시마 토사 재해나 1017년 7월 규슈 북부 호우 때의 사례라고 지적했다.[18]

백 빌딩(Back Building) 현상 레이더 사진

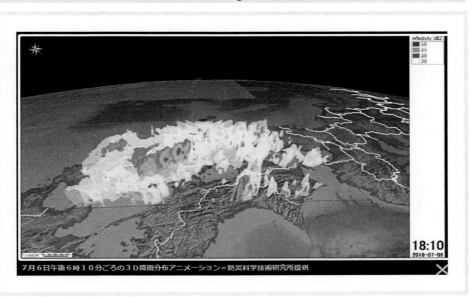

자료 : 2018년 7월 6일 강우분석 애니메이션, 일본 방재과학기술 연구소 제공

## 2) 프랑스의 폭염

유럽도 여름이면 파리 중심가의 경우도 42.6도로 올라가는 등 아프리카보다도 더 무더운 유럽이 될 때도 있었다. 2019년 7월 25일 동아일보 김윤종 파리 특파원에 의하면 프랑스도 7월은 역대 최고의 기온으로 50여 명이 사망하기도 했다. 파리도 25일의 낮 기온은 무려 42.6도로 역대 최고의 기온이었다. 1873년 프랑스 기상 관측 시작 이래 기존의 최고 기온인 40.4도(1947년 7월 28일)보다도 2.2도나 높은 폭염이었다. 이는 폭염으로 유명한 이집트 수도 카이로보다 높은 온도이다. 또한, 프랑스의 대도시인 루앙(40.7도)이나 릴(40.5도), 트루

---

18 『每日新聞』, 2018년 7월 9일자.

아(41.4도) 등 다른 도시들도 폭염으로 프랑스 전역이 '찜통'으로 변했다는 말이 나올 정도다. 이웃 나라인 독일 링겐(42.6도), 벨기에 클라이네브로겔(40.6도), 네덜란드 힐저레이언(40.4도) 등 유럽 곳곳이 비슷하게 40도를 넘나들었다.[19]

25일(현지 시간) 프랑스 파리의 낮 최고기온이 무려 42.6도까지 치솟았다. 파리 트로카데로 분수에 모인 시민들이 분수에서 물놀이를 하며 더위를 식히고 있다. 파리=AP 뉴시스

자료 : 2019년 7월 25일자 뉴 시스.

마침내 프랑스는 폭염으로 인해 남부 골페슈 원자력발전소가 잠시 가동을 멈추기도 했다. 이날 국영 전기회사인 EDF는 폭염으로 인해 골페슈 원전의 원자로 2기의 가동을 중단했다. 프랑스 전력청은 일부 원전의 격납고 온도가 냉각수 과열이 임계치를 넘은 탓이라고 했다. 안전 제한 수치인 50도에 육박해 오자, 이를 냉각시키기 위해 많은 비난을 감수하면서도 지하수를 뽑아 살수를 시도했으나 온도를 낮추는 데는 실패했기 때문이다. 독일 정부도 베제르(Weser) 강가에 있는 그론데(Grohnde) 원전 작동을 중지시켰는데, 폭염이 더 이상 지속하면 남부 바이에른주 원자로 2기 가동도 중단하기로 했다.

---

19 『동아일보』, 2019년 7월 27일자.

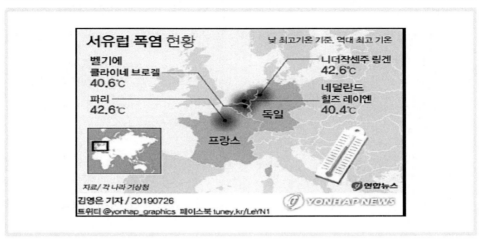

자료 : 연합뉴스 2019년 7월 26일자.

## 3) 프랑스의 포도농장과 고급 와인제조 위기

폭염으로 말라진 프랑스의 포도 덩굴

자료 : 소믈리에 타임즈(SOMMELIERTIMES), 2019년 7월 8일자.[20]

---

20 『WINE STORY by SOMMELIERTIMES』, 2019년 7월 8일자.

와인의 종주국인 프랑스는 폭염으로 인해 고급 와인생산에 차질이 불가피해 최대 생산량의 13%나 감소할 전망이다. 2019년 7월 21일자 연합뉴스 김용래 파리 특파원에 따르면 프랑스의 올해 포도주 생산량은 지난달 유럽 전역에 몰아닥친 폭염 등 이상 기후변화로 인해 작년보다 6~13% 줄어들 것으로 전망했다. 농무성은 20일(현지시각) 올해의 와인 생산량을 총 4천280만~4천640만 헥토리터(1헥토리터는 100ℓ)로 예상했다. 이는 2017년 봄철에 이상 한파로 인해 최악의 작황을 기록했던 때에 이어 5년 사이 가장 적은 생산량이다. 프랑스 농무부가 올해 포도 작황이 예년보다 매우 나쁠 것으로 예상한 이유는 지난달 말 서유럽을 뒤덮은 폭염 때문이다. 남부지역의 낮 최고 기온이 역대 최고로 46도까지 오르면서 발들루아르, 샤랑트, 보들레, 쉬드웨스트 등지의 포도 주산지가 타격을 입었기 때문이다.[21]

2016년 3월 22일 연합뉴스(한윤경) 특파원에 의하면, 하버드대 진화생물학과 엘리자베스 월 코비치 교수는 과학 저널에서 '자연 기후변화'에 대한 보고서에서 다음과 같은 내용을 밝히고 있다.

공동 저자인 엘리자베스 교수는 "1980년대 이래 샹파뉴와 부르고뉴, 보르도 등 유명 와인 산지의 포도 재배 환경 변화로 '수확의 방정식'이 바뀌고 있다"고 지적했다. 즉, 프랑스 북동부 샹파뉴는 샴페인 산지로 유명한 지역이고, 비교적 서늘한 기후를 지닌 중동부 부르고뉴와 대서양에 접한 남서부 보르도 지방은 적포도주로 명성이 높은 곳이다. 또한, 프랑스 대부분 지방은 수백 년, 수천 년 동안 비교적 안정된 토착적인 기후환경을 보여 왔는데, 이제는 이런 기조는 전 세계적인 기후 변화와 함께 뒤바뀌고 있다고 지적했다.[22]

월 코비치 교수는 2003년 8월에도 이상 고온으로 보르도 지방의 포도가 큰 피해를 입은 것을 예로 들면서 온난화 현상이 지속하면 포도재배도 임계점에 도달한다고 지적하면서, 기온이 계속 높아진다면 프랑스의 최고급 와인, "보르도·샴페인 등이 기후변화로 위기"를 겪을 것이라고 경고한 바 있다.

---

21 『연합뉴스』, 2019년 7월 21일자.
22 한윤경 기자 『연합뉴스』, 2019년 3월 22일자.

보르도·샴페인 등 기후변화로 생산의 위기

자료 : 연합뉴스 제공(2016. 3. 22).

### 4) 영국의 폭염

2018년 7월 17일은 영국의 경우도 예외 없이 폭염으로 인해 최고기온이 경신되었다. BBC방송에 따르면, 25일(현지 시각) "건조한 공기 탓에 산불이 빈발해 소방관들이 잦은 출동으로 어려움을 겪고 있다"며 "잉글랜드 남동부의 낮 최고기온이 27일쯤 섭씨 38.5도에 이를 것"이라고 예보했다. 당시 톰 조지 런던 소방청장은 "옥외의 잦은 화재로 인해 2018년의 소방관 출동 횟수는 2017년보다 총출동 횟수가 6배를 넘어섰다"며 "야외에서의 흡연, 바비큐 요리를 할 때 각별히 주의해 달라"고 당부했다.

폭염으로 인해 섭씨 48도 정도로 뜨겁게 달궈진 영국의 지상철로는 열팽창으로 인해 철로가 엿가락처럼 휘어지면서 탈선위험이 커지자 속도를 줄여 운행하기도 했다. BBC는 "지난주 웨일스 일부 도로의 아스팔트 포장이 녹아 복구작업이 진행되고 있다"고도 보도했다.

연일 이어지는 폭염으로 섭씨 48도 정도로 달궈진 영국 맨체스터 피커딜리 역 부근 철로는 다음 그림처럼 팽창해 휘어져 있다.[23]

영국 맨체스터 피커딜리 역 부근 폭염에 엿 가락처럼 휘어진 철로

연일 이어지는 폭염은 세계의 일상까지 바꿔놓고 있다. 더위 피해가 끊이지 않고, 더위 피하기가 삶의 중심이 되고 있다. 섭씨 48도 정도로 달궈진 영국 맨체스터 피카딜리역 부근의 철로가 팽창해 휘어져 있다. 맨체스터=AP 뉴시스

자료 : 『맨체스터＝AP 뉴시스』, 2019년 7월 26일자.

## 5) 일본 서남부의 기록적인 폭우

2018년 8월 11일 일본 서남부도 기록적인 폭우로 인해 179명이 사망하는 역사상 최악의 호우피해를 입었다. 아베 신조(安倍晋三) 총리는 11일부터 벨기에, 프랑스, 사우디아라비아, 이집트 등 4개국을 순방할 예정이었지만, 일정을 취소하고 가장 피해가 큰 지역인 오카야마(岡山)현을 방문해 피해 상황을 직접 확인했다. 아베 신조는 11일 폭우로 46명이 희생된 오카야마(岡山)현 구라시키(倉敷)시 마비초(眞備町)의 주민 대피소를 찾아 무릎을 꿇고 이재민들을 위로하기도 했다.[24]

삽시간에 집중적인 폭우가 내렸다고는 하지만, 세계에서 가장 안전 시스템이 잘 돼 있다는 '방재(防災) 강국' 일본의 신화는 무너진 걸까? 어떻게 3~4일

---

23 『맨체스터＝AP 뉴시스』 2019년 7월 26일자.
24 『연합뉴스』, 2018년 7월 11일자.

동안 200명이 넘게 목숨을 잃거나 실종되는 사태가 벌어진 걸까? 과거는 예상치 못한 이번 폭우는 상상을 뛰어넘을 정도였다. 일본 고치(高知)현에는 지난 5일부터 3일간 연평균 강수량의 4분의1에 해당하는 1,091㎜의 비가 한꺼번에 쏟아졌다. 기후(岐阜)현도 같은 기간에 1,000㎜ 넘는 집중 호우가 내렸다. 일본 기상청도 이번 초대형 폭우를 예상하고 예보했다. 일본 기상청은 지난 5일 서(西)일본에 폭우가 내릴 것을 예상하고 몇 십 년 만에 한 번 내릴까 말까 하는 '호우(大雨) 특별경보'를 교토(京都)·나가사키(長崎)현 포함한 11개 부·현(府県)에 발령한 것이다.[25]

    이번 폭우의 최대 피해자는 재난 약자인 노인층으로 피해자의 80%가 70세 넘은 노인들이었다. 대부분이 집에서 버티다 희생당한 사람들로 일본 정부 발표에 따르면 지난 5~7일 사흘간 내린 폭우로 11일 현재 169명이 사망하고, 79명이 실종됐다. 시간이 갈수록 피해가 늘고 있어 1982년 299명이 사망한 나가사키(長崎)현 수해 이후 최대의 폭우 피해로 기록될 전망이다.[26]

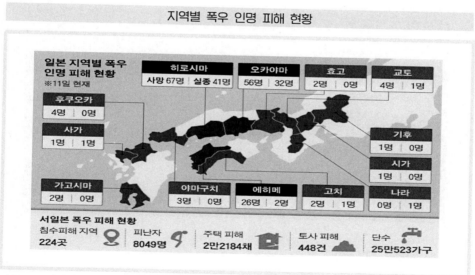

자료 : 조선일보, 2018년 7월 12일자.

---

25 『조선일보』, 2018년 7월 12일자.
26 『조선일보』, 2018년 7월 12일자.
   http://news.chosun.com/site/data/html_dir/2018/07/12/2018071200253.html

일본은 '재난 매뉴얼 강국'이지만 폭우에 대한 기존의 기준은 미흡했다. 특히 강제적인 피난 지시를 어떤 기준으로 하느냐가 명확치 않았다. 특별경보는 기상청에서 발령하지만, 피난 지시는 말단 지자체에서 하는 것도 문제로 지적된다. 또한, 사망자 중에는 노인들이 압도적인 다수를 차지하고 있다. 고령화 등으로 재난 약자들에게는 재난 참사를 키우는 중요한 요인이 되고 있다. 지역단위 중 가장 피해가 큰 곳은 오카야마(岡山)현 구라시키(倉敷)시의 마비초(眞備町)이다. 이곳에서는 4,600가구가 침수됐는데 이 중 70세 이상의 고령자가 80%라고 요미우리신문은 보도하고 있다. 이들은 대부분 집안에서 익사(溺死)한 시체로 발견됐다. 특별경보가 발령됐지만 활동성이 떨어지는 재난 약자인 노인들은 한밤중에 대피하기란 여간 어려운 환경이 아니었다. 67명의 사망자가 나온 히로시마현에서는 사망자 절반이 토사(土砂)에 매몰돼 질식으로 사망했다.[27·28]

폭우에 댐이 범람하고 있는 일본의 에히메현의 댐 현장

자료 : All Nippon NewsNetwork(ANN).

---

27 『毎日新聞』, 2018년 7월 11일자.
28 『讀賣新聞』, 2018년 7월 11일자.

에너지경제신문 한상희 기자에 의하면, BBC도 이번 일본 폭우로 인한 사망자 수는 30년여 만에 최대라고 보도하고 있다. 또 미국 휴스턴시의 인구와 비슷한 규모인 200만 명 이상 지역 주민들이 대피했다고 전했다. 일본 기상청 관계자들도 BBC와의 인터뷰에서 "이번 폭우는 한 번도 경험해보지 못한 폭우"라고 말하면서, 경찰과 소방관, 군인들을 포함한 7만 5,000명 이상의 구조 인력들이 구조 작업을 펼쳤다고 전했다.[29]

**폭우에 댐이 범람하고 있는 일본의 에히메현의 댐 현장**

자료 : TV아사히, 2018년 7월 12일자 제공.

## 6) 일본의 폭염

2018년 7월 23일 『니혼게이자이신문(日本經濟新聞)』에 따르면, 이상 기후로 인한 폭서로 일본 열도를 찜통으로 만들고 있다. 일본 기상청에 의하면, 일본

---

29 『에너지경제신문』, 2018년 7월 11일자.

열도에 광범위하게 고기압이 형성되어 23일 현재 도쿄도(東京都)와 사이타마현 (埼玉県) 구마가야시(熊谷市) 등 각지에서 40도를 넘는 기온이 관측되고 있다. 7월 중순 평균기온으로는 1961년 기상통계 작성 시작 이래 가장 더운 여름기온으로 41.4도를 기록하고 있다. 현재까지 국내 폭염 기온으로는 최고치 기온이다. 환경성은 열사병 예방을 위해 2006년부터는 기온이나 습도 등을 측정해 국제 지표인 "더위 지수"를 산출해 발표하고 있다. 7월 23일 오후 2시 시점에 환경성이 관측한 "더위 지수"는 전국 840지점 중에서, 약 3할이 열사병을 경계해야 할 "위험" 레벨에 속해 있었다.

**사이티마현 구마가야시내 설치판**

자료 : 『日本經濟新聞』, 2018년 7월 23일자.

### 7) 미국의 폭염과 메인대학(Maine Uni.) 기후변화연구소의 경고

2018년 7월은 미국에서도 무더위로 인해 '폭염 대피소'를 설치하는 도시가 늘어났다. 텍사스주 휴스턴시는 최근 에어컨 없는 집에 거주하는 시민을 위해

대피소를 5곳이나 설치해 개방했다. 시 당국은 "55세 이상 성인과 5세 이하 어린이는 낮 동안에 가급적 야외 활동을 피하고 대피소에 머물러 달라"고 권고했다. 폭염으로 인한 열사병 피해가 심각한 캘리포니아주의 프레즈노시는 냉방설비를 갖춘 대피소로 사람들을 실어 나르는 무료 셔틀버스도 운행하고 있다. 연일 이어지고 있는 폭염은 세계의 일상까지 바꿔놓고 있다. 더위 피해가 끊이지 않고, '더위 피하기'가 삶의 중심이 되고 있다. 미국 라스베이거스의 한 남성은 더위를 이기기 위해 이동 중에도 머리 위에 얼음주머니를 얹었다.[30]

### 얼음주머니를 이고 더위를 식히는 남성

자료 : 라스베이거스＝AP 뉴시스.

뉴욕타임스에 따르면, 폭염이 도시 공간 전체의 '색깔'까지 변화시키고 있는 지역도 있다. 인도의 아마다바드시와 하이데라바드시에서는 실내 온도를 낮추기 위해 건물 주석(朱錫) 지붕을 흰색 반사질 방수재로 칠해 덮는 작업도 한다. 하이데라바드시 당국은 이러한 작업 등으로 실내 온도는 약2도 가량 낮아졌다고 한다. 2021년 7월, 8월에 치르는 도쿄올림픽의 경우도 폭염으로 인해 마라톤 풀코스를 삿포로로 옮겨서 경기를 치를 정도로 폭염은 우리의 일상을 지배하기에까지 이르렀다.

---

30 『동아일보』, 2018년 7월 27일자.

미국의 메인대학(Maine Uni.) 기후변화 연구소(Climate Change Institute)는 매일 세계의 기온을 시각화해서 보여주고 있다. 아래는 2018년 7월 22일 '오늘의 기후지도' 화면을 보면, 우리나라를 포함한 동북아 일대는 물론이고 적도를 중심으로 마치 지구 가운데가 열돔에 갇혀 있는 것 같이 새빨간 띠를 이루고 있다. 2018년 여름은 지구 상층부 제트기류가 극지방의 찬 공기가 남하하는 것을 막고 있는 데다 고기압이 뜨거운 공기를 가두는 '열돔 현상'이 강하게 발생해 지구촌이 유례없이 뜨거운 여름을 맞고 있다고 했다.

## 2018년 7월 22일 기후지도

자료 : 미국 메인대학 기후변화연구소 홈페이지.[31]

## 8) 한국의 기후변화와 폭염

세계 곳곳에서 이상기후와 함께 일어나는 폭염 현상은 우리나라도 예외는 아니다. 그동안 대구 사과라고 자랑하던 사과 산지가 이제는 '대프리카''(대구+

---

31 https://climatechange.umaine.edu/climate-matters/climate-reanalyzer/

아프리카)라고도 할 정도로 무더워  대구인근 지역에서도 폭염으로 인해 사과재
배가 안 될 정도로 무더워졌다. 이제 사과재배도 영주지역이나 강원도 같은 서
늘한 중부 이북지역이 알맞은 기후가 될 정도. 한반도 전체도 이제는 거의
아열대성 기후권에 접어들면서 무더위와 함께 비가 자주 내려 강가나 시냇가
에는 아열대성 식물이 많이 번식하고 있다.

자료 : 『동아일보』, 2018년 7월 23일자.

2018년 7월은 20일부터 무더위가 시작돼 2주 이상 불가마 더위가 지속하였다. 당시는 당분간 비 소식이 없는 가운데 불볕더위는 계속되었다. 무더위는 아래 도표와 같이 22일부터 본격적으로 시작되었는데, 서울의 기온은 한때 38도를 기록하기도 했다. 이는 서울의 한낮 기온이 1994년 '대 폭염' 이래 가장 높은 온도를 기록한 날이다. 근래, 우리나라에서 가장 무더웠던 날은 1994년 7월 24일로 서울에서는 38.4도까지 올라갔다. 이것은 1907년 기상청 관측 이래 아직 24년 동안 서울의 최고치를 경신하지 못했다. 그런데 2018년 7월 23일 서초구의 경우는 39.2도를 기록해서 서울에서는 가장 무더운 곳이었다. 24일은 한반도에서 가장 높은 기온을 보였는데 경기 여주시 흥천면으로 40.3도, 경북 영천시 신녕면이 40.3도를 기록하기도 했다. 역대 기상 관측 이래 가장 최고의 높은 기온이다.[32]

2018년 한반도의 여름은 마치 찜통 같은 무더위가 열흘 이상 계속되었다. 의례적으로 8월 13일에는 전국 곳곳에 폭염특보가 발효됐다. 서울과 경기, 충청과 호남, 경남 일부 지역 등에는 폭염주의보가 내리고, 대전·광주·부산·대구 등에는 폭염경보가 내려졌다. 폭염주의보와 폭염경보는 각각 일일 최고기온이 33도, 35도인 상태가 이틀 이상 지속할 것이 예상될 경우에 내려진다. 무더위는 북태평양 고기압의 영향으로 덥고 습한 공기가 한반도에 들어와 강한 햇볕을 만나게 되면 자주 나타난다. 13일 대구의 낮 최고기온은 36도까지 올라가 '대프리카' 상황이 나타났다. 주말인 14일, 15일도 무더위가 이어졌다. 14일 전국의 낮 최고기온은 서울 33도, 대전 35도, 광주 34도, 대구 36도, 부산 31도 등 전날과 비슷한 수준으로 올라가 매우 무더웠다.[33]

질병관리본부에 따르면 온열질환 감시체계를 운영하기 시작한 2018년 5월 20일부터 이달 12일까지 온열질환자는 328명으로 이 가운데 2명이 사망한 것으로 공식 집계됐다. 11일까지 온열질환자는 262명이었으나 폭염으로 하루 사이에 66명이 더 늘어난 것이다. 더위에 취약한 어린이와 노약자에게는 '매우 위험' 수준으로 느껴지는 곳이 남부지방을 중심으로 더 많이 나타날 것으로 예

---

32 『동아일보』, 2018년 7월 23일자.
33 『동아일보』, 2018년 7월 14일자.

상됐다. 비닐하우스 안에서의 더위 체감지수는 대부분 지역에서 '매우 위험'으로 예보된 상태였다.[34]

　　2010년대의 폭염으로 인한 사망자의 수치를 보면, 2010~2014년간 5년 동안 526명이 사망한 데 비해 2015~2019년은 1,584명으로 폭염 사망자가 폭증했다. 기상관측 사상 가장 무더웠던 2018년에는 온열 질환 사망자가 무려 170명에 달했다. 또 폭염 일수가 늘어나면 감염병 입원 환자 수도 6.7% 늘어나는 것으로 분석됐다. 이처럼 기온이 올라가 감염병으로 입원한 환자 수는 2010년 인구 10만 명당 757명에서 2019년 1,237명으로 급증했다.[35]

　　문제는 이러한 폭염 현상은 지구의 이상기후 현상으로 점점 더 날씨는 무더워질 것으로 예상된다는 것이다. 세계적인 기상학자들도 지구의 온난화현상은 항구적 양상으로 굳어질 가능성이 높다고 지적한다. 영국의 런던 정경대 그랜트 햄 연구소 밥 워드 정책담당관은 25일 인디펜던트와의 인터뷰에서 "이번 여름 영국에서는 폭염으로 인한 인명피해와 농업 및 자연생태계에 심각한 타격이 클 것"이라고 예상했다. 또한, 옥스퍼드대학 프리더리크 오토 상학 연구위원도 온실가스 문제나 지구온난화에 대한 사회적 경각심을 심각하게 고민해야 할 것이라고 지적했다.

　　우리나라뿐 아니라, 일본도 폭염이 40도 가까이 오르면서 폭염 피해가 속출하고 있다. 21일 하루 동안에만도 온열 질환 추정 증세로 11명이나 숨졌다. 우리 정부도 이제는 폭염에 대한 대응도 근본적으로 대처하기 위해 '재난 및 안전관리 기본법'을 개정해 폭염을 '자연재난'으로 규정하게 되었다.

---

34 『동아일보』, 2018년 7월 14일자.
35 「초미세먼지 노출로 최근 5년간 12만 명 숨져」『동아일보』, 2021년 12월 10일자.

## 제2절  기후변화와 탄소 중립의 위기

### 1. 기후변화와 탄소 중립의 필요성

#### 1) 기후변화의 위기

지구온난화(global warming)[36]가 지속된다면 북극의 빙하가 녹아내려 북극곰, 일각돌고래. 흰 돌고래, 북극여우 등 북극의 동물들도 서식지를 잃게 된다. 또한, 북극 지역의 급속한 사막화는 동식물들뿐만 아니라, 각종 생태계가 파괴되어 우리 인류의 삶의 공간도 그만큼 줄어든다. 결국, 북방의 거대한 빙하가 녹아내리게 되면 바닷물의 수위가 넘쳐 올라 육지를 덮치고, 우리가 사는 육지 또한 그만큼 줄어든다. 이처럼 빙하가 녹으면 바닷물이 넘쳐나 해안가의 도시나 섬나라는 물에 잠겨 위험에 빠진다. 문제는 여기서 그치는 것이 아니라, 결국은 지구온난화 현상이 지구상의 생태계를 파괴해 종국적으로는 우리 인간들도 살 수 없게 된다는 것이다.

#### 2) 탄소 중립 위기

탄소 중립은 인간이 활동해서 배출한 온실가스를 최대한 줄이고, 남은 온실가스는 흡수해(산림 등) 실질적인 탄소 배출량을 '0'(Zero)으로 만든다는 개념이다. 즉, 배출되는 탄소량과 흡수(CCUS)[37]되는 탄소량을 같게 만들어 탄소의 순 배출량을 0으로 맞추는 것으로, 넷-제로(Net-Zero)라고도 부른다.[38] 이처럼 기후 온난화에 대한 위기의식을 느끼게 된 각국 정부는 2015년에서 2050년까지 탄소 배출량이 늘어난 만큼 감축해 '0'(Zero)으로 만들겠다는 탄소 중립

---

36 지구온난화는 우리가 사용하는 석탄, 석유 등의 화석연료 연소 과정에서 발생하는 이산화탄소는 지구의 대기권 밖으로 반사되게 내보내야 할 태양의 복사열을 오히려 대기권에 오래 머무르게 하면서 지표면 기온을 상승시켜서 기후변화를 야기하게 하는 것.

37 CCUS (Carbon Capture, Utilization and Storage) : 이산화탄소 포집, 저장, 활용 기술.

38 「2050 탄소 중립」『대한민국 정책브리핑』, 2021년 11월 8일자.
   https://www.korea.kr/special/policyCurationView.do?newsId=148881562

(carbon neutral)을 선언했다. 2021년 5월 30일부터 5월 31일까지 '2021 P 4G 서울 정상회의(Partnering for Green Growth and the Global Goals 2030)'가 서울에서 개최되었다. 즉, '녹색성장 및 글로벌 목표 2030을 위한 연대'인데, 2021년은 '2015년에 체결된 '파리기후변화협정'(Paris Climate Agreement)에 관한 이행시기'가 시작된 첫해이다.[39] 이는 곧 각 나라가 유엔에 제출한 온실가스 감축 목표 달성을 위해 본격적인 행동에 나서는 첫 번째 해라는 의미다.[40]

기후 변동에 관한 정부 간 협의체(Intergovernmental Panel on Climate Change : IPCC)[41]는 기후변화 문제에 대처하기 위해 세계 기상기구(WMO)와 유엔 환경계획(UNEP)이 공동으로 1988년 11월에 설립한 국제기구이다. IPCC는 2021년 현재 전세계 과학자들이 참여하여 토론한 보고서를 제6차까지 발간했다.[42] 이 보고서에는 기후 변화에 대한 과학적인 근거와 정책 방향을 제시하고 유엔 기후변화협약에서 정부 간 협상의 근거 자료로 활용되고 있다.

2018년 10월에는 인천 송도에서 제48차 IPCC 총회를 개최하고 치열한 논쟁 끝에 '지구온난화 1.5℃ 특별보고서'[43]를 승인하고 파리협정 채택 시 합의된 1.5℃ 목표의 과학적 근거를 마련한 바 있다.[44] 이러한 온실효과(greenhouse effect)로 인한 기후 위기는 탄소 중립으로 극복해야 한다. 우리나라도 지구온난화의 원인인 이산화탄소 배출량을 조절하기 위해 과감하게 '국가 온실가스 감

---

39 https://halogeorge1210.tistory.com/17(2021.11.6일자)
40 1992년 기후변화협약(United Nations Framework Convention on Climate Change : UNFCCC) 채택 이후, 산업화 이전 대비 지구 평균기온 상승을 수준의 억제에 대한 논의가 대두됐다. EU 국가들은 1990대 중반부터 2℃ 목표를 강하게 주장해 왔으며, 2007년 기후변화에 관한 정부 간 협의체 IPCC(Intergovernmental Panel on Climate Change) 제4차 종합평가보고서에 2℃ 목표가 포함됐다. 그 후 2009년 제15차 당사국총회(COP15) 코펜하겐 합의(Copenhagen Accord), 이듬해 제16차 당사국총회(COP16) 칸쿤 합의(Cancun Agreement) 채택으로 공식화됐다. 이후 2015년 파리협정에서 2℃보다 훨씬 아래(well below)로 유지하고, 나아가 1.5℃로 억제하기 위해 노력해야 한다는 목표가 재설정 됐다.
41 PCC 평가 보고서는 2021년 현재 6차까지 나와 있으며 각각 보고서는 전 세계 과학자자 참여하고 발간한다. 기후 변화에 대한 과학적인 근거와 정책 방향을 제시하고 유엔기후변화협약에서 정부 간 협상의 근거 자료로 사용한다.
42 제1차 평가보고서('90) → 유엔 기후변화협약(UNFCCC) 채택('92), 제2차 평가보고서는 1997년 교토의정서 채택, 2014년 제5차 평가보고서 → 파리협정 채택(2015) 등
43 2015년 파리협정 채택 당시 합의된 1.5℃ 억제 목표의 과학적 근거를 마련하기 위해 유엔기후변화협약(UNFCCC) 당사국 총회가 IPCC에 공식적으로 요청하여 작성하였다.
44 「2050 탄소 중립」 『대한민국 정책브리핑』, 2021년 11월 8일자 참조.

축 목표(Nationally Determined Contribution : NDC)'를 설정했다. 종래, 화석연료에 기반을 둔 에너지 정책에서 탈피해 재생 가능, 지속가능한 에너지 보급에 기반을 둔 경제시스템 만들기에 노력하고 있다.

한편, 우리나라는 2020년 7월 한국판 뉴딜정책을 발표하고 핵심으로 디지털 뉴딜과 그린뉴딜(green new deal)을 제시하면서, 세계적으로 요구되는 새로운 국제경제 질서인 2050 탄소 중립도 선언했다. 다시 말해서 탄소 중립은 기업이나 개인이 발생시킨 이산화탄소를 많이 배출하는 온난화의 주범 '6대 온실가스'[45] ① 이산화탄소, ② 메탄, ③ 이산화질소, ④ 수소불화탄소, ⑤ 과불화탄소, ⑥ 육불화황을 획기적으로 감축하는 일이다.

## 2. 2050 탄소 중립 5대 기본방향[46]

① 깨끗하게 생산된 전기·수소의 활용 확대
태양광, 풍력, 수력 등 탄소배출이 없는 에너지원을 자동차, 항공기, 선박, 철도 등 다양한 산업 분야에 적용
② 에너지 효율의 혁신적인 향상, 경제성이 높은 에너지 소비 감축 전략
③ 탄소 제거 등 미래기술의 상용화 – 실제 산업 현장에서 수소 기술 등을 사용
④ 순환 경제 확대로 산업의 지속가능성 제고
제품의 지속가능성을 높이는 경제구조로 전환
⑤ 탄소 흡수 수단 강화 – 이산화탄소 저장 능력이 큰 산림, 갯벌, 습지 유지 및 신규 조성 확대

2020년 12월 기준으로 유럽연합(EU)에 이어 뉴질랜드·덴마크·스웨덴·영국·프랑스·헝가리 등 6개국도 탄소 중립법을 제정했다. 아시아권인 한국, 중

---

45 ① 이산화탄소(석탄, 석유연료, 산림벌채) ②메탄(쓰레기더미 소각, 가축사육) ③ 이산화질소 (화학비료 사용, 석탄 폐기물소각, 산업공학) ④ 수소불화탄소(에어컨, 화학 스프레이) ⑤ 과불화 탄소(반도체 세정제, 세제용 불화 성 액체) ⑥ 육불화황(변압기절연제)
46 2050 탄소중립, 탄소중립 기본법에는 5대 기본방향이 기록돼 있다.

국, 일본 등도 탄소 중립 목표를 선언했다. 2021년 파리협정에 재가입한 미국도 2050년까지 탄소 중립을 이룰 것이라고 약속했다.

우리 정부도 2050년까지 탄소 중립을 실현하기 위해 에너지 공급, 산업, 수송, 폐기물, 농축 수산 부문에서 탄소 배출량을 줄이고, 삼림조성 등을 통해 탄소 흡수를 확대한다는 계획을 추진하겠다고 발표했다.[47]

하지만, 벌써 지구촌 곳곳에서 배출되는 온실가스로 인해 기상이변 현상이 속출하고 있다. 기상이변 피해는 한 국가에만 국한되지 않을 뿐만 아니라, 몇몇 국가의 힘만으로도 이 기후변화의 피해를 극복하기는 불가능한 일이다. 즉, 국제사회의 긴밀한 협력과 연대를 통해서만 이 피해를 줄일 수 있을 것이다.

## 3. 탄소 중립이 우리산업에 미치는 영향

전국경제인연합회는 2021년 10월 31일 2050년까지 탄소 중립 목표를 달성하기 위해서는 포스코만 한 대기업 3곳 정도는 문을 닫아야 한다고 주장했다. 이 목표는 2018년 국내 대표기업으로 탄소 배출량 1위부터 20위까지 모두 멈춰야 충족할 수 있는 목표 수치다. 국내 산업계는 정부 당국자에 대해 산업현실을 전혀 고려하지 않고 무리하게 탄소 중립 시나리오를 만들었다는 비판을 하는 측도 있다. 정부는 10월 27일 국무회의를 열고 2050 탄소 중립 시나리오와 '2030년 국가 온실가스 감축 목표(NDC)'를 의결했다. 이에 따라 2050년까지 산업계에서는 매년 2억 940만 온실가스를 감축해야 한다.[48]

---

47 「지속가능한 대한민국 2050 탄소 중립전략」 『대한민국 정부』, 2021년, 7-10페이지.
  https://www.gihoo.or.kr/netzero/download/LEDS_REPORT.pdf(2021.11.19)
48 『조선일보』, 2021년 11월 1일자.

온실가스 배출량 목표치

2050 탄소 중립 산업 부문 목표

포스코·현대제철·
삼성전자 등 1~20위 합계
2억1160만

포스코
7312만

$CO_2$

2018년 온실가스 배출량
2억6050만t

2050년 목표
5110만t

자료=탄소중립위원회·국가온실가스 종합정보시스템

자료 : 『조선일보』, 2021년 11월 1일자.

## 1) 경제계의 견해

전국경제인연합회에 따르면 2018년 기준 국내 산업계에서 온실가스 배출량이 가장 많은 기업은 국내 최대 철강 기업인 포스코로 그해 배출량은 7,312만t에 달한다. 다시 말해 2050년까지 국내에서 포스코만 한 기업 3곳은 문을 닫을 정도로 감축해야 정부 목표를 달성할 수 있는 수치다. 손양훈(경제학) 인천대 교수는 "탄소 중립은 단지 태양광 발전소를 늘리고, 석탄 발전소 없애는 것에 그치는 것이 아니라, 모든 산업 분야에 영향을 끼치는 주제"라고 말하면서, "중화학공업과 반도체 등 대규모 에너지를 사용해야 하는 우리나라의 산업 구조를 무시한 정책으로 한국 산업의 근간을 뒤흔들 수 있다"고 우려했다.[49]

## 2) 학계의 견해

연세대 경제대학원 백광열 교수에 따르면 우리나라에서 추진되고 있는 무

---

49 「탄소 중립 목표 맞추려면 … 포스코만 한 기업 3곳 가동 멈춰야!」『조선일보』, 2021년 11월 1일자.

분별한 태양광 발전에 대해서 다음과 같이 의문을 제시하고 있다.

그는 탄소배출권에는 '방지 배출권'과 '제거 배출권'이 있다고 주장했다. 방지 배출권은 풍력, 태양광 등 직접 배출을 감축시키는 게 아니라, 추후 석탄발전 등으로 배출될 탄소를 방지한다는 가정에서 출발한다는 주장이다. 그러나 현재 한국에서는 태양광발전 붐에도 대형 원전 7기에 해당하는 석탄발전소가 건설되고 있어 태양광 발전이 석탄발전을 중단시켜 탄소배출을 감축한다는 논리는 맞지 않는다는 주장이다. 이는 해외도 마찬가지이기 때문에 탄소 배출권 발행이 안 된다는 것이다. 또한 태양광 발전의 수익성이 투자비용보다 많이 들면, 이는 추가 성 위반이기에 VERRA(Verified Carbon Standard)도 MS도 한국 태양광·풍력처럼 사업성이 있는 프로젝트 배출권은 인정하지 않는다.[50] 스위스에 본부가 있으며 국내 대기업들이 회원인 글로벌 기업 협회(World Business Council)가 유엔 청정개발제도 탄소배출권 제도의 이론적 모순에 대응하기 위해 2007년 설립한 탄소배출권 제도가 VERRA(Verified Carbon Standard)다. 마이크로소프트(MS)사에서는 유엔 제도 및 국제표준화기구(ISO), 캐나다표준협회(CSA) 등 난립하는 배출권 거래제의 문제를 인식하고 독자적으로 프로그램을 개발해 운영 중이다. 이 제도로 2030년까지 탄소 중립을 운영하고, 2050년까지 1975년 창사 이래 배출한 모든 탄소를 제거하는 '넷 제로'를 실행할 계획이다. 그런데 국제적으로 가장 인정받는 VERRA와 MS는 한국 배출권 방식과 구조를 거부한다. 하지만, 국내 제도는 태양광도 풍력도 다 인정되고 있다. 제거 배출권은 나무를 심거나 대기에서 탄소를 포집하는 CCS(Carbon Capture Sequestration) 등으로 직접 탄소를 제거하기에 1t이 제거돼야만 1t을 배출할 수 있는 배출권이 발급되는 배출권 거래제 조건을 충족시킨다. 그러나 국내 배출권은 거의 이 조건을 충족 못 하는 태양광 같은 방지 배출권이다.[51]

## 3) 국회 입법조사처의 견해

한편, '국회 입법조사처 연구보고서'[52]에 의하면, 현재 가동 중인 원자력발

---

50 「탄소배출권 거래제, 대수술 필요하다」『한국경제』, 2021년 10월 21일자.
51 「탄소 배출권 거래제, 대수술 필요하다」『한국경제』, 2021년 10월 21일자.

전의 수명만 연장해도 정부가 제시한 2030년 탄소 감축 목표를 충분히 달성할 수 있다는 주장도 있다. 즉, 탈 원전과 탄소중립 '동시 달성'이라는 모순되고 불가능한 목표를 제시해 온 나라를 혼돈과 불안으로 몰아가는 정부가 반드시 숙독해야 할 내용이라는 것이다. 정재훈 한국수력원자력 사장은 10월 21일 국정감사에서 공사가 중단된 신 한울 3·4호기 원전건설이 필요하다는 주장하면서 탄소 중립을 위해 원전건설의 필요성을 피력하기도 했다.[53] 이어서 정승일 한국전력공사 사장도 "원전 없는 탄소 중립은 가능하지 않다"며 평소 생각을 작심 발언하기도 했다. 원자력발전 비중을 높여야 한다는 국민들의 의견이 다수라면 원전을 배제한 탄소 중립계획을 제고할 필요가 있다고 밝혔다.[54] 즉, 더 많은 원전이 필요하다는 국민적 공감대가 형성된다면 신규원전을 짓지 않는 탄소중립계획은 재고될 필요가 있다는 것이다.[55]

원전은 탄소배출이 석탄 LNG 등 화석연료 발전기보다 월등히 배출량이 적다. 같은 양의 전기를 생산할 때 원전 발전량을 늘리면 그만큼 석탄 발전을 줄여 탄소 배출량을 줄일 수 있다. 국회 입법조사처는 건설 중단 상태인 신 한울 3·4호기를 2024년부터 가동하거나 2030년까지 폐쇄가 예정된 원전 11기의 수명을 연장할 경우 2030년 탄소 배출량을 33.4~40.3%(2018년 대비) 줄일 수 있을 것으로 내다봤다. 정부 목표치(44.4%)에 육박하는 수치다. 두 가지 옵션을 동시 추진한다면 감축률이 45.1%로 목표치를 뛰어넘는 수준이다.[56]

이 보고서가 시사하는 바는 크게 두 가지다. 우선 원전만 제대로 활용해도 천문학적인 신재생에너지 설비투자 부담이나 재앙적 환경 파괴, 전기료 폭등, 기업 경쟁력 저하 등의 부작용 없이 탄소 중립으로 갈 수 있다는 것이다. 더구나 정부의 탄소 중립 방안은 비용 추계도 없고, 친환경 기술은 어떻게 확보하겠다는 것인지도 불분명하다는 점이다. 현실적으로 최선책이 있다면 대안을 생

---

52 2021년 10월 19일, 국민의 힘 박형수 의원이 입법조사처에 의뢰한 '2030년 전원 구성에 따른 이산화탄소 배출량' 보고서에 따르면, 2030년까지 수명이 다하는 원전 11기의 설계 수명을 연장해 계속 운전할 경우, 2018년 대비 탄소 감축률이 40.3%에 이르는 것으로 나타났다.

53 「원자력 레임덕?」 『조선일보』, 2021년 11월 12일자.

54 「정승일 "탄소 중립 위해…원전, 정쟁 아닌 과학적 논의 필요"」 『문화일보』, 2021년 11월 12일자.

55 「"국민 원하면 原電 빠진 탄소 중립 안 재고해야!"」 『한국경제』, 2021년 11월 12일자.

56 「탄소 감축 최선책 있는데도 '자해적 시나리오' 고집할 텐가」 『한국경제』, 2021년 10월 21일자.

각해 볼 필요가 있다.

또한, 이 보고서는 향후 논란 소지를 없앨 방법까지 제시하고 있다. 정부의 탄소 중립 논의 과정에서 월성 1호기 경제성평가 조작 논란은 차치하더라도, 대통령 한마디에 탄소 중립 목표치가 26.3%에서 40%로 확 뛰고 환경단체들이 시행방안을 주도하는 등 곳곳에 위법과 직무유기 소지가 깔려 있다는 주장이다. 따라서 원전 수명 연장안을 채택하면 이런 논란까지 미리 방지할 수 있다는 주장이다.

### 4) 국외의 동향

프랑스나 영국, 미국, 일본 등 세계 주요국들이 속속 '원전 건설 유턴'을 선언하고, 여기엔 대표적 원전 사고국인 미국(스리마일), 우크라이나(체르노빌), 일본(후쿠시마)까지 동참하고 있는 상태다. 에너지 관련 학자들은 원전 없이는 탄소 중립도, 안정적 전력 공급도, 에너지 주권 확보도 불가능하다는 주장을 펴고 있다. 국내 에너지 관련 학회 회원 중에 94.8%인 116명이 2050 탄소 중립을 위해선 원자력 비중을 확대(79.3%)하거나 유지해야 한다(15.5%)는 설문 결과가 나왔다. 이 설문조사 결과에 따르면 원전 관련 전문가들은 우리도 탈원전 정책을 제고해야 한다고 보고 있다.[57]

영국의 경우 북해 일대에는 평균 풍속이 초속 11m 이상으로 거센 바람이 부는 곳으로 유명하다. 이런 풍속 조건은 풍력 발전의 최적지에 속한다. 그런데 2021년 유럽지역에도 이상 기후 징후로 인해 바람이 많이 줄었다. 2020년 유럽 전체의 발전량 중에서 풍력발전이 차지하던 비율이 13%였는데, 2021년에는 5%로 전년보다 1/3로 뚝 떨어졌다. 이러한 풍력발전 감소는 경제 회복으로 인해 에너지 수요가 급증하는 서유럽에서는 에너지 대란을 불러일으켰다. 가장 타격을 받은 나라는 영국으로 무려 재생에너지 비중의 42%나 차지한다. 2020년 EU에서 생산된 전력 중 38%는 재생에너지였다.

상황이 이렇게 돌아가자 세계에서 원전 의존율이 75%로 가장 높은 프랑스가 더욱더 적극적이다. 프랑스 마크롱 대통령은 소형모듈 원자로(SMR) 개발에

---

57 「탄소감축 최선책 있는데도 '자해적 시나리오' 고집할 텐가」 『한국경제』, 2021년 10월 21일자.

10억 유로(1조 3,600억 원) 투자 계획을 밝혔다. 프랑스는 원전 의존 비율을 2035년까지는 50%로 점점 낮추기로 추진했으나 방향을 돌린 것이다. 이에 환경부장관과 재무부장관이 EDF(프랑스전력공사)에 15년 내 신규 원전 6기를 건설하는 계획을 수립하게 했다. 또한, 20년 넘게 원전 건설을 중단했던 영국도 2030년까지 12기의 원전을 새로 짓기로 했다.

유럽뿐만 아니라, 상업용 원전을 지은 적도 없는 오스트레일리아도 의회 내에 '원전산업 발전 검토 위원회'를 구성할 정도로 적극적이다. 후쿠시마 악몽을 겪었던 일본도 마찬가지로 자민당 내에서는 SMR 도입론이 강하게 검토되고 있다.[58]

## 5) 국내의 동향

기후변화학회 노동운 회장은 2030년까지 2018년 대비 탄소 배출량을 40% 줄인다는 '국가 온실가스감축 목표(NDC)'는 현재 기술로 보면 비현실적이라고 지적한다. 특히 탄소배출 감축이 경쟁력이자 생존의 문제로 직결되는 기업들에 이에 동참하도록 설득하기에 앞서 정부가 먼저 앞장서서 탄소 감축 기술을 개발해야 한다고 주장했다.

우리나라는 과거부터 중화학공업을 중심으로 수출경제를 주도했고, 지금도 중화학공업이 국내총생산(GDP)이나 수출에서 차지하는 비중이 매우 큰 상태다. 산업 구조적으로도 에너지 사용이 많고 탄소배출량이 많은 산업 중심인 경제시스템이다 보니 탄소배출 감축에서는 매우 큰 제약이 따른다. 그런 차원에서 볼 때 40% 감축이라는 폭은 매우 큰 폭이다. 물론 전 세계적인 차원에서 봤을 땐 분명 칭찬받을 만한 목표치일지 모르지만, 우리 산업의 내부구조로는 매우 우려할 만한 수준이다.

기업들인들 왜 온실가스 감축에 반대하는가? 급속한 온실가스 감축은 높은 비용을 치러야 하므로 제품가가 올라가게 되고, 결국 판매량이 줄어들게 된다. 따라서 산업계에선 탄소 중립 문제가 생존의 문제가 되었다. 결국, 2030년까지 온실가스 배출량 40%를 감축하기 위해서는 기업들이 감당해야 하는 부담이 커

---

58 「북해 바람이 멎자 유럽 에너지 안보가 흔들렸다」 『중앙일보』, 2021년 10월 28일자.

진 것이다. 이것을 기업들에만 떠안으라고 해서는 안 된다. 정부도 결국은 탄소세 신설이나 에너지 요금 인상 등을 제외하고는 재원을 마련할 만한 특단의 방법은 없어 보인다. 따라서 정부가 먼저 서둘러 기술 개발에 앞장서서, 이를 통해 재생에너지 단가를 낮추며 탄소배출 감축 비용도 점점 줄여나가야 한다. 이를 통해서 기업계의 참여를 유도해 산업계가 해 볼 만하다는 인식을 하게 해야 할 것이다.[59]

세계 각국에서 이념과 명분에 치우친 설익은 에너지 정책이 글로벌 시장에 대혼란을 불러일으키고 있다. 유럽은 천연가스 공급이 줄어 난방 대란이 일어났고, 중국은 호주산 석탄수입을 중단했다가 석탄 부족으로 극심한 전력난에 시달리고 있다. 이와 같이 전 세계가 준비 안 된 설익은 '탄소 중립 함정'에 빠져 있는 상태다.[60]

최태원 대한상공회의소 회장은 2021년 10월 8일 홍남기 경제부총리를 만나 "탄소중립 기술 개발과 환경산업 육성에는 막대한 비용과 투자가 소요되는 만큼, 기업 혼자 힘으로는 감당 할 수 없다"며 "정부의 적극적 지원과 유인 매커니즘이 필요하다"[61]고 건의했다. 최 회장은 이날 오후 서울 중구 상의회관에서 열린 '부총리-경제단체장 간담회'에서 이같이 밝혔다. 최 회장은 2050 탄소 중립과 관련해 "기업들 부담감이 크고, 특히 2030 NDC(온실가스 감축 목표)는 달성까지 8년밖에 남지 않아 현실적 가능성에 대한 우려가 큰 것이 사실"이라면서도 "탄소 감축은 회피하고 늦춘다고 해결될 문제가 아니라, 오히려 위기를 기회로 전환하기 위해 포지티브(Positive·적극적)하게 대응할 필요성이 있다."[62]라고 말했다.

---

59 「2030년 탄소 40% 감축 비현실적…기술개발 없인 재계 설득 못 해」『이 데일리』, 2021년 10월 25일자.
60 「탄소 중립 함정'에 세계가 빠졌다.」『조선일보』, 2021년 11월 10일자.
61 「최태원 "탄소중립, 기업 힘으론 역부족…정부 적극적 지원 필요"」『조선일보』, 2021년 10월 8일자.
62 「최태원 "탄소중립, 기업 힘으론 역부족…정부 적극적 지원 필요"」『조선일보』, 2021년 10월 8일자.

## 4. 탄소 중립에 대한 위기

### 1) 탄소 중립의 문제점

탄소 중립 정책의 타당성과 정책 방향은 맞은 정책이지만, '코로나19' 등 위드 코로나 시대에서의 우리 기업들이 감내해야 할 수준에서 감축 속도를 맞추기에는 매우 어려운 것도 또한 현실이다. 어쩌면 우리 기업들도 이제 '탄소 벼랑'의 시험대에 서게 된 것인지도 모른다. EU는 2023년부터 '탄소 국경세'를 적용하기로 함에 따라서 탄소가 우리의 수출 길을 막는 '무역장벽'이 될 수 있다. 이제 글로벌 기업도 탄소 기준치를 맞추지 못하면 타격을 입게 되어 탄소 감축 여하에 따라 생존 문제로 직결된다. 철강, 정유·화학 등 고 탄소배출업계는 탄소배출 저감 기술 개발에서 돌파구를 찾아야 할 것이다. 하지만 저감 기술 개발은 이제 막 시작단계로 탈 탄소 기술 상용화까지는 상당한 시간과 비용이 필요해 보인다. 블랙 록(Black Rock)이나 네덜란드 공적 연금(APG) 등 글로벌 대형 기관투자가들은 탄소 감축 노력이 부족하면 투자금을 회수하는 등 적극적으로 압박하고 있다. 애플, 구글, GM 등 글로벌 기업들도 잇따라 RE100(재생에너지 100% 전환)을 선언했다.[63] 이처럼, 전 세계적으로 기업들에 대한 탄소 감축 압박 수위는 한층 더 높아가고 있는 상태다.

### 2) 탄소 중립과 우리 산업의 경쟁력

온실가스 감축 목표(NDC)가 2030년까지 40%로 상향되면서 석유화학, 정유, 철강 등 에너지 집약형 고탄소배출 제조업체는 탄소 감축 흐름을 피할 수 없게 됐다. 2050 탄소 중립위원회는 NDC를 2030년까지 2018년 배출량 대비 26.3% 줄이는 것에서 40% 감축하는 것으로 목표를 대폭 늘렸다. 하지만, 탈 탄소 기술이 상용화되기까지는 상당한 시간이 필요한데, 탄소 감축 이행 속도가 너무 빨라 산업계에는 너무 부담이 가중된다는 비판이 많다. 유환익 전국경제인연합회 기업정책실장은 다음 도표와 같이 전문가들의 의견을 제시하면서

---

63 「감축 속도 따라잡기 버거워 '탄소 벼랑' 산업계 안간힘」 『국민일보』, 2021년 10월 21일자.

우려하고 있다. 우리나라의 산업생산력은 2030년경까지는 지속해서 증가하게 될 것이고, 또한 우리 산업의 에너지 효율도 세계 최고 수준인 상황에서 획기적인 탄소 감축 기술 도입은 어렵다고 지적하고 있다. 따라서 2030년 국가 온실가스 감축 목표치 조정을 요청했지만, 받아들여지지 않았다고 유감스러워했다.[64]

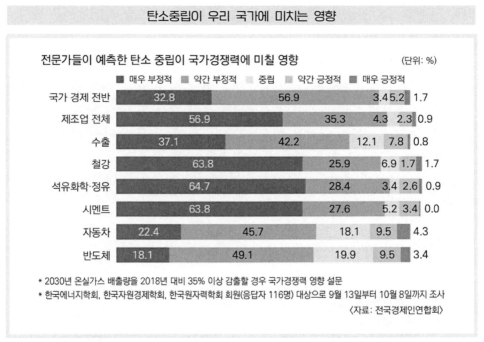

**탄소중립이 우리 국가에 미치는 영향**

전문가들이 예측한 탄소 중립이 국가경쟁력에 미칠 영향 (단위: %)

■ 매우 부정적  ■ 약간 부정적  ■ 중립  ■ 약간 긍정적  ■ 매우 긍정적

| | 매우 부정적 | 약간 부정적 | 중립 | 약간 긍정적 | 매우 긍정적 |
|---|---|---|---|---|---|
| 국가 경제 전반 | 32.8 | 56.9 | 3.4 | 5.2 | 1.7 |
| 제조업 전체 | 56.9 | 35.3 | 4.3 | 2.3 | 0.9 |
| 수출 | 37.1 | 42.2 | 12.1 | 7.8 | 0.8 |
| 철강 | 63.8 | 25.9 | 6.9 | 1.7 | 1.7 |
| 석유화학·정유 | 64.7 | 28.4 | 3.4 | 2.6 | 0.9 |
| 시멘트 | 63.8 | 27.6 | 5.2 | 3.4 | 0.0 |
| 자동차 | 22.4 | 45.7 | 18.1 | 9.5 | 4.3 |
| 반도체 | 18.1 | 49.1 | 19.9 | 9.5 | 3.4 |

\* 2030년 온실가스 배출량을 2018년 대비 35% 이상 감출할 경우 국가경쟁력 영향 설문
\* 한국에너지학회, 한국자원경제학회, 한국원자력학회 회원(응답자 116명) 대상으로 9월 13일부터 10월 8일까지 조사

〈자료: 전국경제인연합회〉

자료 : 『국민일보』, 2021년 10월 21일자.

2021년 10월 28일 한국은행이 발표한 '기후변화와 한국은행의 대응방향'[65] 이란 보고서에 따르면, 2050년 이산화탄소배출량이 2020년에 비해 100%가 감축된다고 가정하면, 국내 총생산(GDP) 증가율은 연평균 0.25~0.32% 하락하고, 소비자물가 상승률도 연평균 0.09%에 그칠 것으로 예상했다. 만약, 2050년의

---

64 「감축 속도 따라잡기 버거워 '탄소 벼랑' 산업계 안간힘」『국민일보』, 2021년 10월 21일자.
65 「탄소 중립 늦출수록 부담 커진다는 한은 경고, 산업계 새겨야」『경향신문』, 2021년 10월 29일자.

탄소배출량을 70%만 감축된다면 GDP 성장률 0.08~0.09% 하락하고, 물가 상승률도 0.02% 상승에 그칠 것으로 분석했다. 또, 탄소배출량도 2020년 6억 7,000만t에서 30년 뒤에는 100% 감축하게 된다면, 연평균기온도 1.5도에서 2도 가량 상승할 것으로 보았다. 이 보고서는 탄소 배출 규제 등 탄소 중립 이행 리스크만 계량화했지, 탄소 중립을 안 했을 경우의 충격 등은 계산하지 않았다. 한국은행 관계자는 "기후변화에 따른 자연재해 등 물리적 리스크는 수치화하지 못했다. 즉, 탄소 중립을 미루다가는 이행 리스크보다 훨씬 더 큰 충격에 처할 수 있다고 분석 했다.

영국 중앙은행(BOE)도 저탄소 정책을 실시하지 않으면 2050년도의 GDP는 7.8% 하락한다고 예측했다. 기후변화로 인한 기온 상승, 강수량 변화, 해수면 상승, 자연재해 발생이 노동이나 농산물 생산 감소 및 물적 자본 파괴, 공급망 차질 등을 초래하는 물리적 리스크가 현실화 할 수도 있다는 것이다. 물론, 인류의 지속 생존 가능함을 위해 탄소 중립은 미룰 수는 없는 일이다. 즉, 탄소 중립을 이행하면서 생기는 리스크보다 이행하지 않았을 때 불어 닥칠 물리적 리스크가 훨씬 더 크다는 주장이다.[66]

### 기후변화 시나리오

**기후변화 시나리오별 실물경제 효과**

(단위: 2021~2050년 연평균 %포인트, 자료: 한국은행)

| 지구 평균온도 상승 억제분 | 2도 | 1.5도 |
| --- | --- | --- |
| GDP 성장률 | -0.08 | -0.32 |
| 소비자물가 상승률 | 0.02 | 0.09 |

자료 : 『경향신문』, 2021년 10월 29일자.

---

66 「탄소 중립 늦출수록 부담 커진다는 한은 경고, 산업계 새겨야」『경향신문』, 2021년 10월 29일자.

## 3) 원전의 안전성 확보와 신기술 개발

원전의 안전성 문제를 상당 부분 해결해 줄 차세대 녹색 원전 기술이 속속 개발되고 있다. 그런 의미에서 최근 원전이 다시 탄소 중립의 기반 기술로 주목받고 있다. 특히, 후쿠시마 사고 같은 것을 원천 봉쇄할 수 있는 원전 안전 신기술이 획기적으로 개발되면서 이제 일본 후쿠시마 원전 폭발과 같은 사고는 다시는 일어나지 않을 것으로 보고 있다.

다음 도표에서도 볼 수 있듯이, 미국에서는 후쿠시마 원전과 같이 정전으로 인해 냉각수를 공급받을 수 없는 극한적인 상황에서라도 원자로를 보호할 수 있는 기술, 즉 AP1000을 개발해 중국 원자로에 적용한 바 있다. 이 기술은 원자로와 콘크리트의 격납 용기 사이 채워둔 물을 이용해 증기 온도를 낮추면서, 증기의 압력도 크게 올라가지 않게 제어하는 기술이다.

한국도 신 고리·신 한울 원전에 들어가는 최신형 APR1400 원자로는, 비상시 냉각수가 복잡하게 얽힌 관을 거치지 않고, 곧바로 원자로로 들어가게 설계해 외부 전력이 끊겨도 3일간은 끄떡없이 원자로의 냉각을 버티면서 유지할 수 있도록 설계했다.

**원전 안전을 위한 신기술 개발**

녹색 재생에너지로 발전하는 원자력 기술

| 기관 | 기술 | 특징 |
|---|---|---|
| 로사톰(러) | 해상 소형 모듈 원자로(SMR) | 해상에서 가동해 유사시 바닷물로 냉각 |
| 테라파워(미) | 소듐냉각고속로 나트륨 | 물보다 끓는점 높은 나트륨을 냉각재로 사용, 과열 방지 |
| 한국수력원자력(한) | 유럽 수출용 원자로 APR1000 | 냉각수를 전기 없이도 공급. 외부 전력 끊겨도 3일 냉각 유지 |
| 스탠퍼드대·오크리지 국립연구소(미) | 해수 우라늄 추출 | 섬유로 우라늄 추출, 핵연료 무한 공급 가능 |
| 제너럴 퓨전(캐) | 핵융합 기술 | 제프 베이조스 투자, 핵분열 대신 융합으로 발전 |

자료: 각 기관

자료 : 『조선일보』, 2021년 7월 10일자.

러시아도 해상 원전 발전소 아카데미크 로모노소프에서 세계 최초로 35메가와트(㎿) 용량의 '소형 모듈 원자로(SMR:small modular reactor)' 2기를 시험 가동하는 한편, 차세대형 원자로를 새롭게 개발하고 있다. 이번 원전은 바다에 떠 있으니 사고가 나도 바로 바닷물로 냉각할 수 있다는 것이다.

미국 누스케일(NuScale)사는 2020년 9월 SMR 최초로 미국 원자력규제위원회(Nuclear Regulatory Commission : NCR)로부터 설계인증 심사를 마쳤다. 누스케일의 SMR은 원자로가 수조 안에서만 작동하기 때문에 사고가 나도 원자로 주변의 물로 바로 식힐 수 있다는 장점이 있다.[67] 미국 에너지부(DOE)는 이 기술의 상용화를 위해 약 14억 달러(약 1조 6,000억 원)를 지원한바 있다.[68]

미국 에너지부는 테라파워와 엑스 에너지에도 7년간 총 32억 달러를 투자했다. 테라파워는 빌 게이츠가 SMR 개발을 위해 설립한 회사다. 테라파워의 신형 원자로 나트륨은 345메가와트(㎿) 규모로, 냉각재로 물 대신 액체 나트륨(소듐)을 쓰는 소듐냉각고속로(SFR)다. 액체 나트륨은 물보다 끓는점이 높아 사고가 나도 과열될 가능성은 낮은 편이다. 액체 상태의 소금은 배터리처럼 열저장도 가능하다. 엑스 에너지가 개발 중인 초고온 가스 원자로는 열에 강한 흑연으로 연료를 감싸서 섭씨 1,700도 이상에도 견딜 수 있다. 체르노빌 원전이 녹아내린 온도보다 500도 이상을 더 견딜 수 있던 셈이다. 국내에서는 황일순 교수팀이 정부 지원을 받아 30~50메가와트(㎿) 출력의 대형 선박용 SMR을 개발한 바 있다. 냉각재로는 물 대신 액체 납을 쓰기도 한다. 납은 물에 반응하지 않고 원자로가 녹는 사고가 나면 바로 굳어 방사능 유출을 차단할 수 있다. 또한, 고속 중성자로 핵분열을 일으키게 해 천연 우라늄이나 폐연료봉도 연료로 쓸 수 있는 장점이 있다.[69]

세계적인 환경 단체인 그린피스(Greenpeace)의 창립자 중 한 명인 패트릭 무어(Patrick Albert Moore, 74) 박사는 2021년 12월 6일자 조선일보와의 이메일 인터뷰에서 "한국 탈(脫)원전은 폰지 사기극"이라고까지 강한 비판을 쏟아낸 바 있다.[70] 즉, 폰지 사기(다단계 금융사기)는 1920년대 미국에서 찰스 폰지가 벌

---

67 『원자력신문』, 2018년 2월 9일자.
68 「원전, 바다에 띄우고 … '후쿠시마' 재발 막을 신기술도 속속」『조선일보』, 2021년 7월 10일자.
69 『조선일보』, 2021년 7월 10일자.

인 사기 행각에서 유래된 말로, 이윤 창출 없이 신규 투자자들이 투자한 돈으로 기존 투자자들에게 수익을 지급하는 다단계 금융사기를 일컫는 말이다. 무어 박사는 "화석연료 의존도를 줄이는 것은 필요하지만 원전 없이 재생에너지로만 대체한다는 건 심각한 망상"이라고 지적했다. 원전이나 화석연료 같은 기저(基底) 발전 없이 안정적인 전력 공급은 불가능하다는 것이다. 그는 "재생에너지는 막대한 정부 보조금과 세금 감면, 에너지 저장 장치(ESS) 설치 등 설비 비용이 많이 들어가는데 원전 같이 '코스트가 값싼 기술'을 사용할 때보다 나라를 더 가난하게 만든다."는 주장이다. 그런데 한국을 비롯한 일부 정부가 마치 재생에너지만으로 에너지 전환이 가능한 것처럼 환상을 주고 있다는 지적이다. 결국 값비싼 재생에너지 생산 때문에 국민들의 부담은 가중된다는 점에서 '폰지 사기'와 다를 게 없다는 주장이다.[71]

## 4) 바다에서도 무한 연료 공급 가능한 원자력

폐연료봉 재활용에 이어 우라늄을 추출하는 기술도 진화하고 있다. 미국 스탠퍼드대와 오크리지 국립 연구소는 바닷물에서 우라늄을 추출하는 기술을 개발했다. 바닷물에는 우라늄이 40억 톤 녹아있는데 이는 대형 원전 1,000기를 10만 년 동안 가동할 수 있는 우라늄양이다. 바닷물의 우라늄을 뽑아내면 다시 자연적으로 채워진다. 말 그대로 원자력이 재생에너지가 된다는 것이다. 노벨상 수상자로 미 에너지부 장관을 지낸 스티븐 추 스탠퍼드대 교수는 "해수 추출 우라늄은 우라늄 광산이 없는 국가들도 에너지 수요를 감당할 연료를 구할 수 있게 해줄 기술"이라고 주장하고 있다.[72]

아마존 창업자 제프 베이조스는 또 다른 원자력 기술인 핵융합을 추진하고 있다. 그가 투자한 캐나다의 제너럴 퓨전은 2025년까지 4억 달러를 투자해 영국에 핵융합 발전소를 세우기로 했다. 원자의 핵분열을 이용하는 원자로와 정반대로 핵융합으로 전기를 만들겠다는 계획이다. 핵융합은 유사시 바로 가동

---

70 『조선일보』, 2021년 12월 6일자.
71 『조선일보』, 2021년 7월 10일자.
72 『조선일보』, 2021년 7월 10일자.

을 중단할 수 있고 방사성 폐기물이 훨씬 적다는 장점이 있다. 역시 이 또한 연료인 중수소를 바다에서 무한정으로 공급받을 수 있다는 것이다.

## 5. '기후 위기 선제대응'으로 최선진국으로 진입하자

이제 한국이 마지막 관문인 세계 최선진국 대열에 진입하기 위해서는 '기후변화 위기에 선제적으로 대응'하는 일이다. 지난 11월 13일 영국 스코틀랜드 글래스고(Scotland Glasgow)에서는 제26차 유엔기후변화협약 당사국총회(COP26)가 막을 내리게 되었다. 이번 총회에서 내린 결론은 우리 인간들이 이 지구상에서 살아남기 위해서는 전 세계 인류 모두가 기후변화 위기에 대응해서 서로 협력해 탄소 배출량을 과감하게 감축하는 일이었다. 이러한 대명제에는 세계 각국이 이미 서로 동의하고 합의해 진행되고 있다.

덴마크 총리를 두 번씩이나 지낸 라르스 뢰케 라스무센(덴마크어 : Lars Løkke Rasmussen) 전 총리는 2021년 10월 10일 '글로벌 인재포럼 2021'에서 2번째 기조연설을 하면서 "한국의 놀라운 발전은 안데르센의 동화보다 더 동화 같은 이야기"라고 평가했다. 그러면서 라스무센 총리는 물론, 기후변화에 대한 대응은 절대 쉽지는 않은 과제이지만, 잘만 활용한다면 오히려 신기술 개발과 혁신을 촉진하는 계기가 될 수 있다고 강조했다. 라스무센 총리는 "한국과 덴마크는 영토가 작고 천연자원도 부족하지만, '인재'와 '세계화'의 힘으로 성장한 나라"라고 강조하면서, 어렵긴 하지만, 지속가능한 미래의 핵심 성장 동력으로 다음과 같이 '4C'를 제안했다.[73]

즉, ① 기후(climate), ② 사회적 통합(cohesion), ③ 문화(culture), ④ 지혜(cleverness) 이 4가지를 지속성장 가능한 필수 성장 요건으로 꼽았다.

특히, 그가 사회적인 통합을 강조한 것은 4차 산업혁명 여파로 일자리 환경이 급변하고 있다는 점에서다. 라스무센 전 총리는 미래에는 "무슨 직업이 생겨나고 사라질지, 어떤 지식이 필요할지 미래를 예측하기란 여간 어렵지 않

---

[73] 「"인재·세계화 힘으로 성장한 한국, 기후변화 대응 선진국 돼야"」 『한국경제』, 2021년 11월 11일자.

다"라며 '노동시장의 유연성과 안정성을 동시에 높이는 것이 가장 좋은 해법'이라고 지적했다.[74]

고용 유연성이 유럽 최고 수준인 덴마크에서도 해마다 근로자 10명 중 1명꼴로 일자리를 옮긴다고 했다. 그는 "고용주에게는 쉬운 해고를, 근로자에겐 적정한 실업급여와 평생교육을 보장해야 한다."고 설명했다. 그는 또한, "민주적 가치와 과학적 근거를 신뢰하는 풍토가 사회 전반에 뿌리내려야 한다."는 점도 강조했다. 그래야만 가짜뉴스와 음모론이 설 자리가 없어진다는 이유에서였다.

덴마크는 1973년 석유 파동 이후 화석연료 의존도를 낮추기 위해 신재생에너지를 적극적으로 육성했다. 그 결과 세계 최대 풍력터빈 제조사인 베스타스, 세계 최대 그린에너지 투자운용사인 코펜하겐 인프라스트럭처 파트너스(CIP) 등을 탄생시킨 바 있다.

물론, 덴마크와 우리는 지리적 여건이나 자연환경, 산업구조 등에서 상이한 점이 한 두 가지가 아니다. 하지만, 라스무센 총리의 예리한 지적처럼 "한국과 덴마크는 영토가 작고 천연자원도 부족하지만, '인재'와 '세계화'의 힘으로 성장한 나라"라는 공통점은 아주 비슷한 공통점이 있다. 특히, 필자는 그가 제안한 '미래의 핵심 성장 동력인 4C'에 주목하고자 한다.

즉, ① 기후(climate), ② 사회적 통합(cohesion), ③ 문화(culture), ④ 지혜(cleverness)가 그것이다. 지금 우리 사회를 지속해서 성장시킬 수 있는 핵심 동력이 바로 이 4가지 요소라고 보고 있다.

첫째, 우리는 기후변화에 선제적으로 대응하여 사회통합을 이루는 것이 절실히 요구되는 시점이다. 따라서 우리는 이 기회를 잘 살리기 위해서 마치 '쇼트트랙 빙상경기 국가대표팀이 경기 중 쇼트트랙을 돌 때 코너 인사이드를 신속하게 선점해 선두로 치고 나가듯' 기후 위기에 대한 선제 기술개발로 인사이드 코스를 우리가 선점하는 일이 매우 중요하다.

둘째, 지금 우리 사회는 지역적, 이념적, 세대 간의 갈등과 분열의 골이 임

---

74 「"인재·세계화 힘으로 성장한 한국, 기후변화 대응 선진국 돼야"」『한국경제』, 2021년 11월 11일자.

계점을 넘어선 지 오래다. 따라서 우리에게는 이를 아우를 수 있는 사회적 대통합이 절실한 티핑 포인트에 와 있다.

셋째, 대한민국의 문화도 이제는 한류나 BTS, 오징어 게임, 지옥 등의 차원을 넘어서 세계적인 문화로 승격되어 세계인들에게 감동을 주고 있다. 문화콘텐츠 강국은 곧 국력으로 초일류국가로 성장할 수 있는 환경을 조성해야 한다.

넷째, 물론, 국가적인 재정 상태나 산업계의 내부 상황 등 여러 가지로 어려움은 있겠지만, 반도체 산업이나 AI, IT기술 등 첨단 부분에서는 우리도 이제 세계적인 경쟁력을 갖추고 있는 나라다. 따라서 우리도 이때 다시 한번 힘차게 인사이드 코스를 치고 나가야 한다. 우리가 60년, 70년대 그 어렵던 보릿고개도 새마을 운동으로 근대화를 이루었고, 1997년 IMF 때는 기업의 줄도산을 목도하면서도 컴퓨터 산업을 육성 시켜 IT 최선진국으로 도약한 바 있다. 이번에 '코로나19'라는 팬데믹 상황 속에서도 또다시 한번 도약할 수 있는 절호의 찬스는 놓치지 말아야 할 것이다.

마지막으로 우리는 사회적인 대 통합으로 국민들의 뛰어난 지혜를 모아, 반도체나 AI, IT산업에만 그치지 말고 4차 산업으로 발전 시켜 우리 사회를 지속해서 성장시킬 수 있는 원동력을 4C에서 찾았으면 한다.


## 제3절　자원관리 위기와 '요소수' 대란


### 1. '요소수'란?

요소는 주로 농업용, 산업용, 경유(디젤) 차량용으로, 우리나라에서 사용되고 있는 요소는 경제성 때문에 2010년대 초부터 거의 중국으로부터 수입해 사용하고 있다. 중국도 '코로나19'의 여파로 2021년부터는 에너지 문제가 발생해 석탄부족 등의 이유로  요소 및 석탄으로부터 만들어지는 물질의 생산과 수출을 통제했다. 특히 마이티 등의 중형급 차량에서 심지어 2020년식 현대자동차의 포터 기아의 봉고, 현대 스타렉스 등 소형급 차량에까지 적용되었다. 언론 보도에 따르면 우리나라 디젤 화물차의 60%, 전국 노선버스 2/5는 요소수가 필요한 상황이다.

특히, 우리나라 전체 수입물량의 97.6%가 중국에 의존되어 있기 때문에 매우 큰 타격이었다. 요소 수출국인 카타르, 인도네시아, 일본, 러시아 등도 수출금지를 결정한 상황이라, 수입처를 다원화했더라면 피해가 없었을 수도 있었다.

또한, 우리나라의 초기 '요소수' 대응의 미숙함도 지적된다. 정부는 중국의 요소 수출 제한조치 직후 요소 공급 문제에 대한 차질 가능성도 생각했지만, 너무 안일하게 대응하다가 적절한 조치를 하지 못한 측면도 있다. 이를 두고 야당과 정치 평론가들은 정부에 대해, 물류 대란이나 민생 경제에 신속하게 대응하지 못했다는 비판이다. 이에 대해 산업부는 11월 5일 보도 자료를 내고 해명까지 했지만, 결국 10월 8일 김부겸 국무총리는 정부를 대표해 초기 대응의 미숙함을 인정하고 사과했다. 한국일보 10월 10일 자에 의하면, 익명의 정부 관계자는 당초 '요소수' 대란은 단순히 요소비료와 관련된 문제라고 생각해 사태의 심각성을 제대로 파악하지 못했던 것으로 알려졌다. 즉, 실무 부처의 안이함과 늑장 보고가 적기 대응 시점을 놓쳤고, 청와대 또한, 요소수 수입이 중단된 지 21일이나 지난 시점에서야 문제의 심각성을 깨달았다고 한다.[75]

## 2. '요소수' 대란의 피해 및 경과

문재인 대통령은 2019년 8월 15일, 일본측에 의해서 반도체 소재 수출규제가 촉발된 이후 한일 무역 갈등을 언급하면서 "어떤 위기에도 '아무도 흔들수 없는 나라'를 만들겠다."고 다짐한 바 있다. 2년 뒤인 2021년 7월에 다시 열린 대한민국 소재·부품·장비(소부장) 산업성과 간담회에서도 "자신감을 갖게됐고 협력의 방법을 알게 되는 등 위기 극복의 성공 공식을 찾았다"고 말했다.

---

75 「"요소수, 비료인 줄" … '요소수 대란'은 정부 부실 합작품」『한국경제』, 2021년 11월 10자.

하지만 불과 3개월 뒤 1kg당 888원짜리 '요소' 대란으로 대한민국이 송두리째 흔들리게 된 것이다.[76]

매일경제신문에 따르면, 정부는 국내 요소수 부족 사태를 조기에 파악하고 대처할 기회가 여러 차례 있었다고 한다. 국내 발전회사 등을 통해 관련 업계는 이미 중국 정부가 요소 등에 대한 수출규제를 시행할 무렵인 10월 15일에 위기 상황을 파악했다고 한다. 시장에서는 이미 10월 20일 무렵부터 요소수 가격이 오르고 사재기 현상도 부분적으로 발생하기 시작했다. 위기 신호를 포착할 단서가 충분히 있었는데도 공기업과 부처 간 정보 공유 체계가 작동하지 않았고 시장 동향 파악도 제대로 이뤄지지 않았다. 하지만 정작 발전사인 공기업들을 관리하는 산업 통상자원부는 이보다 늦은 21일에서야 사태의 심각성을 인지하고 세부 동향 파악에 나섰다. 발전 공기업들도 중국 해관총서가 요소 수출 검역을 강화한 지 일주일 뒤인 18일부터 '요소수' 수급과 관련된 '긴급 대응 방안' 등을 검토하기 시작했다고 한다.[77]

산업부는 20일 요소 수출 제한과 관련된 업체의 민원을 받고서야 KOTRA에 관련 보고서를 요청할 정도였다. KOTRA는 하루 만인 21일 업계 의견 등을 정리한 보고서를 보냈는데, 해당 보고서는 비료 중심으로 내용이 작성돼 요소수 부족과 관련된 내용은 없었던 것으로 알려졌다. 국내 자동차·화물차 온라인 커뮤니티에서 이미 "중국의 요소 수출 제한으로 요소수가 부족해질 수 있다"는 우려의 글이 올라오던 시점이다. 25일 오전부터는 서울에 있는 주유소 관계자들 사이에서 "요소수 생산 업체들이 공급 중단을 통보했다"는 소문도 있었다. 마침내 국무조정실도 11월 2일이 관계부처와 첫 합동회의를 열게 된다.[78]

2021년 10월 29일 주요 20개국(G20) 정상회의 참석차 이탈리아 로마를 방문했던 정의용 외교부 장관도 왕이 중국 외교부장을 만나 한중 외교 장관회담을 했으나 요소수 문제는 일절 언급하지 않았다. 종전선언을 포함한 한반도 평화 프로세스 재가동 문제에만 많은 시간을 할애할 따름이었다.

이덕환 서강대 화학과 명예교수는 "세계 경제 10대 대국이 한 달 소비량

---

76 「한 달 전부터 예고된 요소 대란…위기징후 정부만 몰랐다」『매일경제』, 2021년 11월 12자.
77 「"요소수, 비료인 줄"… '요소수 대란'은 정부 부실 합작품」『한국경제』, 2021년 11월 10자.
78 『매일경제』, 2021년 11월 12일자.

이 7,000t에 불과한 요소를 확보하지 못해 물류 대란을 걱정하는 현실이 당황스럽다"고 비판할 정도였다.[79]

## 3. '요소수' 대란의 수습과 장기적인 대책 마련

정부는 요소수 공급 대란의 수습책으로 호주로부터 요소수 2만ℓ를 긴급 수입 하는 등 사재기 금지 대책을 부랴부랴 내놓았지만, 근본적인 해결보다는 '뒷북 대응'이라는 지적이 많았다. 지난달 중국이 사실상 요소 수출 금지로 국내 공급망에 차질이 빚어지면서 필수자원 수급에 난항을 겪게 되었다. 물자공급이나 경제 안보 차원에서도 구조적인 문제로 요소수를 비롯한 다른 원자재도 수입선의 다변화가 시급한 상황이라는 문제가 제기되었다. 지난 11월 8일 정부는 제2차 대외 경제 안보 전략회의를 열고 가용 가능한 외교채널을 총동원해 주요 요소·요소수를 생산국과 교섭해 필요물량을 신속하게 도입하겠다고 밝혔다. 우선 호주와 베트남 등 여타 생산국가와도 협의해 연내 수천 톤을 도입하기로 했다. 호주의 경우는 호주의 최대 요소수 업체 GDL오스블루에 근무하는 우리 교포 이주호 씨가 사장을 설득해 2만 7,000ℓ를 긴급으로 수입하였다.[80] 마침내 중국 정부에도 수만 톤 분의 기존 계약분을 신속하게 수출통관 절차를 걸쳐 도입하기로 해 우선 급한 불은 끈 셈이다.

## 4. '전략물자' 공급에 대한 장기적인 대책 마련

이번 요소수 공급 대란에서 보았듯이 자원의 원활한 공급과 전략물자 관리는 더욱 중요한 과제로 떠오른다. 요소수의 수습책으로 호주로부터 요소수를 긴급 수입 하는 등 사재기 금지 대책을 부랴부랴 내놓긴 했지만, 근본적인 해결책이 아니라 '뒷북 대응'이라는 지적이 많다.

---

79 「한 달 전부터 예고된 요소 대란…위기징후 정부만 몰랐다」『매일경제』, 2021년 11월 12일자.
80 「"요소 공급 회복까진 최소 반년…긴 겨울 대비해야!」『매일경제』, 2021년 11월 12일자.

지난달 중국이 사실상 요소 수출 금지로 국내 공급망에 차질이 빚어지면서 필수자원 수급에 난항을 겪게 되었다. 물자공급이나 경제 안보 차원에서도 구조적인 문제로 요소수를 비롯한 다른 원자재도 수입선의 다변화가 시급한 상황이다. 지난 11월 8일 정부는 제2차 대외 경제 안보 전략회의를 열고 가용 가능한 외교채널을 총동원해 주요 요소·요소수를 생산국과 교섭해 필요물량을 신속하게 도입하겠다고 밝혔다. 이제는 요소수만의 문제가 아니라, 국민생필품이나 전략물자 등도 면밀하게 시스템적으로 수급관리를 해야 한다.[81]

다음 표와 같이 '산업연구원 보고서(2021.11)'에 의하면, 한국의 대외물자 수입부문에서 중국 의존도가 가장 심각한 것으로 나타났다. 한·미·일 3국 중에서 한국이 대중국 중간재 의존도가 가장 높은 23.9%로 나타났다. 따라서 대중국 공급망 취약성이 나타난 것으로, 안정성 강화를 위해서 산업별 대응 전략을 수립하는 것이 시급한 실정이다.

다음은 대중 의존도가 높은 중간재 관심 품목 604개, 취약품목 366개이다.

| 한국, 미국, 일본의 대중국 전략적 취약성 비교(2020년) | | | | | | | | | |
|---|---|---|---|---|---|---|---|---|---|
| | | 한국 | | | 미국 | | | 일본 | | |
| | | 중간재 | 소비재 | 전체 | 중간재 | 소비재 | 전체 | 중간재 | 소비재 | 전체 |
| 대중국 수입의존도(%) | | 23.9 | 24.5 | 25.1 | 12.9 | 29.8 | 21.4 | 23 | 39.8 | 32.7 |
| 품목수 (개) | 관심 품목 | 604 | 264 | 1,088 | 185 | 241 | 575 | 475 | 385 | 1,048 |
| | 취약 품목 | 366 | 164 | 653 | 86 | 127 | 281 | 268 | 226 | 598 |
| 수입액 비중 (%) | 관심 품목 전체 | 25.1 | 46.6 | 34 | 16.8 | 67.6 | 56.3 | 34.5 | 71.9 | 62.9 |
| | 관심 품목 중국 세계 시장 점유율 30% 초과 | 12.1 | 34.8 | 22.6 | 15.3 | 66.9 | 55.8 | 18.1 | 54.1 | 47.5 |
| | 관심 품목 대세계 수입특화 | 16.6 | 38.5 | 23.5 | 13.1 | 64 | 53.1 | 21.3 | 70.7 | 54 |
| | 취약 품목 | 17.5 | 32.2 | 22.8 | 10.3 | 47.8 | 43.6 | 13.8 | 38.5 | 37.7 |

자료 : UN, 관세청 등으로부터 저자 작성.
제공 : 『이투데이』, 2021년 11월 18일자.

---

81 「"요소 공급 회복까진 최소 반년…긴 겨울 대비해야!」 『매일경제』, 2021년 11월 12일자.

동아일보도 18일 산업연구원보고서를 인용해 '다음과 같이 분석하고 있다.[82]

'중국발 요소수 품귀' 사태로 공급망 문제가 대두된 가운데, 우리 수입 품목 중 대중국 수입 의존도가 50%를 넘어 관심이 필요한 품목이 1,000개 이상이라는 조사 결과가 나왔다고 보도했다. 최근 미국이나 유럽연합(EU), 영국 등 주요 국가들은 특정국에 대한 높은 수입 의존도와 무역 역조 현상을 공급망의 취약성 판단에 주요 지표자료로 인식하고 있다. 그런 의미에서 이 보고서도 한국이 무역 적자를 보면서 대중국 수입의존도가 50% 이상인 품목은 '관심 품목', 수입의존도 70% 이상인 품목은 '취약 품목'이라고 정의했다. 이러한 기준을 적용하면 지난해 한국의 대중국 수입 의존도가 50% 이상인 품목은 요소, 실리콘, 리튬, 마그네슘을 포함 총 1,088개나 이르는 엄청난 숫자다.[83]

이 중 중간재는 604개였고, 대중국 수입 의존도 70% 이상인 중간재만 366개였다. 중간재 관심 품목은 지난 2007년 488개에서 지난해 604개로 크게 늘었다. 지난해 미국, 일본은 대중국 수입 의존도가 50% 이상인 품목 중 중간재가 각각 185개, 475개로 한국보다 적었다. 보고서는 "한국은 미국이나 일본과 비교해도 중간재 분야 취약성이 더 높은 것으로 나타났다"고 했다.[84] 따라서 우리도 이제 제2, 제3의 요소수 대란을 방지하기 위해서라도 안정적인 자원관리가 시급한 상황이다.

## 5. 경제 안보 '조기경보 시스템' 도입과 '범정부 경제 안보 핵심품목 TF 신설'

이억원 기획재정부 차관 주체로 2021년 11월 18일 정부 서울청사에서 열린 '제11차 요소수 수급 관련 범부처 합동 대응 회의'가 열렸다. 이 회의에서는 대외 의존도가 높은 품목에 대한 국가 '조기경보 시스템'을 신설하고, 이달 중 '범정부 경제 안보 핵심품목 TF'를 신설하기로 했다고 보도했다.[85]

---

82 『동아일보』, 2021년 11월 18일자.
83 『동아일보』, 2021년 11월 18일자.
84 『동아일보』, 2021년 11월 18일자.
85 『뉴스 1포토』, 2021년 11월 18일자.

아울러 마그네슘·텅스텐·네오디뮴·수산화리튬 등 20개 품목을 '우선적 관리대상 품목'으로 즉시 선정한 데 이어 연말까지 이를 100~200개까지 늘리기로 했다.

다행히도 이번 요소수 부족 사태는 정부가 매점매석 단속과 동시에 생산·공급을 늘리면서 진정 국면에 접어들었다. 하지만, 언제 또 제2의 요소수 사태가 일어날지도 모른다. 우선 요소수처럼 대외 의존도가 높은 물류 품목을 대상으로 수출입규제, 글로벌 수급 동향 등 위험요인을 선제적으로 파악해 국가적인 차원에서 '조기경보 시스템'을 가동하기로 한 것은 임시대처법으로는 좋은 방법이다.

그러나 근본적인 문제를 해결하는 차원에서는 범정부적인 물자수급 대책위원회를 발족 시켜 장기적인 대책을 마련해야 할 것으로 본다. 이를테면, 가칭 "국가 주요 자원관리 수급처" 같은 공적조직 신설이 필요하다고 본다. 예를 들면, 정부 부처나 재외공관, KOTRA 등 해외 전략자원관리 네트워크를 활용해 수출입 물품들의 면밀한 관리가 필요하다. 즉, 전략적인 물품 가운데 생산·수출 관련 특이 사항 발생 시 바로 소관부처 등 국내 사전 경보시스템을 통해 해결하게 하는 것이 필요하다. 그뿐만 아니라, 대외 의존도나 관리의 시급성 등에 따라 대상 품목을 등급화해 리스크를 관리해야 한다.

정부는 또한, '범정부 경제 안보 핵심품목 TF'도 신설하고, 이 TF는 3,000~4,000개 품목을 면밀히 검토해 관리 시급성이 높은 핵심품목을 조속히 지정할 예정이다. 정부는 우선 20대 품목 선정에 이어 연말까지 100~200대 품목을 지정하고, 내년 1분기까지 핵심품목을 추가로 발굴, 확대할 계획이다. 이렇게 지정된 핵심품목에 대해선 비축확대, 수입선 다변화, 국내생산 전환, 국제협력 등 다각도의 맞춤형 수급 안정화 방안 등을 마련해야 할 것이다.[86]

---

86 『뉴스 1코리아』, 2021년 11월 19일자.

# 맺음말

# 08 맺음말

　현대를 살아가는 우리 인간들은 언제 어디서 경보 사이렌이 울릴지도 모르는 "경보사회(Alert Society : 警報社會)"에 살고 있다. 우선 실내에서는 아파트나 빌딩에서 울리는 화재경보에서부터 TV나 Radio, 스마트폰 등에서 울리는 각종 재난경보에 이르기까지 경보의 홍수 속에서 일상을 보내고 있다. 실외에서는 구청이나 마을회관 등에서 울리는 경보 사이렌이나 스피커, 그리고 도로 위에서 시도 때도 없이 울려 퍼지는 119 구급차나 경찰차의 경보 사이렌 소리는 우리들을 늘 긴장하게 한다. 최근 코로나 사태가 발생하고 나서는 마트나 백화점, 은행 등 각종 관공서 입구에서는 감시카메라와 함께 QR코드를 강요당하고 있다. 비행기나 전철·KTX 열차 속에서는 음식물을 먹지 못하게 하거나 마스크 착용 의무화를 경고하고 있다. 심지어는 배가 고파 찾아가는 식당 출입도 경고의 대상이 되고 있다.

　현대인들은 이처럼 매일 매일 일상적으로 경보가 상시화된 "경보사회"에서 살고 있다. 이러한 각종 경보 중에서도 특히 우리들에게 생명과 재산피해를 주는 경보에 대해서는 신속하게 대응해야 우리 삶의 터전과 목숨을 보전할 수 있다. 따라서 치명적인 피해를 안겨주는 재난에 대해서는 항상 경고센서를 켜고 살아야 한다. 정부나 지방자치단체는 시민들이 이러한 재난에 신속하게 대응할 수 있도록 재난경보를 신속하게 전달해야 한다.

　특히, 2022년 1월 27일부터는 '중대재해처벌법'이 시행되면서 기관단체장이나 기업경영자들의 책임도 그만큼 훨씬 커졌다고 하겠다.

　우리나라는 IT 선진국이면서도 재난정보 공유에는 후진국에 속한다. 앞에서도 언급했지만, 우리나라는 미국의 통합재난정보 시스템(IPAWS)이나 캐나다의 국가 공공 경보시스템(NPAS), 일본의 통합재난경보 시스템(J-Alert)과 같은 대 국민재난경보 시스템 구축이 시급한 실정이다. 태풍이나 지진, 쓰나미, 폭염, 폭설, 산불 등 피해가 심각한 '자연재난'뿐만 아니라, '코로나19'와 같이 끊임없이 변종하는 감염병, 나아가서는 전쟁이나 테러, 미세먼지 등 '사회재난' 등으로부터도 엄청난 위협을 받고 있기 때문이다.

미국은 2001년 9·11 테러, 2005년 뉴올리언스의 '카트리나' 등을 겪으면서 통합재난경보시스템을 구축했고, 일본도 1995년 고베지진, 2011년 3·11 동일본대지진을 겪으면서 제이 얼럿을 구축했다. 예일대학의 페로우(Charles Perrow) 교수는 일본의 동일본 원전 사고를 보고 '정상사고(nomal accident)'라고 규정하면서, 이제 이런 대형 재난은 언제 어디서든지 일어날 수 있는 보편적인 사고라고까지 주장하고 있다. 문제는 이런 대형 사고는 한번 일어나면 원천적인 복구나 치유가 불가능하다는 데 있다. 아래 도표에서는 자연재난과 사회재난의 복구와 치유의 차이점을 자세하게 지적하고 있다. 그중에서도 자연재난보다는 사회재난이 더 치유하기가 어렵고 시간이 오래 걸리며 후유증도 심각하게 남는 재난이라는 점에 우리는 주목해야 한다.

### 자연재난과 사회재난의 복구와 치유의 차이

| 구 분 | 자연재난(천연 재난 포함) | 사회재난(인재 포함) |
|---|---|---|
| 종 류 | 지진, 쓰나미, 태풍, 폭우, 화산 등 | 전쟁, 테러, 폭발사고, 화재, 미세먼지 등 |
| 예지(豫知), 예측 | 예측 가능, 또는 갑자기 일어남 | 예측 가능, 또는 갑자기 일어남 |
| 복구 및 치유 | 대체로 단기간에 복구 및 치유 가능 재발, 또는 반복 우려가 있는 재난 | 대체로 완전복구가 불가능하거나 어렵다. 복구하더라도 시간이 오래 걸리고 후유증이 남고 재발 우려도 크다 |

한국도 그동안 '대구 지하철 화재사건'이나 '세월호 참사', '10·29 참사'와 같이 많은 인명피해를 본 재난을 겪으면서도 아직도 제대로 된 통합재난 시스템이 구축되지 않고 있다. 소위 한국형 통합재난경보 시스템인 'Korea Alert' 같은 통합재난경보 시스템 구축이 시급한 실정이다.

지금 우리 사회를 지배하고 있는 '코로나19' 같은 감염병 팬데믹 시대도 언제 종식될지 모른다. 이와 같이 온 지구촌을 흔들고 있는 감염병 경보뿐만 아니라, 각종 재난경보는 언제 어디서든지 실시간으로 신속하게 전달받아야 한다. 특히, 노약자나 장애인 등 재난약자에게 재난경보는 생사를 좌우하는 필수적 장치이다. 우리는 재난에 신속하게 대응하기 위해서 언제 어디서나 항상 '재난경보 센서'를 켜 둔 상태에서 생활해야 한다. '재난경보사회'에는 친 미디어 환경 자일수록 재난피해를 입을 확률은 낮아진다. 역으로 재난 취약계층이나 미디어 접근성이 어려울수록 재난피해는 더 클 수 있다.

　이제 "재난경보"는 물이나 공기와 같이 세계 만민이 언제 어디서나 다 함께 신속하게 공유해야 할 '공적 정보'요 '공적 경보'다. 따라서 우리 정부는 물론, 우리 일상의 공간을 책임지고 있는 지자체는 이러한 공적 경보를 누구나 함께 공유할 수 있는 시스템을 하루빨리 구축해야 하며, 재난 취약계층의 경보 접근성을 보완할 대책도 아울러 강구해야 할 책무가 있다. 이번 코로나 사태에서도 보았듯이 전 세계가 실시간으로 하나의 공간으로 묶여 있는 상태에서는 '함께 안전'하지 않으면 '홀로 안전'할 수는 없는 세상이 되었기 때문이다.

Armstrong, David(1995), "The rise of surveillance medicine", *Sociology of Health and Illness*, 17.

Auflage. McGraw-Hill(1959). zitiert In : John V. Grimaldi, Rollin H. Simonds : *Safety management*.

Baker, T. & Simon(ed.)(2002), Embracing risk : *The changing culture of insurance and responsibility*, The University of Chicago Press.

Barkun, Michael(1914), "Disaster and the Millennium", Yale University.

Barton, A. H.(1969), "Community in Disaster", Double day & Company. 1976

Heinrich, H. W.(1973), *Industrial accident prevention : a scientific approach.*

Irwin, R. D., Homewood, Ill(1973), ISBN 0-256-01564-3, S. 211.

Jenkins, Rhys(1936), *Links in the History of Engineering and Technology from Tudor Times. Ayer Publishing.* p. 66.

Kent D. Bressie(2006), Independent Panel Reviewing the Impact of Hurricane Katrina on Communications Networks : *Federal Communications Commission Washington*, D.C., 10.

Kinlen L. J., Clarke K, Balkwill A(1993), "*Paternal preconceptional radiation exposure in the nuclear industry and leukaemia and non-Hodgkin's lymphoma in young people in Scotland.*"

Kossin, J. P.(2018), "*A global slowdown of tropical-cyclone translation speed*", Nature 558, 104-107. https : //doi.org/10.1038/s41586-018-0158-3

Laurence Barton(1992), Crisis in Organizations : *Managing and Communicating in Head of Choas*, College Division South-Western Publishing Co.

Oliver-Smith, Anthony(1990), Post-Disaster Housing Reconstruction and Social Inequality : *A Challenge to Policy and Practice, in Disasters* Vol.14, No.1.

Putman R. David(1993), Making Democracy work : *Civic Traditions in Modern Italy, Princeton* : Princeton University Press.

Putman R. David(2000), Bowling Alone : *The Collapse Revival of American Community*, Simon & Schuster.

Sjoberg, Gideon(1962), Disaster and Social Change, in Baker and Chapman eds., Man and Society in Disaster, BASIC BOOKS.

Smelser, N. J.(1968), Essays in Sociological Explanation, Prentice-Hall.

Sorokin. P. A.(1942), *Man and Society in Calamity*, Dutton.

Vincenti, Walter G.(1993), *What Engineers Know and How They Know It* : *Analytical Studies from Aeronautical History*, The Johns Hopkins University Press.

Yamori Kastuya(2007), *Disaster risk sense in Japan and gaming approach to risk communication*, International Journal of mass Emergency and Disaster, 25, 101~131.

"Coronavirus : action plan - A guide to what you can expect across the UK," 3 March 2020. GOV.UK. "CMO confirms cases of coronavirus in England," 31 January 2020. GOV.UK : https : //www.gov.uk/government/news/

"CMO confirms third case of coronavirus in England," 6 February 2020. GOV. UK : https : //www.gov.uk/government/news/CONPLAN-United States Government Interagency Domestic Terrorism Concept of Operations Plan-, January, 2001, at 14, Appendix B-3.

Disaster Reporting and the Public Nature of Broadcasting : *Japan Broadcasting Corporation(NHK)*, Broadcasting Culture Research Institute, Printed in Japan by Komiyama Printing Company(2004).

Explanatory Memorandum to the Health Protection(Coronavirus) Regulations 2020 No.129.

February 2020.GOV.UK : https : //www.gov.uk/government/news/.

G-20 statement(2021), 'We remain committed to the Paris Agreement goal to hold the global temperature increase well below 2℃ and to pursue ef- forts to limit it to 1.5℃ above pre-industrial levels, also as a means to enable the achievement of the 2030 Agenda'.

Headquarters Department of the Army, Field Manual No.46-1, "Public Affairs Operations", May 30, 1997.

Headquarters Department of the Army, Field Manual No.3-61.1, "Public Affairs, - Tactics, Techniques and Procedures-", October 1, 2000.

『Journal of the ITU Association of Japan』, Vol. 47 No. 3(2017, 3)

"Journalism Coalition Seeks Open and Independent Reporting of Military Campaigns", SPJ News, December 19, 2002, Society of Professional Journalists. Available from <http : //www.spj.org/news.asp?ref=304>.

Office of Chief of Naval Operations, OPNAVINST 5580.1A, "Navy Law

Enforcement Manual", July 26, 2000.

Presidential alert : US mobile phones get test message. The first "Presidential Alert" will be sent to every American's phone today. Minutes later you will also get 250 million texts saying "Sounds great!" from people who pressed reply all. – MAD Magazine(@MADmagazine) October 3, 2018.

Press Briefing by Ari Fleischer, October 10, 2001, the Executive Office of the President, Office of the Press Secretary. Available from ＜http : //www.whitehouse.gov/news/releases/2001/10/20011010~9.html＞.

"Principles of Information", codified as enclosure(2) to Department of Defense Directive 5122.5 (September 27, 2000). Available from ＜http : //www.def enselink.mil/admin/prininfo.html＞.

Secretary of the Navy, SECNAVINST 5720.44A, "Public Affairs Policy & Regulations", June 3, 1987.

"Statement of DoD Principles for News Media", codified as enclosure (3) to Department of Defense Directive 5122.5, Sept.27,2000.

The Health Protection (Coronavirus) Regulations 2020 No.129. : http : //www. legislation.gov.uk/uksi/2020/129

The Reporters Committee for Freedom of the Press, Homefront Confidential – How the War on Terrorism Affects Access to Information and the Public's Right to Know, Second Edition, the Reporters Committee for Freedom of the Press, Arlington, VA, September 2002, at 27–28. Available from ＜http : //www.rcfp.org/homefrontconfidential/＞

*New York Times Co. v. United States*, 403 U.S. 713(1971).

猪瀬直樹『民警』, 扶桑社, 2016.

海部一男「新しい戦争と放送メディア」『放送 研究と調査』52巻1号. 2002.

村上陽一郎『安全学』,青土社, 1998.

矢守克也『防災人間科学』, 東京大学出版部. 2009.

中邨章・市川宏雄『危機管理学』, 第一法規株式会社, 2014.

矢守克也「再論一正常化の偏見」『実験社会心理学研究』(第48巻, 第2号), 京都大学防災研究所, 2009.

井上裕之「命令調を使った津波避難の呼びかけ」『放送研究と調査』,(3月号), NHK放送文化研究 所, 2012.

中谷内一也『リスクの社会心理学』, 有斐閣, 2012.

宮城雅子 「Incident Reporting Systemについての試行的研究」『航空法務研究』(Vol.

16~17）有斐閣，1986.

中邨章・市川宏雄『危機管理学』，第一法規株式会社，2014.

佐々木一如「一時避難所と集落別防災マニュアル〜自治会活性化に向けて〜」『第10回
　　　鹿嶋市ま ちづくり市民大会資料』(鹿嶋市まちづくり市民センター)，2014.

1995年兵庫県南部地震における火災に関する調査報告書(平成8年11月，日本火災学
　　　会より).

総務省消防庁「消防団員の確保方策等に関する検討会」報告書(消防団の実態に関する
　　　アンケート 結果の概要」)，2018.

「岩手県普代村は浸水被害ゼロ，水門が効果を発揮」『日本経済新聞』，2011年4月1日付
　　　け.

「調布市災害時要援護者避難支援プラン行動計画(町内編)」，平成25年10月，調布市.

渥美公秀「災害に強いコミュニティのために」『CEL』Vol.73(エネルギー研究所)，2005.

今田高俊「リスク社会への視点」『社会生活からみたリスク』，岩波書店，2013.

国土交通省社会資本整備審議会都市計画・歴史的風土分科会都市計画部会安全・安心
　　　まちづく り小委員会(2011)，「安全で安心して暮らせるまちづくりの推進方策
　　　報告書」から抜粋.

寺倉憲一「VIII 緊急事態とマスメディア」『主要国における緊急事態への対処：総合調
　　　査報告書』， 2003年.

大竹秀子「米テロ報復，戦争報道の振幅」『総合ジャーナリズム研究』179号，2002.

小松原久夫「周到に仕組まれた世論誘導－グレナダ侵攻と報道管制－」『新聞研究』
　　　(390号)，1984.

橋本正邦「レーガン政権のプレス対策」『新聞研究』(391号)，1984.

佐藤毅「湾岸戦争とマスメディア－報道規制と世論調査－(上),(中)」『大東法学』5巻
　　　2号，1996. pp. 1~37.

日高一郎「戦争と報道規制－湾岸戦争をめぐって－」『行動科学研究』46号，1994. pp.
　　　57~68.

斎藤洋「情報分野における危機管理と国際法による規制可能性に関する一試論－マス
　　　メディア活 動に対する即時的かつ一時的規制の可能性を中心として－」『防衛
　　　法研究』(23号)，1999.

桶三枝子「アメリカの連邦における災害対策法制」『外国の立法251』国立国会図書館調
　　　査及び立 法考査局，2012..

和田恭「米国の災害対策におけるITの役割」，日本貿易振興機構，2011.

近藤玲子「非常災害時における情報伝達手段の確保について」，近藤玲子 総務省総合
　　　通信基盤 局 電波部重要無線室長，

NHKスペシャル取材班『阪神淡路大地震震度7・何が生死を分けたのか(NHKスペシャルから)』, ベストセラーズ, 2020年.

林春夫 「災害をうまくのりきるために」『防災学講座 第4巻 防災計画論』, 京都大学防災研究所 編, 1015.

近藤誠司 「被災者に"寄り添った"災害報道に関する一考察」『自然災害科学』(J.JSNDS28-2137-149), 2009年.

「電子政府の総合窓口イーガブ「災害対策基本法」,「内閣府/防災情報」のページ 「災害対策基本法」.

「内閣府/国会提出法案/災害対策基本法の一部を改正する法律案/災害対策法制見直しの全体像」.

'全国瞬時警報システム業務規程' 第九條,「登録済情報受信機関である地方公共団体」(2016.3. 22. 一部改正).

橋爪尚泰(日本放送協会報道局災害・気象センター長)「NHKの災害報道最前線」, 日本気象学会, 2018年度夏季大学.

東京都防災會議 『東京都地域防災計劃』(震災編：平成10年修正), 1998年.

秋元律郎編 『災害の社会科学的研究—文献目録』, 早稲田大学文学部社会学. 1982.

防災ハンドブック編集委員会編 『防災ハンドブック』技報堂, 1997.

春原昭彦 『日本{新聞通史』 新泉社, 2016.

廣井脩東京大学新聞研究所編,「都市の災害」『地震予知と社会的反応』 東大出版, 1982.

林春男, 安倍北夫, 三隅二不二, 岡部敬三編 「災害文化の形成」『応用心理学講座 第3巻自然災害の行動科学』, 福村出版, 1988.

伊藤和明 「隠された地震災害を発掘した市民運動」『時の視点』, 1987.

川合隆男, 原田勝弘, 田中直樹, 「原爆被爆者の社会生活の変化(1)」『法学研究』 No. 42-9, 1969.「原爆被爆者の社会生活の変化(2)」『法学研究』No.42-10, 1969.

川合隆男編『近代日本社会調査史 II』慶応通信, 1991.

三隅譲二「災害時情報と社会的ネットワーク～『伊豆半島沖群発地震および海底噴火』事例研究をもとに」第63回日本社会学会大会報告, 1990.

宮村忠『水害治水と水防の知恵』中公新書, 1985.

奥田道大 『都市コミュニティ論』NHK学園, 1988.

大町達夫, 水野欽司(代表)「学校防災体制の現状とその課題」『社会組織の防災力に関する研究』, 1990.

大矢根淳 「小田原市『自主』防災組織の組織論的考察～自主防災組織調査(1989年)をめぐって」『慶應義塾大学大学院社会学研究科紀要』No. 31, 1991.

大矢根淳, 川合隆男編 「震災復興と去ルヘキ人, 来ルヘキ人～『震災調査報告』 をめ

ぐって」『近代日本社会調査史II』慶応通信, 1991.

災害対策制度研究会編著 『日本の災害対策～その現行制度のすべて』, ぎょうせい, 1987.

田中重好, 林春男 「災害文化論序説」『社会科学討究』第35巻第1号, 1989.

浦野正樹, 伊藤清隆, 横田尚俊編『都市における地域防災活動』早稲田大学文学部社会学研究室, 1990.

山口弥一郎『津波と村』, 恒春閣書房, 1993.

山下文男『隠された大地震・津波』, 新日本出版社, 1986.

米山桂三, 川合隆男, 原田勝弘 「爆被爆とその後の社会生活」『法学研究』 No. 41-3, 1968.

吉井博明, 水野欽司(代表), 「防災関連法令の制定過程と防災力向上のメカニズム」『社会組織の防災力に関する研究』, 1990.

飯田浩司『反権力は正義ですか』, 新潮社, 2020.

玄田有史外4人『危機対応学』, 勁書店, 2018.

永田浩三『フエイクと憎悪』, 大月書店, 2018.

山了吉『表現の自由と出版規制』, 出版メディアパル, 2015.

平川宗信『報道被害とメディア改革』, 解放出版社, 2010.

今田高俊『社会生活からみたリスク』, 岩波書店, 2013.

前林清和『社会防止の基礎を学ぶー自助, 共助, 公助』, 昭和堂, 2016.

田中正博『実践, 危機管理広報』, 時事通信, 2008.

矢守克也 「再論ー正常化の偏見」『実験社会心理学研究』(第48巻,第2号), 京都大学防災研究所, 2009.

内閣府『防災白書(平成30年版)』, 佐伯印刷株式会社, 2019.

山見博康『わかる, 使える, 広報活動のすべて』, PHP研究所, 2012.

上村章文『自治体の危機管理マニュアル』, 学陽書房, 2013.

田中正博『自治体の危機管理』, 時事通信, 2007.

リスクマネジメントシステム調査研究会 『リスクマネジメントシステム構築ガイド』, 日本規格協会, 2005.

NHK放送文化研究所『放送研究と調査』(3月號), 2018.

廣井脩『災害』, NHK放送文化基金, 2000.

平塚千尋『災害情報とメディア』, リベルだ出版, 2000.

東京大學新聞研究所編『災害と情報』, 東京大學出版會, 1986.

水島宏明(上智大学教授), 『TBS「NEWS23」』, 2020年 2月 25日 解説.

「지속가능한 대한민국 2050 탄소중립전략」『대한민국정부』, 2021년, 최재철

「협상가 시각에서 본 한국의 2050 탄소중립과 2030 온실가스감축(NDC) 목표」 『IFS POST』(News Insight), 2021. 11. 3일 자.

방송통신위원회『2020년 방송재난관리 기본계획』, 2020년 1월.

한국기자협회「코로나 19 보도 준칙」, 2020. 2. 21.

김경희「감염질병과 언론보도」, 한국기자협회, 한국언론진흥재단 주최 긴급토론회, 2020.

이 연「재난 안전과 안타까운 죽음, '재난사(災難死)'에 관한 연구」,『사람과 문화』, 아카데미아 후마나, 2022.

이 연「한국 언론의 재난보도 문제점과 재난보도준칙제정에 관한 시론」, 한국기자협회, 2014.

이 연『일본의 재난방송 관련 법규와 NHK에 관한 연구』, 방송미디어공학회, 2019.

이 연『재난약자를 위한 모빌리티 기반 재난경보 고도화 연구』, 한국전자통신연구원, 2019.

이 연『재난방송 해외사례 본석 및 제도 검토』, 방송통신위원회, 2019.

이 연『재난방송 장애인 접근성 향상을 위한 연구』, 한국전자통신연구원, 2018.

이 연『지상파 UHD 재난방송 고도화 정책 수립』, 과학기술정보통신부, 2018.

이 연『지상파 UHD 방송 도입에 따른 전파 이용 효율화 방안 및 재난방송 효율성 제고 방안 연구』, 과학기슬정보통신부, 2017.

이 연『국가위기관리와 재난정보』, 박영사, 2016.

이 연「재난방송」『방재 연구』, 한국방재협회, 2022.

이 연『재난방송체계 구축방안 연구』, 방송위원회, 2005.

이 연『한국적인 재난방송 시스템 구축에 관한 연구』, 방송위원회, 2004.

이 연『위기관리와 커뮤니케이션』, 학문사, 2003.

이 연『위기관리와 매스미디어』, 학문사, 2006.

이 연『정부와 기업의 위기관리커뮤니케이션』, 박영사, 2010.

이 연「코로나19를 통해 본 K-방역의 시발점과 재난보도의 문제점」『사람과 문화』 (2021제 15호), ACADEMIA HUMANA(아카데미아 후마나), 2021.

이 연「'신종 코로나 19'를 통해 본 재난보도의 문제점과 개선방안」, 방송통신위원회 세미나 방송회관, 2020.

이 연「한국 언론의 재난보도 문제점과 재난보도준칙제정에 관한 시론」, 한국기자협회, 2014.

이 연『재난 홍보시스템 강화방안 연구』, 행정안전부, 2008.

김은진「영국의 코로나바이러스감염증관련 법령 및 시사점」, 외국입법 동향과 분석(제40호), 국회입법조사처, 2020.

한국재난정보미디어포럼『지상파 UHD 방송을 활용한 재난방송 고도화 방안 연구』, 2019.

최성종『지상파 UHD 방송을 활용한 재난방송 고도화 방안 연구』, 한국재난정 보미디어포럼, 2019.

서울시립대학교 산학협력단『방통융합정책연구 KCC-2020, 국민 맞춤형 재난방송 실시방안 마련을 위한 연구』, 방송통신위원회, 2020.

이승복「미세먼지가 인체에 미치는 영향에 관한 연구 동향」(BRIC VIEW 2019-T26).

# 한글색인

## 저자소개

### ∷ 이 연(李鍊)

이연 교수는 선문대학교 미디어커뮤니케이션학부 명예교수로 재직하고 있으며, 한국재난정보미디어포럼 회장과 재난방송중앙협의회 위원, 중앙재난관리평가위원, 재난방송 과태료 심의위원 등을 맡고 있다.

그가 위기관리 커뮤니케이션에 관심을 갖게 된 것은 1984년 일본의 上智大學(Sophia University) 대학원 신문학연구과에 유학하면서부터이다. 동 대학 석사, 박사과정(신문학박사)을 졸업하고 1995년 고베지진을 계기로 본격적으로 '위기관리와 재난안전'에 대해 연구하게 된다. 특히, 東京大学 히로이 오사무(広井脩) 교수와 함께 '관동대지진과 조선인 학살사건'을 공동 연구하면서 위기관리와 재난안전시스템 연구에 주력하게 되었다.

경력으로는 선문대학교 사회과학대학장, 중앙도서관장, 행정대학원장, 대학언론사 주간, 행정안전부 자문교수·기획위원, 국민안전처 자문교수, 소방방재청 자문교수, 기상청 자문교수, 방송통신위원회 책임교수 및 자문교수, 한국기자협회 재난보도준칙 제정위원장, 언론중재위원, 일본의 上智大學 신문학연구과 객원교수 등이 있다.

〈저서 및 관련 연구서〉
- 『위기관리와 커뮤니케이션』(2003, 학문사)
- 『위기관리와 매스미디어』(2007, 학문사)
- 『정부와 기업의 위기관리 커뮤니케이션』(2010, 박영사)
- 『국가위기관리와 재난정보』(2016, 박영사)
- 『국가위기관리와 긴급재난경보』(2022, 박영사)
- 『일제강점기 조선언론통제사』(2021, 박영사)
- 『재난상황, 언론대응 및 수습과 홍보』(2015, 국민안전처)
- 『재난 홍보시스템방안 연구』(2008, 행정안전부)
- 『재난방송과 홍보의 이해』(2008, 국립방재교육연구원)
- 『한국적인 재난방송시스템에 관한 연구』(2004, 방송위원회)
- 『일본의 방송과 방송문화사』(2006, 학문사)
- 『신문, 텔레비전의 소멸』(2010, 아카넷, 역서)
- 『일본의 케이블TV』(1997, 영풍문고 : 공저))
- 『일본 대중문화 베끼기』(1998, 나무와 숲 : 공저)
- 『朝鮮言論統制史』(2002, 日本 信山社)
- 『グロ-バル社會とメデイア』(2003, ミネルバ- : 共著)
- 『サッカー文化の構図』(2004, 道和書院 : 共著)
- 『マス·メディアと冷戦後の東アジア』(2005, 学文社 : 共著)
- 『メディアと文化の日韓関係』(2016, 新曜社 : 共著)

국가 위기관리와 긴급재난경보
미국 일본 한국을 중심으로

| | |
|---|---|
| 초판발행 | 2022년 3월 15일 |
| 중판발행 | 2023년 1월 15일 |

| | |
|---|---|
| 지은이 | 이연 |
| 펴낸이 | 안종만·안상준 |

| | |
|---|---|
| 편 집 | 우석진 |
| 기획/마케팅 | 정연환 |
| 표지디자인 | BEN STORY |
| 제 작 | 고철민·조영환 |

| | |
|---|---|
| 펴낸곳 | (주) **박영사** |
| | 서울특별시 금천구 가산디지털2로 53, 210호(가산동, 한라시그마밸리) |
| | 등록 1959. 3. 11. 제300-1959-1호(倫) |
| 전 화 | 02)733-6771 |
| f a x | 02)736-4818 |
| e-mail | pys@pybook.co.kr |
| homepage | www.pybook.co.kr |
| ISBN | 979-11-303-1502-7 93300 |

정 가      26,000원